JESUS VON NAZARET

JESUS VON NAZARET

Im Auftrag des Direktoriums
der Salzburger Hochschulwochen
als Jahrbuch
herausgegeben von

Heinrich Schmidinger

VERLAG STYRIA

Der vorliegende Band
enthält die Vorlesungen und den Festvortrag
der Salzburger Hochschulwochen,
die in der Zeit vom 25. Juli bis 6. August 1994
an der Universität Salzburg abgehalten wurden.

Gedruckt mit freundlicher Unterstützung des
Katholischen Hochschulwerkes in Salzburg.

Die Deutsche Bibliothek – CIP-Einheitsaufnahme

Jesus von Nazaret / [Vorlesungen der Salzburger Hochschulwochen, die in der Zeit vom 25. Juli bis 6. August 1994 an der Universität Salzburg abgehalten wurden] / im Auftr. des Direktoriums der Salzburger Hochschulwochen hrsg. von Heinrich Schmidinger. – Graz ; Wien ; Köln : Verl. Styria, 1995
ISBN 3-222-12283-0
NE: Schmidinger, Heinrich [Hrsg.]; Salzburger Hochschulwochen <1994>; Universität <Salzburg>

Printed in Austria
Umschlaggestaltung:
Zembsch'Werkstatt, München
Gesamtherstellung:
Druck- und Verlagshaus Styria, Graz
ISBN 3-222-12283-0

INHALT

EINLEITUNG

Als der russische Dichter Fjodor Michailowitsch Dostojewskij Ende des Jahres 1849 in das Straflager von Omsk in Sibirien verbannt wurde, schenkte ihm eine jener Dekabristenfrauen, die ihren Männern in die Gefangenschaft gefolgt waren, eine Bibel. Diese Bibel war die einzige Lektüre, die Dostojewskij während seiner Zeit in der Strafkolonie von Omsk haben sollte. Nach seiner Freilassung schrieb er an dieselbe Dame, die ihm vier Jahre zuvor ihre Bibel geschenkt hatte, einen Brief. In diesem Brief faßt er zusammen, was ihm über seinen Glauben und seine Beziehung zu Jesus aufgegangen ist. Zugleich macht er klar, was ihm Jesus in seinem weiteren Werk, das bekanntlich zum Größten gehört, was die Weltliteratur hervorgebracht hat, bedeuten wird. Er schreibt: „Ich kann von mir selbst sagen, daß ich ein Kind meiner Zeit bin, ein Kind des Unglaubens und des Skeptizismus; ich bin es bis jetzt gewesen und weiß, daß ich es bis an mein Grab bleiben werde. Wie viele Leiden hat mich dieser Durst nach Glauben schon gekostet und wie viele kostet er mich noch; er ist umso stärker in meiner Seele, je mehr Argumente ich gegen ihn habe." Vor diesem Hintergrund kommt Dostojewskij auf Christus zu sprechen, neben dem er sich – wie er sagt – „nichts Schöneres, nichts Tieferes und Mitfühlenderes, nichts Besonneneres, Menschlicheres und Vollkommeneres" vorstellen kann. Er bekennt: „Wenn irgend jemand mir bewiese, daß Christus außerhalb der Wahrheit stand, und es *wirklich* so war, daß die Wahrheit außerhalb von Christus war, so würde ich lieber bei Christus bleiben als bei der Wahrheit."

Dieser Satz „... so würde ich lieber bei Christus bleiben als bei der Wahrheit" irritiert. Er erinnert an das „credo quia absurdum" des Tertullian oder an das vernunftzerstörende Glaubensparadox Kierkegaards. Wie diese Theorien scheint er zu suggerieren, daß bei der Begegnung mit Christus die Vernunft zu schweigen habe. Sicherlich nicht zufällig entspricht er dem andern Satz, daß der „Durst nach Glauben" „umso stärker in meiner Seele ist, je mehr Argumente ich gegen ihn habe".

Trotzdem meine ich, daß Dostojewskij etwas anderes sagen will, denn ganz offensichtlich liegt ihm ja nicht daran, Christus als die Unwahrheit hinzustellen. Ich meine auch, daß wir seine Aussage in unseren heutigen Erfahrungshorizont übersetzen und auf diese Weise verstehen können. Wenn wir nämlich lesen, daß es Argumente gegen den Glauben gibt bzw. daß keineswegs alles für Christus spricht, dann werden wir daran erinnert, daß sich das, was für uns heute alles plausibel ist, nicht mehr zu einem Ganzen fügt oder gar in eine Harmonie rundet. Im Gegenteil, was den Averroisten des 13. Jahrhunderts, die zum ersten Mal auf eine möglicherweise nicht behebbare Wahrheitsdifferenz zwischen theologischen und philosophischen Aussagen hingewiesen haben, noch als Häresie angekreidet werden konnte, das ist heute unser aller unausweichliche Situation. Die Welt, in der wir leben, ist so komplex, so differenziert, so unübersichtlich geworden, daß der Zusammenhang aller Wahrheiten, die wir kennen, nicht mehr eruiert werden kann. Nicht nur Hegels These, nach der die Wahrheit das Ganze sei, nein, auch das klassische Prinzip des „verum vero consonat", d. h. die Behauptung, daß alles Wahre in sich stimmig sei, ist von uns kaum noch nachzuvollziehen. Das heißt aber: Wir müssen damit leben, daß Wahrheit neben Wahrheit steht, auch wenn wir uns noch so bemühen, diesem Faktum zu widerstehen; wir müssen damit leben, daß Argument gegen Argument spricht, auch wenn wir noch so sehr von der Unmöglichkeit dieses Umstandes überzeugt sind; wir müssen damit leben, daß das, was uns plausibel erscheint, ungeheuer vielfältig ist, auch wenn wir es noch so schwer ertragen, diese Plausibilitätsvielfalt nie auf einen Nenner bringen zu können.

Dostojewskijs Welt war sicherlich noch weniger differenziert und unübersichtlich als unsere heutige. Dennoch weiß er schon, daß auch der Wahrheitsanspruch, den Christus erhebt, in den geschilderten Kontext zu stellen ist, in dem Wahrheit neben Wahrheit, Argument neben Argument, Plausibilität neben Plausibilität steht. Und er scheut sich nicht zu sagen, was dies bedeutet: Die Wahrheit, die Christus zu sein beansprucht, kann auf andere Wahrheiten stoßen, die um der Wahrheit Christi willen nicht einfach falsch sind, sondern bestehen bleiben, auch wenn sie sich nicht mit ihr harmonisieren lassen. Hört unter dieser Voraussetzung aber Christus nicht auf, „der Weg, die Wahrheit und das Leben" zu sein? Relativiert sich damit nicht sein Anspruch, Heil für alle Menschen zu bringen? Ist auf diese Weise nicht widerlegt, daß in ihm Gott die entscheidende Zäsur der ganzen Geschichte gesetzt hat?

Dostojewskij sagt eindeutig nein. „Wenn irgend jemand", so hieß es nämlich, „mir bewiese, daß Christus außerhalb der Wahrheit stand, und es *wirklich* so war, daß die Wahrheit außerhalb von Christus war, so würde ich lieber bei Christus bleiben als bei der Wahrheit". Dostojewskij glaubt demnach, daß im Innersten seiner selbst und im Innersten eines jeden Menschen etwas zu Christus korrespondiert, das so fundamental ist, daß es alles andere – wie wahr und wie überzeugend es immer sein mag – aufwiegt. Anders könnte er nicht sagen, daß es neben Christus „nichts Schöneres, nichts Tieferes und Mitfühlenderes, nichts Besonneneres, Menschlicheres und Vollkommeneres" gibt. Was aber mag das sein, das da im Inneren des Menschen zu Christus korrespondiert? Ich meine, es ist das spezifische und unter gewissen Voraussetzungen unbedingte *Interesse,* das der Mensch an der Wahrheit nimmt. Dieses Interesse wiederum richtet sich innerhalb der unendlichen Vielfalt alles dessen, was wahr ist, auf dasjenige, was den Menschen unbedingt angeht und in *allen* Dimensionen, Facetten und Phasen seiner Existenz fundamental betrifft. Dank seiner wird aus dem grenzenlosen Bereich des Wahren dasjenige ausgewählt, was von lebensentscheidender Wichtigkeit ist. Dank seiner gewinnt das Wahre folglich auch an besonderer Relevanz, Akzentuierung und Bedeutung.

Christus erscheint nun Dostojewskij als die Verkörperung jener Wahrheit, an welcher dem Menschen aus vitalem Interesse gelegen ist. Wir können auch sagen: Für Dostojewskij ist Christus die Antwort auf jene Frage, die der Mensch unbedingt erhalten muß, wenn es in seinem Leben *ernst* wird und wenn es um wirklich *alles* geht. So wird Christus auch in dieser Sicht der Wirklichkeit, die um die Relativität der Wahrheit weiß, zum Weg und zum Leben des Menschen.

Mir geht es hier nicht um Dostojewskij. Ich zitiere Dostojewskij nur deshalb, weil er mir eine Erklärung für die höchst paradoxe Situation zu geben scheint, in der sich heute nicht allein die christlichen Kirchen, sondern wir alle – nicht zuletzt die Salzburger Hochschulwochen – befinden. Diese Situation besteht darin, daß zum einen um uns herum eine Wirklichkeit entsteht, die das Christentum zunehmend an den Rand drängt und gemessen an allem, was wir wissen und können, vielfach relativiert, daß aber gleichzeitig dieser Jesus von Nazaret, dieser Christus, immer noch zahllose Menschen alles andere als gleichgültig läßt. Wie viele werden von ihm berührt, angesprochen, in den Bann gezogen! Wie viele antworten auf ihn aber auch irritiert, verstört, ja mit haßerfüllter Ablehnung! Egal wie: beides deutet doch darauf hin, daß die Botschaft und das Leben Jesu im Menschen etwas auslösen, was nicht mehr durch Indifferenz quittiert werden kann. Hier ist vielmehr ein fundamentales, ein vitales, ja ein unbedingtes Interesse angesprochen, das der Mensch an seinem Leben und an allem, was zu diesem Leben gehört, nimmt. Deshalb überrascht es nicht, daß sich mit Jesus auch Menschen auseinandersetzen, die keiner Kirche angehören. Deshalb überrascht es nicht, daß Jesus auch unserer Zeit, die angeblich so wenig mit Religion im Sinne hat, zu denken gibt. Deshalb überrascht es nicht, daß Jesus vielleicht nicht überall attraktiv, sehr wohl aber aktuell geblieben ist. Deshalb überrascht es schließlich nicht, daß ausgerechnet 1994, als die Salzburger Hochschulwochen nach 22 Jahren wieder einmal Jesus von Nazaret zu ihrem Leitthema gewählt hatten, so viele Hörerinnen und Hörer kamen.

Dies alles wäre, wie gesagt, nicht erklärlich, wenn nicht im Inneren des Menschen etwas zu diesem Jesus von Haus aus korrespondieren würde. So gesehen darf man sagen: Die Salzburger Hochschulwochen 1994 hätten ein großes Verdienst, wenn sie dieses Verhältnis, das zwischen dem Menschen und Jesus von Nazaret immer schon besteht, in neuer Weise deutlich und für den einen oder anderen von uns sogar wieder lebendig gemacht hätten. Es wäre ihnen damit nichts Geringeres als die Schaffung einer neuen Nähe zu jenem Geheimnis gelungen, das die Mitte des christlichen Glaubens bildet – zum Geheimnis der *Mensch*werdung Gottes.

Die Beiträge, die in diesem Buch gesammelt sind, geben in *gekürzter* Form die Hauptvorlesungen wieder, die anläßlich der Salzburger Hochschulwochen zwischen dem 25. Juli und 6. August 1994 in der Großen Aula der Universität Salzburg gehalten wurden.

Heinrich Schmidinger

Georg Sporschill SJ

„SEIN BLUT KOMME ÜBER UNS UND UNSERE KINDER!“ (Mt 27,25)

Verantwortung übernehmen – eine biblische Grundhaltung

Unsere Beziehung zu Jesus ist immer sehr persönlich, und sie wandelt sich. Für jeden Glaubenden gilt, daß er in seiner persönlichen Frömmigkeit Akzente setzen muß und setzen wird. In jeder Lebens- und Weltsituation lohnt es sich, neu der Frage nachzugehen: Wie sehe ich Jesus? Wie zeigt sich Jesus mir? Heute?

Die Liste der Referenten, die bei den Salzburger Hochschulwochen dieses Jahr über Jesus sprechen, drückt aus, wie wichtig für das Jesusbild die persönliche Beziehung ist. Jesus wird aus der Sicht des Islam, der Kunst, der Philosophie, der Pädagogik, der Dogmatik, der Psychoanalyse betrachtet. Da halte ich es für sehr wichtig, daß bei der Podiumsdiskussion Michael Kessler als Vertreter des Judentums mitwirkt, damit das Volk Jesu durch wenigstens einen Vertreter beteiligt ist. Ich habe als Leitwort und Thema für den Festvortrag bei diesen Salzburger Hochschulwochen den sogenannten Blutspruch gewählt, das Wort, das die vom Hohenpriester Kajafas und seinen Anhängern zusammengerufene Menge vor dem Richterstuhl des Pilatus rief: „Sein Blut komme über uns und unsere Kinder!“ (Mt 27,25) Dieser Schrei hat Geschichte gemacht, die jedoch verdeckt, was biblisch damit gemeint ist. Dieses Wort wurzelt in einer biblischen Grundhaltung, aus der auch Jesus handelt. Es ist die Bereitschaft, Verantwortung zu übernehmen.

Wie sehe ich Jesus? Meine Beziehung zu ihm ist von fast dreißig Jahren Jugend- und Sozialarbeit geprägt. Jesus ist es, der Verantwortung übernimmt, um das Leben der Schwachen und der an den Rand Gedrängten zu schützen. Neben dem gekreuzigten wird der irdische Jesus wichtig. Neben dem Lamm Gottes wird der Hirte Gottes wichtig. An die Stelle des Lammes, das leidet und geschlachtet wird, tritt der Hirte, der sein Leben einsetzt für seine Schafe, im Kampf mit den Wölfen. Für die Nachfolge heißt das: Jesus führt uns zuerst in die Rolle des Hirten und der Hirtin und des Apostels, in die Rolle von Menschen, die Verantwortung für die Welt übernehmen. Er weist uns ein in den

Schöpfungsauftrag und sagt: Seid Abbilder Gottes und beendet das Chaos! Nehmt die Welt in die Hand und rettet sie, damit „das Antlitz der Erde“ erneuert werde (vgl. Salzburger Hochschulwochen 1993). Übernehmt Verantwortung für die heutige Welt! Jesusnachfolge macht aus uns nicht Menschen, die sich fast künstlich mit Zöllnern und Dirnen identifizieren müssen und Vergebung brauchen. Durch Jesus sind wir auf der Seite derer, denen vergeben ist und die deshalb Kraft haben zum Arbeiten und die Macht, anderen die Sünden zu erlassen und sie zu führen. Ich gehe nicht sosehr in die Kirche, weil ich mich sündig und kraftlos fühle, ich gehe vielmehr in die Kirche, um Gott zu preisen und ihm dafür zu danken, daß er mich als Mitarbeiter braucht und berufen hat.

Pilatus und das Volk

Diese Grundhaltung – die Fähigkeit und Bereitschaft, Verantwortung zu übernehmen – leuchtet auf im Schrei: „Sein Blut komme über uns und unsere Kinder!“ Schauen wir die Szene an, in welcher der Blutspruch fällt. Dem gefesselten Jesus stehen Pilatus und das Volk gegenüber. Jesus wird beschuldigt, Anführer einer Bewegung gegen den römischen Kaiser zu sein. Er wird ins Prätorium, in den Palast des römischen Statthalters Pilatus, gebracht. In einem gereizten politischen Klima wird Jesus zum Spielball zwischen dem obersten Richter Kajafas mit seinem Anhang aus dem unterdrückten Volk einerseits und Pilatus, dem von Rom zur Leitung der Aufstandsprovinz entsandten Prokurator, andererseits. Pilatus ist der Machtträger, der in Jerusalem die Soldaten des Kaisers befehligt und die Macht hat, ein Todesurteil zu sprechen. Er hatte nicht nur das Recht, er war auch der Typ dazu, wie die antiken Quellen, besonders Josephus Flavius, berichten. Er hat das Morden im unterdrückten Volk so übertrieben, daß er später nach einem Blutbad am Garizim abgesetzt und in die Verbannung nach Gallien geschickt wurde. Dieser Pilatus stellt dem gefesselten Jesus die gefährliche Frage: „Bist du ein König?“ Jesus bekennt: „Ja, ich bin ein König, der König der Wahrheit.“ Wie reagiert Pilatus in dieser politischen Konfrontation? Er weicht aus mit der Allerweltsfrage: „Was ist Wahrheit?“ Er flüchtet aus der menschlichen Begegnung ins Philosophieren. So steht es im Johannesevangelium (Joh 18,38).

Nach dem Bericht des Matthäus rettet sich der mächtige Pilatus in dieser Begegnung mit dem gefesselten Jesus durch Spott und Ironie. Weder sein Gewissen noch die Fürsprache seiner Frau bringen ihn dazu, für das Recht einzutreten und sich für den Verleumdeten stark zu machen. Er hält sich heraus. Spöttisch imitiert er den religiösen Brauch der Händewaschung, den er aus dem täglichen Leben des jüdischen Volkes kennt. Er läßt sich Wasser bringen und wäscht sich vor allen Leuten die Hände und sagt: Ich bin unschuldig an diesem Blut, ich habe damit nichts zu tun (Mt 27,24).

Diesem starken schwachen Mann steht eine kleine Gruppe des jüdischen Volkes gegenüber, die an diesem frühen Morgen von Kajafas, dem Hohenpriester, und einigen Führern zusammengeholt und gegen Jesus aufgehetzt wurde. Diese Führer des unterdrückten Volkes hatten sich dazu entschlossen, Jesus der römischen Besatzungsmacht auszuliefern, weil sie Angst vor der Vernichtung des ganzen Volkes und des Tempels hatten. Das Johannesevangelium unterstreicht, daß Kajafas im „Heiligen Geist" spricht, wenn er die Meinung vertritt, es sei besser, wenn ein einziger Mensch für das Volk stirbt, als wenn das ganze Volk zugrunde geht. Der Hohepriester übernimmt die Verantwortung für die Auslieferung Jesu im „Heiligen Geist". Damit ist allerdings eher Amtsgnade als persönliche Integrität gemeint. Denn seit Herodes dem Großen sind die Hohenpriester Puppen der weltlichen Herren. Sie wurden von Herodes und seinen römischen Nachfolgern nach Belieben ein- und abgesetzt. Sie galten als korrupt und unseriös, was ihre Strategie zeigt. Sie hetzten einen Pöbel auf, sie manipulierten die Menge (Mk 15,11), um Druck auf den römischen Machthaber auszuüben. Sie sind jedenfalls keine Idealisten wie Jesus und die Märtyrer vor und nach ihm. Diese Hohenpriester sind Politiker, die taktieren. Daß ihre Entscheidung im Falle Jesu nicht völlig unbegründet war, sieht man daran, daß etwa dreißig Jahre später die Römer in einer ähnlichen Situation tatsächlich den Tempel zerstört und das unterdrückte Volk in der Aufstandsprovinz um Jerusalem und in Galiläa in die Sklaverei gebracht haben.

Das Ergebnis des Prozesses Jesu ist bekannt. Pilatus, der die eigentliche Macht hat, wird immer ängstlicher und kommt durch diese negative Dynamik zu seinem Fehlurteil. Jesus wird durch die heidnischen Soldaten gegeißelt, als jüdischer König verspottet und verhöhnt. Bei diesem Anblick sagt Pilatus – nach Johannes – weltbewegend: Ecce homo! – So ist der Mensch! Und die Antwort lautet: „Ans Kreuz mit ihm!" Hier hat das schicksalhafte Wort des Matthäusevangeliums seinen Ort: „Sein Blut komme über uns und unsere Kinder!" Es kommt aus dem Mund „des Volkes", so berichtet der Jude Matthäus.

An dieser Stelle sind drei Einsprüche gegen das gängige und verhängnisvolle Verständnis des Blutspruches festzuhalten.

Erstens: Wenn Matthäus vom Volk spricht, klingt das so und wurde oft so verstanden, als ob das ganze jüdische Volk involviert wäre. In Wirklichkeit waren es aber vielleicht nur ein- oder zweihundert Leute, die von einigen Führern, nicht von allen, am frühen Morgen zusammengerufen worden waren, um die Position des Hohenpriesters Kajafas zu unterstützen. Darum hat die Kirche auf dem Zweiten Vatikanischen Konzil erklärt, daß man den Tod Christi „weder allen damals lebenden Juden ohne Unterschied noch den heutigen Juden zur Last" legen kann (*Nostra Aetate,* Nr. 4). Denn was hat die nach der Sederfeier schlafende Stadt Jerusalem, was haben die übrigen Juden im Land, was hat der Großteil der Juden, der in der Diaspora lebte, oder was hat irgendeiner der später geborenen Juden bis heute mit der Hinrichtung Jesu durch Pontius Pilatus zu tun?

Zweitens: Hier gilt das biblische Prinzip aus Dtn 24,16 (vgl. Ez 18), das lautet: Kein Sohn darf für die Sünden der Väter und kein Vater für die Sünden der Söhne bestraft werden. Jeder ist selbstverantwortlich für sein Tun. Die Schuld des Kajafas und seiner Delegation von Führern und der von ihnen manipulierten Menge kann nicht auf andere und nicht auf spätere Generationen übertragen werden. Natürlich meint dieses Prinzip nicht, daß Belastungen aus der Geschichte verdrängt werden sollen. Ich bin vielmehr verpflichtet, mich zu erinnern – mit dem Wissen, daß ich durch die Geschichte gesegnet und belastet bin. Daraus folgt eine besondere Verantwortung, aber keine Schuld. Es gibt keine Kollektivschuld (vgl. Katechismus 597). Weil es Gott und die Vergebung gibt, ist es dem Menschen möglich, die Greueltaten der Geschichte anzuschauen und nicht zu vergessen. Wir können aus der Geschichte lernen und unsere Verantwortung erkennen.

Nach der Differenzierung dessen, was Matthäus mit „Volk" meint, und der Unterscheidung zwischen Schuld und Verantwortung ist der dritte Einspruch zu machen – gegen das traditionelle negative Verständnis des Blutspruchs. Der Blutspruch ist keine Selbstverfluchung des jüdischen Volkes, sondern ein Wort der Verantwortung für ein Menschenleben. Es ist ein in der Bibel geläufiger Ausdruck vollkommener Sicherheit in einer Entscheidung, eine „Bestätigungsformel", wie es der Katechismus der Katholischen Kirche formuliert (ebd., vgl. Apg 5,28; 18,6). In der Bibel ist der Blutspruch mit Noach verbunden. Im Bund mit ihm verlangt Gott „Rechenschaft für das Blut jedes Menschen". Das bedeutet, aus dem Hebräischen übersetzt, für das Leben jedes Menschen. „Denn als Abbild Gottes hat er den Menschen gemacht" (Gen 9,6). Aus dem Noach-Bund lebt Jesus und nimmt uns in diesen Auftrag der Bibel hinein, wenn er uns heißt, die Hungrigen zu speisen, die Sehnsucht der Durstigen zu stillen, die Gefangenen und Kranken zu besuchen, die Obdachlosen aufzunehmen, den Entblößten die Würde zurückzugeben. Wer Verantwortung für ein Leben übernimmt, handelt wie Jesus und begegnet ihm, dem Messias und Weltenrichter, der sagt: „Was ihr dem Geringsten meiner Brüder getan habt, das habt ihr mir getan."

Jedes soziale Engagement ist ein Risiko. „Sein Blut komme über uns und unsere Kinder!" ist eine schwierige politische Entscheidung, deren Folgen in dieser Stunde niemand ermessen kann. Es ist die gleiche dunkle Stunde, in der Jesus handelt und sein Leben hingibt mit den Worten: „Das ist mein Blut, das Blut des Bundes, das für viele vergossen wird zur Vergebung der Sünden" (Mt 26,28). Dieses Wort Jesu und der Schrei der manipulierten Menge haben eine gemeinsame Wurzel. Auf beiden Seiten leuchtet dieselbe biblische Grundhaltung auf, die heißt: Ich übernehme Verantwortung. Kein Mensch kann dem Zufall überlassen werden, schon gar nicht, wenn ihn Not und Ungerechtigkeit bedrängen. Ich muß mich deklarieren, es geht mich etwas an. Das ist das positive Verständnis des Blutspruchs.

Unsere Zeit leidet unter Pontius Pilatus

In der Szene mit dem Blutspruch zeigt sich, daß alle Beteiligten Jesus nahestehen. Trotzdem fragt sich: Wer steht dem gefesselten Jesus näher – der Richter, der mächtige Pilatus, der mit Jesus scheinbar so freundlich umgeht, oder das ohnmächtige Volk, das ihn anklagt? Wer ist Jesus, der sein Blut hingibt, näher – der, der sich aus dem Konflikt heraushält, oder die, die die Konfrontation aufnehmen? Die Verzweifelten und Überforderten oder der Ironische im Spiel mit den Unterdrückten?

Pilatus ist fern von Jesus, weil er verharmlost, die Stellungnahme verweigert und die Verantwortung abschiebt. Er ist feig. Er handelt, wie es viele Richter im Dritten Reich getan haben. Er handelt wie all jene, die die Verantwortung für die Geschehnisse in unserem Jahrhundert verdrängen: zwei Weltkriege, Vernichtung aus rassischen Gründen, Entwertung des Menschen aus wirtschaftlichen Überlebensstrategien,

Erzeugung neuer und großer Randgruppen wie Arbeitslose, Flüchtlinge oder durch Hunger und Krankheit bedrohte Menschen. Mit diesen schrecklichen Geschehnissen, wie wir sie in diesen Tagen in Ruanda sehen, will ein Pilatus nichts zu tun haben.

Nicht zufällig ist Pilatus ins christliche Credo hineingekommen. „Gelitten unter Pontius Pilatus" trifft unsere Weltsituation, auch die Realität im Wohlstand, im Sozialstaat oder in der kirchlichen Institution. Gerade heute leiden die Menschen unter Pontius Pilatus und seiner Lebenshaltung. Das ist das Desinteresse am Schicksal des anderen, die Angst vor dem Fremden und die fehlende Zivilcourage, für Gefesselte, Verleumdete und Schwache die Stimme zu erheben und für sie einzutreten. Pilatus ist nicht der große Feind, er ist vielmehr der ganz Normale, der keine Schwierigkeiten haben will. Er wird durch die Verweigerung seiner Verantwortung schuldig – schuldig auch an den Kindern, die – das ist eine direkte Folge! – keinen Sinn mehr im Leben finden.

Pilatus ist Jesus fern – und doch nahe. Er gehört zu den Zöllnern, Sündern und Heiden, die den Erlöser brauchen und sich nach ihm sehnen. Pilatus gehört auf die Seite der Kranken und Schwachen, für die Jesus gekommen ist und für die er seine Kirche gegründet hat.

Auf der anderen Seite stehen die Brüder Jesu mit ihrem Anführer Kajafas. Sie haben eine Entscheidung getroffen und stehen dazu mit dem Schrei: „Sein Blut komme über uns und unsere Kinder!" Das ist Übernahme von Verantwortung und Identifikation mit Jesus, trotz Konflikt. Sie bestätigen: Das Blut, das vergossen wird, ist unser Blut, die Tat, die begangen wird, ist unsere Tat. Das Unrecht, für das Jesus stirbt, ist unser Unrecht. Der Blutspruch erinnert an die Geschichte und stellt die Frage nach der Verantwortung des jüdischen Volkes und des Pilatus am Schicksal Jesu. Er wird aktualisiert durch das extreme Wort Jesu, der „dieser Generation" – das heißt: jeder Generation! – zuruft: „So wird all das unschuldige Blut über euch kommen, das auf Erden vergossen worden ist, vom Blut Abels, des Gerechten, bis zum Blut des Zacharias, Barachias' Sohn, den ihr im Vorhof zwischen dem Tempelgebäude und dem Altar ermordet habt" (Mt 23,35). Was in Auschwitz und Mauthausen geschehen ist, darf unsere Generation nicht vergessen. Was mit Flüchtlingen und unseren Schubhäftlingen geschieht, jedes Schicksal eines Obdachlosen oder eines Kindes, dem das Recht zu leben nicht gewährt wird – das alles wird über „diese Generation" kommen, ist von unserer Gesellschaft zu verantworten, sagt Jesus. Er konfrontiert uns mit allem Blut, das durch uns Europäer vergossen wurde und wird. Der Blutspruch weckt aber auch die Hoffnung auf Heilungswunder, die nötig sind, um die Straßenkinder Bukarests oder unsere Kinder vom Karlsplatz zu retten. Er erinnert daran, daß es unsere Verantwortung ist, ob Jesu Blut – „vergossen für alle" – vergeblich oder zur Vergebung vergossen wurde.

Fluch und Segen

Die erschütternde Auslegungsgeschichte des Blutspruchs in den ersten christlichen Jahrhunderten ist im Buch „Das Blut Christi und die Juden" von Rainer Kampling dargestellt worden. Ambrosius folgert aus dem Blutspruch, daß die Juden „Satanssöhne" sind. Hieronymus legt Nachdruck auf die Bestrafung der Juden; sie haben wegen ihrer Blutschuld keinen Anteil am Wort Gottes. Der Fluch bleibt ewig auf den Juden. Die bluttrinkenden Juden sind die Gottesmörder, so hat es der Bischof Melito von Sardes formuliert. In diesen Vätermeinungen sind die Quellen für die späteren Ritualmordlegenden grundgelegt, die bis in unsere Zeit hereinreichen. Leo der Große nennt die Juden wegen des Blutspruches „Objekte des Hasses der Menschheit". Sie sind Helfer des Teufels und Mörder. Zu den unheilvollen Folgen der christlichen Auslegungsgeschichte dieses Verses gehört, daß sich die Kreuzritter im 11./12. Jahrhundert als Rächer an der Stelle Gottes verstehen. „Die Auslegung und Kommentierung des Neuen Testaments, wie sie durch die christlichen Jahrhunderte erfolgte, hat nicht unwesentlich dazu beigetragen, antijudaistisch-heidnische Vorurteile zu verschärfen. Ab dem frühen Mittelalter bis in die Neuzeit hat diese Auslegung zu Unterdrückung und Tötung von Juden, zur Vertreibung jüdischer Gemeinden geführt. Aus dieser Sicht ergeben sich Mitursachen für die Möglichkeit von Auschwitz", so schreibt Kardinal König (Entschluß 7–8/1987, S. 3).

Die Blutspur dieser Auslegungsgeschichte wurde erst durch die Neubesinnung nach dem Holocaust unterbrochen. In einem Gebet, das Papst Johannes XXIII. kurz vor seinem Tod formuliert haben soll, wurde Theologie auf wunderbare Weise umgeschrieben: „Wir erkennen nun, daß viele Jahrhunderte der Blindheit unsere Augen bedeckt haben, so daß wir die Schönheit deines auserwählten Volkes nicht mehr sehen und in seinem Gesicht nicht mehr die Züge unseres erstgeborenen Bruders wiedererkennen. Wir erkennen, daß das Kainszeichen auf unserer Stirn steht. Jahrhundertelang hat Abel darniedergelegen in Blut und Tränen, weil wir deine Liebe vergaßen. Vergib uns den Fluch, den wir zu Unrecht aussprechen über den Namen der Juden. Vergib, daß wir dich in ihrem Fleisch zum zweiten Mal kreuzigten."

Dieses Gebet bricht das traditionelle Verständnis des Blutspruches auf. Nicht nur jene, die ihn sprechen, sind unter dem Fluch, sondern auch jene, die es unterlassen haben, an der rechten Stelle dieses Wort der Verantwortung zu sagen. Nicht nur Kajafas ist belastet, sondern auch Pilatus. Es ist heute an der Zeit, sich von der einseitigen Theorie des Fluches zu lösen. Als Schwester oder Bruder Jesu erfahren wir Segen, wenn wir Verantwortung für eine blutige Geschichte übernehmen und daraus lernen.

Eine Kirche der Starken

Der Christ ist ein „Richter“ dieser Welt. Er hat die Welt auszurichten und dem Menschen Orientierung zu geben. Dazu sind wir reingewaschen, geheiligt und gerecht geworden im Namen Christi, des Herrn, und im Geist unseres Gottes, so sagt es Paulus den Korinthern (1 Kor 6). Der Christ ist Verantwortungsträger. Nach dem Willen Jesu ist der Christ in seiner Rolle heute eher mit einem mächtigen Manager zu vergleichen, der Entscheidungen zu treffen hat, als mit einem Sozialfall oder Sozialhilfeempfänger in unserer Gesellschaft. Jesus hat in die Kirche nicht die Schwachen, Kranken und Sünder berufen, damit sie Verantwortung übernehmen, sondern Gesunde und Starke. Er hat eine Elite gebildet, die für die Kranken und Sünder da ist.

Paulus hat den Satz gesagt „Wo ich schwach bin, bin ich stark“, und trotzdem hätte gerade er, der Apostel, auch umgekehrt sagen können: Wo ich stark bin, bin ich Jesus nahe. In diesem Gegensatz ist eingeschlossen, daß wir alle, wenn wir alt, krank und ohnmächtig werden, hoffen dürfen, von dieser christlichen Gemeinde getragen zu werden. Wir begegnen nicht nur dem gekreuzigten und auferweckten Jesus. Er hilft uns auch, wenn wir seinen Jüngerinnen und Jüngern begegnen, die heute als Verantwortungsträger den Raum des Heiles öffnen und seine Gemeinde aufbauen.

Die Kirche der Zukunft ist eine Kirche der Starken, jener Gesunden, die bereit sind, ihre Kraft und ihre Fähigkeiten, auch ihr Geld in den Dienst des Reiches Gottes zu stellen. Die fähig und bereit sind, sich für den Ausgleich zwischen arm und reich einzusetzen, für Gerechtigkeit und gegen Mißbrauch der Macht zu kämpfen. Die Kirche lebt von Menschen, die in Konflikten Verantwortung übernehmen, auch auf die Gefahr hin, daß sie sich die Finger verbrennen, angefeindet werden und so am Schicksal des Herrn Anteil bekommen. Das ist die Grundbotschaft Jesu.

Nun mag man das Wort Jesu entgegenhalten: „Ich bin nicht gekommen für die Gesunden und für die Gerechten, sondern für die Kranken und Sünder" (vgl. Mt 9,12f). Daraus folgt aber gerade nicht, daß er eine Gemeinschaft bilden will, die aus Kranken und Sündern besteht, sondern er braucht eine starke Gemeinschaft von Ärzten, Richtern, Lehrern und Politikern; er braucht Vorbilder und Leitfiguren, um den Sündern und Kranken in unserer Gesellschaft einen Platz und Hilfe geben zu können. Er will, daß sich junge und begabte Leute um die Straßenkinder in Bukarest oder um die Schlüsselkinder der Wohlstandsgesellschaft kümmern. Jesus beruft und ermächtigt zum Heilen, er gibt den Schutz des Therapeuten und verleiht ein Selbstbewußtsein, so daß die, die ihm nachfolgen, stolz und dankbar sagen können: Wir sind Mitarbeiter Gottes! Dieses Selbstbewußtsein habe ich auf dem Gesicht vieler junger Menschen aufleuchten sehen, wenn sie mit dem Canisibus „in durchwachten Nächten" (2 Kor 6,5) zu den Obdachlosen gefahren sind. Wenn sich ein Schüler um einen Klassenkameraden gekümmert hat, der einsam und suizidgefährdet war. Wenn Jugendliche auf die Seite des Gastgebers treten und andere einladen, mit ihnen zusammen Gottesdienst zu feiern. Diese jungen Christen, letztlich auch Ordensfrauen, Ordensmänner und Priester kommen aus der Gruppe derer, die – um im Bild zu bleiben – zum Managerberuf geschaffen sind, und nicht aus dem Pool der Sozialfälle und Hilfsbedürftigen.

Selbstbewußt und entscheidungsfähig

Den Paradigmenwechsel von einer Sünder- zu einer Verantwortungschristologie, in der sich der Christ als Berufener und Erwählter sieht und nicht als Sünder und Kranker, möchte ich durch eine persönliche Erfahrung nahebringen, die mit Paulus und seinem Gebrauch des Blutspruches verbunden ist. Ich habe begonnen, in der Messe nach der Wandlung zu beten: „Sein Blut komme über uns und unsere Kinder!" Diese Antwort will ich geben, wenn ich das unfaßbare Entgegenkommen Jesu höre: „Das ist mein Blut, das für euch und für alle vergossen wird zur Vergebung der Sünden." Sollte dieses Blut nicht über uns und unsere Kinder kommen?! Die Teilhabe an diesem Blut führt mich an die Grenzen der guten Gesellschaft und ermächtigt mich zur Sozialarbeit.

Wenn Paulus vom Blut, das heißt biblisch vom Leben des Menschen spricht, denkt er an seine Verantwortung für die anderen und nicht an die drohende Hingabe seines Lebens, des eigenen Blutes. Der Umgang des

Paulus mit dem Blutspruch ist in der Apostelgeschichte deutlich geschildert bei der Gemeindegründung in Korinth. Paulus kommt in die Stadt und hat das Glück, daß ihm das jüdische Ehepaar Priszilla und Aquila, Vertriebene aus Rom, die Möglichkeit bietet, seinen Beruf als Zeltmacher auszuüben und seinen Lebensunterhalt zu verdienen. Am Sabbat betet er in der Synagoge und gibt Zeugnis für Jesus und seine Anliegen. Das führt ihn wie so oft schon in den Konflikt innerhalb der Synagoge, der verkürzt in der Frage liegt: Ist seine Hochschätzung der Griechen richtig, indem er sie in Jesus als gleichwertig erwählt wie die Juden betrachtet? Oder haben die anderen recht, die die jüdische Gemeinde in Korinth als Minorität abgrenzen und die eigene Würde und Verantwortung betonen? Als Paulus in diesem Konflikt angegriffen und beschimpft wird, schüttelt er seine Kleider aus und sagt den Blutspruch: „Euer Blut komme über euer Haupt! Ich bin daran unschuldig. Von jetzt an werde ich zu den Heiden gehen" (Apg 18,6). Paulus verurteilt die Synagoge nicht und redet schon gar nicht von ihrer Schwäche und Schuld, er handelt vielmehr wie Jesus. Er fällt eine Entscheidung durch den Blutspruch. Er ändert seinen Weg und nimmt neue Verantwortung auf sich. Er geht zu den Heiden.

Paulus ermutigt mich, mein Gebet und meine Arbeit auf die Verantwortungsübernahme zu konzentrieren. Wie Paulus in Korinth möchte ich mit dem Blutspruch immer wieder Verantwortung übergeben und zusprechen und, wo die Not am größten ist, neu übernehmen. „Sein Blut komme über uns und unsere Kinder!" ist zu meinem Gebet geworden.

Der sogenannte Blutspruch wird auf viele Weisen lebendig. „Sein Blut komme über uns und unsere Kinder!" Wenn ich diese Worte heute spreche, dann gestehe ich Schuld ein, und ich nehme Verantwortung wahr. Viel mehr aber gilt er noch für meine Schützlinge, ihnen eröffnet der Blutspruch Chancen, wenn sie ihre Schuld und Verantwortung erkennen und nicht andere für ihr Schicksal verantwortlich machen. Dazu ein Beispiel: Vor Jahren bin ich in Wien dem 19jährigen Wolfgang begegnet. Wegen Diebstählen war er im Gefängnis. Durch eine Bewährungshelferin hatte er vom Jugendhaus der Caritas gehört, als er auf der Straße stand. Verwahrlost kam er zu uns. Im Notquartier hat er sich zuerst richtig ausgeschlafen, nach der Dusche und mit neuen Kleidern ist sein Lebenswille wieder erwacht. Was sollte er tun? Er war jung und kräftig, er brauchte eine Beschäftigung. Zunächst hat er im Haus beim Putzen mitgeholfen, als nächsten Schritt haben wir mit ihm eine Arbeitsstelle gesucht und endlich gefunden. Aber schon nach drei Tagen hat er aufgegeben, weil ihm der Chef nicht gepaßt hat. Bei der nächsten Arbeitsstelle flog er ebenso schnell hinaus, weil er wieder gestohlen hatte. Wir haben viel probiert, trotz allem Druck hielt er keine Arbeit durch. Auch im Haus wollte er nicht mehr mithelfen. Und Alkoholexzesse häuften sich. In langen Gesprächen brachte er seine Abstürze und Mißerfolge immer irgendwie in Zusammenhang mit Erlebnissen seiner schrecklichen Kindheit – Scheidung der Eltern, geprügelt vom Vater, dann Heime und schlechte Freunde. Wolfgangs Seele mußte viele Wunden haben. Es war nicht schwer, für ihn Verständnis zu haben. Trotzdem ist mir einmal der Kragen geplatzt, als er wieder irgend jemanden für sein Unglück verantwortlich gemacht hatte. Ich weiß noch genau: diesmal war „die Gesellschaft" schuld. Soviel Fachwissen hatte er von Sozialarbeitern, die ihn betreut hatten, schon mitbekommen. Ich schrie ihn an: „Nein, nicht die Gesellschaft ist schuld, du bist schuld!" Dieser Ausbruch gab unserer Freundschaft eine neue Richtung. Langsam wurde klar, er kommt aus dem Teufelskreis des Versagens nur heraus, wenn er lernt, seine eigene Schuld zu sehen und nicht nur die der andern. Nur wenn er selbst Verantwortung für sein Leben mit all seinen Ungerechtigkeiten übernimmt, tut sich ihm eine Zukunft auf und findet er die Kraft, sich aufzurichten. Dazu mußte er gleichsam auf die andere Seite treten und aufhören, sich nur als Opfer zu fühlen. Das Wort „Du bist schuld" war für Wolfgang die entscheidende Herausforderung, aus seinem Leben etwas zu machen. Das bedeutet nichts anderes, als einzuschwingen in das Wort: „Sein Blut komme über uns und unsere Kinder!" Die Verantwortungsübernahme für eine belastete Kindheit und ein gescheitertes Leben habe ich oft als Wendepunkt im Schicksal von schwierigen Jugendlichen erlebt und als Stufe zu einer tieferen Freundschaft.

Wo werde ich am meisten gebraucht?

Die jesuanische Verantwortungsübernahme hat auch Konsequenzen für das Kirchenverständnis. Ich möchte es heute, am Festtag des hl. Ignatius von Loyola, mit einer Episode aus seinem Leben zeigen. „Als ihn zum erstenmal die Idee, in einen Orden einzutreten, überkam, spürte er zugleich in sich das Verlangen, einen heruntergekommenen und kaum reformierten Orden zu wählen. Denn der Eintritt in einen Orden sollte für ihn den Sinn haben, mehr Gelegenheit zu finden, Leiden zu ertragen. Auch dachte er daran, daß Gott vielleicht dadurch den übrigen Ordensmitgliedern eine Hilfe anbieten wolle. Und Gott schenkte ihm eine große Zuversicht, daß er alle Anfeindungen und Kränkungen, die man ihm zufügen würde, sehr wohl aushalten könne" (*Bericht des Pilgers,* 71). So schreibt Ignatius selbst. Er sucht kein Kloster und keine Kirche, die problemlos sind und die ihm ein angenehmes Leben verheißen. Er will nicht gepflegt werden, sondern arbeiten und sich in Probleme hineinbegeben. Er fragt, wo er am meisten gebraucht wird. Aus diesem Wunsch resultieren seine Zuversicht und Energie, die ihn später zur Ordensgründung gebracht haben. Nicht wer fragt, wo ist es am schönsten und besten, nur wer fragt, wo werde ich am meisten gebraucht, kann Jesuit werden oder findet seine Berufung in der Kirche. Ich möchte sogar sagen: Nur wenn ich Verantwortung übernehme, finde ich das Glück.

Deshalb möchte ich gerade der Jugend den Blutspruch als Leitmotiv geben. Nimm das Blut Jesu an, der mit der Kirche und ihren Grenzen leidet, der in allen Armen und Ausgestoßenen bei uns ist, der dich braucht und deine Bereitschaft zu sagen: „Dein Blut ist mein Blut. Dein Blut komme über uns und unsere Kinder!" Ich möchte den Jugendlichen sagen: Dann erlebst du deine eigene Größe. Dann spürst du, was Gnade ist. Dann hast du die Hoffnungskraft, die diese Welt zum Frieden hin ändern kann. Du erlebst keine blutleere Kirche, sondern eine Kirche mit Konfliktkultur, eine Kirche, die lebt – aus dem Blut Jesu.

Wer ist ein Erlöser?

Wie Jesus Verantwortung zu übernehmen für das Blut des Menschen, für ein Leben oder in einer Ungerechtigkeit, das bedeutet, auf seine Seite zu treten und an der Erlösung mitzuwirken. Jesus ist der Erlöser, der Löser, der Goël.

Was meint dieser Titel? Ich erinnere an die biblische Geschichte von Rut, einer Heidin. Rut ist bereit, ihre Schwiegermutter, die jüdische Witwe Noomi, bei der Rückkehr nach Betlehem zu begleiten. Sie, selbst auch Witwe, begegnet beim Ährenlesen dem Landbesitzer Boas, sie schläft auf Rat ihrer Schwiegermutter zu seinen Füßen. Boas denkt an seine Verpflichtung als Verwandter, mit ihr die Schwagerehe einzugehen, die Verpflichtung des Erlösers, des Goël, zu übernehmen. Er heiratet Rut und gibt damit der jüdischen Witwe Noomi wieder eine Heimat im eigenen Volk. Das ist eine wichtige Verbindungsstelle zwischen Christentum und Judentum, da die Heidin Rut die Urgroßmutter König Davids ist und zum Stammbaum Jesu gehört (Mt 1). Die Verantwortung für Familienmitglieder über alle Volks- und Herkunftsgrenzen hinweg ist hier festgemacht.

Die Ehrfurcht vor dem Leben, das von dem einen Gott kommt, verpflichtet Boas, den Löser, zur familiären Verantwortung, zur Verantwortung für die Heidin Rut, die sich integrieren will. Sie verpflichtet auch für die folgenden Generationen, wie es der Blutspruch durch die Nennung der Kinder betont. Jesu und unser Blut, sein und unser Leben komme über uns und über unsere Kinder! Häufig und zentral in der Bibel finden wir die Aussage, daß Gott bis ins dritte oder vierte Geschlecht straft, gleichzeitig aber, daß er der Vergebende ist (z. B. Ex 34,6–7). Es ist eine realistische Aussage, daß die Sünden der Väter bis zur dritten Generation Belastung sind. Dies wird aber erst dann ins rechte Licht gerückt, wenn die andere Aussage gehört wird, daß die Befreiung und Erlösung nur wegen der Kinder und auf sie hin geschehen ist. „Eure Kinder aber, von denen ihr gesagt habt, sie würden eine Beute der Feinde werden, sie werde ich in das Land der Verheißung bringen“ (Num 14,31). Das ist das Motto unseres Straßenkinderprojekts in Rumänien. An dieser Stelle soll daran erinnert werden, daß Israel von römischen Dichtern deswegen verspottet wurde, weil Tötung von Kindern, einschließlich der Abtreibung, als größtes Greuel galt. Gott hat das Recht auf Leben für jedes Kind durch die Symbolhandlung an Isaak und Abraham dokumentiert, während es in der hellenistischen Umgebung im Ermessen der Großfamilie lag, ob man ein neugeborenes oder neuempfangenes Kind umbringt oder aufzieht.

Wenn wir das Wort „Sein Blut komme über uns und unsere Kinder!“ mit Jesus und seinem Volk biblisch verstehen, führt es uns den Weg der Erlösung durch die Verantwortungsübernahme. Im Blick auf die Kinder ist dann zu fragen: Welche Rolle geben wir den Jugendlichen in unserer Gesellschaft? Was erwarten wir von der kommenden Generation? Trauen wir denen, die nach uns kommen, etwas zu? Lassen wir uns überraschen? Ahnen wir, daß Gott mit ihnen etwas vorhat?

Nicht nur die Kinder, die Familie, unsere ganze Welt und Gesellschaft brauchen den Löser. Wo immer menschliches Blut vergossen wird, darf nicht geschwiegen werden. Nach der Heiligen Schrift kann nur der Verwandte oder Mitbetroffene von der Schuld lösen und vergeben. Wenn er es tut, trägt er den gleichen Titel wie Gott und Jesus, nämlich den Titel Erlöser, Retter, Befreier, Goël.

Ich denke da an meinen Freund K. W. Er wurde vor Jahrzehnten unschuldig verurteilt. Wegen eines Mißverständnisses – es ging um ein ver- oder entwendetes Fahrrad – kam er ins Gefängnis, wo sein Abstieg begonnen hat. Insgesamt wurden es über zwanzig Jahre Gefängnis. Heute als alter und kranker Mann entschuldigt er den Richter, er habe nur seine Pflicht getan und es nicht besser verstanden. Er hat auch Verständnis für seine Eltern, die in der schwierigen Zwischenkriegszeit überfordert waren und deshalb die Kinder verlassen haben. Und von sich sagt er selbstkritisch, daß er da jeweils Dummheiten gemacht hat. Er hat ein gutes und aufbauendes Wort für jeden, er ist ein Freund und für mich ein Mystiker, wenn er den „Spruch des Tages“ schreibt und verschenkt. Für heute hat er mir das Wort mitgegeben: „Sporschill, erfülle deine Mission mit Liebe, und du wirst viel Erfolg haben und in deinem Glauben reich belohnt werden. So sprach er: Dein Freund K. W.“ Er ist ein Erlöser, weil er vergeben hat und so Selbstbewußtsein gewonnen hat.

„Sein Blut komme über uns und unsere Kinder!“ heißt, Verantwortung zu übernehmen. Das ist nichts Großartiges und Bewundernswertes, sondern schlichte Klugheit. Wir brechen unser eigenes Ghetto und die Sinnlosigkeit auf, wenn wir nicht nur die lieben, die uns schon mögen (vgl. Lk 6,32).

Verantwortungsübernahme macht uns reich. Wie arm wäre ich ohne meine Straßenkinder in Bukarest, ohne meine Freunde auf der Straße, ohne die Jugendlichen, die auf der Suche sind, süchtig und sehnsüchtig! Ohne die Freunde und MitarbeiterInnen, auf die man in diesem Einsatz trifft! Ich sehe auch keinen Zufall darin, daß viele junge Leute im Einsatz an den Grenzen Feuer fangen. Ich selbst erlebe Caritas nicht nur als Hilfe für die Armen, sondern als Selbsthilfe für mich und für uns, die Reichen. Gegen ein selbstloses Christentum möchte ich ein selbstbewußtes Christentum propagieren, das Verantwortung im Namen Jesu übernimmt. Auf diesem Weg können wir und unsere Kinder Ängste und Feindbilder abbauen, echte Beziehungen stiften und Idealismus wekken. In der biblischen Grundhaltung der Verantwortungsübernahme wissen wir uns mit Jesus verbunden – im Leben und im Tod.

Eberhard Jüngel

DER HISTORISCHE JESUS – EINE GESAMTSCHAU

Vorbemerkung: Der nachfolgende Text gibt die bei den Salzburger Hochschulwochen gehaltenen Vorträge *auszugsweise* wieder. Er stellt keine eigens für diese Publikation erstellte Kurzfassung dar.

Der Grund der Frage nach dem irdischen Jesus

Der christliche Glaube lebt davon, daß Jesus Christus lebt. Daß Jesus Christus lebt, das gilt freilich in einem ganz besonderen Sinne. Das Wort „leben" hat eine besondere Bedeutung, wenn wir von Jesus Christus behaupten: er lebt. Denn es duldet ja keinen Zweifel, daß die Person, von der das behauptet wird: „sie lebt", vor nunmehr fast 2000 Jahren *gestorben* ist: „... unter Pontius Pilatus gekreuzigt, gestorben und begraben." Behaupten wir von dieser Person, daß sie lebt, dann behaupten wir das, weil wir glauben, daß sie auferstanden ist von den Toten. Sie lebt nun nicht mehr in der Begrenzung durch einen Anfang und ein Ende, durch Geburt und Tod. Von den Toten auferstanden lebt sie vielmehr so wie Gott, existiert sie in der Weise Gottes. Mit diesem Glauben an die Auferweckung des Gekreuzigten steht und fällt das Christentum. Denn in dem Glauben an die Auferweckung des Gekreuzigten hat der Glaube an Jesus als den Christus seinen *Grund*.

Daß Gott den irdischen Jesus zum Christus gemacht hat (Apg 2,36), daß der Mensch Jesus von Nazareth als Sohn Gottes geglaubt, bekannt und verehrt wird, das ist nach ältester christlicher Überlieferung im Ereignis der Auferweckung Jesu durch Gott begründet. Schon Paulus zitiert (Röm 1,3f) eine Formel, dergemäß es das Ereignis der Auferstehung von den Toten ist, durch das Jesus als Sohn Gottes „eingesetzt" („definiert") worden sei. Doch wozu bedarf es dann noch der Erinnerung an das diesem Ereignis vorangehende irdische Leben Jesu? Würde es nicht näherliegen, seine Auferstehung als Befreiung von der Last des irdischen Lebens zu feiern und das Erdenleben des derart Erhöhten dem Vergessen zu überlassen? Würde es nicht näherliegen, mit Friedrich Schiller zu vermuten, daß

„... der Gott, des Irdischen entkleidet,
flammend sich vom Menschen scheidet
und des Äthers leichte Lüfte trinkt.
Froh des neuen ungewohnten Schwebens
fließt er aufwärts, und des Erdenlebens
schweres Traumbild sinkt und sinkt und sinkt"?

In Korinth hat man die Auferstehung Jesu so oder ähnlich mißverstanden: als Abstoßung des allemal peinlichen Erdenlebens. Doch Paulus hat im scharfen Gegensatz zu solchem Enthusiasmus den Auferstandenen als Gekreuzigten verkündigt. Und die Evangelien haben die Aufmerksamkeit der christlichen Gemeinden mit Bedacht zurückgelenkt auf das irdische Leben des Auferstandenen. Wir folgen ihrem Wink. Will man Jesus Christus kennenlernen, dann muß man verstehen, warum gerade dieser Mensch, warum gerade Jesus von Nazareth von Gott „zum Christus gemacht" wurde. Unsere Aufmerksamkeit gilt deshalb dem irdischen Leben dieses Menschen.

Das Bekenntnis zur Auferweckung Jesu von den Toten führt zweifellos über das irdische Leben Jesu hinaus. Aber es führt uns zugleich in das irdische Leben Jesu zurück. Es setzt dieses Leben als gelebtes und durch den Tod beendetes Leben voraus. Aber es setzt nun eben genau *dieses* (und nicht irgendein anderes) Leben voraus. Das Bekenntnis zur Auferweckung Jesu von den Toten hat nur dann eine konkrete Bedeutung, wenn die Person, die da von den Toten auferstanden sein soll, irgendwie bekannt ist, wenn sie historisch identifizierbar ist. Insofern nötigt der Glaube an den Auferstandenen zur Rückfrage nach dem irdischen Jesus und nach dem, was wir historisch von ihm wissen können. Der österliche Glaube an Jesus als den Christus muß am irdischen Jesus selbst einen *Anhalt* haben, wenn dieser Glaube nicht ein vagierender Messiasglaube sein soll, der sich bei jeder x-beliebigen Person festmachen kann. Die österliche Gewißheit, daß Jesus Christus in *neuer Weise lebt,* so lebt, daß sein Leben nicht mehr veralten kann, diese österliche Gewißheit bedarf der Erinnerung an das gelebte irdische Leben Jesu. Wir haben deshalb zu fragen: Wer war Jesus? Wie verstand Jesus sich selbst, und wie wurde er von seinen Mitmenschen verstanden?

In den folgenden Vorlesungen soll diese Frage zu beantworten versucht werden, und zwar aufgrund der einschlägigen neutestamentlichen Quellen, also vor allem aufgrund der synoptischen Evangelien, in denen man durch historisch-kritische Analyse das Selbstverständnis des irdischen Jesus zu identifizieren versuchen muß. Daß es sich dabei – wie bei allen historischen Urteilen – immer nur um Wahrscheinlichkeitsurteile handelt, gehört zum Wesen historisch-kritischer Forschung.

Ich setze ein, indem ich zunächst den Eindruck zu charakterisieren versuche, den Jesus auf seine Mitmenschen gemacht hat.

Jesu irdische Geschichte als Novum

Das Allgemeinste, was sich über den Eindruck Jesu auf seine Mitmenschen sagen läßt, ist die lapidare Feststellung, daß Jesus ein Mensch war, der das Leben seiner Mitmenschen mit elementarer Gewalt unterbrochen hat und ihm eine neue Richtung und Ausrichtung gegeben hat: eine Ausrichtung auf Gottes Herrschaft und Reich, auf die kommende βασιλεία τοῦ θεοῦ. Und indem er dies tat, fiel dieser Mensch sozusagen aus dem Rahmen.

Daß Jesus in seiner irdischen Geschichte aus dem Rahmen dessen fällt, was man nicht nur im Zusammenhang *politischer* Wertordnungen und Lebensordnungen, sondern auch im Zusammenhang der Wert- und Lebensordnungen der *religiösen* Wirklichkeit für angemessen und üblich zu halten pflegt, haben die synoptischen Überlieferungen unter verschiedenen Aspekten dargestellt. Für den historischen Jesus läßt sich aus dem synoptischen Traditionsgut mit einem Höchstmaß an Wahrscheinlichkeit rekonstruieren, daß er den ganzen Wirklichkeitszusammenhang der bestehenden Welt von dem kommenden Reich bzw. der kommenden Herrschaft Gottes in Frage gestellt sah. Jesus hat diese βασιλεία unmittelbar auf seine eigene Gegenwart bezogen. Sie kommt jetzt und ist in ihrem Kommen mit der Person dessen, der ihr Kommen verkündigt, unmittelbar verbunden. In der stilisierten Zusammenfassung der Predigt Jesu Mt 4,17 (par. Mk 1,15): „Kehrt um! Denn das Himmelreich ist nahe“ kommt zum Ausdruck, daß das von Jesus verkündigte Kommen der Basileia die Wirklichkeit der Welt so verändert, daß nicht die Fortsetzung des bisherigen Lebenszusammenhanges, sondern dessen Umkehrung geboten erscheint. Dabei muß Jesu Botschaft von der Gottesherrschaft als ein schlechthinniges Novum gewirkt haben: „Das Gesetz und die Propheten galten bis zu Johannes! Von da ab wird die Gottesherrschaft verkündigt“ (Lk 16,16). Die einzelnen Logien Jesu artikulieren immer wieder, daß jetzt etwas geschieht, was im bisherigen Zusammenhang der Welt nicht vorkam. „Heil den Augen, die sehen, was ihr seht! Denn ich sage euch: Viele Propheten und Könige wollten sehen, was ihr seht, und haben es nicht gesehen, wollten hören, was ihr hört, und haben es nicht gehört“ (Lk 10,23f).

Man kann nach dem Selbstverständnis Jesu offensichtlich in seiner Wirksamkeit die Gottesherrschaft als jetzt kommend erfahren. „Wenn ich mit dem Finger Gottes Dämonen austreibe, ist dann nicht die Gottesherrschaft zu Euch gekommen?“ (Lk 11,20) Was ist das, was da kommt und was auf diese Weise kommt?

Jesu Rede vom *Kommen* der Gottesherrschaft besagt, daß da etwas zur Welt kommt, was schlechterdings nicht zu ihr gehört, was vielmehr nur als *Einbruch* oder elementare *Unterbrechung* des Weltzusammenhanges erfahren werden kann. Das ist dann wohl auch einer der Gründe dafür, daß Jesus vom Kommen der Gottesherrschaft genauerhin in *Gleichnissen* geredet hat. Bedeutet das Kommen der Gottesherrschaft einen Einbruch oder eine elementare Unterbrechung des Weltzusammenhanges, dann kann *die Rede* vom Kommen der Gottesherrschaft nicht direkt und unmittelbar, sondern nur indirekt und mittelbar an die Wirklichkeit der Welt anknüpfen. Im Zusammenhang der Weltwirklichkeit ist Gottes Herrschaft nur als Gleichnis aussagbar. Im Gleichnis ist sie allerdings selber da. Im Gleichnis kommt die Gottesherrschaft als Gleichnis nicht nur zur Sprache, sondern zur Welt. Das wird noch genauer auszuführen sein.

Zunächst halten wir fest: Die Welt wird gerade dadurch, daß die Gottesherrschaft kommt, elementar unterbrochen – so wie das Dunkel der Nacht vom Blitz unterbrochen wird: „Ich sah den Satan vom Himmel fallen wie einen Blitz“ (Lk 10,18). Wie ein Blitz wird auch der Menschensohn kommen, den Jesus an seine eigene Wirksamkeit gebunden weiß (Lk 17,24 par. Mt 24,27; vgl. Mk 8,38 par.). Die Weltwirklichkeit wird von dem, was im Ereignis des Kommens der Gottesherrschaft geschieht, so unterbrochen, wie das Leben und die Ordnung in einem Hause durch den in es einbrechenden Dieb elementar unterbrochen werden: „... keiner kann in das Haus eines Starken eindringen und es plündern, wenn er nicht zuvor den Starken gebunden hat“ (Mk 3,27).

Das zuletzt apostrophierte Logion macht ebenso wie das Logion vom Sturz des Satans aus dem Himmel (Lk 10,18) und das Logion vom Austreiben der Dämonen (Lk 11,19) deutlich, daß Jesus (wie seine Zeitgenossen) den Wirklichkeitszusammenhang der Welt als einen Herrschaftszusammenhang auffaßte, der durchgehend durch die Mächte des Verderbens beherrscht wird. Eben diesen Herrschaftszusammenhang zerreißt die von ihm als jetzt kommend angesagte Gottesherrschaft. So kann sich mit der Vision des wie ein Blitz vom Himmel fallenden Satans die Verheißung an die Jünger verbinden: „Siehe, ich gebe Euch Macht, auf Schlangen und Skorpione zu treten, und (Macht) über die ganze Gewalt des Feindes, und nichts kann er Euch zuleide tun“ (Lk 10,19). Weil diese Macht in den Herrschaftsbereich der Mächte des Verderbens einbricht, deshalb wird die Zeit des Fastens und des Trauerns jäh beendet. „Die Jünger des Johannes und die Pharisäer fasteten viel; und es kamen einige, die sprachen zu ihm: Warum ... Deine Jünger nicht? Und Jesus sprach zu ihnen: Wie können die Hochzeitsgäste fasten, während der Bräutigam bei ihnen ist? Solange der Bräutigam bei ihnen ist, können sie nicht fasten. Es wird aber die Zeit kommen, daß der Bräutigam von ihnen genommen wird; dann werden sie fasten an jenem Tage“ (Mk 2,18–20). Jetzt aber ist die Fasten- und Trauerzeit unterbrochen. Jetzt ist die Zeit der Freude und des eschatologischen Jubels. „Mit der Gottesherrschaft verhält es sich wie mit einem Schatz, der in einem Acker vergraben war. Es fand ihn einer und verbarg ihn und ging hin *in seiner Freude*, verkaufte alles, was er hatte, und kaufte den Acker“ (Mt 13,44). Weil die Gottesherrschaft jetzt an der Zeit ist und von denen, die Augen haben zu sehen, entdeckt werden kann, bricht Jesus selbst in eschatologischen Jubel aus. „In jener Stunde jubelte Jesus (im heiligen Geist) und sprach: Ich preise Dich, Vater, Herr des Himmels und der Erde, weil Du dies den Weisen und Klugen verborgen hast und hast es den Unmündigen offenbart. Ja, Vater ...“ (Lk 10,21 par. Mt 11,25f).

So also ist Jesus aufgetreten: als *große Störung* innerhalb der ihren Lauf nehmenden Welt, als *elementare Unterbrechung* des gewohnten Ganges der Dinge. Man hat mit Recht von dem „ausgesprochen *revolutionären* Charakter seines Verhältnisses zu den in seiner Umgebung gültigen Wertordnungen und Lebensordnungen“ gesprochen, der sich „um so schärfer“ bemerkbar machte, als „er nicht etwa von prinzipieller, systematischer Art war“, so daß nun eine alte Ordnung durch eine neue ersetzt, ein neues Programm an die Stelle eines alten treten würde, neue Institutionen an die Stelle alter Institutionen gesetzt würden. Nein, „Jesus war in keinem Sinn ein Reformer, der sich jenen Ordnungen gegenüber für andere einsetzte ... Er vertrat, verteidigte und verfocht kein Programm: weder ein politisches noch ein wirtschaftliches, noch ein moralisches, noch ein religiöses, weder ein konservatives noch ein fortschrittliches. Er machte sich bei den Vertretern aller solcher Programme, ohne daß er eines von ihnen besonders bekämpfte, gleich verdächtig und mißliebig. Er stellte – und das war das tief Beunruhigende seiner Existenz nach allen Seiten – *alle* Programme, *alle* Prinzipien in Frage. Und er tat das zunächst einfach damit, daß er jenen Ordnungen gegenüber ... eine merkwürdige ... *Freiheit* hatte und an den Tag legte."[1]

Diese merkwürdige Freiheit – Karl Barth nennt sie seine „königliche Freiheit"[2] – bricht offensichtlich mit der Gottesherrschaft in die geordnete, gerade auch unter der Herrschaft der Mächte des Verderbens in bestimmter Hinsicht überaus geordnete Welt ein und steht nun in der Person des Verkündigers der Gottesherrschaft vor den Augen der erstaunten, ja entsetzten Umwelt provozierend da. Die synoptische Überlieferung hat mit einer Reihe von Kennzeichnungen der Reaktionen auf sein Auftreten sicherlich historisch zuverlässige Notizen wiedergegeben – Kennzeichnungen, die zum Ausdruck bringen, daß man diesen Mann, seine Botschaft und sein Verhalten schlechterdings *nicht einzuordnen* vermochte. „Die Beschreibungen seines Auftretens könnten die der Wirkungen eines Erdbebens oder einer anderen Naturkatastrophe sein: ἐθαύμαζον [sie wunderten sich], ἐθαμβήθησαν" [sie erschraken, entsetzten sich], ἐξεπλήσσοντο [sie gerieten außer sich], ἐφοβήθησαν [sie ergriff Furcht] liest man immer wieder."[3] Insbesondere die Wundertaten Jesu und der mit ihnen verbundene Anspruch, daß sich in seinem Tun die Gottesherrschaft verwirkliche, sind mit Notizen über solche Reaktionen eine feste Verbindung eingegangen: „Und sie entsetzten sich alle (ἐθαμβήθησαν ἅπαντες), so daß sie sich untereinander erkundigten und sprachen: Was ist das? Eine διδαχὴ καινὴ κατ' ἐξουσίαν [neue Lehre in Vollmacht]" (Mk 1,27).

Gerade solche am eigenen Leibe erfahrene Wirkung Jesu aber unterstreicht, daß er als die große, radikale Unterbrechung des so oder so geordneten, so oder so beherrschten Wirklichkeits- und Lebenszusammenhanges da war. Sein Dasein unterbricht das ihre. Er bringt sie durch seine Wirksamkeit – die deutsche Sprache bietet einen präzisen Ausdruck dafür an – aus der Fassung, er macht sie fassungslos, ganz egal, *welche* Fassung sie bisher hatten.

Gefaßt sein heißt: sich selbst in der Gewalt haben. Fassungslos werden heißt dementsprechend: sich selbst nicht mehr in der Gewalt haben, die Gewalt über sich selbst verlieren. Jesus macht seine Mitmenschen offensichtlich in dem Sinne fassungslos, daß *ein anderer* über sie Gewalt erlangte. Wir können auch sagen: Die Mitmenschen Jesu erfuhren sich in ihrem bisher gelebten Wirklichkeits- und Ordnungszusammenhang als durch ihn Verrückte, als durch ihn in einer höchst beunruhigenden Weise ver-rückt Gemachte. Sie waren sozusagen hin und her gerissen, waren im wohlverstandenen Sinne *und* im mißdeutbaren Sinne des Wortes durch ihn ver-rückt worden.

Was lag da näher als der Versuch, den Urheber solcher Ver-rücktheit, also Jesus selber als eminent Verrückten zu begreifen und eben dadurch den ganzen befremdlichen Vorgang, der sich zwischen ihm und ihnen ereignete, nun doch noch einzuordnen: wenigstens als Ausbruch aus der Ordnung einzuordnen? Bemerkenswert ist in dieser Hinsicht die unverkennbare Korrespondenz, die zwischen der Erfahrung, die seine Mitmenschen an sich selber machten, und ihrer „Beurteilung" des Falles „Jesus aus Galiläa" besteht. Bei Lukas findet sich die höchst aufschlußreiche, jenes Hin- und Hergerissensein spiegelnde Notiz: „καὶ ἔκστασις ἔλαβεν ἅπαντας καὶ ἐδόξαζον τὸν θεὸν καὶ ἐπλήσθησαν φόβου λέγοντες ὅτι εἴδομεν παράδοξα σήμερον – und Ekstase ergriff sie alle, und sie gaben Gott die Ehre und wurden (dennoch) voller Furcht und sprachen: Wir haben heute Paradoxa gesehen" (Lk 5,26). Man kann demnach in Jesus Gott selbst sich verherrlichen sehen und deshalb Gott die Ehre geben und doch zugleich im Blick auf die eigene Erfahrung in Furcht geraten. Die ἔκστασις, in die Jesus versetzt, fällt deshalb in Gestalt ihres Urteils über ihn auf ihn zurück. Nach Mk 3,21 versuchten die Seinen (οἱ παρ' αὐτοῦ – die Familie oder die Freunde) seiner habhaft zu werden (κρατῆσαι αὐτόν); „denn sie sagten: er ist verrückt (ἐξέστη)". Die Jerusalemer Schriftgelehrten drücken dasselbe etwas theologischer und dadurch bösartiger aus.[4] „Er hat Beelzebul und: durch den obersten der Dämonen treibt er die Dämonen aus" (Mk 3,22). So oder so – er macht sie fassungslos.

Jesu Verhältnis zu Gott

Wir haben eine erste Orientierung über die Wirkung Jesu auf das Selbstverständnis der von ihm Beeindruckten gegeben. Es gilt nun, das zunächst summarisch Gesagte zu explizieren und genauer zu bestimmen. Was wir von Jesus historisch erkennen und also von dem historischen Jesus wissen können, ist in doppelter Hinsicht *explizierbar:* (a) in Hinsicht auf *sein Verhältnis zur Gottesherrschaft* (wie es sich seinem Selbstverständnis darstellte) und (b) in Hinsicht auf *sein Verhältnis zu seinen Mitmenschen* (wie es sich in seinem und in deren Selbstverständnis darstellte). Dabei wird zu beachten sein, daß sein Verhältnis zu seinen Mitmenschen sich für diese gerade aufgrund des ihnen erkennbaren Anspruches Jesu, in einem besonderen Verhältnis zur Gottesherrschaft zu existieren, ergab. Wir explizieren im Folgenden also *denselben* Sachverhalt *zweimal:* einmal in der Relation Jesu zu Gott und dann noch einmal in der Relation Jesu zu seinen Mitmenschen. Zuerst fragen wir, wie Jesus sich selbst *im Verhältnis* zu der von ihm verkündigten Gottesherrschaft und damit *zu Gott* verstanden hat.

Wir können historisch erkennen und also wissen, daß Jesus in der Zeit seiner öffentlichen Wirksamkeit einen *singulären Anspruch* erhoben hat, der *sein Verhältnis zur Gottesherrschaft* bzw. das *Verhältnis der Gottesherrschaft zu seiner Person* betrifft. Wir tun gut daran, eine Reihe von einzelnen Gesichtspunkten zu notieren, obwohl sie alle aufs engste zusammengehören und auch nur zusammengenommen und zusammen erfahren ihren wahren Sinn erschließen.

Der *erste* eigens zu nennende *Gesichtspunkt* mutet trivial an, impliziert aber, wenn er recht verstanden wird, alles, was sonst noch über Jesu Selbstverständnis zu sagen ist. Wir können aus allen Äußerungen Jesu – sein Verhalten eingeschlossen – den schlichten Tatbestand entnehmen, daß Jesus sich selber ganz und gar von Gottes Herrschaft her, und das heißt: von Gott selbst her verstand. Denn die Gottesherrschaft ist ja im apokalyptischen Vorstellungszusammenhang der Ausdruck für den herrschenden Gott selbst, für Gott selbst im Ereignis seines Herrschens. Wir kommen auf die Bedeutung des Ausdrucks „Gottesherrschaft" (βασιλεία τοῦ θεοῦ) sogleich zurück, halten jetzt aber fest, daß Jesus sich selber ganz und gar von Gott selbst her verstand. Er redete nicht nur von ihm, sondern er redete so von ihm, daß man sich Jesus *ohne Gott* schlechterdings nicht denken kann.

Dieser Sachverhalt wird besonders eindrücklich in Jesu Gleichnissen, die ja in der Regel *verbotenus* überhaupt *nicht von Gott* reden, sondern eben das weltliche Leben zur Sprache bringen, um gerade an ihm gleichnishaft die Nähe Gottes zur Anschauung zu bringen. Auch dann, wenn Jesus von Gott schweigt, verkündigt er ihn. Analoges gilt für sein Verhalten. Selbst sein Essen und Trinken war nicht nur für die daran Anstoß Nehmenden (die freilich auch an der extremen Fastenstrenge des Täufers Anstoß genommen hatten – vgl. Mt 11,18), sondern auch für ihn selbst nicht abtrennbar von seiner Beziehung zur Gottesherrschaft, wie seine Tischgemeinschaften zeigen. Jesus war in keiner Weise persona privata, sondern allemal persona publica. Und persona publica war er eben deshalb, weil es in seiner Existenz als ganzer um Gott selbst ging. Der herrschende Gott selbst – das war nach Jesu Selbstverständnis im Ganzen seiner Existenz so etwas wie die Hefe, die den ganzen Teig gehen läßt. Oder um es mit einem Gleichnis Jesu selber zu sagen, das vielleicht für sein Verständnis seines eigenen Daseins im Verhältnis zur Gottesherrschaft am charakteristischsten ist: „Mit dem

Himmelreich verhält es sich wie mit einem Sauerteig, den eine Frau nahm und in drei Scheffel (Luther: einem halben Zentner) Mehl verbarg, bis daß es ganz (ὅλον) durchsäuert ward" (Mt 13,33). Das Gleichnis ist insofern noch besonders pointiert, als Sauerteig für die Juden von der Passahsitte her ein Bild für Gottwidrigkeit war (vgl. Mk 8,15). Doch wie etwas Sauerteig das Ganze eines Teiges in eine gärende Masse verwandelt, also durch und durch und ganz und gar bestimmt, so bestimmt die Gottesherrschaft, so bestimmt Gott selbst im Ereignis seines Herrschens das Dasein Jesu durch und durch und ganz und gar: Er bestimmt das Dasein Jesu, das als solches zugleich immer sein Zusammensein mit seinen Mitmenschen ist, so daß, indem die Gottesherrschaft sich auf ihn bezieht, die Gegenwart seiner Mitmenschen ebenfalls von ihr bestimmt wird – eben wie ein halber Zentner Mehl von ein wenig Sauerteig durch und durch und ganz und gar bestimmt wird. Für Jesu Selbstverständnis ist es also so, daß es nichts in seinem Leben gibt, was nicht von Gott selbst bestimmt ist. Sagen wir es lapidar: *Jesus ist nicht er selbst ohne Gott.* So hat er sich selbst verstanden. So muß man ihn verstehen, wenn man dem gerecht werden will, was sich von Jesu Selbstverständnis historisch erkennen läßt.

Wir müssen einen *zweiten Gesichtspunkt* eigens hervorheben, um das soeben Gesagte zu präzisieren. Der Präzision bedarf die Auskunft, daß Jesus sich selbst als in jeder Hinsicht *in Beziehung zu Gott existierend* verstand. Über die Art dieser Beziehung wird nämlich durch Jesu Rede vom *Kommen der Gottesherrschaft* in einer ganz bestimmten Hinsicht Entscheidendes erkennbar.

Beziehungen können auf unterschiedliche Weise zustande kommen. Und die Weise, in der eine Beziehung sich konstituiert, kann für die Art der Beziehung entscheidend sein. Für Jesu Beziehung zur Gottesherrschaft ist es seinem Selbstverständnis nach entscheidend, daß – darin stimmt Jesus mit der Apokalyptik seiner Zeit überein – die Gottesherrschaft *kommt.* Sie wird nicht heraufgeführt, nicht heraufbeschworen, sondern *sie kommt.* Sie ist das Subjekt ihrer Ankunft. Das leuchtet auch über die apokalyptische Vorstellungswelt hinaus ein, insofern die Gottesherrschaft soviel wie Gott selbst im Ereignis seiner Herrschaft ist. Gott selbst aber läßt sich nicht heraufführen oder heraufbeschwören, das Ereignis seiner Herrschaft läßt sich nicht herbeizitieren und vorführen. Gott kommt von selbst – das unterscheidet Gott selbst von allen unseren Gottesgedanken und Gottesvorstellungen. Er kommt, wann, wo und wie es ihm gefällt: ubi et quando (et quomodo) visum est deo.

Das bedeutet aber, daß Jesu Verhältnis zur Gottesherrschaft sich nicht von ihm, Jesus, her, sondern von ihr, der Gottesherrschaft, her aufbaut. Nicht Jesus konstituiert sein Verhältnis zur βασιλεία τοῦ θεοῦ, sondern diese konstituiert als kommende ihr Verhältnis zu Jesus. Historisch ausgedrückt: Jesus verstand sich selbst als von der Gottesherrschaft *bedingt*. Nicht er hat sich für die Gottesherrschaft entschieden, sondern er kennt sich selbst als den Verkündiger, für den sich die zur Sprache kommende Gottesherrschaft entschieden hat. Er kennt sich als den schon Entschiedenen. Nicht er hat sich zur βασιλεία in Beziehung gesetzt, sondern er kennt sich als den, zu dem sich die βασιλεία in Beziehung gesetzt hat. Rudolf Otto hat treffend erklärt: „Nicht Jesus ‚bringt' das Reich – eine Vorstellung, die Jesu selber ganz fremd ist –, sondern das Reich bringt ihn mit."[5] Das Kommen der Gottesherrschaft gewinnt seine Realität nicht durch Jesu Tätigkeit, sondern es hat seine Realität aus sich selbst. Jesus *sagt* dieses Kommen *an,* weil diese Ansage an der Zeit ist. Insofern könnte man auch sagen, daß die Gottesherrschaft, die jetzt kommende Gottesherrschaft ihn, Jesus, gezeitigt hat. So jedenfalls hat er sich selbst verstanden. Wir geben das Selbstverständnis des historischen Jesus wieder, wenn wir formulieren: Dieser Mensch ek-sistierte ganz und gar und restlos von Gott selbst – von dem jetzt seine Herrschaft durchsetzenden Gott – her.

Die Ek-sistenz Jesu ganz und gar und restlos von der Gottesherrschaft her nötigt uns zur Hervorhebung eines *dritten Gesichtspunktes,* der für das Selbstverständnis Jesu in seiner Beziehung zu Gott wesentlich ist. Jesus hat die Gottesherrschaft nicht nur – wie das Judentum seiner Zeit – als *kommend,* sondern er hat sie als *jetzt* kommend verkündigt. Er hat ihr Kommen regelrecht *angesagt:* Jetzt ist die Zeit der Gottesherrschaft.

Was wir von Jesus historisch wissen, ist dies: daß er das Kommen der Gottesherrschaft, von der er selbst ganz und gar und restlos her eksistierte, als das Ereignis eines *adventus* verstand, in dem die *messende* Unterscheidung von Früher und Später sinnlos wird. Dafür ist die Gottesherrschaft schon *zu nah.* Das Kommen der Gottesherrschaft ist für ihn das Ereignis des Zur-Welt-Kommens des herrschenden Gottes und als solches ein Ereignis von unmittelbarer Nähe, von einer im Horizont der Weltzeit *unüberbietbaren Nähe.* Weil dieses Ereignis unüberbietbarer Nähe die *messende* Unterscheidung von Früher und Später sinnlos werden läßt, kann Jesus auf die Frage, unter welchen beobachtbaren Umständen sich das Kommen der βασιλεία vollzieht, mit der Behauptung antworten: „οὐκ ἔρχεται ἡ βασιλεία τοῦ θεοῦ μετὰ παρατηρήσεως, οὐδὲ ἐροῦσιν· ἰδοὺ ὧδε ἤ· ἐκεῖ, ἰδοὺ γὰρ ἡ βασιλεία τοῦ θεοῦ ἐντὸς ὑμῶν ἐστιν: die Gottesherrschaft kommt nicht unter beobachtbaren Umständen, und man wird nicht sagen: siehe hier oder dort. Denn siehe, die Gottesherrschaft ist [schon] mitten unter Euch" (Lk 17,20f). Beobachtung (παρατήρησις) setzt *Distanz* voraus. Distanz, die zwischen Früher und Später, Hier und Dort *messend* zu unterscheiden erlaubt. Gott im Ereignis seiner Herrschaft, wie ihn Jesus verkündigt, macht solche Distanz unmöglich. Im Ereignis seiner Herrschaft erweist sich Gott als *der schon Entschiedene,* demgegenüber messend Distanz zu nehmen unmöglich ist. Als *der schon Entschiedene* nimmt Gott im Ereignis seiner Herrschaft den Menschen *unmittelbar* in Anspruch: „Wer seine Hand an den Pflug legt und blickt zurück, der ist nicht tauglich für die Gottesherrschaft" (Lk 9,62). Indem Jesus diesen unmittelbaren Anspruch Gottes geltend macht, ruft er seine Mitmenschen aus ihrer Bindung an die Vergangenheit heraus: „Folge mir und laß die Toten ihre Toten begraben!" (Mt 8,22).

Nur von der Tatsache her, daß das von Jesus verkündigte Kommen der Basileia die *messende* Unterscheidung von Früher und Später sinnlos werden läßt, wird die *Dringlichkeit* dieser Verkündigung verständlich. Das Kommen der Gottesherrschaft wurde von Jesus als ein jeden Abstand ausschließender Einstand erfahren, der auch die Dringlichkeit des Bußwortes des Täufers noch überbot.

Worin besteht diese Überbietung in materialer Hinsicht? Es ist der Charakter der Botschaft Jesu als einer *frohen* Botschaft, durch den die Dringlichkeit der Bußpredigt des Täufers überboten wird. Die Dringlichkeit der Bußpredigt des Täufers und erst recht die Dringlichkeit, mit der die Zeloten die Gottesherrschaft gewaltsam herbeizuzwingen suchten, aber auch die Dringlichkeit der pharisäischen Forderung nach strenger Gesetzeserfüllung als Vorbedingung für die Teilhabe an der Gottesherrschaft werden in der Verkündigung Jesu überboten von der ihrerseits unüberbietbaren Dringlichkeit, mit der *die Freude* sich zeitigt: die Freude über den jetzt gefundenen Schatz im Acker, den es nun subito zu erwerben gilt und für den man wegen des in ihm vergrabenen unendlichen Mehrwerts gern alles andere hergibt (Mt 13,44). Alle Gleichnisse, die ihre Pointe im Finden haben, bringen das Kommen der Gottesherrschaft als das Ereignis eines Advents zur Sprache, der *Freude* auslöst: wie im Himmel so auf Erden. Und aus dieser Freude und der unüberbietbaren Dringlichkeit, mit der sie das irdische Leben auf Gott selbst einstellt (wir können auch sagen: aus der Freude und der Dringlichkeit, mit der sie Himmel und Erde verbindet bzw. die Erde dem Himmelreich verbindet) – aus dieser eschatologischen Freude über die

Nähe Gottes lebte, ek-sistierte Jesus. Der Intensität dieser eschatologischen Freude entsprach dann allerdings auch das Ausmaß seiner Trauer und seines Zorns über eine Welt und seines Leidens an einer Welt, die sich der Bitte verweigert, daß Gottes Wille wie im Himmel also auch auf Erden geschehen möge (Mt 6,10). Wenn man für den historischen Jesus so etwas wie *Leidensgewißheit* in Anschlag bringen darf, dann ist es die aus der eschatologischen *Freude Jesu* über die Nähe Gottes erwachsende schmerzliche Gewißheit, daß die Welt selbst im Augenblick solcher Nähe noch ihre Entfernung von Gott betreibt. Aus dieser Gewißheit sind Jesu Weherufe zu verstehen, die nicht etwa einen Gegensatz zu seiner Ek-sistenz aus der Freude am Advent des herrschenden Gottes bilden, sondern via negationis die Dringlichkeit und Intensität dieser eschatologischen Freude bezeugen.

Formulieren wir auch diesen Gesichtspunkt möglichst lapidar: Jesus ek-sistierte aus der *Freude erzeugenden Nähe* der Gottesherrschaft und war insofern selber *der Bürge* seiner unüberbietbar frohen Botschaft.

Ein *vierter Gesichtspunkt* unterstreicht das soeben Ausgeführte, indem er den Begriff der Gottes*herrschaft* auf das ihm implizite Bedeutungsmoment des *Reiches* Gottes hin reflektiert. Βασιλεία ist nicht nur Ausdruck für die *Herrschaft,* sondern auch Ausdruck für das *Reich,* in welchem der βασιλεύς herrscht.

Im Zusammenhang der Rede Jesu von der βασιλεία τοῦ θεοῦ und ihrem Kommen gewinnt dieser Aspekt deshalb besondere Bedeutung, weil Jesus nicht irgendeine Herrschaft ansagt, sondern die im Judentum als *das Ende dieses Äons* erwartete Herrschaft Gottes. Die Apokalyptik hat mit der Vorstellung von der endzeitlichen Herrschaft Gottes die Vorstellung vom Untergang der bestehenden Welt verbunden. Und diese Verbindung setzt auch Jesus voraus, wenn er in der Erwartung der (allgemeinen) Auferstehung von den Toten, des Gerichtes Gottes und der Erscheinung des Menschensohnes auf den Wolken und in Begleitung der Engel des Himmels lebt. Doch für Jesus stellt sich diese apokalyptische Erwartung auffällig anders dar als in der Apokalyptik selbst. Er ist an den apokalyptischen Details, an apokalyptischer Berechnung und Dramatik so wenig interessiert, daß man geradezu von einer in seiner Verkündigung stattfindenden *Entapokalyptisierung* reden könnte, hinter die das Urchristentum freilich alsbald nicht selten wieder zurückgefallen ist (wie die „synoptische Apokalypse“ Mt 24,3–36 par. Mk 13,3–37; Lk 21,7–36 drastisch belegt). Für Jesus dominierte nicht die *apokalyptische Vorstellung* dessen, was kommt, sondern die *existentielle Einstellung* zur kommenden Gottesherrschaft. Die apokalyptischen Vorstellungen wurden sozusagen als *Material* benutzt, um der existentiellen Einstellung zur kommenden Gottesherrschaft die unentbehrliche Anschauung zu geben. Die existentielle Einstellung zur kommenden Gottesherrschaft aber war bei Jesus geprägt von der Gewißheit der unmittelbaren und Freude auslösenden Nähe eines himmlischen Reiches. Trotz des fehlenden Interesses an apokalyptischen Vorstellungen verbindet sich mit der Einstellung Jesu zur kommenden Gottesherrschaft durchaus die Erwartung einer *Raum* beanspruchenden und *Raum* ausfüllenden Herrschaft und insofern also die Erwartung eines *Reiches* Gottes.

Genauerhin müssen wir deshalb von der βασιλεία τοῦ θεοῦ als einem *Reiche* Gottes reden, weil Jesus Gottes kommende Herrschaft bezeichnenderweise so verkündigt hat, daß sie trotz ihres Gerichtscharakters dem Sünder, dem Verlorenen, dem Kranken, dem geringsten Mitmenschen, also allen denen, die in weltlicher *und* in religiöser Hinsicht nichts mehr zu verlieren haben, in höchst aufregender Weise *Raum* gibt. Gottes Herrschaft nimmt den Beherrschten nicht Raum, Gottes Herrschaft gibt ihnen Raum, gewährt ihnen Lebensraum. Deshalb ist die Gottes*herrschaft* in der Verkündigung Jesu zugleich Gottes *Reich*.

Der Aspekt ist deshalb so bedeutsam, weil er herausstellt, daß es Jesus um das *Zusammensein* Gottes (Immanuel) mit dem Menschen geht: gerade auch in der Gestalt der *Herrschaft*. Der Begriff des *Reiches* bringt über den der *Herrschaft* hinaus die Dimension des *Zusammenseins* von Gott und Mensch zur Geltung. Die Gottesherrschaft ist also nicht Inbegriff einer um ihrer selbst willen besessenen und ausgeübten Macht Gottes; sie ist vielmehr das genaue Gegenteil (menschlich vorgestellter) göttlicher Machtbesessenheit: sie kommt den weltlich und geistlich Machtlosen zu Hilfe, so daß Jesus diese Menschen *selig*preisen kann (Mt 5,3–12). Sie werden mit Gott *unter seiner Herrschaft,* sie werden *in seinem Reich* mit ihm zusammen sein. Dem Gericht verfällt *eben deshalb* jeder, der das Zusammensein Gottes mit dem Menschen zu hindern sucht.

Eben dieses Zusammensein Gottes mit den Menschen macht nun aber nicht nur den Sinn der Rede von der βασιλεία τοῦ θεοῦ als dem *Reich* Gottes aus, sondern Gottes Zusammensein mit den Menschen konzentriert sich sozusagen *in der Person* dessen, der das jetzt kommende Reich Gottes ansagt. Jesus hat zwischen der Beziehung der Gottesherrschaft zu ihm selbst und der Beziehung seiner Mitmenschen zu ihm selbst eine unmittelbare Verbindung hergestellt. Das geht so weit, daß er selbst die familiären Beziehungen gleichsam austauscht. Im

Angesicht seiner Mutter und seiner Brüder erklärt er die zu Mutter und Brüdern, die um Gottes willen bei ihm sind: „... Wer ist meine Mutter und meine Brüder?" fragt er. Und im Blick auf die im Kreis um ihn herum Sitzenden antwortet er: „Siehe, (das sind) meine Mutter und meine Brüder. Wer den Willen Gottes tut, der ist mein Bruder und meine Schwester und meine Mutter" (Mk 3,32–35 par. Mt 12,48–50; Lk 8,20f). Jesus spricht hier seinen Mitmenschen in ihrer Beziehung zu ihm eine *neue Identität* zu und nennt als Konstituens dieser neuen Identität die Befolgung des Willens Gottes. Sind die um Gottes Willen auf ihn Hörenden seine Familie, dann ist auch seine eigene Identität nicht mehr durch natürliche Bindungen konstituiert, sondern eben durch die – wie wir sie nennen wollen – *eschatologische Einigung* seines Seins mit dem Willen Gottes. Jesu Selbstverständnis ist das Selbstverständnis eines Menschen, der sich in unüberbietbarer Weise mit Gottes Willen einig weiß. Im Blick auf seine eigene Person weiß Jesus die Vaterunser-Bitte „Dein Wille geschehe wie im Himmel so auf Erden" schon erfüllt. Das an den Anfang seiner (Gottes Willen geltend machenden) Worte gestellte *Amen* (Mt 5,18; 6,2.5.16 u. ö.) bringt diese eschatologische Einigung mit dem Willen Gottes auch formal zum Ausdruck. Jesus hat Gottes Willen als Gottes Entscheidung zum ungehinderten Zusammensein mit den Menschen verstanden. Eben dieses ungehinderte Zusammensein von Gott und Mensch verheißt die Ansage des *Reiches* Gottes.

Wir halten fest: Jesus ek-sistierte (seinem eigenen Selbstverständnis nach) so von Gottes Herrschaft her, daß seine Existenz ein einziges Insistieren auf Gottes entschiedenen Willen war, mit den Menschen seines Wohlgefallens in seinem Reich ungehindert zusammenzusein. Deshalb muß sich an dieser das Zusammensein von Gott und Mensch verbürgenden Person Jesus von Nazareth entscheiden, wer das Zusammensein von Gott und Mensch hindert und sich damit ipso facto selber aus Gottes Reich ausschließt und wer sich in das Zusammensein von Gott und Mensch berufen läßt und eben damit zu Gottes Reich gehört. Der irdische Jesus hat diesen Entscheidungscharakter seines eigenen Seins am schärfsten dadurch zum Ausdruck gebracht, daß er den auf den Wolken des Himmels kommenden und die Menschheit richtenden Menschensohn an die Entscheidung bindet, die im Verhältnis zu seiner, Jesu, Person gefallen ist: „Jeder, der sich zu mir (und meinen Worten) bekennt, zu dem wird sich auch der Menschensohn bekennen vor den Engeln Gottes. Wer aber mich verleugnet vor den Menschen, der wird auch vor den Engeln Gottes verleugnet werden" (Lk 12,8f par. Mt 10,32; Mk 8,38; Lk 9,26; Mt 16,27). Diese Rückbindung des kommenden Menschensohnes an die Situation und Person Jesu bestätigt, wie sehr Jesus „sich selbst sozusagen als eschatologisches Phänomen verstanden hat". Es ist ein *historisches* Urteil, wenn Rudolf Bultmann konstatiert: „Jesu Entscheidungsruf impliziert eine Christologie."[6]

Wir haben bisher Jesu Verhältnis zu Gott erörtert: so wie es sich in seinem Selbstverständnis, in seinem historisch eruierbaren Selbstverständnis darstellt. Wir fragen nun, wie sich Jesu Verhältnis zu Gott in Jesu Verhältnis zu seinen Mitmenschen abbildet.

Ist Jesus seinem eigenen Selbstverständnis nach die das ungehinderte Zusammensein von Gott und Mensch verbürgende Person, dann muß sich sein Verhältnis zur kommenden Gottesherrschaft in seinem Verhältnis zu seinen Mitmenschen abbilden und reflektieren. Wir können auch in dieser Hinsicht historisch wesentliche Züge, die für den irdischen Jesus charakteristisch sind, erkennen.

Jesu Rede läßt sehen, was sie zur Sprache bringt

Jesus hat, indem er sich *redend* zu seinen Mitmenschen in Beziehung setzte, zwar keine besondere Sprache gesprochen, er hat aber die Sprache dieser (seiner) Welt in besonderer Weise gesprochen. Er hat die Sprache dieser Welt in einer diese Welt *erhellenden* Weise gesprochen. Er hat nämlich mit seinen Worten die Wirklichkeit dieser Welt gerade eben dadurch *erhellt,* daß er die *Herrschaft Gottes* über diese Welt und in ihr verkündigt hat. Jesus hat mit seiner Verkündigung der jetzt kommenden Gottesherrschaft Licht in die Wirklichkeit der Welt gebracht. Er hat die Wirklichkeit der Welt mit ihrer Wahrheit konfrontiert.

Diese Feststellung setzt voraus, daß die Wirklichkeit der Welt darauf angewiesen ist, erhellt zu werden und durch erhellende Rede wahr gemacht zu werden. Die Feststellung setzt also voraus, daß die Wahrheit der Welt dieser selber in bestimmter Hinsicht *verborgen* ist, daß folglich dem Menschen allererst die Augen geöffnet werden müssen für das, was da zu sehen ist. Zwar sieht jeder die Lilien auf dem Felde. Aber was sie, wenn man nur die richtige Frage hat, zu sagen haben, sieht man erst, wenn einem die Augen dafür geöffnet werden: „Sehet die Lilien auf dem Felde, wie sie wachsen. Sie arbeiten nicht, sie spinnen nicht ... Ihr Kleingläubigen!" (Mt 6,28–30) Wofür die Sprache Jesu die Augen öffnet, das ist nun allerdings nicht die Wirklichkeit der Welt für sich genommen, sondern die Wirklichkeit der Welt in ihrer Beziehung zu Gott.

Jesus teilt mit der Apokalyptik seiner Zeit die Auffassung, daß die

Gottesherrschaft zu dem gehört, was nach Ps 78,2 „verborgen war von Anfang der Welt an“ (Mt 13,35). Aber während für die Apokalyptik die Gottesherrschaft eine verborgene ferne Größe ist, die dermaleinst offenbar werden soll und jetzt nur in einzelnen antizipierenden Enthüllungen einzelnen apokalyptischen Visionären sichtbar wird, ist für Jesus die Gottesherrschaft eine jetzt zur Welt kommende Größe. Und *zur Welt* kommt sie zunächst und vor allem, indem sie in Jesu Worten *zur Sprache* kommt. Das macht seine Rede zu einer besonderen, zu einer besonders erhellenden, zu einer in jeder Hinsicht aufschlußreichen Rede. „Denn es ist nichts verborgen, was nicht offenbar werden soll, und es ist nichts geheim, was nicht an den Tag kommen soll. Wer Ohren hat zu hören, der höre!“ Ja, noch pointierter: „Und er sprach zu ihnen: *Sehet,* was ihr *hört*!“ (Mk 4,22–24)

Sehet, was ihr hört! Was die Mitmenschen Jesu von ihm zu hören bekommen, das sind also Worte, die etwas sehen lassen, etwas aufzeigen. Sie haben apodeiktische Funktion. Und das in zweifacher Hinsicht. Was man zu sehen bekommt, ist *einerseits* das zwar bisher Verborgene, nun aber nicht mehr Verborgene, sondern Offenbare. Was man zu sehen bekommt, ist *andererseits* aber das Verborgene als Verborgenes. Wir achten zuerst auf die Tatsache, daß Jesus das Verborgene als Verborgenes zur Geltung bringt.

Es gehört zum menschlichen Umgang mit der Wirklichkeit der Welt, daß er am Sichtbaren orientiert ist: allein am Sichtbaren, am bloß Sichtbaren. Dadurch entstehen Fixierungen auf den Augenschein, die dazu verführen, sich selber ins Licht zu setzen. Man urteilt und man wird beurteilt nach dem, was sichtbar ist. Damit entsteht jedoch die Gefahr, vor den Augen der Mitmenschen anders zu erscheinen, als man in Wahrheit, aber für niemanden wahrnehmbar, ist: Erscheinung und Sein treten in einen Gegensatz, der als Gegensatz von Schein und Sein unheimlich wird.

Jesus tritt mit seinem Wort diesem bloßen Schein entgegen. Er offenbart ihn als Schein und verweist die auf den Schein Fixierten auf die verborgene Wahrheit ihres Seins. Mögen wir vor der Welt noch so untadelig sein, im Herzen haben wir schon gesündigt (Mt 5,28). Nicht was von außen den Menschen – sichtbar – verschmutzt, macht ihn unrein, sondern was – unsichtbar – aus dem Herzen hervorgeht, entscheidet über Reinheit und Unreinheit eines Menschen (Mk 7,14–23 par. Mt 15,15–20). Deshalb preist Jesus die selig, die – unsichtbar – reinen Herzens sind (Mt 5,8), wie denn die Makarismen insgesamt (Mt 5,3–12 par. Lk 6,20–23) gegen den Augenschein urteilen. Auf derselben Linie liegt die Empfehlung: Wer betet, soll es im Verborgenen tun (Mt 6,5–8). Wer Almosen gibt, soll es so heimlich tun, daß die eigene Linke nicht weiß, was die Rechte tut (Mt 6,1–4). Wer fastet, soll es so tun, als ob er nicht fastete (Mt 6,16–18). Wer der Erste sein will, soll aller Knecht sein (Mk 10,44). Ja, die Ersten werden – wenn alles unmittelbar sichtbar geworden sein wird – die Letzten sein und die Letzten die Ersten (Mt 19,30; 20,16). Der Augenschein trügt. Die Wahrheit ist verborgen und will als verborgene gegen den Augenschein zur Geltung gebracht werden.

Fragt man, woher Jesus *die Gewißheit* hat, mit der er so demonstrativ gegen den Augenschein urteilt und das Verborgene als Verborgenes zur Geltung bringt, so wird man von ihm selbst auf den himmlischen Vater verwiesen, der seinerseits „im Verborgenen ist und ins Verborgene sieht" (Mt 6,18; vgl. Mt 6,4.6). Jesus macht also letztlich eine *Offenbarungssituation* geltend, wenn er das *Verborgene als Verborgenes* geltend macht. Denn vor dem verborgenen Gott ist das Verborgene gerade nicht verborgen. Und eben deshalb kann, sofern mit *seiner Urteilskraft* geurteilt wird, alles Sichtbare am Verborgenen gemessen werden. Ja, es wird der auf die sichtbare Welt fixierte Mensch nun seinerseits auf das ihm noch Verborgene verwiesen: „Trachtet am ersten nach dem Reich Gottes und nach seiner Gerechtigkeit ..." (Mt 6,33).

Wenn nun aber eben dieses Reich Gottes mit seiner Gerechtigkeit und damit Gott selbst im Ereignis seiner Herrschaft aus der Verborgenheit hervortritt, wenn die Gottesherrschaft in der Verkündigung Jesu zur Sprache kommt, dann wird verständlich, daß „nichts verborgen ist, was nicht offenbar werden wird, und nichts geheim ist, was nicht an den Tag kommen wird" (Mk 4,22). Dann bekommt man, wenn man auf die Worte Jesu *hört*, zu *sehen*, was bisher verborgen war. „Sehet, was ihr hört!" (Mk 4,24)

Doch wie geschieht das konkret? Wie muß eine Rede beschaffen sein, die das sehen läßt, was sie zur Sprache bringt? Wie kann man von der Gottesherrschaft und ihrem Kommen so reden, daß sie im Wort anschaulich wird? Die Beantwortung dieser Frage konfrontiert uns mit der charakteristischsten formalen Eigenart der Rede Jesu: der Gleichnisrede. Sie ist für die Art und Weise, in der Jesus sich zu seinen Mitmenschen in Beziehung setzt, von ganz besonderer Bedeutung. Es ist nicht nur für Jesu Verhältnis zur Gottesherrschaft, sondern es ist nicht weniger für Jesu Verhältnis zu den Adressaten seiner Rede von außerordentlicher Bedeutung, daß er *in Gleichnissen* zu ihnen geredet hat.

„Das alles redete Jesus in Gleichnissen zu dem Volk. Und ohne Gleichnisse redete er nichts zu ihnen" (Mt 13,34 par. Mk 4,33). Nach Markus soll Jesus, wenn er mit seinen Jüngern allein war, ihnen alles ausgelegt bzw. aufgelöst (ἐπέλυεν πάντα) haben (Mk 4,34; 4,11). Das würde voraussetzen, daß die Gleichnisrede Jesu eine *verschlüsselnde* Rede gewesen ist, die exoterisch verschlüsselt sein sollte, deren Geheimnis aber esoterisch in einem besonderen Belehrungsakt den Jüngern enthüllt worden wäre. Jesus hätte dann zum Volk in Gleichnissen *uneigentlich* geredet und zu den Jüngern ohne Gleichnisse, sozusagen im Klartext, *eigentlich* geredet. Doch diese Auffassung verfehlt die hermeneutische Eigenart der Gleichnisrede Jesu total. Matthäus dürfte der Bedeutung der Gleichnisrede Jesu besser gerecht geworden sein, wenn er sie als Erfüllung des „Prophetenwortes" (Ps 78,2) versteht: „Ich will meinen Mund auftun in Gleichnissen und will aussprechen, was (bisher) verborgen war seit Grundlegung der Welt" (Mt 13,35). Zwar hat auch Matthäus die Ablehnung, auf die Jesus offensichtlich gestoßen ist, (in gewisser Weise durchaus zu Recht) auf ein verstocktes Nichtverstehen zurückgeführt und diese Verstockungstheorie an der Gleichnisrede Jesu festgemacht (Mt 13,10–17). Aber er hat das Unverständnis der Vielen keineswegs damit begründet, daß Jesu Gleichnisse als solche unverständlich seien und einer besonderen Entschlüsselung bedürften. Das Gegenteil ist der Fall. Man muß schon ausgesprochen verstockt sein, um Jesu Gleichnisse *nicht* zu verstehen. „Mit sehenden Augen sehen sie *nicht,* und mit hörenden Ohren hören sie nicht, und sie verstehen es nicht" (Mt 13,13). Ihnen ist alles Hekuba. Ihnen wird auch das Gleichnis zum Rätsel, das es aber gerade nicht ist. Die Gleichnisrede Jesu ist nicht verschlüsselnde, sondern aufschließende Rede. Sie ist nicht verdeckendes, sondern entdeckendes Wort. Sie redet nicht uneigentlich, sondern auf konkreteste Weise eigentlich. Das Gleichnis würde uneigentliche Rede sein, wenn es eine Sache oder einen Sachverhalt mit einer anderen Sache oder einem anderen Sachverhalt nur *vergleichen* würde, um einen beiden Sachen und Sachverhalten *gemeinsamen Vergleichspunkt* herauszustellen. Das Gleichnis wäre dann der uneigentliche Sachverhalt, in dem der eigentlich gemeinte Sachverhalt so *abgebildet* würde, daß er aufgrund des Vergleichspunktes (tertium comparationis) erschlossen werden kann. Das Gleichnis wäre dann die „Bildhälfte" einer von ihr grundsätzlich getrennten und vom Hörer des Gleichnisses als solche zu identifizierenden „Sachhälfte". Der Hörer des Gleichnisses hätte also die „Bildhälfte“ und d. h. das Gleichnis selber nur als Mittel zum Zweck wahrzunehmen, um vom Bild zur Sache zu kommen. Das Bild selber hätte sich überflüssig zu machen. Je schneller der Hörer vom Bild zur Sache kommt, je schneller er die „Bildhälfte“ hinter sich läßt, desto besser.

Für die Gleichnisse Jesu gilt das alles jedoch gerade nicht. Ganz im Gegenteil! Diese Gleichnisse erzählen eine Geschichte, die sich nicht nur in der angeblichen Bildhälfte abspielt, sondern zwischen der sogenannten *Sachhälfte* und den *Hörern* des Gleichnisses spielt. Es wird eine Beziehung, ein Verhältnis hergestellt zwischen der Gottesherrschaft (X) und der Welt (A) der Hörer Jesu, indem aus dieser Welt ein Verhältnis (a : b) dargestellt wird, das der Gottesherrschaft als Gleichnis dient: X : A = a : b. Mit dem Reich Gottes verhält es sich, wie es sich verhält mit ... Ein Gleichnis Jesu ist ein Ereignis, das Ereignis einer Analogie (analogia proportionalitatis), in dem die Gottesherrschaft selber sich so ereignet, daß sie zur Sprache und eben so zur Welt, zur Welt der Hörer Jesu kommt (X → A = a : b). Insofern vollzieht sich in Jesu Gleichnissen eine *Analogie des Advents.* Was geschieht in dieser Analogie des Advents genauerhin? Was ereignet sich, wenn Jesus ein Gleichnis der Gottesherrschaft erzählt?

Indem Jesus die verschiedenen Details einer weltlichen Geschichte oder die verschiedenen Anschauungszüge eines Vorgangs in der Natur erzählt, bezieht er die Gottesherrschaft auf das Leben dieser Welt und bezieht er wiederum das Leben seiner Hörer auf die Gottesherrschaft. Dabei ist wesentlich, daß die verschiedenen Details der Geschichte oder des Naturvorganges, daß die verschiedenen Anschauungszüge (wie bei einem Witz) auf eine Pointe hin erzählt werden. Auch dieser Vorgang des erzählenden Sammelns der verschiedenen Züge auf die Pointe hin spielt zwischen der Gottesherrschaft einerseits und den Hörern andererseits. Die Hörer werden auf etwas *Besonderes* in ihrer alltäglichen Welt aufmerksam, ihre Aufmerksamkeit wird auf dieses *Besondere* hin gesammelt, auf die *Pointe* des Gleichnisses hin. Und indem ihre *Aufmerksamkeit* auf die Pointe des Gleichnisses hin gesammelt wird, wird zugleich ihre *Existenz* gesammelt, konzentriert. Am Ende des Gleichnisses ereignet sich *gesammelte Existenz.* Zugleich aber kommt, indem im Gleichnis die alltägliche Welt so erzählt wird, daß etwas Besonderes in ihr zur Pointe wird und mit der Aufmerksamkeit der Hörer zugleich deren Existenz auf diese Pointe hin gesammelt, konzentriert wird, die *Gottesherrschaft* zur Sprache. Am Ende eines Gleichnisses ist sie die Pointe einer gesammelten Existenz. So kommt die Gottesherrschaft im

Gleichnis *als Gleichnis* zur Sprache und damit zur Welt. Sie wird zur Pointe der Existenz derer, die Jesus mit seinen Gleichnissen anspricht.

Dabei wird man nicht nur an die Existenz des *einzelnen* Hörers denken dürfen. Es werden ja *alle* Hörer auf *dieselbe Pointe* hin angesprochen. Es wird also ihrer aller Aufmerksamkeit und Existenz auf dieselbe Pointe hin versammelt. Am Ende eines Gleichnisses Jesu hat folglich ihrer aller Existenz eine gemeinsame Pointe – eben: die Gottesherrschaft. Die Gottesherrschaft wird durch die hermeneutische Eigenart der Gleichnisrede Jesu als *soziale* Größe zur Sprache gebracht.

Schließlich ist noch auf die eklatante *Weltlichkeit* der Gleichnisse Jesu einzugehen. Es fällt in die Augen, daß die Sprache der Gleichnisse Jesu alles andere als religiös ist. „Wer nur den bloßen Inhalt der Gleichniserzählungen kennte, würde nicht auf die Idee kommen, daß darin vom Reich Gottes die Rede sei.“[7] Man könnte geradezu von einer „religionslosen Interpretation“ des Reiches Gottes durch Jesus sprechen. Es werden auch keineswegs nur diejenigen weltlichen Lebensvorgänge oder menschlichen Verhaltensweisen zur Sprache gebracht, die als solche beispielhaft oder mustergültig wären. Es ist immerhin moralisch einigermaßen suspekt, einen Acker zu kaufen, in dem ein Schatz verborgen ist, ohne daß der Verkäufer ahnt, was er verliert (Mt 13,44) – von dem Halunken, der als Ökonom seinen Chef betrügt, um sich eine angenehme Existenz zu sichern (Lk 16,1–8), ganz zu schweigen. Jesus schminkt die Wirklichkeit der Welt nicht, wenn er an ihr die Gottesherrschaft anschaulich macht. Er schminkt sie weder moralisch noch religiös. Er zeigt vielmehr gerade das wirkliche Leben auf, ohne es zu verbessern oder religiös „aufzubereiten“. Er wählt auch nicht solche Lebensvorgänge, die als „Anknüpfungspunkt“ für das Religiöse in Betracht kommen könnten. Keine sog. Grenzsituationen werden aufgegriffen. Die Gleichnisse greifen vielmehr mitten hinein ins pralle Menschenleben. Auch die Naturvorgänge (wie die selbstwachsende Saat – Mt 13,31f par.) werden um der Menschen willen interessant (die im Fall der selbstwachsenden Saat an dieser lernen, daß alles seine Zeit hat: auch das Nichtstun). Der Hörer der Gleichnisse wird immer wieder auf das Leben in seiner Welt mit seinen Alltäglichkeiten und seinen Besonderheiten verwiesen. Und darin kommt Gott, so scheint es, nicht vor.

Der Tatbestand ist um so bemerkenswerter, als Jesus ja Gleichnisse vom Kommen der Gottesherrschaft erzählt, deren Ankunft nach apokalyptischem Verständnis das Ende dieser Welt bedeutet. Wer Jesu Gleichnisse hört, dem wird nun aber gerade diese Welt vor Augen gemalt, und zwar so, daß er merkt: Du brauchst Dich Deiner Welt nicht zu schämen. Sie ist tauglich, sie *wird* jedenfalls im Ereignis der Gleichniserzählung tauglich als Anschauungsmaterial für die Gottesherrschaft. Sie wird analogiefähig.

Doch wie kann sie das werden? Wie kann diese unsere Welt – mit ihren Licht- *und Schattenseiten*! – gleichnisfähig, analogiefähig für Gottes Herrschaft und sein Reich sein oder werden? Und was bedeutet es, daß unsere Welt, daß Begebenheiten weltlichen Lebens mitzureden, in der Weise des Gleichnisses entscheidend mitzureden haben, wenn von Gott die Rede sein soll?[8] Was ereignet sich, wenn in der satten Weltlichkeit der Gleichnisrede Jesu Gott zur Sprache kommt?

Man hat zu Recht darauf hingewiesen, daß die Weltlichkeit der Gleichnisrede Jesu zwar von der vertrauten Lebenswelt der Hörer ausgeht, daß diese „vertraute Lebenswelt" aber gern „durch Ereignisse des Ungewohnten und Unerhörten verfremdet" wird. „Nicht das Gewohnte, sondern eine unübersehbare *Distanz* zum Gewohnten erscheint als das ausgezeichnete Merkmal des szenischen Gefälles."[9] Auf diese Weise wird „die Aufmerksamkeit" der Hörer „genau in dem Augenblick über die Erzählung hinausgelenkt ..., in dem sie vom Erzählgerüst selbst gefesselt ist".[10] So wird der Hörer zu seiner gewohnten Welt in eine Spannung versetzt, die er „verarbeiten" muß. Und erst im Ereignis solcher „Verarbeitung" ist die Welt des Hörers gleichnisfähig geworden für Gott. Die „Verfremdung" der vertrauten Welt und die dadurch entstehende Spannung, die es zu „verarbeiten" gilt, verhindern ja, daß Gott mit irgend etwas in der Welt *identifiziert* werden oder daß irgend etwas Weltliches als Gott in besonderer Weise *ähnlich behauptet* werden kann. Die Welt bleibt vielmehr Welt; aber sie ist in Bewegung geraten. Und als in Bewegung geratene Welt ist sie insgesamt gleichnisfähig für die Gottesherrschaft.

Das wird noch deutlicher, wenn wir auf die Art der *Analogie* achten, die Jesus in seinen Gleichnissen zur Geltung bringt. Analogie herrscht nur zwischen Verschiedenem. Die analogia relationis oder proportionalitatis zumal ist nicht etwa „eine unvollkommene Ähnlichkeit zweener Dinge, sondern eine vollkommne Ähnlichkeit zweener Verhältnisse zwischen ganz unähnlichen Dingen" („est eadem proportio duorum ad diversa").[11] Soll also die Welt der Gottesherrschaft analog sein, soll sie ihr als Gleichnis dienen, dann kommt sie als von der Gottesherrschaft unterschiedene, dann kommen Welt und Gottesherrschaft als „ganz unähnliche Dinge" in den Blick.

Darin unterscheidet sich Jesus von jeder – dem religiösen Menschen so naheliegenden – religiösen Überhöhung der Weltwirklichkeit. Wenn Jesus Gleichnisse von der Gottesherrschaft erzählt, dann erscheint die Welt nicht etwa „im höheren Chor“, dann wird die Wirklichkeit unseres Lebens nicht vergöttlicht, sondern dann werden Gott und Welt konkret – nicht abstrakt, sondern durch die Gleichnisrede, die in der Sprache der Welt von Gott redet, überaus konkret – unterschieden. Gerade da, wo die Gottesherrschaft im Gleichnis als Gleichnis zur Sprache und so zur Welt kommt, gerade im Ereignis intensivster Beziehung und Nähe kommt es zur strengstmöglichen Unterscheidung zwischen Gott und Welt. Indem die Gottesherrschaft in Jesu Gleichnissen zur Welt kommt, muß die Welt erkennen, daß sie Welt und nur Welt ist, daß sie nichts als Welt ist und daß gerade das die ihr von ihrem Schöpfer zugedachte *Würde* ist: ganz und gar und restlos weltliche – aber in Bewegung geratene und also offene – Welt zu sein. Eben das läßt die Welt von sich aus ja nie und nirgends erkennen, daß sie Welt und nur Welt, wenn auch für eine neue Zukunft offene, ihrer Wahrheit erst noch entgegengehende Welt ist. Insofern deckt die Gottesherrschaft, indem sie in den Gleichnissen Jesu zur Sprache und so zur Welt kommt, die Wahrheit der Welt auf. Jesus tut das sehr einfach dadurch, daß er seinen Hörern in ein und demselben Ereignis, eben im Erzählen eines Gottesreichsgleichnisses, die Augen für beides öffnet: für Gottes Herrschaft und für die weltliche Welt. Und indem er uns so zu entdeckenden Menschen macht, die mit der Gottesherrschaft zugleich ihre Welt neu entdecken lernen, ereignet sich im positivsten Sinne des Wortes die elementare Unterbrechung des Lebenszusammenhanges seiner Hörer. Es ist eine Unterbrechung, die die Aufmerksamkeit und die Existenz zu sammeln, zu konzentrieren vermag: auf das Eine, was weltlich und geistlich nottut, nämlich auf sein Wort (Lk 10,42).

Jesu Wort ist in der Tat das Entscheidende in seinem Verhältnis zu seinen Mitmenschen gewesen. Er war *der Verkündiger* der Herrschaft Gottes. Doch nun fiel bereits auf, daß das Kommen der Gottesherrschaft von Jesus so verkündigt wurde, daß dabei das Leben der Welt, das weltliche Leben zur Sprache kam, zu dem ja auch Jesu eigenes Leben gehört. Sein *Wort* ist deshalb nicht denkbar ohne sein *Verhalten*. Man hat es den „eigentliche[n] Rahmen seiner Verkündigung“ genannt.[12] Jesu Verhalten macht an seiner eigenen Person deutlich, wie das Kommen der Gottesherrschaft in das Leben der Welt eingreift.

Das geschieht schon dadurch, daß das Leben der Welt von Jesus *ausgelegt* wird. Darin steht Jesus in Kontinuität mit einem Grundmotiv alttestamentlicher Weisheit und jüdischer Apokalyptik: daß das Leben verworren und eben deshalb auslegungsbedürftig ist. Als verworrenes Leben ist es mehrdeutig bis hin zur Zwielichtigkeit. Eben deshalb bedarf es der Aufdeckung seiner ursprünglichen Eindeutigkeit. Diesem Ziel galt zweifellos auch die Tora. Auch die Tora ist ja der große Versuch, das verworrene Leben auszulegen, ihm zur Eindeutigkeit zu verhelfen. Und insofern die dem Willen des Schöpfers entsprechende Eindeutigkeit des Lebens zur Geltung gebracht werden soll, weiß sich Jesus mit der Intention der Tora einig. Insofern war „die Autorität des ... Gesetzes für ihn selbstverständlich".[13]

Doch schon die Tatsache, daß das Gesetz seinerseits wiederum der Auslegung zu bedürfen scheint, daß es zur Zeit Jesu eine pharisäische und eine rabbinische Gesetzes*auslegung* gibt und daß es *einander widersprechende* Toraauslegungen gibt, macht verständlich, daß der Verkündiger der Gottesherrschaft zur Auslegung des Lebens mit Hilfe der Tora in eine Konkurrenz, ja in einen faktischen Widerspruch treten mußte. Denn wenn die Tora ihrerseits ausgelegt werden muß, dann wird das verworrene Leben durch die Tora nicht eigentlich entwirrt, sondern es wird allenfalls reguliert. Solche Regulierung des Lebens erreicht zwar ebenfalls Eindeutigkeit, aber immer nur kasuistische Eindeutigkeit. Und sie entfernt sich mit der solchermaßen erzeugten kasuistischen Eindeutigkeit mehr und mehr von der dem Willen des Schöpfers entsprechenden ursprünglichen Eindeutigkeit des Lebens. Und insofern dies geschieht, kommt es in der Verkündigung und im Verhalten Jesu zu einem *Konflikt* mit der Regulierung des Lebens der Welt durch das *mosaische Gesetz* und seine rabbinisch-pharisäische Auslegung.

Jesu Wundertaten

Wir wenden uns bei der Skizzierung des tätigen Verhaltens Jesu zuletzt denjenigen Tätigkeiten Jesu zu, die man gern gleich am Anfang zu behandeln pflegt, um sie dann möglichst schnell hinter sich zu bringen und als erledigt hinter sich zu haben: den *wunderbaren Tätigkeiten Jesu.* Wir wenden uns ihnen zuletzt zu, weil sie zu den *Siegeszeichen* der in seinem Reden und Tun zur Welt kommenden Gottesherrschaft zählen. Sie mögen einer – nun schon zum zweiten Mal – aufgeklärten Vernunft anstößig sein. Doch das darf uns nicht davon abhalten, historisch korrekt zu urteilen. Und historischer Wahrnehmung erschließt sich der Verkündiger der Gottesherrschaft nun eben zugleich als *der Wundertäter.*

Jesus hat offensichtlich auf wunderbare Weise Kranke geheilt. „Man wird schwerlich bezweifeln können, daß solche physischen Heilkräfte von Jesus ausgegangen sind“, wie sie in den Erzählungen von der Heilung des Gelähmten (Mk 2,1ff), der Aussätzigen (Mk 1,40ff u. ö.), der Blinden (Mt 9,27ff; 20,29) oder des epileptischen Knaben (Mk 9,14–29 par.) vorausgesetzt werden. „Ebensowenig wird man freilich bezweifeln dürfen, daß gerade auf diesem Felde der Überlieferung auch vieles legendär ausgestaltet ist und Legenden hinzugedichtet sind. Das dürfte besonders, aber nicht ausschließlich, für die ‚Naturwunder‘ im engeren Sinn gelten. Der Vergleich der überlieferten Texte untereinander, das Anwachsen der Tradition schon innerhalb der vier Evangelien, der Stil der Erzählungen und die nicht wenigen Parallelen aus außerchristlicher antiker Literatur nötigen zu diesem kritischen Urteil.“[14] Aber auch das kritischste Urteil hat nun doch zu würdigen, daß Jesus vor allem im Zusammenhang mit Heilungen staunenerregende Machttaten (δυνάμεις) vollbracht hat.

Das haben freilich auch andere Personen in der antiken Welt getan. Und wenn man sich beim Begriff des Wunders nicht auf eine Antithese zu den Naturgesetzen fixieren läßt, wird man sogar in unserer Gegenwart psychosomatisch bedingte Heilungen, die in die Nähe antiker Heilungswunder kommen, konstatieren können. Wir müssen also genauer fragen, was die Wundertaten Jesu über sein Verhältnis zu seinen Mitmenschen aussagen.

Wir setzen ein, indem wir nach dem *Ursprung* der Wunder oder der Machttaten Jesu fragen. Die Frage ist schon in einem allgemeinen Sinne belangvoll, insofern für die alte Welt ein Wunder noch nichts über seinen Ursprung aussagt. Noch im Mittelalter waren Wundertäter und vor allem Wundertäterinnen verdächtig, mit dem Teufel im Bunde zu sein. Auch gegen Jesus ist dieser Vorwurf bekanntlich erhoben worden (Mt 9,34). Wunder sind also in *religiöser* Hinsicht allemal *zweideutig*.

Für Jesu Verhältnis zu seinen Mitmenschen ist die Frage nach dem Ursprung des Wunders darüber hinaus von besonderer Bedeutung, weil Jesus seine Machttaten selber als Ausweis für die unmittelbare Nähe der Gottesherrschaft verstanden hat (Lk 11,20 par. Mt 12,28): Mit dem Finger Gottes treibt er Dämonen aus, und darin zeigt sich, daß die Gottesherrschaft gekommen ist. Seine Wunder sind nach seinem Selbstverständnis Siegeszeichen der nahen Gottesherrschaft. Und deshalb kommt als Ursprung der Wunder, die Jesus tut, nur der Finger Gottes, also Gott selbst, in Betracht. Jesu Wunder demonstrieren also nicht, was er selbst kann, sondern daß sich *Gottes* Herrschaft in die Welt Bahn bricht. Sie sind mithin keine Demonstrationswunder. „Es gibt *keine* Wundertaten Jesu, die er *zu seinen eigenen Gunsten …* getan hätte."[15] Werden solche Demonstrationswunder, durch die er sich selbst als Mann Gottes beglaubigen soll, von ihm gefordert, so verweigert er sie (Mk 8,11f u. ö.; Mt 4,5–7; 12,38–40). Matthäus hat solches und anderes dubioses Wunder-Denken als Versuchungen des Satans interpretiert, denen Jesus widerstanden hat (Mt 4,1ff) und denen auch seine Gemeinde widerstehen sollte.

Halten wir also fest: Der Wundertäter Jesus demonstriert nicht sich selbst, sondern verweist auf Gott im Ereignis seiner Herrschaft jetzt und hier. Insofern sind die Wundertaten Jesu immer auch *Gleichnishandlungen,* wenn man so will: *symbolische* Handlungen. Sie verlieren dadurch nichts von ihrem Wirklichkeitsbezug. Aber sie weisen die von seinen Wundertaten unterbrochene Wirklichkeit als durch die Gottesherrschaft qualifizierte Wirklichkeit aus: „Sagt … was Ihr hört und seht: Blinde sehen und Lahme gehen, Aussätzige werden rein und Taube hören, Tote stehen auf und Armen wird das Evangelium gepredigt" (Mt 11,4f).

Dem widerspricht nicht etwa, sondern dem entspricht die *unmittelbare Zuwendung* Jesu zu seinen gequälten Mitmenschen, an denen er so machtvoll handelt. Um sie geht es *real,* wenn ein Wunder geschieht und Gott selbst für die gequälte Person in Anspruch genommen und so mit deren Realität konfrontiert wird. So wie Jesus in seinen Wundertaten auf Gott selbst (und nicht etwa auf sich selbst) verweist, so wendet er sich in ihnen einzelnen gequälten Menschen unmittelbar zu.

Auch ihnen gegenüber ist das Wunder nicht Selbstzweck, sondern Mittel zum Zweck. Dies freilich „*nicht* im Rahmen oder als der Inhalt eines im kleineren oder größeren Maßstab unternommenen Versuchs von *Weltverbesserung* und organisierter Menschenbeglückung. Jesus war kein Aktivist".[16] Ein Mittel zum Zweck kann das wundertätige Handeln Jesu nur insofern genannt werden, als er mit solchen Taten in eine üble Lage, eine traurige Lebensgeschichte, in eine Notsituation eingreift, um die Not zu beseitigen. Er will *helfen.* Jesus will ganz konkreten Notsituationen ein Ende machen. Denn – so heißt es bei den Synoptikern immer wieder (und bezeichnenderweise wird das außer in Gleichnissen nur von ihm gesagt![17]) – *es jammerte ihn* (ἐσπλαγχνίσθη). „Da Jesus das Volk sah, jammerte es ihn, denn sie waren gequält und erschöpft …" (Mt 9,36). Vor der wunderbaren Speisung (Mt 15,32) heißt es sogar in der 1. Person: „Das Volk jammert mich (σπλαγχνίζομαι ἐπὶ τὸν ὄχλον)". Es ist nicht auszuschließen, daß Jesus sich im Gebrauch dieses (im Judentum seiner Zeit *Gottes* Erbarmen benennenden) Verbs in unüberbietbarer Weise mit Gott zusammengeschlossen hat (unmittelbarer, als es jeder christologische Hoheitstitel zu tun vermag). Wie auch immer – Jesus hat die Not seiner Umwelt in einer ihn unmittelbar zu Herzen gehenden (ja auf die Eingeweide schlagenden) Weise wahrgenommen und wohl gerade darin sich selbst als mit dem Herzen Gottes *eins* gewußt. Sein *Innerstes* wurde bewegt. Und weil in seinem Innersten bewegt, war er von ihrem Elend ganz und gar bewegt, ging ihm, was er da sah, durch und durch. Es jammerte ihn ...

Aus seinem derart bewegten Innersten heraus ereignen sich offensichtlich jene wunderbaren Krafttaten, mit denen er den notleidenden Menschen zu Hilfe kommt. Aus seinem derart bewegten Innersten erwächst ihm offensichtlich die Gegenkraft gegen die Kräfte und Mächte des Verderbens, die sich im notleidenden Menschen austoben.

Es verdient Beachtung, daß Jesus von den notleidenden Menschen, denen er zu Hilfe kommt, *keine Sündenbekenntnisse, keine Bekehrung* verlangt. Die Heilungswunder sind zwar insgesamt als Brechungen der Macht der Sünde verstanden worden, wie die Überlieferung von der Heilung des Gichtbrüchigen (Mk 2,1–12 par.) – aber bei den Synoptikern eigentlich nur sie – deutlich macht. Doch Jesus hat die Kranken und Besessenen *nicht* (wie seine religiöse Umwelt) als *wegen ihrer Sünde Gestrafte* identifiziert, um sie dann – nach gehörigem Sündenbekenntnis – auch noch zu heilen. Nein, sie *jammerten* ihn. Und deshalb heilte er sie, um gerade so in den Machtbereich der Sünde überlegen einzubrechen und Gottes Erbarmen an ihnen zu offenbaren.[18] Man hat also zu beachten, daß die Wunderheilungen Jesu den in ihrer *Kreatürlichkeit* entstellten Menschen gelten. Jesus fragt nicht, warum und wieso sie in ihrer Kreatürlichkeit so entstellt sind, sondern er nimmt die entstellten Kreaturen wahr und eilt ihnen unmittelbar zu Hilfe. Er ist nicht mit der *Ursache* ihres Elends beschäftigt, sondern mit diesem *Elend selbst.* Er „blickt nicht auf ihre Vergangenheit und von da aus in ihre traurige Gegenwart, sondern er schafft ihnen“ unmittelbar „neue Zukunft“.[19] Er bejaht den Menschen in seiner Geschöpflichkeit und durchbricht so, ohne überhaupt erst nach der Sünde zu fragen, den Fluch der Sünde. In dieser *der Kreatürlichkeit* des leidenden – nicht zuletzt unter sich selbst leidenden – Menschen *zugute kommenden Praxis* Jesu findet die Bejahung der *Weltlichkeit* des menschlichen Lebens, die wir im Zusammenhang der *Gleichnisrede* Jesu von der Gottesherrschaft bemerkt hatten, ihre Parallele. Der tiefe Schatten, der über Gottes Welt liegt, muß weichen. Die Zeit der Dämonen und ihrer Herrschaft ist vorbei. Sie sollen keinen Raum im Menschen mehr haben. Sie haben ausgespielt.[20]

Die Überlieferung hat später die Freude über die Austreibung der Dämonen und über die dem geplagten Menschen in solcher Wundertat widerfahrende Befreiung mit einer gewissen Schadenfreude über die nun ortlos gewordenen Dämonen verbunden, die nun (Mk 5,12f par.) nur noch um die Erlaubnis betteln können, „als das Unreine ins Unreine: in eine Herde Schweine zu fahren, mit diesen über den Abgrund hinunter in den See zu stürzen und mit ihnen zu ersaufen, endgültig aus der Welt geschafft zu sein". Es ist in der Tat nicht ganz abwegig, daß man die Dämonenaustreibungen auch von dieser ihrer lächerlichen Seite betrachten kann – hinterher! Hinterher hat die Sache „zweifellos auch ihre *groteske* Seite"[21], die es erlaubt, daß man über die beendete Not nun auch wie über einen endlich zu Ende gekommenen bösen Scherz befreit lachen kann.

Es ist noch ein weiterer Gesichtspunkt aus der komplexen Problematik, die die Überlieferungen über Jesu Wundertaten aufwerfen, hervorzuheben. Wir haben den äußerst bedeutsamen Tatbestand zu würdigen, daß in den Wundererzählungen die *Glaubens*terminologie fest verankert ist. Zwischen dem Wunder und dem Glauben besteht offensichtlich ein Sachzusammenhang.

Dabei muß man sich allerdings von der Meinung völlig frei machen, als *erfordere* der Glaube es, daß Wunder geschehen. „Das Wunder herausfordern heißt mit Gott experimentieren."[22] Weder ist „das Wunder ... des Glaubens liebstes Kind" (Faust), noch ist umgekehrt der Glaube Wunderglaube im Sinne des Glaubens an Wunder. Nirgends geht es darum, daß das Wunder Gegenstand des Glaubens sein soll, daß das Wunder als solches geglaubt zu werden verlangt.[23] Der Glaube scheint vielmehr die genaue Entsprechung zum Wunder zu sein. Er hat selber an dem wunderbaren Geschehen teil. Der Glaube partizipiert am Wunder. Aber wie?

Auffallend ist, daß dem Glauben selber wunderbare Macht zugeschrieben wird. „Amen, das sage ich Euch: Wenn Ihr auch nur Glauben von der Größe eines Senfkorns hättet, dann werdet Ihr zu diesem Berg sagen: Begib Dich von hier nach dort, und er wird sich wegbegeben. Nichts wird Euch unmöglich sein" (Mt 17,20 par. Mk 11,23; Lk 17,6). Die bei Markus und Lukas noch gesteigerte hyperbolische Redeweise (der verrückte Berg stürzt sich ins Meer) macht deutlich, daß Jesus seine Mitmenschen nicht – einem gewissen Tischrücken vergleichbar – zum

Bergerücken ermuntern wollte. Jesus hat jedenfalls keine Berge verrückt. Die Konsequenz, daß, wenn Ihr auch nur einen senfkorngleichen Glauben hättet, Euch nichts unmöglich sein wird, will ebensowenig wie die Verheißung „Alles ist möglich dem, der glaubt" (Mk 9,23) zu allerlei phantastischen Überlegungen darüber ermuntern, was in dieser Welt alles machbar wäre. Es geht überhaupt nicht um das in dieser Welt von *Menschen* Machbare, sondern um das, was *Gott* möglich ist. Der Glaube läßt sich ganz auf *Gottes Möglichkeiten* ein. Er partizipiert an der Potenz Gottes. Glaube kann geradezu – nähere Bestimmung vorbehalten – als Partizipation an der Allmacht Gottes umschrieben werden.

Nur so ist es zu verstehen, daß Jesus (nach dem Bericht Mk 6,5f par. Mt 13,57f) da, wo seine *Verkündigung* auf *Unglauben* stieß, *keine* Machttaten tun konnte: „Und er konnte dort kein Wunder tun (sc. in seiner Heimat!) … wegen ihres Unglaubens" (καὶ οὐκ ἐδύνατο ἐκεῖ ποιῆσαι οὐδεμίαν δύναμιν … διὰ τὴν ἀπιστίαν αὐτῶν). Der Glaube seiner Mitmenschen und das Wunder, das er tun kann, scheinen sich gegenseitig zu bedingen. Deshalb die bei allen Synoptikern begegnende formelhafte Wendung: „Dein Glaube hat Dich gerettet: ἡ πίστις σου σέσωκέν σε" (Mk 5,34 par. Lk 8,48; Mt 9,22; Mk 10,52 par. Lk 18,42; und Lk 7,50; 17,19). Matthäus hat die Wendung offensichtlich auch in variierter Form: „Euch geschehe gemäß Eurem Glauben: κατὰ τὴν πίστιν ὑμῶν γενηθήτω ὑμῖν" (Mt 9,29) oder „Dein Glaube ist groß. Dir geschehe, wie Du willst: μεγάλη σου ἡ πίστις· γενηθήτω σοι ὡς θέλεις" (Mt 15,28). Luther hat bekanntlich auf diese Korrespondenz von Glauben und Geschehen, Glauben und Sein, ja Glauben und Haben größten Wert gelegt: „Glaubst Du, so hast Du."[24] Und Karl Barth hat den Glauben – in einer für seine Sprache sehr ungewöhnlichen Formulierung – die „anthropologische Entsprechung" der freien Gnade Gottes genannt, in der der Mensch „seine Freiheit zum Umgang mit Gott" gewinnt.[25]

Die Korrespondenz „Euch geschehe nach Eurem Glauben" hat offensichtlich den Sinn, den Glauben als diejenige menschliche Bestimmung zu beschreiben, in der der Mensch sich ganz und gar von dem *bestimmen läßt,* was Gott vermag und tut. Der Glaube eines Menschen (oder einer Gruppe von Menschen – Mt 9,28; Mk 2,5) ist also *nicht* ein bloßer *Bewußtseinsakt.* Er ist viel eher die Antenne, mit der empfangen wird, die Öffnung, durch die etwas eindringt, um freilich sofort die derart geöffnete Existenz sozusagen auf einen einzigen Punkt hin zu sammeln und so als ganz und gar konzentriertes Leben aus sich herauszusetzen. Glaubend läßt sich der Mensch auf Gott selbst ein, vertraut er ihm. Vertrauen, sich auf Gott einlassen heißt aber immer: sich selbst verlassen. Im Glauben läßt sich der Mensch aus sich selbst herausholen. Deshalb geschieht ihm, wie er glaubt. Dabei ist entscheidend, daß der Glaubende im Akt des Glaubens passiv ist. *Er* sammelt, *er* konzentriert *sich* nicht auf den entscheidenden Punkt, sondern er *wird* gesammelt, sein Leben *wird* konzentriert. Der Glaube ist eine dem Menschen widerfahrende Konzentration seiner Existenz, kraft derer er außer sich gerät. Der Glaube ist insofern das genaue Gegenstück zu Jesu Verhalten.

Auch Jesus erfährt ja eine äußerste Konzentration seiner Existenz, wenn er das Elend eines Menschen so wahrnimmt, daß es ihn *jammert*. Es geht ihm das, was er da sieht, zu Herzen, es schlägt ihm auf die Eingeweide, es dringt, so sagten wir, in sein Innerstes. In seinem Innersten konzentriert, geht er – *er* freilich in höchster *Aktivität* – aus sich heraus, *tritt* er in äußerster Konzentration seiner Existenz den Dämonen entgegen, ist er das Subjekt seiner ja ausdrücklich so genannten Machttaten (δυνάμεις). In dieser aus seinem bewegten Innersten hervorgehenden Konzentration seiner Existenz ist er der Stärkere, der den Starken bindet (Mk 3,27; Lk 11,21f). Der Glaube aber ist sozusagen das Konkav zu diesem Konvex. Er vollzieht *rezeptiv,* was von seiten Jesu höchst *spontan* und *aktiv* geschieht.

Was da geschieht und von uns beschrieben wurde, ist freilich nicht als psychologischer oder psychosomatischer Vorgang interessant. Selbstverständlich sind das auch psychosomatische Vorgänge. Aber sie haben als solche nicht eigentlich *theologische* Relevanz. Es geht vielmehr – auch im *historisch* eruierbaren Selbstverständnis Jesu! – um die Begegnung der menschlichen Existenz mit Gott. Es geht um den in Jesu Wundertaten sich manifestierenden *Unwillen* Gottes gegen das Elend des elenden und entstellten Menschen und um die Konfrontation dieses göttlichen Unwillens mit dem dämonischen Herrschaftszusammenhang. Es geht in der Exekution dieses göttlichen Unwillens um die Durchsetzung des Willens Gottes zum ungehinderten Zusammensein mit den Menschen. In *diesem* Rahmen treffen die gesammelte Existenz Jesu und die konzentrierte Existenz der Glaubenden aufeinander, wenn Jesus seine Machttaten tut. Er gibt dem Menschen, indem er ihm Glauben ermöglicht, Anteil an dem Gott, der mit ihnen ungehindert zusammensein will. Gott will, so sagten wir, ungehindert mit den Menschen seines Wohlgefallens zusammensein. Die Menschen seines Wohlgefallens sind aber in erster Linie jene Elenden, jene entstellten Kreaturen, im Blick auf die von Jesus gesagt wird: es jammerte ihn. Die Wunderheilungen Jesu sind insofern der praktische Kommentar zu seinen Seligpreisungen, in denen ja nicht zuletzt denen Heil zugesprochen wird, mit deren Wohl es miserabel bestellt ist.

Gehört der Glaube aber so zu Jesu Machttaten, daß diese geradezu auf Glauben angewiesen zu sein scheinen, dann wird man daraus die Folgerung ziehen dürfen, daß Jesu Verhalten auf Glauben aus war. Man wird das in dem doppelten Sinne sagen müssen, daß Jesu Verhalten (1) Glauben *gewährte* und eben deshalb (2) Glauben *erwartete*: Glaube an Gott den Vater. Und das ist denn auch im Grunde die Zusammenfassung all dessen, was sich über Jesu tätiges Verhalten und über Jesu Machttaten historisch sagen läßt: Jesus hat Glauben an Gott ermöglicht.

Den *reinsten Ausdruck* und die *angemessenste Konsequenz* hat diese Dimension des Verhaltens Jesu in der Tatsache gefunden, daß Jesus seine Mitmenschen *zum Gebet bewegte.* Sagen wir nur gleich: zum *rechten Beten* bewegte. Im Gebet geschieht noch einmal, was im Glauben ohnehin geschieht, nämlich Sammlung, Konzentration der Existenz. Im Gebet konzentriert sich der Glaube, sammelt sich das Glaubensleben, so wie im Glauben das menschliche Leben als solches gesammelt, die menschliche Existenz als solche konzentriert wird. Gerade weil der Glaube an Gott sich im Gebet auf sein eigenes Wesen konzentriert, weil Gebet konzentriertestes Glaubensleben ist, ist das *rechte* Beten von äußerster Wichtigkeit. Deshalb verwirft Jesus das (heidnische, aber eben nicht nur heidnische) Plappern, das meint, erhört zu werden, wenn man viele Worte macht (Mt 6,7). „Das plappernde Gebet ist Ausdruck von Vermessenheit und Angst zugleich. Es will vermessen Gott mürbe machen (fatigare deos)[26] und wähnt zugleich angstvoll, Gott müsse erst ins Bild gesetzt werden über die Not des Beters".[27] Dabei gilt doch von Gott nicht weniger als von Jesus, daß es ihn angesichts unseres Elends schon jammerte, bevor wir zu jammern beginnen. „Euer Vater weiß, was Ihr bedürft, ehe Ihr ihn bittet" (Mt 6,8). Gerade deshalb aber darf man ihn, soll man ihn bitten (Mt 7,7f par. Lk 11,9f). Gott wird sich genausowenig wie der gebetene Freund im Gleichnis (Lk 11,5–8) durch unser Bitten beschämen lassen, sondern, schon um nicht als beschämt dazustehen (διά γε τὴν ἀναίδειαν αὐτοῦ – Lk 11,8), geben, was er zu geben hat.

So wie Jesus durch sein tätiges Verhalten Glauben an Gott den Vater ermöglicht hat, so hat er seine Mitmenschen ihr Glaubensleben im *Vaterunser* zu konzentrieren gelehrt. Und er hat sie damit in eine unverkennbare Entsprechung zu seiner eigenen Person gebracht, von der historisch glaubwürdig überliefert ist, daß auch ihr Leben sich im Gebet konzentrierte (vgl. Mk 1,35 par. Lk 5,16; 9,18; Mk 6,46 par. Lk 6,12;

9,28; Mt 14,23). Um so bemerkenswerter, daß in der Passionsgeschichte nach Matthäus, trotz der Aufforderung Jesu zu beten, diese Konformität der Existenz der Jünger Jesu mit der Existenz Jesu zerbricht: Während er betet und immer wieder betet, fallen seine Jünger in einen erholsamen (!) Schlaf (Mt 26,41.45). Und während er betend, ja im Gebet *schreiend* stirbt, sind sie entweder stumme Zeugen oder längst schon auf der Flucht.

Anmerkungen

1 *K. Barth,* KD IV/2, [3]1978, 191.

2 Ebd. (bei Barth teils hervorgehoben).

3 Ebd., 175.

4 Vgl. *E. Schweizer,* Das Evangelium nach Markus (NTD 1), [11]1967, 46.

5 *R. Otto,* Reich Gottes und Menschensohn. Ein religionsgeschichtlicher Versuch, [3]1954, 75.

6 *R. Bultmann,* Theologie des Neuen Testaments, hg. von O. Merk, [9]1984, 46.

7 *G. Ebeling,* Dogmatik des christlichen Glaubens, Bd. II, [3]1989, 443.

8 *C. Westermann,* Vergleiche und Gleichnisse im Alten und Neuen Testament (CThM 14), 1984, 134: „Durch den Vergleich und das Gleichnis erhält das Vergleichende Mitsprache bei dem Verglichenen."

9 *W. Harnisch,* Die Gleichniserzählungen Jesu, 1985, 149. Vgl. 148: „Es genügt, diesen Sachverhalt an einigen wenigen Beispielen zu demonstrieren. Außergewöhnlich ist der Ausgang der Erzählung Lk 15,11ff. Orientiert man sich an der Erfahrung, so erscheint das Fest der Heimkehr als eine Idylle, die sich der harten Realität kaum einfügt. Das Verhalten des Weinbergbesitzers in Mt 20,1ff setzt den Zusammenhang von Tun und Ergehen außer Kraft und wirkt wie eine Verhöhnung der verläßlichen Norm unserer Lebenspraxis. Unerhört ist der Erlaß einer alles Vorstellungsvermögen übersteigenden Schuld in Mt 18,23ff, und wenn die Geschichte den überreich Beschenkten dann im Nachgang so unerbittlich sein Recht einklagen läßt, macht sie den ungewöhnlichen Charakter der ersten Episode um so augenfälliger. Sie setzt selbst die Diskrepanz zwischen Möglichkeit und Wirklichkeit in Szene. Kaum glaublich ist, daß ein Hausherr seinen Sohn schickt, den Pachtzins einzutreiben, obwohl er weiß, daß den zuvor gesandten Knechten ganz übel mitgespielt wurde (Mk 12,1ff). Ebenso seltsam mutet an, daß eine ganze Festversammlung den Gastgeber sitzengelassen und daß der so Kompromittierte nun einfach die ersten Besten von der Straße gebeten haben soll (Mt 22,2ff par. Lk 14,16ff). Man kann den Reigen der Beispiele fortsetzen und mit P. Ricoeur fragen: ‚Bei welcher Dorfhochzeit schlägt man leichtsinnigen Mädchen, die sich nicht um die Zukunft scheren (sondern wirklich sorglos sind wie die Lilien auf dem Felde), die Tür vor der Nase zu?' Wirkt in Mt 25,1ff die unglaubwürdig pointierte Einmaligkeit einer Lebensentscheidung befremdlich, so in Lk 10,30ff die ganz unwahrscheinliche Konstellation der Szene: Daß einem in äußerste Not geratenen Juden ausgerechnet von seinem Todfeind Rettung widerfährt, sprengt zumindest den Erwartungshorizont einer zeitgenössisch-jüdischen Hörerschaft."

[10] *P. Ricoeur,* Biblische Hermeneutik, in: Die neutestamentliche Gleichnisforschung im Horizont von Hermeneutik und Literaturwissenschaft (WdF 575), hg. von W. Harnisch, 1982, 248–339, 312.

[11] *I. Kant,* Prolegomena, A 176, Werke III, hg. von W. Weischedel, 1966, 233; vgl. *Thomas von Aquin,* Ethica Aristotelis ad Nicomachum. Expositio I,7,95f (*Aristoteles,* Ethica Nicomachea, A 1096b 25ff).

[12] *E. Fuchs,* Die Frage nach dem historischen Jesus, 1956, in: *ders.,* Zur Frage nach dem historischen Jesus. Gesammelte Aufsätze II, [2]1965, 143–167, 155.

[13] *R. Bultmann,* Jesus, Nachdruck 1983, 46.

[14] *G. Bornkamm,* Jesus von Nazareth, 1956, 120.

[15] *K. Barth,* KD IV/2, [3]1978, 240.

[16] *K. Barth,* KD IV/2, 240. Vgl. *G. Ebeling,* Dogmatik des christlichen Glaubens, Bd. II, 463; hier wie auch sonst öfter stimmt Ebeling mit Barth überein.

[17] Vgl. *H. Köster,* Art. σπλάγχνον κτλ., ThWNT VII, 548–559, 553.

[18] Im Johannesevangelium (9,2f) ist ein historisch sicherlich die Pointe des Verhaltens Jesu treffendes Gespräch mit den Jüngern überliefert, die ihn angesichts eines Blindgeborenen fragen: „Rabbi, wer hat gesündigt: dieser oder seine Eltern, so daß er blind geboren wurde? Jesus antwortete: Weder dieser hat gesündigt noch seine Eltern, sondern die Werke Gottes sollen an ihm offenbar werden."

[19] *K. Barth,* KD IV/2, 247.

[20] *K. Barth,* KD IV/2, 258, hat zu Recht gerügt, daß die westliche Kirche insgesamt – die reformatorische Kirche eingeschlossen – für diese aller Bußproblematik zuvorkommende Zuwendung Jesu zu dem in seiner Kreatürlichkeit geplagten und entstellten Menschen keine hinreichende theologische Aufmerksamkeit gehabt habe – im Gegensatz zur Kirche des Ostens, die „in ihrer teilweise so wunderlichen und widerspruchsvollen Weise nicht aufgehört hat, zu sehen und ernst zu nehmen, was da zu sehen – für uns betrübte Abendländer insgesamt völlig neu zu sehen wäre"!

[21] *K. Barth,* KD IV/2, 256.

[22] *G. Bornkamm,* a. a. O., 122.

[23] Auch Mt 9,28 bezieht sich die Frage „Glaubt ihr, daß ich dies tun kann?" nicht auf das Wunder als solches, sondern auf Jesu Vollmacht.

[24] Vgl. *M. Luther,* Resolutiones disputationum de indulgentiarum virtute. 1518, WA 1, 595,5; Ein Sermon von dem heiligen hochwürdigen Sakrament der Taufe. 1519, WA 2, 733,35; Operationes in Psalmos. 1519–1521, WA 5, 399,5; Von der Freiheit eines Christenmenschen. 1520, BoA 2, 14,15f = WA 7, 24,13f; De servo arbitrio. 1525, WA 18, 769,17f; 778,13f; Großer Galaterkommentar. [1531] 1535, WA 40/I, 444,1f; Enarratio Psalmi LI. 1532 [1538], WA 40/II, 342,14f; u. ö.

[25] *K. Barth,* KD IV/2, 268.

[26] Vgl. *Horatius,* Carmina, I,2.

[27] *G. Bornkamm,* a. a. O., 123.

Marian Heitger

EINER IST EUER LEHRER – JESUS CHRISTUS

1. VORLESUNG

Das Wort, das dieser Vorlesungsreihe den Namen gegeben hat, findet sich bei Mt 23,5ff. Jesus kritisiert die Schriftgelehrten und Pharisäer wegen ihrer Eitelkeit und Ruhmsucht. Sie suchen sich bei den Festmählern den Ehrenplatz aus, „auf den Straßen und Plätzen“ „lassen sie sich gern grüßen und von den Leuten Rabbi (Meister) nennen“. „Ihr aber“, fordert er dann, „sollt euch nicht Rabbi nennen lassen; denn nur einer ist euer Meister, ihr alle aber seid Brüder ... Auch sollt ihr euch nicht Lehrer nennen lassen; denn nur einer ist euer Lehrer, Christus.“

Jesus knüpft an eine allgemeine Aussage über die Schwächen der Menschen an, ihre Eitelkeiten, die Mahnung zur Bescheidenheit. Das scheint nicht besonders aufregend und bemerkenswert. Die darauf folgende Aussage geht in ihrer Radikalität, ihrem eindeutigen und universal gemeinten Anspruch aber weit über die Empfehlungen zu allgemeinem Wohlverhalten hinaus: „Nur einer ist euer Lehrer – Christus.“

Er verkündet sich als den einzigen Lehrer, weil er die Wahrheit selbst ist, weil er die Wahrheit vom Vater hat, weil in ihm der Logos, das Wort, wie das Johannesevangelium sagt, in unsere Zeit getreten, d. h. Fleisch geworden ist.

Die Kirche hat schon früh die herausfordernde Bedeutung dieses Satzes erkannt und anerkannt.

Die Kirchenväter haben dem Thema eigene Schriften gewidmet: Man denke an Augustinus und Thomas und ihre Überlegungen zu „De Magistro“. Und selbst der Aufklärer Lessing formuliert im Paragraph 1 seiner „Erziehung des Menschengeschlechts“: „Was die Erziehung bei dem einzelnen Menschen ist, ist die Offenbarung bei dem ganzen Menschengeschlecht.“

Für die gegenwärtige Pädagogik muß jenes Wort von Jesus Christus als dem einen Lehrer einerseits als Herausforderung, andererseits als letzte Rettung in ihrer gegenwärtigen Not verstanden werden.

So hoffen die einen, daß in Person und Wort Jesu die Pädagogik endlich wieder ihr tragendes Fundament finden könne; die anderen befürchten, daß das Lehren und Lernen unter dem Anspruch des Christus wieder einem neuen Dogmatismus verfällt; daß die Begriffe von Autonomie und Selbstbestimmung, von Emanzipation und Selbständigkeit verabschiedet werden müßten. Die einen erwarten sich Hilfe in der Orientierungslosigkeit, in der allgemeinen Unsicherheit; die anderen befürchten neue Entmündigung.

Bekanntlich hat jede Zeit ihre eigene Pädagogik kritisiert. Das gehört scheinbar zum Ritual intellektueller Schulkritik. Heute allerdings kann man von einer besonderen Notlage sprechen. Diese aufzuzeigen wird notwendig sein, um die Bedeutung des Wortes von dem einen Lehrer in seiner Brisanz zu erfassen. Es ist aber geradezu auffällig, wie wenig gegenwärtige Pädagogik von jener Verheißung des Jesus von Nazaret aufgegriffen hat; wie wenig auch christliche Pädagogen sich in der Berufung auf Jesus Christus Sicherheit geben und offen und mutig das Wort ergreifen. Ist das nur Feigheit, ist das ängstliche Sorge um den eigenen Ruf, um die wissenschaftliche Reputation, oder muß ein in der Pädagogik selbst gelegener Grund angenommen werden, der viele Gläubige daran hindert, sich auf jenes Fundament zu beziehen?

Was ist und worin zeigt sich die Not der Pädagogik?

Es ist bekannt und wird immer wieder beschrieben, daß gegenwärtige Pädagogik weder eine verbindliche Auskunft über ihre Grundabsichten noch über den Weg, wie mögliche Absichten verwirklicht werden können, zu geben vermag. Diese Unsicherheit der Pädagogik macht sich in der Gegenwart in erschreckendem Ausmaß in ihren Folgen bemerkbar. Man denke an zunehmenden Radikalismus unter Jugendlichen, an die zunehmende Gewaltbereitschaft, an die Tendenz, Auseinandersetzungen nicht mehr mit Argumenten, sondern mit Gewalt auszutragen; man denke an zunehmende Brutalität und Rücksichtslosigkeit, unter dem Vorwand von Selbstverwirklichung und Behauptung der eigenen Identität, an das Drogenproblem und die Vielfalt der daraus sich ergebenden Einzelaufgaben.

Die Notwendigkeit der Pädagogik ist nicht zu bestreiten. Einige Beispiele sollen das andeuten: Wir wissen, daß politische Bildung notwendig ist; daß Demokratie von der Mitbestimmung der Bürger lebt, daß diese gebunden ist an gebildete Bürger, die kritisch denken, sich nicht allzuleicht durch populistische Parolen verführen lassen. Wir leben mit der schrecklichen Geißel der Aidserkrankungen, wir wissen, daß es auch eine Frage der Erziehung, insbesondere der Sexualerziehung ist, um dieser Herausforderung einigermaßen gerecht zu werden.

Aber welchen Normen bzw. normativen Vorstellungen Sexualerziehung folgen soll, das wissen wir nicht; viele wissen nicht einmal, ob es für den Umgang mit der eigenen Sexualität, mit dem anderen Geschlecht überhaupt Normen geben solle oder dürfe.

Wir wissen, daß wir einen neuen Umgang mit der Natur lernen müssen, daß wir die uns anvertrauten Güter dieser Erde achtsam handhaben müssen; die Rede ist von Ökopädagogik, von einer neuen Verantwortung, von einem neuen Umgang mit den Ergebnissen wissenschaftlicher Forschung, von der Frage, ob man wissenschaftliche Forschung nicht überhaupt bremsen müsse, um dem selbstzerstörerischen Fortschritt von Technik Einhalt zu gebieten.

Diese wenigen Hinweise vermögen deutlich zu machen, daß es hier nicht um Fragen geht, an der allein die professionellen Pädagogen interessiert sind; es handelt sich vielmehr um Fragen und Probleme, von denen die Zukunft unserer Gesellschaft und jedes einzelnen abhängig ist.

Ironisierend könnte man sagen, die Fragen von Erziehung und Bildung sind zu wichtig, als daß man sie nur den pädagogischen Fachleuten überlassen dürfte.

Angesichts dieser Vielzahl von Aufgaben muß die Orientierungslosigkeit der Pädagogik umso bedrohlicher erscheinen. Gleichzeitig scheint es unwahrscheinlich, daß jenes Wort Christi zu den vielen notwendigen Aufgaben eine fertige Lösung anzubieten hat. Um es einmal kurios auszudrücken: In der Lehre Jesu ist von keinem Curriculum für die verschiedensten Ausbildungen die Rede; keine Rede ist von irgendwelchen didaktischen Ratschlägen, psychologisch orientierten Unterrichts- und Erziehungshilfen, wie sie heute Lehrern und Erziehern in Volkshochschulen und auch katholischen Bildungseinrichtungen angeboten werden.

Ja, nicht einmal für den Religionsunterricht scheint Jesus Hilfreiches in bezug auf Didaktik u. a. gesagt zu haben. Natürlich hat er den Auftrag zum Lehren und Verkündigen erteilt: „Gehet hin und lehret alle Völker, wie ich euch gelehrt habe." Keineswegs hat er didaktische Tricks o. ä. entwickelt oder empfohlen, so daß auch die Religionslehrer so besonders unsicher erscheinen, sich an alle möglichen modischen Ratschläge gern anhängen, z. B. an den Psycho-Boom, an Gestaltpädagogik etc. Was also soll die Pädagogik mit der Forderung Jesu anfangen, daß die Menschen sich nicht den weltlichen Lehrern zuwenden, sondern allein ihn als den einzigen Lehrer anerkennen sollten? Werden dann die Klagen verstummen, daß es mit der Pädagogik nicht gut bestellt sei, daß die jungen Menschen in ihrem Urteil unsicher wären, keine Sprachkultur hätten – und das alles in einer Zeit, die sich ausdrücklich zu dem Postulat der Mündigkeit bekennt, die den Menschen in die Selbständigkeit berufen hat?

Da ist weiterhin die allgemein bekannte Klage, die jungen Menschen seien unerzogen, rücksichtslos, zeigten schlechtes Benehmen. Das ist wohl immer so gewesen. Schwerer wiegt auch hier die Klage, daß Gebote und Verbote überhaupt abgelehnt werden, daß junge Leute sich weigern, überhaupt Pflichten anzuerkennen, weil ihnen von den Rattenfängern und populistischen Verführern unserer Zeit immer wieder vorgegaukelt wird, man könne ein Leben ohne Anstrengung und Entsagung in fortdauerndem Genuß führen; Pflicht, Askese und Anstrengung seien heute überflüssig und anachronistisch.

Besonders nachdenklich stimmt die Klage, Lehrer und Erzieher stünden ihrem eigenen Beruf ablehnend gegenüber. Viele haben Angst, sind frustriert; psychosomatische Erkrankungen nehmen zu; und noch dazu delegieren Eltern die Last der Erziehung immer mehr an öffentliche Institutionen.

Je differenzierter und komplizierter das Leben in der Gesellschaft wird, desto zahlreicher werden die Aufgaben, die der Pädagogik, insbesondere den professionellen Erziehungseinrichtungen aufgehalst werden. Um es deutlich zu sagen: Die pädagogischen Einrichtungen werden benützt, um gesellschaftliche Wünsche zu befriedigen. Unterricht und Erziehung werden zu willkommenen Mitteln, um gesellschaftliche, politische und wirtschaftliche Zwecke zu erreichen. Das Ziel jenes Handelns ist die Funktionstüchtigkeit des Menschen, seine Brauchbarkeit zur Bewältigung der Lebensnot, die Absicht der Pädagogik reduziert sich auf Ausbildung, wirkliche Menschenbildung scheint vergessen.

Schon Nietzsche hatte in seinen Reden über die Zukunft unserer Bildungsanstalten vor hundert Jahren diese Tendenz scharf kritisiert: „Merkt es wohl, meine Freunde ... zweierlei dürft ihr nicht verwechseln, sehr viel muß der Mensch lernen, um zu leben, um seinen Kampf ums Dasein zu kämpfen; aber alles, was er in dieser Absicht als Individuum lernt und tut, hat noch nichts mit der Bildung zu schaffen. Diese beginnt im Gegenteil erst in einer Luftschicht, die hoch über jener Not, des Existenzkampfes, der Bedürftigkeit lagert ...“

Ein wenig später schreibt er: „Also, meine Freunde, verwechselt mir diese Bildung, diese zartfühlende, verwöhnte ätherische Göttin nicht mit jener nutzbaren Magd, die sich mitunter auch Bildung nennt, aber nur die intellektuelle Dienerin und Beraterin der Lebensnot, des Erwerbs, der Bedürftigkeit ist. Jede Erziehung aber, welche an das Ende ihrer Laufbahn ein Amt oder einen Brotgewinn in Aussicht stellt, ist keine Erziehung zur Bildung, wie wir sie verstehen, sondern nur eine Anweisung, auf welchem Wege man im Kampf um das Dasein sein Subjekt rette und schütze."

Was Nietzsche hier kritisiert, ist in unseren Tagen verbreitete Realität geworden, und man wird kaum eine Beziehung zu dem Wort herstellen können, daß Christus der eine Lehrer der Menschheit ist.

Es ist kaum zu bestreiten, daß Staat und Gesellschaft die pädagogischen Einrichtungen für jenen Zweck kostspielig ausstatten: Einrichtungen, Lehr- und Lernmittel, Personal und Verwaltung. Und je mehr die moderne Erziehungswissenschaft anbietet, die Mittel erforscht zu haben und bereitstellen zu können, um jene Erwartungen zu erfüllen, desto reicher fließen die staatlichen Mittel. Diese entwickelt Lehr- und Lernstrategien, Staat und Gesellschaft erweitern ständig den Katalog ihrer Wünsche.

Aber alles muß lebensnah und praxisbezogen sein; wenn möglich, soll der Erfolg meßbar und die Leistungen evaluierbar sein.

Was soll, so könnte der moderne Zyniker fragen, angesichts dieser Situation noch die Rede von Christus als dem einen Lehrer?

Was die Schule heute braucht, sind Spezialisten, Fachlehrer, die das jeweils erforderliche Wissen möglichst schnell und möglichst sicher an die nachfolgende Generation weitervermitteln. Schon heute wird die sog. Zeitverzögerung auf dem Wege der Wissensvermittlung beklagt. Alles Wissen scheint schon veraltet, wenn es schließlich zur Anwendung gelangt. Der Weg von der Forschung über die Lehre an der Universität und von da in die Lehrerbildung und schließlich in die Schule, an die Schülerinnen und Schüler, ist lang und umständlich, so daß das Wissen an seinem Endpunkt untauglich geworden ist.

Um diesem Umstand abzuhelfen, hat man kürzlich den Vorschlag gemacht, die Schulen abzuschaffen. Aus Amerika kommt die frohe Kunde, im Zeitalter des Computers sei der Lehrer überhaupt überflüssig geworden, allenfalls könne er noch als Animateur tätig sein, um die sozialen Bedürfnisse der Kinder zu befriedigen. Kann der eine Lehrer Jesus Christus gegen die geballte Macht der Technik, gegen die scheinbar allmächtige Tendenz zu fortschreitender, verwendbarer Spezialausbildung überhaupt noch eine Rolle spielen, wäre die Berufung auf Christus nicht ein hoffnungsloser Anachronismus? Niemand wird doch auf die Idee kommen, sein Wort für die Ausbildung von Informatikern, Computerspezialisten oder Hochfrequenztechnikern heranzuziehen.

Bevor man der modernen Auffassung von Unterricht und Erziehung widerspruchslos zustimmt, sollte man allerdings folgende Gedanken nicht außer acht lassen: Es soll zwar nicht bestritten werden, daß der Mensch auch für die Wahrnehmung konkreter Aufgaben ausgebildet werden muß, aber es kann und muß auch gefragt werden, ob Unterricht und Erziehung sich darin erschöpfen dürfen, bzw. was es bedeutet, wenn der Mensch vorwiegend bzw. ausschließlich unter dem Verwertungsinteresse gesehen wird, unter einer Absicht, die sein Person- bzw. Subjektsein nicht mehr ernst nimmt.

Die Instrumentalisierung des Menschen ist allenthalben auf dem Vormarsch, auch in der Pädagogik; nicht laut und aufdringlich, sondern leise, schleichend, scheinbar wohlmeinend und kaum bemerkbar. Die Politik instrumentalisiert den Menschen als Mehrheitsbeschaffer zur Machterhaltung, die sie zum Wohl des Wählers einzusetzen verspricht. Die Wirtschaft instrumentalisiert den Menschen zur Steigerung der Produktivität, die Werbung zur Erhöhung des Konsums. In tabufreier Sexualität wird der Geschlechtspartner zum Gewinn von Lust instrumentalisiert, allenfalls unter dem Kriterium, daß dieser Lustgewinn beiden zukommt. Eltern können ihre Kinder instrumentalisieren und umgekehrt; und auch die Kirche ist nicht vor der Versuchung gefeit, die Laien für ihre Zwecke zu instrumentalisieren.

Man wird sich fragen, was diese skeptische Analyse mit unserem Thema zu tun hat: Zumindest und zunächst so viel, daß das Wort von Christus als dem einen Lehrer den Menschen in seiner Hinordnung auf die eine Wahrheit anerkennt und damit der Reduktion auf Ausbildung, Funktionalisierung und Verwertung ein absolutes Nein entgegensetzt. Wenn der Mensch auf den einen Lehrer, auf die sich offenbarende Wahrheit hingeordnet ist, dann kann das Lehren und Erziehen sich nicht im Produzieren gesellschaftlicher Qualifikationen erschöpfen. So ist das Wort Jesu vom Lehrer der Menschen und der Menschheit zunächst ein radikaler Protest gegen seine Instrumentalisierung.

Eine zweite Überlegung mit dem Hinweis auf den einen Lehrer, der die Wahrheit selbst ist, schließt sich an: Die Reduktion des Pädagogischen auf bloße Ausbildung, die Dominanz des Pragmatischen, die vorwiegende Zwecksetzung durch Staat und Gesellschaft ist gleichzeitig die Folge der verbreiteten Unsicherheit und Orientierungslosigkeit. Wenn man schon nicht mehr weiß, was Bildung, was die alles umfassende Aufgabe der Pädagogik ist, so kann man doch in vermeintlicher Realitätsnähe viele allgemein plausible Einzelaufgaben aufzählen. Gleichzeitig bleibt Pädagogik im Verlust ihres eigenen Fundamentes

Spielball der Mächtigen, und diese haben es nie versäumt, sich ihrer, soweit es geht, zu bedienen.

Es ist nun hinreichend bekannt, daß die Ratlosigkeit der Pädagogik ihren Grund im Zerbrechen allgemeiner, verbindlicher Wertvorstellungen hat. Eine für alle geltende Religion, Weltanschauung oder Metaphysik scheint uns abhanden gekommen zu sein. Kein Wertsystem, keine Metaphysik, keine Weltanschauung und keine Religion kann in der modernen Gesellschaft das alleinige und absolute Daseinsrecht beanspruchen. Der Mensch will frei entscheiden, welche Lebensdeutung er für die richtige und für ihn maßgebende ansieht.

Wir sehen dies als Folge jenes Aufklärungsdenkens, das die Vernunft von allen vorgegebenen Festlegungen durch dogmatisch geltende Glaubenssätze, durch unerschütterliche, verbindliche Normen freizuhalten sucht. Der Mensch, so hatte Kant formuliert, solle sich doch endlich zu jener Mündigkeit entschließen, zu der die Natur ihn längst freigegeben habe.

Vernunft wird zum Richter; sie kann und will keine andere Norm als das in ihr selbst gelegene Maß anerkennen. Das Anerkennen der Wahrheit und von Geltungsansprüchen wird zur individuellen Aufgabe; die Verbindlichkeit geltender Normen wird zur individuellen Entscheidung.

Die Folge ist verbreiteter Pluralismus der Meinungen und Überzeugungen; auch der geschichtliche Wandel zeigt die Relativität von Normen, Werten und Überzeugungen, häufig unterstützt durch die Neigung zum Unverbindlichen.

Die gegenwärtige Postmoderne erhebt den Relativismus zum Prinzip. Die „Wahrheit" selbst wird relativ und geschichtlich. Das ist neuerdings kein Mangel, sondern Befreiung von der Nötigung zur Einheit und Allgemeinheit. Endlich wird der Mensch der Postmoderne lernen, über einen Sachverhalt zwei einander widersprechende Meinungen für richtig halten zu können. Wendigkeit, Flexibilität und Anpassungsfähigkeit treten an die Stelle von Grundsatztreue. Haltung als Charakter wird als Festlegung zum Hindernis; Vielfalt und Widerspruch ermöglichen Mannigfaltigkeit. Schizophrenes Denken, das früher als Krankheitsfall gesehen wurde, wird nun zum Ausdruck besonderer Aufgeschlossenheit.

Die Folgen für die Pädagogik sind verheerend. Ihr fehlt ein verbindliches Maß, eine sichere Grundlegung. Sie sieht kaum noch eine Möglichkeit, ihr Handeln als bestimmtes Handeln zu rechtfertigen. Das Dilemma ist fatal, denn ihr Handeln richtet sich nicht auf Sachen, sondern auf Menschen, denen sie in Lehre und Erziehung Rat und Argument zumutet. Sie muß ihr Handeln begründen, wenn sie gegenüber den ihr anvertrauten Menschen mit Anspruch auftritt. Nur unter dieser Voraussetzung kann sie auffordern und raten, zurechtweisen und ermahnen, aber auch trösten und neue Hoffnung anbieten. Wo diese Orientierung fehlt, muß sie sich entweder den gesellschaftlichen, politischen Mächten ausliefern, oder sie muß resignieren; sich selbst schließlich auflösen.

Pädagogik wird unmöglich, wenn sie kein Telos mehr hat. Denn schließlich muß auch die Rede vom Prinzip der Mündigkeit der allgemeinen Relativität weichen. Die Vernunft, die sich selbst hypertrophiert, verfällt der Ohnmacht. Sie wird hilflos und kraftlos. Der Traum vom autonomen Menschen scheint ausgeträumt; die Berufung auf Vernunft, das Vertrauen in die Kraft der Argumente ist geschwunden. Pädagogik, die mit Vernunftgründen Wissen vermitteln bzw. ethische Normen in ihrer Verbindlichkeit einsichtig machen will, ist zum Abdanken gezwungen.

Wo Pädagogik nicht mehr mit Argumenten überzeugen kann, wo sie nicht mehr auf Einsicht hoffen kann, da muß sie sich als Herrschaftsverhältnis diskriminieren lassen.

Unterricht und Erziehung werden zu Formen der Unterdrückung; auch da, wo sie die Geschmeidigkeit und Sanftheit moderner Psychotechniken praktizieren. Daß Lehrer und Erzieher dies Geschäft überhaupt noch besorgen, läßt sich nur mit dem Hinweis auf Lustgewinn durch Unterdrückung erklären, weil sie sich nunmehr dafür rächen können, was ihnen selbst in Kindheit und Jugend angetan wurde. – So jedenfalls die zeitgemäße Antipädagogik.

Der Verlust von Grundlegung läßt der Pädagogik allenfalls noch einige Restmöglichkeiten. Entweder wird sie sich auf jene Hilfen beschränken, die die biologische Aufzucht garantieren, das Wachsenlassen gewährleisten; einflußnehmende Agenden sind an die verschiedensten Psychotherapien abzutreten. Dies wird zumindest vorübergehend noch notwendig sein, weil die Totalemanzipation von Pflichten und Normen in unserer Gesellschaft noch nicht ganz gelungen ist. Ansprüche aber treten nicht mehr als Gebot und Angebot des einen Lehrers auf, sondern dokumentieren sich im Realitätsprinzip, in den noch nicht überwundenen Grenzen gegebener Wirklichkeit. Diese Erfahrung erzeugt Leidensdruck. Ihn versucht die Therapie entweder ganz zu beseitigen, auf jeden Fall aber zu mildern.

Psychotherapie wird zum neuen und vermeintlich verläßlichen Garanten für Glück und allseitige Befriedigung. Sie hat gegenüber der herkömmlichen Pädagogik den großen Vorteil, daß sie vom jungen Menschen nichts verlangt, kein Sollen und keine Pflicht, keine Leistung und keine moralischen Ansprüche kennt. Ihrem Programm liegen insgeheim zwei Tendenzen zugrunde. Einmal die Emanzipation von Geboten, insbesondere von absolut geltenden Ansprüchen, vom Sollen überhaupt; zum anderen die Beseitigung von Schuld. Wenn ich nur meinen Bedürfnissen, meinen augenblicklichen Neigungen folgen darf oder gar soll, dann kann ich nicht fehlgehen.

Die Absage an Schuld und Schuldigwerden ist notwendig geworden, wenn an Tilgung von Schuld nicht mehr geglaubt werden kann, wenn man nicht mehr glaubt, was in Mt 1,21 dem Josef im Traum anvertraut ist, er solle Maria als sein Weib annehmen, „denn das Kind, das sie erwartet, ist vom Heiligen Geist. Sie wird einen Sohn gebären; ihm sollst du den Namen Jesus geben: denn er wird sein Volk von seinen Sünden erlösen."

Wenn nun die Menschen nicht mehr an Sündenvergebung durch jenen Jesus glauben, dann wird Schuld zur unerträglichen Last. Die moderne Wissenschaft entwickelt „Schuldvermeidungsstrategien". Fehlentscheidungen, Fehlentwicklungen, Fehlverhalten sind je nach Geschmack die Folge frühkindlicher Traumata – frei nach Freud: das Triebschicksal des Kindes ist sein Lebensschicksal; oder nach den verschiedenen Sozialisationstheorien das Ergebnis gesellschaftlicher Determination, der Schichtzugehörigkeit u. ä.

Diese Entschuldigungen, die als Entschuldungen gemeint sind, klingen menschenfreundlich, scheinen human und entlasten den Menschen von unangenehmen Gefühlen. Gleichzeitig aber demontieren sie den Menschen in seiner Verantwortlichkeit, in seinem Urteils- und Entscheidungsvermögen.

Mit der Demontage der Vernunft mußte die Demontage von Verantwortung im Wissen um das Gesollte und dessen Verbindlichkeit einhergehen. Von neuem bestätigt sich das Verhängnis von der „Grundlosigkeit" moderner Pädagogik. Im Verlust unwiderruflicher Orientierung bleibt ihr entweder die Möglichkeit, Menschen dressieren zu wollen, die Absicht der Verhaltenssteuerung durch psychosoziale Mechanismen, wie sie als Ersatz von Erziehung landauf und landab angeboten werden; oder Pädagogik zieht, wenn Lehren und Erziehung mittels Vernunft nicht mehr möglich ist, die Konsequenz, sich dadurch zu entlasten, daß sie das Werden des Menschen wie bei Pflanzen und Tieren als Ergebnis entelechialer Entwicklung vorgegebener Anlagen sieht. Auf der einen Seite sind es die psychosozialen Techniken, auf der anderen Seite ist es die romantische Hinwendung zu jenem naiven Rousseauismus in der „Pädagogik vom Kinde aus“, die sich auf das naturalistische Wachsenlassen beschränkt.

In beiden Fällen verzichtet die Pädagogik darauf, durch Unterricht und Erziehung der Menschenbildung aufzuhelfen. Der Mensch, der nicht schuldig werden kann, der kann und braucht auch nicht erzogen zu werden. Der Mensch, dessen Vernunft sich im Relativismus erschöpft, der kann eigentlich nicht mehr gelehrt und unterrichtet werden. Was übrigbleibt und was als neue Errungenschaft in der Aufhebung von verbindlicher Vernunft und Verantwortung gefeiert wird, war und ist jene ungebremste Selbstverwirklichung, die sich im Ausleben der eigenen Wünsche, Anlagen, Bedürfnisse und Neigungen erschöpft, wofür Vernunft allenfalls noch instrumentell notwendig ist.

Allerdings hat sich dieser Traum vom glücklichen Menschen ohne Bindung und Anstrengung nicht realisiert. Wenn man die gegenwärtige Situation wirklich wahrnimmt, so begegnen einem Drogensucht und Hoffnungslosigkeit, Ausländerhaß und Rassismus, Rücksichtslosigkeit gegen den Schwächeren, zunehmender Opportunismus, Hilflosigkeit im Urteilen und Entscheiden. Die Pädagogik kuriert an Symptomen herum, erfindet zwar immer wieder neue Methoden und Modelle, bleibt aber schließlich ratlos und ohnmächtig. Das ist ihre wahre Not.

Nichts wäre in dieser Situation naheliegender, als daß die Pädagogik, zumindest in unserem Kulturkreis, sich auf das besinnt, was Jesus Christus in seiner Person und seinem Wort geoffenbart hat. Warum aber, so muß angesichts dieser Situation gefragt werden, nimmt die Pädagogik das Wort und die Person Jesu nicht an, in ihm als dem einen Lehrer der Menschheit ihre Orientierungslosigkeit und Hilflosigkeit zu überwinden? Die Schwierigkeit besteht offensichtlich darin, daß die Pädagogik glaubt, ihre Selbständigkeit als Wissenschaft zu verlieren, daß sie befürchtet, ihrem modernen Bildungsauftrag untreu zu werden, wenn sie sich wieder an Glaube und Offenbarung bindet und Jesus als den einen Lehrer anerkennt. Denn wissenschaftliche Selbständigkeit bedeutet auch, die Norm- und Zielfrage autonom zu lösen und nicht unter der Vormundschaft kirchlicher Hierarchie. Humane Bildung sollte letztlich Religion überflüssig machen; nach jenem Wort Goethes: wer Bildung hat, der hat auch Religion; wer keine Bildung hat, der habe Religion.

Moderne Pädagogik will jene Autonomie, in der die Vernunft sich nicht erneut dem Dogmatismus einer Offenbarung unterwirft. Sie kann und will sich, um es extrem zu formulieren, nicht als Dienstmagd des

Glaubens oder gar der Kirche sehen. Damit begründet sie zugleich die Absage an Jesus, ihn als den einen Lehrer anzuerkennen, sein Wort als Offenbarung unwiderruflich anzunehmen.

Sie glaubt, dafür gute Gründe anführen zu können.

Der Begriff der Moralität und einer ihr folgenden Erziehung scheint mit der Offenbarung und der Lehre Jesu nicht recht vereinbar. Moralität, so hat vor allem Kant gefordert, ist gebunden an ein Handeln um des Guten willen. Der moralisch Handelnde schaut nicht auf Vorteil und Verdienst und Ansehen, sondern handelt aus dem Motiv, das Gute um des Guten willen zu tun. Christlicher Glaube und auch die Lehre Jesu empfehlen das gute Handeln zumindest auch – wenn auch nicht immer – um des ewigen Lohnes im Jenseits willen. So wie Jesus bei Mt 19,28ff sagt: „Amen, ich sage euch: Wenn die Welt neu geschaffen wird und der Menschensohn sich auf den Thron der Herrlichkeit setzt, werdet ihr, die ihr mir nachgefolgt seid, auf zwölf Thronen sitzen ... Und jeder, der um meines Namens willen Häuser oder Brüder, Schwestern, Vater, Mutter, Kinder oder Acker verlassen hat, wird dafür das Hundertfache erhalten und das ewige Leben gewinnen."

In einer Erziehung aber, die mit Privilegien oder Sanktionen hantiert, werden sich kaum ein Charakter und Grundsatztreue bilden. Der Mensch bleibt dem Opportunismus verhaftet, auch wenn der eigene Vorteil erst im Jenseits erwartet werden kann.

Außerdem wäre die unvermittelte und unbedingte Normsetzung der Offenbarung, so könnte argumentiert werden, ein Rückfall in jene Heteronomie, die die wirkliche Moral aufhebt, weil nicht die eigene Einsicht in das Gute und die daraus sich ergebende Verbindlichkeit zur Maxime des Handelns gemacht werden, sondern ein von außen kommendes Gesetz. Nicht mehr Vernunft gibt sich das moralische Gebot, sondern das Wort Jesu; oder um eine moderne Problematik aufzugreifen, das Gesetz der Kirche. Diese Bedenken werden verstärkt, wenn man bedenkt, wie Jesus selbst gelehrt hat. Da ist kaum vom begründenden Diskurs die Rede, vom gegenseitigen Prüfen und Argumentieren geäußerter Geltungsansprüche, vom gegenseitigen Wechsel in Frage und Antwort, Rede und Gegenrede. Der lehrende Jesus tritt vielmehr mit dem Charisma seiner Person auf, wenn er z. B. zu wiederholten Malen sagt: „Amen, ich aber sage euch." Da präsentiert sich Autorität, die keinen Widerspruch duldet. Das Johannesevangelium gibt aus Anlaß der Fußwaschung die Worte Jesu wieder: „Ihr sagt zu mir Meister und Herr, und ihr nennt mich mit Recht so; denn ich bin es." Und wenige Verse später wieder die Wendung: „Amen, Amen, ich sage euch: Der

Sklave ist nicht größer als sein Herr, und der Abgesandte ist nicht größer als der, der ihn gesandt hat" (Joh 13,13ff).

Da kann man nicht von partnerschaftlichem Unterricht, nicht von einem demokratischen Führungsstil sprechen, sondern die Aussagen beanspruchen unwiderrufliche Gewißheit. Die Behauptung von Gewißheit erfolgt nicht in sachlicher Begründung, sondern in der Berufung auf seine Sendung, auf den Vater oder den Heiligen Geist. So berichtet das Johannesevangelium 1,14ff, daß Jesus zum Tempel hinaufging und dort lehrte. Wörtlich heißt es dann: „Die Juden wunderten sich und sagten: Wie kann der die Schrift verstehen, ohne dafür ausgebildet zu sein? Darauf antwortete ihnen Jesus: Meine Lehre stammt nicht von mir, sondern von dem, der mich gesandt hat ... Wer im eigenen Namen spricht, sucht seine eigene Ehre; wer aber die Ehre dessen sucht, der ihn gesandt hat, der ist glaubwürdig, und in ihm ist keine Falschheit."

Die Glaubwürdigkeit seiner Lehre begründet sich nicht in argumentativen Beweisen, sondern einerseits in der Berufung auf den Vater und andererseits im Zeugnis seiner Wunder. So kann er bei Mt 13,10 sagen: „Selig, wer hört", und zuvor in Mt 11,4 sagt er den Jüngern Johannes' des Täufers auf die Frage, ob er der Messias sei: „Geht und berichtet dem Johannes, was ihr hört und seht: Blinde sehen wieder, und Lahme gehen; Aussätzige werden rein, und Taube hören; Tote stehen auf, und den Armen wird das Evangelium verkündet." Die Wunder verleihen ihm Autorität und seinen Aussagen eine unwiderrufliche Überzeugungskraft. Einerseits berichten die Evangelien davon, daß die Leute ihm glauben, weil sie die Wunder sehen, andererseits tadelt Jesus seine Jünger, daß sie nur glauben, weil sie die Wunder sehen. Und auch noch in den jungen Apostelgemeinden unterstreichen die Lehrer die Glaubwürdigkeit ihrer Lehre durch Wunder.

Schließlich ist auf das Lehren Jesu in Gleichnissen hinzuweisen. Gleichnisse sind keine Argumente, sondern Erklärungshilfen, damit die Jünger bzw. die Zuhörer das besser verstehen, was er hat sagen wollen. Bekannt ist Mt 22,16, wo berichtet wird, wie die Pharisäer Jesus auf die Probe stellen und eine womöglich widerlegbare Antwort erwarten. Es ist die Frage nach dem Recht kaiserlicher Steuern: Die Pharisäer bzw. deren Jünger wollen Jesus auf die Probe stellen; sie geben sich zunächst autoritätsgläubig: „Meister, wir wissen, daß du immer die Wahrheit sagst, ohne auf jemand Rücksicht zu nehmen." Ihre Frage lautet: „Ist es erlaubt, dem Kaiser Steuern zu zahlen oder nicht?" Jesus aber erkannte ihre böse Absicht. Er greift sie an: „Ihr Heuchler, warum stellt ihr mir eine Falle? Zeigt mir die Münze." Und dann folgt der bekannte Ratschlag, nachdem sie ihm die Münze mit dem Bild des Kaisers gezeigt haben: „So gebt dem Kaiser, was dem Kaiser gehört, und Gott, was Gott gehört."

Es ist unnötig, hier die vielen Gleichnisse anzuführen, vom guten Hirten, vom Weinstock, vom Gastmahl u. v. a.

Die Gleichnisse sollen den richtigen Weg zeigen, ohne daß das Volk das Geheimnis seiner Unterweisung ganz erfaßt; das Gleichnis eröffnet keinen Dialog, keine Auseinandersetzung; es macht auf etwas aufmerksam.

Und die Jünger fragen ihn Mt 12,10: „Warum redest du zu ihnen in Gleichnissen? Er antwortete: Euch ist es gegeben, die Geheimnisse des Himmelreiches zu erkennen, ihnen aber ist es nicht gegeben."

Das Lehren Jesu ist, zumindest legt diese Stelle das nahe, nicht methodisch-didaktisches Werben um Verständnis mit Argumenten; das wird an seiner Interpretation des Gleichnisses vom Sämann deutlich. Dieser sät das Wort. Auf den Weg fällt das Wort bei denen, die es zwar hören, aber sofort kommt der Satan und nimmt das Wort weg, das in sie gesät wurde. Ähnlich ist es bei den Menschen, bei denen das Wort auf felsigen Boden fällt: Sobald sie es hören, nehmen sie es freudig auf; aber sie haben keine Wurzeln ... Bei anderen fällt das Wort in die Dornen: Sie hören es zwar, aber die Sorgen der Welt, der trügerische Reichtum und die Gier nach all den anderen Dingen machen sich breit und erstikken es, und es bringt keine Frucht. Auf guten Boden ist das Wort bei denen gesät, die es hören und aufnehmen und Frucht bringen, dreißigfach, ja sechzig- und hundertfach. Jesus als der Lehrer tritt mit absoluter Autorität auf. Sein Lehren ist Verkünden: Bedeutet dies, daß im Lernen auf eigene Einsicht verzichtet werden soll? Bedeutet die Gewißheit des Anspruchs Verzicht auf die Moralität im Handeln; wobei dieser Jesus gleichzeitig verheißen hat: Die Wahrheit wird euch frei machen?

Die Gedanken dieser ersten Vorlesung lassen sich in wenigen Punkten und weiterführenden Fragen zusammenfassen:

1. Es ist offensichtlich, daß die Pädagogik sich in einer kaum abschätzbaren Notsituation befindet. Sie ist unsicher und orientierungslos. Sie ist in Gefahr, ihre eigene Berechtigung zu verlieren.

2. Ihre Orientierungslosigkeit macht sie zu einem willfährigen Instrument politisch-gesellschaftlichen Wollens.

3. Ihre Instrumentalisierung degradiert den Menschen zum Mittel und widerspricht seiner Hinordnung auf die eine Wahrheit, mißachtet sein Personsein.

4. Der naheliegende Versuch der Pädagogik, sich in der Bindung an Offenbarung und Religion ein neues Fundament zu schaffen, scheint aber fraglich, weil sie befürchtet, ihre Eigenständigkeit und Wissenschaftlichkeit zu verlieren und den Menschen einem neuen Dogmatismus zu unterwerfen.

5. Die Art, wie Jesus lehrt, scheint den Gegensatz zur modernen Pädagogik, ihrem Wollen und ihren Vorgehensweisen eher zu bestätigen, wenn diese auf Selbstbestimmung und freien Umgang bedacht sein muß.

6. Andererseits bleibt die Pädagogik rettungslos verloren, wenn sie kein allgemeingültiges, d. h. verallgemeinerungsfähiges Telos des Menschseins findet; wenn sie nicht auf zweifelsfreie Normativität verweisen kann, wird sie es nicht wagen dürfen, andere in Unterricht und Erziehung führen zu wollen.

7. Wenn dieses allgemeingültige „Ziel" auch nicht direkt und unmittelbar aus jenem Wort Jesu, aus seinem Lehren und Handeln ableitbar ist, bleibt zu fragen, wie dessen mögliche Maßgeblichkeit sich in einer grundsätzlichen Besinnung aufzeigen ließe.

2. VORLESUNG

Während der Französischen Revolution setzte Robespierre statt des Gottes der Offenbarung die Göttin der Vernunft auf den Thron. Ihr zu Ehren feierte man in der Kathedrale von Notre Dame in Paris eine Liturgie.

Jules Michelet, ein Zeitgenosse, beschreibt die Zeremonie folgendermaßen: „Die Vernunft, mit einem weißen Kleid und einem azurblauen Mantel bekleidet, tritt aus dem Tempel der Philosophie hervor und setzt sich auf einen Thron, der mit einfachem grünen Laub geschmückt ist. Die jungen Mädchen singen ihr ihre Hymne. Am Fuße des Berges geht sie durch die Menge und wirft den Anwesenden einen sanften Blick, ein sanftes Lächeln zu. Dann verschwindet sie wieder, während weiter gesungen wird."

Die Französische Revolution hat Jesus Christus durch die Göttin der Aufklärung ersetzt. Die Aufklärung, in der auch wir denken, muß den Satz von dem einen Lehrer aller Menschen und der Menschheit ausdrücklich in Frage stellen. Umso fragwürdiger scheint der Versuch, das Lehren in seiner Pädagogizität in der Berufung auf jenes Wort zu gründen.

Wer ist jener Jesus als Lehrer, von dem (vgl. Mt 7,29) berichtet wird, daß die Menge von seiner Lehre sehr betroffen war, „denn er lehrte sie wie einer, der (göttliche) Vollmacht hat, und nicht wie die Schriftgelehrten"? Markus berichtet von dem Jesus Christus, bei dessen Rede die Zuhörer erschraken und sich fragten (Mk 1,27): „Was hat das zu bedeuten?" Bei Lk 6,2f ist zu lesen: „Und die Menge, die zuhörte, verwunderte sich, und sie sprachen: Woher kommt denn solches? Und was für Weisheit ist es, die ihm gegeben ist? ... Ist er nicht der Zimmermann, Marias Sohn, und der Bruder des Jakobus und Joses und Judas und Simon? Sind nicht auch seine Schwestern allhier bei uns? Und sie nahmen Ärgernis an ihm." Andererseits fürchten sich die Hohenpriester, „weil alle Leute von seiner Lehre sehr beeindruckt waren" (Mk 11,8).

Ist dieser Jesus deshalb der eine Lehrer, weil er Wunder wirkt, weil er die Menschen beeindruckt? War es deshalb nur konsequent, wenn die Göttin der Vernunft an seine Stelle tritt, und ist es nicht für die Vernunft eine Zumutung, wenn Markus von diesem Jesus berichtet (13,30), der von sich sagt: „Wahrlich, ich sage euch: Himmel und Erde werden vergehen, meine Worte aber werden nicht vergehen"?

Wenn man dies in seiner Ungeheuerlichkeit ernst nimmt und nach einer Grundlegung der Pädagogik durch jenen Jesus Christus fragt, so muß man mit der Bestimmung dessen beginnen, was Lernen und was mit seiner Grundlegung gemeint sein kann.

Natürlich stockt hier die Analyse, denn was Lernen ist, darüber streiten die Menschen, seitdem sie darüber nachdenken. Dieser Widerspruch zeigt sich schon zwischen Sokrates und den Sophisten. Während Sokrates Lernen schließlich in der Wiedererinnerung grundlegt, bieten sich die Sophisten als Lehrer mit sicher wirkenden Methoden an. Die Widersprüche sind heute deutlicher denn je. Lernen wird einmal als das Sammeln von Daten verstanden, als Informationsaufnahme, als Kumulierung von Wissen. Die moderne Psychologie, vom Behaviorismus bis zur Psychoanalyse, von der humanistischen Psychologie bis zur Systemtheorie, sie alle versuchen das Lehren und Lernen „technisch" zu erklären und es vor allem effektiver zu machen. Eine Vielzahl von Modellen wird angeboten: vom sozialen Lernen zum offenen Lernen, vom projektorientierten Lernen zum systemischen Lernen, von der Gestaltpädagogik zur Gruppendynamik usw. Diese Vielzahl von Angeboten nährt allerdings den Verdacht, daß man im Grunde nicht mehr weiß, was Lehren und Lernen ist, vor allem wenn es darum geht, sich durch Lernen zu bilden. So wie Kant es in anspruchsvoller Weise formuliert hat, daß Wissenschaft die „enge Pforte zur Weisheitslehre" sein solle.

Für uns stellt sich die Frage, welches Lehren gemeint sein kann, wenn behauptet wird, daß Jesus Christus der eine Lehrer sei.

Ich beginne mit einem scheinbar banalen Satz: Das Lehren soll einem anderen dazu verhelfen, wissend zu werden. Vom Wissen kann man nur reden, wenn der sein Wissen Behauptende von dessen Wahrheit überzeugt ist. Diese Überzeugung kann er nur gewinnen, wenn der als Wissen behauptete Sachverhalt vom Richterstuhl der eigenen Vernunft geprüft und für wahr gehalten wird. Das setzt voraus, daß Vernunft in der Lage sein muß, zwischen wahr und unwahr unterscheiden zu können. Diese Voraussetzung verweist auf ein Maß, wenn jene Unterscheidung nicht der Willkür anheimfallen soll. Dies definiert sich als Bindung an Wahrheit, wenn zwischen wahren und falschen Aussagen unterschieden werden soll. Klassische Philosophie spricht mit Recht vom Logos der menschlichen Vernunft. Diese Voraussetzung begründet die Möglichkeit der Lernens, wenn dieses auf Wissen, d. h. auf die Unterscheidung von wahr und falsch angewiesen ist.

Dabei aber ist sogleich auf eine besondere Differenz aufmerksam zu machen: Das Wissen um die eine Wahrheit ist von besonderer Dignität. Es ist nicht das Wissen um eine „Tatsache", um einen Gegenstand, um ein historisches Faktum, um ein naturwissenschaftliches Gesetz. Es ist das Wissen um die notwendige Gewißheit der einen Wahrheit als Bedingung für ein Wissen in der Unterscheidung von wahr und falsch. Wo die Gewißheit jenes Wissens zweifelhaft wird, da wird das Lernen vom eigenen Für-wahr-Halten abgekoppelt; da muß das Lernen zum bloßen Merken, zum Sammeln von Kenntnissen entarten.

Wenn alles Lernen auf das Lehren verweist, wenn das Lehren den Lernenden zum Wissen führen will, dann muß sich eine für die Pädagogik entscheidende Frage stellen: Wie ist denn ein Lehren möglich, das dem anderen hilft, ein Wissen zu gewinnen, dessen Geltung in seinem eigenen Für-wahr-Halten gesichert ist? Man mache sich den Sachverhalt einmal klar: Lehren ist ein Handeln gegenüber dem Du, das diesem ein Wissen vermitteln will, ein Wissen, das durch das je eigene Für-wahr-Halten begründet ist. Pädagogisch ist es wohl wenig sinnvoll, daß der Schüler etwas lernt, d. h. etwas für wahr hält, weil der Lehrer es gelehrt hat. Pädagogisch gemeintes Lehren liegt nur dann vor, wenn der Lehrende im Schüler sich an die gleiche Wahrheitsbindung als Maß der Unterscheidung für wahr und falsch wenden kann, das auch den Geltungsanspruch seiner „Lehre" begründet. Mit anderen Worten: Jenes Lehren setzt zumindest für diesen Fall des Lernens eine beide bindende und damit verbindende Wahrheit voraus.

Diese Bindung kann allerdings nicht auf den Fall einer bestimmten Lehrer-Schüler-Beziehung beschränkt sein. Mit anderen Worten: Wer vom Lehren in pädagogischer Absicht spricht, der muß den universalen Charakter der einen Wahrheit anerkennen.

Wahrheit ist nur im Singular möglich, mehrere „letzte“ Wahrheiten sind ein Widerspruch in sich, weil Wahrheit das Prinzip der Universalität notwendigerweise in sich selbst enthält.

Diese prinzipielle Gewißheit von der einen, für alle geltenden Wahrheit ist Bedingung dafür, daß einer vom anderen lernen kann, daß durch das Lehren ein Lernen gestiftet werden kann, das zum Wissen im eigenen Für-wahr-Halten führt. Wo die Gewißheit von dieser einen, für alle verbindlichen und die Menschen verbindenden Wahrheit verlorengeht, da muß es zu gängigen Fehlformen kommen. Lehren entartet entweder zur manipulierenden Bewußtseinssteuerung, oder es verkommt zu quasi therapeutischer Befürsorgung.

Die beiden Fehlformen zeigen trotz aller scheinbaren Gegensätzlichkeit geheime Verwandtschaft: der Drill des Paukens und die Form therapeutischen Betreuens. Die die Sozialität verletzende Fehlform von Indoktrination muß durch die den Anspruch eigener Anstrengung leugnende soziale Befürsorgung ergänzt werden. Auf der Strecke bleibt die Möglichkeit von Bildung.

Ein erster Zusammenhang mit unserem Thema wird offenbar. Das Magisterium des Herrn, der eine Lehrer Jesus ist kein Beispiel für effektives Lehren und Lernen, er bietet keine didaktische Handreichung dafür, wie wir heute lehren und lernen sollen, sondern er ist dessen Bedingung. Der eine Lehrer, der mit seiner Lehre identisch ist, er kann sagen: Amen, ich aber sage euch. Jesus Christus muß nicht argumentieren, weil in ihm die Wahrheit selbst offenbar wird. Diese Wahrheit ist nicht Gegenstand irgendeiner Erkenntnis: etwa von Gottesbeweisen. Jesus Christus ist in diese Welt gekommen, diese Wahrheit zu verkünden, ihre Gewißheit zu verbürgen, so wie er im Johannesevangelium sagt: „Er, der mich gesandt hat, bürgt für die Wahrheit, und was ich von ihm gehört habe, das sage ich euch“ (Joh 8,26). Dieser Jesus Christus ist selbst diese Wahrheit (Joh 14,6): „Ich bin der Weg, die Wahrheit und das Leben.“ Diese Wahrheit ist nicht Gegenstand des Erkennens, zu ihr muß man sich bekennen; so wie Paulus im zweiten Timotheusbrief (2,25) hofft, daß Gott den Menschen „die Umkehr schenkt, damit sie die Wahrheit erkennen“.

Einige Konsequenzen sind festzuhalten: Diese Gewißheit von der einen Wahrheit stiftet die Lehrer-Schüler-Beziehung in einzigartiger

Weise. Wenn jeder, der Menschenantlitz trägt, an dieser einen Wahrheit teilhat, dann kommt ihm jene personale Würde zu, die den anderen nicht zum Objekt werden läßt, die ihn als anderes Subjekt in der personalen Beziehung im Dialog anerkennt. Lehren ist dann Hilfe, diese Wahrheit in sich zu wecken, so wie der hl. Augustinus in „De Magistro" schreibt, daß wir unsere Kinder ja nicht in die Schule schicken, damit sie dort lernen, die Worte der Lehrer zu wiederholen, sondern in der Hoffnung, daß beim Hören der Worte des Lehrers die Wahrheit in ihnen aufleuchte. Er sagt wörtlich: „Wer ist so töricht wißbegierig, daß er seinen Sohn in die Schule schickt, damit er lerne, was der Lehrer denkt? Wenn die Lehrer alle Lehrfächer entfaltet haben, auch die der Tugend und Weisheit, betrachten die Schüler in sich selbst, ob Wahres gesagt worden ist, d. h. sie schauen gemäß ihren Kräften die innere Wahrheit. Dann lernen sie" (cap. XIV).

Von dieser großartigen Sicht des Lernens sind wir heute weit entfernt. Wir lernen vielfach, ohne zu begreifen, ohne zu verstehen. Wir lernen, um uns für Funktionen und Positionen zu qualifizieren; wir lernen, um Titel und gesellschaftliche Reputation zu erreichen; wir lernen, um Macht über Natur und Umwelt zu gewinnen, zu herrschen, um unsere Lebensnot zu wenden. Das mag alles als limitiertes Recht angesehen werden; es läßt aber eines vergessen: daß wir lernen, um uns an die Wahrheit heranzuführen, daß wir lernen, um uns der Wahrheit ähnlich zu machen. Entfaltung der Vernunft ist deshalb kein intellektueller Rationalismus, sondern Anerkennung der Herrschaft jener Wahrheit, die Jesus Christus gelebt und verkündet hat.

Lehren ist dann ein Dialog in Argumenten. Das Prinzip des Dialogs fordert, daß Lehrende und Lernende sich unter den Logos stellen; es ist eben jener Logos, mit dem der hl. Johannes sein Evangelium beginnt. Der Dialog fordert das Argumentieren. Das Argument ist nicht Ausdruck einer kaltherzigen Vernunft, sondern Dienst an der Wahrheit, es ist, wie Johann Michael Sailer einmal sagt, eine Art Gottesdienst. Lehren ist argumentierender Umgang mit dem Lernenden.

Diese Forderung bezieht sich nicht nur auf den dialogischen Umgang in der Schule, sie definiert eine besonders hochwertige Form von Mitmenschlichkeit. Nach Jesus Christus macht sie uns zu Brüdern und Schwestern nicht in einem romantisierenden Sinne pathetischer Emotionalität, sondern als Töchter und Söhne der einen Wahrheit.

Wo dieser Glaube, wo diese Gewißheit von der einen Wahrheit verlorengeht, da verfällt nicht nur das Lehren und Lernen, sondern auch das, was wir Gesprächskultur in Politik und Gesellschaft nennen. Eines der Hauptübel verkommener Gesprächskultur besteht darin, daß keck behauptet wird, ohne zu begründen, daß der andere genötigt wird, ein Wissen zu akzeptieren, ohne sich ihm in Argumenten nähern zu können; daß er schließlich genötigt wird, seine eigene Wahrheitsbindung zu leugnen. An die Stelle des Arguments tritt der autoritäre Druck, häufig zumeist nicht von sichtbaren und benennbaren Autoritäten, sondern von den anonymen und verschleierten Mächten: von der Öffentlichkeit, vom Zeitgeist, vom modischen „Man“, von den Kommissionen einer sogenannten demokratisierten Gesellschaft.

Wo die Herrschaft der Wahrheit abgedankt hat oder zum Abdanken gezwungen wurde, da macht sich die unterdrückende Herrschaft von Menschen über Menschen breit. Sie tritt heute nicht mehr im Gewand physischer Unterdrückung, tyrannischer Macht auf, sondern schleichend und listig; sie bedient sich der psychologischen Techniken, um das kritische Bewußtsein des Menschen einzuschläfern, um das kritische Denken auszuschalten, um den Anspruch jener Wahrheit, die Jesus Christus selbst ist, zu verdrängen.

Postmodernes Denken behauptet das genaue Gegenteil. Die Postmoderne wendet sich gegen die Anerkennung der einen Wahrheit, weil sie befürchtet, daß ihr Anspruch zum Zwang der Vereinheitlichung wird, der die Individualität und Vielfalt erstickt. Sie übersieht die unaufhebbare Differenz zwischen der einen unendlichen Wahrheit und den je erreichten Werten an deren Teilhabe, wenn Menschen denken.

Vergessen ist hier offensichtlich das Wort Jesu: „Die Wahrheit wird euch frei machen.“ Für die Postmoderne wird schließlich das Argument selbst zum Herrschaftsmittel. Natürlich kann nicht bestritten werden, daß Argumente mißbraucht werden können, um eigene Herrschaft durchzusetzen und zu stabilisieren. Volksverführer, wortmächtige Populisten machen von dieser Möglichkeit einen die Wahrheit pervertierenden Gebrauch.

Dieser Mißbrauch ist z. B. dann zu beklagen, wenn das Gefühl als Argument ausgegeben wird. Gegen Emotionen kann man nicht argumentieren. Gefühle, mögen sie noch so kostbar sein, liefern keine Begründung für einen Wahrheitsanspruch; der Betroffenheitskult, der heute weitgehend herrscht, zeigt diesen Verfall von Gesprächskultur auf seine Weise. Damit ist nichts gegen die Gefühle von Glück oder Trauer, von Zuneigung und Liebe, von Harmonie und Geborgenheit gesagt. Sie sind aber keine Argumente, sondern begleiten diese in ihrer jeweiligen subjektiven Gestimmtheit.

Wo Gefühle zu Argumenten werden, da verdrängen sie den Anspruch der Wahrheit; sie werden zu Mitteln der Verführung, diskriminieren sich selbst; die Kostbarkeit großer Gefühle wird zum Instrument von „Rattenfängerei". Unsere Geschichte hat uns die verheerenden Folgen jener gefühlsträchtigen Verführung in erschreckendem Maße vor Augen gestellt. Wir haben allen Grund, im Dialog, auch in der öffentlichen Auseinandersetzung, nicht nur im schulischen Lehren und Lernen, uns immer wieder an den einen Lehrer zu erinnern: Die Entmachtung der von ihm verkündeten und gelebten Wahrheit erfolgt einerseits durch die Sehnsucht nach Gefühl, andererseits durch deren Ersatz im Prinzip der Brauchbarkeit. Die Neuzeit hat Wissenschaft weitgehend unter den Anspruch der Verwertbarkeit gestellt. Bacon hat das ausdrücklich gefordert; von ihm stammt der Satz: Wissen ist Macht. Descartes wollte den Fortschritt von Wissenschaft und damit auch das Lehren und Lernen fördern, um das Leben des Menschen sicherer zu machen, den Menschen von Leiden zu befreien, Krankheiten zu bekämpfen, die Schätze der Erde zu nutzen. Das ist weitgehend gelungen. Wer würde den Fortschritt in Technik und Wissenschaft und seine heilsame Wirkung leugnen wollen?

Dieser Fortschritt hat in der schulischen Anwendung die Wissenschaft dazu verführt, die Verwertbarkeit ihrer Ergebnisse als das eigentliche Kriterium für deren Geltung anzusehen. Unterstützt wird diese Auffassung vom schnellen Wandel dessen, was als wissenschaftlich gilt, durch den sich beschleunigenden Fortschritt. Was gestern noch galt, ist heute überholt; jede neue Erkenntnis relativiert bzw. widerlegt die bis dahin herrschende Einsicht. Jede Behauptung, jedes Forschungsergebnis erweist sich als überholbar und relativ. Das kann nicht bestritten werden. Unsere Erkenntnis ist auch nach dem Wort Jesu Stückwerk; aber gerade dieses verweist auf die eine unüberholbare Wahrheit. Wo diese Differenz nicht mehr gesehen wird, da verfällt menschliches Denken und Argumentieren entweder radikaler Skepsis, oder es hypertrophiert sich zur herrschenden Absolutheit. Paulus formuliert das im Römerbrief so: „Sie (diese Menschen) vertauschten die Wahrheit Gottes mit der Lüge, sie beteten das Geschöpf an und verehrten es anstelle des Schöpfers" (1,25).

Deshalb bleibt festzuhalten: Nicht weil etwas brauchbar ist, ist es wahr, sondern umgekehrt, weil etwas wahr ist, ist es vielleicht brauchbar. Brauchbarkeit ist kein Argument, sondern eine mögliche zu verantwortende Folge von Einsichten; Brauchbarkeit als leitendes Regulativ macht aus der an Wahrheit gebundenen Vernunft ein Instrument. Die Perfektion instrumenteller Vernunft bestreitet ihre Verantwortung und kann zur Perfektion des Verbrechens führen. Das Bollwerk gegen diesen Mißbrauch ist die Offenbarung Jesu mit dem Anspruch der einen für alle verbindlich bleibenden Wahrheit.

Für die Pädagogik folgt aus jener Relativierung ebenso wie aus der Hybris menschlichen Denkens und Erkennens gleichzeitig auch der Verfall von Bildung. Von Bildung durch Wissenschaft, durch Lehren und Lernen, ist nur noch als romantische, aber eigentlich unverbindliche Erinnerung die Rede. Wir schleppen solch programmatische Erklärungen in unseren Studiengesetzen, in den Sonntagsreden von Politikern und Pädagogen als schöngeistigen Ballast durch die Zeit. Die Wirklichkeit in unseren großen Lern-, Lehr- und Studieneinrichtungen geht längst daran vorbei. Schule und Universität müssen praxisorientiert und lebensnah sein. Lernen und Studieren muß sich auszahlen.

Wo das Lernen und Wissen unter das Diktat der Verwertbarkeit gerät, wo Lernen und Wissen aus dem Willen zur Macht entspringt, da wird Wissen und Können verantwortungslos. Ohne Rücksicht wird die Natur ausgebeutet, werden die Energiequellen nutzbar gemacht, wird Leben manipuliert. Die Probleme sind bekannt.

Der universal gewordene Wille zur Macht, der alles Wissen nur noch als Instrument sieht, mußte schließlich seine Herrschaft auch über den Menschen ausbreiten. Da wird manipuliert, konditioniert, programmiert und funktionalisiert. Der Mensch wird auf Funktionen und Rollen reduziert. Das muß schließlich dazu führen, daß Wissenschaft, Argument, Rationalität und Vernunft überhaupt diskriminiert werden und schließlich die Wahrheit selbst. Das alles aber ist die Folge dessen, daß vergessen wird, daß es nur einen Lehrer des Menschen gibt, daß alles menschliche Lehren nur stellvertretenden Charakter haben kann und nicht der Wille des Lehrers maßgebend ist, sondern der Richterstuhl der Wahrheit, der in jedem Menschen aufgerichtet ist und für bildendes Lehren und Lernen als dessen Bedingung anerkannt werden muß.

Um Mißverständnissen vorzubeugen, ist es wohl notwendig, darauf hinzuweisen, daß hier gemeintes Lehren und Lernen unter dem Magisterium des Herrn nicht Mißachtung von Tradition und Lehrerautorität bedeutet. Nur gewußtes Wissen kann gelehrt werden. Im Wissen des zu Lehrenden definiert sich Lehrerautorität als besondere Form von Dialogfähigkeit. Tradition ist definiert durch die je erreichte Wertigkeit von Wissen, Sitte, Brauchtum, Kult und Kultur. In ihnen präsentiert sich das unendliche Magisterium in seiner jeweils erreichten geschichtlichen Form und Wertigkeit, in seiner Endlichkeit. Tradition ist aber auch nach einem Wort Friedrich Wilhelm Försters das Stimmrecht der Toten. Alles Lehren bleibt als „Stimmrecht der Toten“ der Tradition verpflichtet. Es kann auch gar nicht in das Belieben des Schülers oder auch des subjektiven Wollens eines Lehrers gestellt sein, ob er sich dieser Tradition verpflichtet fühlt; es ist vielmehr Pflicht von Schule und Hochschule – mit Platon zu sprechen –, „die Fackel des Geistes“ weiterzureichen, weil in seinen Objektivationen der historisch gewordene Anspruch der einen unendlichen Wahrheit zum Ausdruck kommt. Dieses Angebot kann und darf der jeweils heranwachsenden Generation nicht vorenthalten werden.

Ebenso ist die absolute Bindung an den einen Lehrer Jesus Christus keine Absage an die Autorität des Lehrers. Diese gründet allerdings nicht im Machtwillen des Lehrenden, sondern im Magisterium Jesu; sie ist nicht selbstherrlich, sondern definiert sich im erreichten Wissen, in der Kompetenz des Argumentierens. Anders als der Messias können wir nur als Lernende Lehrer sein. Paulus warnt im Römerbrief 2,19f: „Du traust dir zu, Führer zu sein für Blinde ... Erzieher der Unverständigen, Lehrer der Unwürdigen ... Du belehrst andere Menschen, dich selbst aber belehrst du nicht.“ Der Mensch ist nur Lehrer, wenn er zuvor von und in der Wahrheit gelernt hat.

Deshalb ist die Autorität des Lehrers kein Argument, sondern ist erreichte argumentabilitas, sie partizipiert am Magisterium des Herrn; sie pervertiert sich, wenn aus dieser Partizipation selbstherrliche Unantastbarkeit wird, wenn sie sich selbst zu unfehlbarer Überlegenheit hochstilisiert. Autorität definiert sich im Dienst und im Dienen. Jesus selbst hat bei allem Selbstbewußtsein seiner Sendung dafür immer wieder Beispiele gegeben; so, wenn er seine Jünger auch auffordert, sie sollen ihn nicht Meister nennen.

Das Wort Jesu bei Matthäus setzt allem menschlichen Lehrersein eine unübersteigbare Grenze. Es definiert sich als Stellvertretung und bedeutet radikale Absage an alle Machbarkeitsphantasien, wie sie von den modernen Erziehungswissenschaften immer wieder nahegelegt und von einer populistischen Bildungspolitik immer wieder gerne aufgegriffen und in Bildungsprogrammen propagiert werden. Lehren wird dann zur Gehirnbearbeitung, zur Bewußtseinsmanipulation, zum Erzeugen von Wissen im anderen. Derartige Vorstellungen folgen einmal der Tendenz allgemeiner Glücksversprechungen durch den Staat; alles Lernen muß lustvoll sein; Anstrengung und Leistung sind verpönt. Sie folgen andererseits sozialpolitischen Tendenzen, etwa im häufig mißverstandenen Programm der Chancengleichheit bis hin zu der Vorstellung, jeder Mensch könne beliebig begabt werden; so etwa, wie der

Behaviorismus geglaubt hatte, aus jedem Menschen nach Zufallswahl das jeweils Gewünschte machen zu können.

Das Lehramt entartet zum prometheischen Wahn, Menschen nach dem eigenen Bilde schaffen zu können. Dieser Machbarkeitswahn vergißt, daß der Mensch sein Lehrertum nur im Dienst einer den Lehrer und Schüler gleichermaßen bindenden Wahrheit wahr-nehmen kann.

Johann Michael Sailer, der Pädagoge auf dem Bischofsstuhl in Regensburg, sagt es eindeutig: „Wer keinen Respekt für ein Menschenkind hat, ist selbst noch kein Mensch, und die Höhe der Menschheit, die du erklommen hast, verhält sich wie die Tiefe des Respekts, den du für ein Menschenkind fühlst. Den tiefsten Respekt für die Kinder hatte Christus und flößte ihn den Seinen ein."

Aufgrund der Wahrheitsbindung eines jeden Menschen kann niemand zum Für-wahr-Halten gezwungen werden. Die Diktatoren konnten den Kindern und Jugendlichen der damaligen DDR zwar befehlen, zu singen und im Chor zu sprechen: „Die Partei, die Partei, sie hat immer recht", niemand aber konnte und kann gezwungen werden, diesem gesprochenen Wort seine innere Zustimmung zu geben. Man kann zwar versuchen, den anderen zu überreden, und manchmal bzw. leider häufig genug gelingt das auch; überzeugen kann der Mensch sich nur selbst, damit er den Grund des Für-wahr-Haltens nicht in fremder Vernunft suchen muß.

Der eine Lehrer der Menschheit, die Wahrheit in ihrer Ewigkeit und Universalität, fordert keine Gleichschaltung im Denken und Sein, sondern gibt der Individualität erst ihren Sinn. Zu erinnern ist an das Gleichnis vom verlorenen Schaf bei Lk 15,4, wo der Hirt dem „einen" Schaf folgt; „und wenn er es gefunden hat, nimmt er es voll Freude auf die Schultern, ruft seine Freunde zusammen und sagt zu ihnen: Freut euch mit mir." Ähnlich liest man im Gleichnis von der verlorenen Drachme. So wie Jesus sich um jeden einzelnen sorgt, so stiftet die Gemeinsamkeit der einen Wahrheit eine Individualität, die nicht Ausdruck subjektiver Beliebigkeit, sondern einmalig ist, weil sie unwiederholbare Teilhabe am höchsten Magisterium ist. Deshalb kann der große Pädagoge und Bischof von Regensburg sagen: „Du sollst nie Ich werden, spricht der weise Erzieher, werde nur ein komplettes Du."

Nach einem schönen Wort christlicher Philosophie ist jeder Mensch ein einmaliger Gedanke Gottes; die unendliche Fülle der Wahrheit zeigt sich in der unendlichen Vielfalt und Fülle der einmaligen Menschen in ihrer Wahrheitsbindung.

Wir sind ausgegangen von der Frage, was es denn für die heutige

Pädagogik bedeuten könne, wenn Jesus Christus als der eine und einzige Lehrer anzusehen ist. Es ließ sich zeigen, daß alles Lehren nur mit der Teilhabe an diesem Magisterium möglich ist. Das macht den Menschen als Lehrer nicht überflüssig, mindert nicht seine Bedeutung, sondern gibt ihm erst seine Dignität. Diese Dignität bestimmt das Lehren im Dienst des göttlichen Magisteriums als Verpflichtung. Sie gilt selbstverständlich für alle Fälle, wo die Jugend in Schulen gelehrt wird, für das Unterrichten als Profession. Die Gesellschaft ist verpflichtet, der jeweils nachwachsenden Generation zu ermöglichen, sich an der Tradition emporzuarbeiten, sie zu lehren, ihre Vernunft als den Richterstuhl in Bindung an jene letzte Wahrheit zu entfalten, um an ihr teilzuhaben. Das gilt aber auch für den gesamten Bereich des mitmenschlichen Lebens. Jeder Mensch ist grundsätzlich zu jener Art von Mitmenschlichkeit aufgerufen, die dem anderen hilft, in der „Wahrheit" weiterzukommen.

Dabei ist nicht zu befürchten, daß unter diesem Anspruch die totale Verschulung ausbricht. Teilhabe am Magisterium Christi ist allen Menschen gemeinsam, ist Kampf gegen Unwahrheit, gegen Falschheit und Verstockung, gegen Vorurteil und Denkfaulheit, für die Befreiung von den Subjektivismen, die wir aufgrund unserer Menschlichkeit nie ganz werden ausrotten können.

Man geht wohl nicht fehl mit der Aussage, daß der Sinn menschlicher Gemeinsamkeit sich in jener Gegenseitigkeit definiert: Einander zu helfen, der Wahrheit zu dienen, und sie, wann immer auch, nur in geschichtlicher, d. h. immer auch beschränkter Weise Wirklichkeit werden zu lassen. Das ist kein hybrider Anspruch, sondern Ausdruck dessen, daß wir Menschen uns stets auf dem Weg zum gesollten Menschsein befinden und bei dieser Pilgerschaft aufeinander angewiesen sind. Dies mag auch der Sinn des Herrenwortes sein, wenn er formuliert: „Wo zwei oder drei in meinem Namen versammelt sind, da bin ich mitten unter ihnen."

Wo Menschen sich im redlichen Dialog zusammenfinden, da ist die Voraussetzung dieses Dialogs der Logos selbst, dessen Fleischwerdung das Johannesevangelium verkündet: „Das wahre Licht, das jeden Menschen erleuchtet, kam in die Welt" (1,9). Der Logos ist Bedingung des Dialogs und sein Telos gleichzeitig; der interpersonale Dialog ist immer Aufruf, Anregung, Aufforderung, den intrapersonalen Dialog zu führen.

Wenn Jesus Christus der einzige Lehrer aller Menschen ist, dann darf niemand aus diesem Recht und dieser Pflicht, zu lehren und zu lernen, ausgenommen sein. Der Anspruch gilt für jeden, der Menschenantlitz trägt, und es ist fünfzig Jahre nach dem menschenverachtenden Unrechtsregime leider schon wieder notwendig, auf diesen radikalen Anspruch hinzuweisen; dann nämlich, wenn Theorien aufkommen, die behaupten, daß das menschliche Leben nur dann zu schützen wäre, wenn es nützlich ist.

Joh 6,45 berichtet von jenem Wort Jesu, das er den Jüngern entgegenhält, als sie gegen seine Berufung auf den Vater murren: „Bei den Propheten heißt es: Wir alle werden Schüler Gottes sein. Jeder, der auf den Vater hört und seine Lehre annimmt, wird zu mir kommen." Er unterscheidet nicht nach Rassen und Nationen, nach Mann und Frau, nach krank und gesund, behindert oder nichtbehindert. Das Magisterium Jesu Christi gilt für alle, und Christen sollten an erster Stelle stehen, wenn es um den radikalen Anspruch geht, jedem Menschen nach seinen Möglichkeiten zu seiner Bildung aufzuhelfen.

Der Leitsatz des „unus est vester magister" ist kein unverbindlicher Überbau für eine sogenannte „christliche Erziehung". Er enthält radikale Forderungen für pädagogisches Handeln, nicht nur in der Schule und anderen entsprechenden Institutionen.

Abschließend läßt sich das Ergebnis dieser Überlegungen so zusammenfassen:

1. Die Überzeugung von der Gewißheit des einen Lehrers und die maßgebliche Orientierung an ihm bieten dem Lehrer weder ein didaktisches Konzept noch ein Modell für störungsfreies und effektives Lernen. Sie legen vielmehr den Grund für die Möglichkeit des Lehrens und Lernens, wenn damit die Vermittlung von Wissen gemeint ist: Führen zu einem Wissen, das sich unter der Bindung an Wahrheit definiert. Dieses Wissen allein ist die enge Pforte zur Weisheitslehre.

Lehren ist helfende Begleitung auf diesem Weg, ist Hebammendienst, wie schon Sokrates das formulierte, weil das Für-wahr-Halten weder befohlen noch delegiert werden kann.

2. Diese Hilfe muß dialogisch sein, wenn sie nicht indoktrinieren bzw. manipulieren will. Sie anerkennt den anderen in seiner Bindung an die eine Wahrheit. In dieser Bindung ist Lehrersein die Verpflichtung zum Begründen und Argumentieren. Lernen schließt das Recht des Prüfens und der Kritik ein.

3. Das Magisterium Christi stiftet die Gemeinschaft der Lehrenden und Lernenden; sie ist mehr als bloße Sympathie. Diese Gemeinsamkeit schließt alle Menschen, unabhängig von Alter und Geschlecht, Rasse und Nation, Gesundheit und Stand, ein. Im Galaterbrief bestätigt Paulus

diesen Universalismus: „Es gibt nicht mehr Juden und Griechen, nicht Sklaven und Freie, nicht Mann und Frau, denn ihr alle seid *einer* in Christus Jesus“ (Gal 3,28).

4. Das in Christus sich offenbarende Magisterium gründet und begrenzt menschliches Lehrersein, es zeigt die Verpflichtung zum gegenseitigen Lehren und Lernen, es verhindert gleichzeitig den prometheischen Machbarkeitswahn; eine Gefahr, der pädagogisches Handeln allzuleicht erliegt.

5. Die Bindung an Wahrheit, das Dienen in Argumenten, das Lernen unter dem Anspruch von Geltung sind nicht Ausdruck von Herrschaft und Macht, sondern die Wahrheit macht frei. Wer sich in ihren Dienst stellt, befreit sich von Egoismen und Vorurteilen, von den subjektiven Interessen und dem bloßen Verwertungsdenken.

6. Dies alles gilt nicht nur für professionelle Pädagogik, für Schule und pädagogische Einrichtungen, sondern ist jedem einzelnen aufgegeben. Denn jeder Mensch steht unter dem Anspruch, der Wahrheit zu dienen, niemand kann sich ihm entziehen, niemand kann ihn, solange er Mensch ist, abschütteln; man kann diesen Anspruch leugnen, sich ihm widersetzen, ihn pervertieren; man sollte aber wissen, daß man dann mit sich selbst in Widerspruch gerät, daß man sich selbst pervertiert, sich auf jeden Fall selbst verfehlt; nach Paulus sind diese Menschen „betrogene Betrüger“ (2 Tim 3,13).

7. Die Frage nach dieser Wahrheit selbst, die Pilatusfrage: Was ist Wahrheit? kann nicht in gewöhnlicher Weise beantwortet werden, denn jede Einzelantwort setzt eine Antwort auf jene Frage bereits voraus. Weil jede Antwort begründet werden und die Möglichkeit des Begründens bereits anerkennen muß.

Die Antwort auf die Frage nach der Wahrheit ist auch nicht dialogisch zu ermitteln, weil schon jeder Dialog sie und ihre Anerkennung bereits wieder voraussetzt. So wie Jesus keinen Dialog mit Gründen und Gegengründen führt, so wäre es andererseits völlig sinnlos, mit einem anderen einen Dialog zu führen, Argumente und Gegenargumente zu nennen, wenn man nicht voraussetzen könnte, daß der andere die Begründungen versteht, sie beurteilen und kritisieren kann, d. h. den Anspruch der Wahrheit voraussetzt.

8. Die Wahrheit ist kein Objekt unserer Vernunft, sie ist vielmehr das, was Vernunft erst vernünftig macht. Wer sich der Wahrheit entzieht, entzieht sich selbst den Boden seiner personalen Existenz. In Jesus Christus ist sie für uns sichtbar und greifbar geworden, und Johannes kann sagen: „Wer an ihn glaubt, der wird nicht gerichtet; wer nicht an

ihn glaubt, der ist schon gerichtet“ (Joh 3,18), weil er sich die Möglichkeit seiner Existenz selbst zerstört hat.

9. Diese Wahrheit kann der Mensch nicht begreifen, sie muß ihn ergreifen. Deshalb kann Jesus für seine Jünger den Vater bitten: „Heilige sie mit der Wahrheit, dein Wort ist Wahrheit“ (Joh 17,17). Der Glaube begründet die Fülle geistiger Aktivität, er ist ein Vollzug, der dem Menschen auch geschenkt ist, jedem Menschen; allerdings muß er ihn ergreifen.

Unter dieser Voraussetzung erfährt menschliches Lehren seine dienende Dignität, die der schon genannte Johann Michael Sailer so formuliert: „Vertritt die Stelle der Vernunft an dem Kinde, und vertritt sie so lange, bis es den Grad der Vollkommenheit in Entwicklung und Fortbildung seines Wesens, den es nach dem Inbegriff seiner Anlagen, seiner Umgebung und seiner Zeit erreichen kann und soll, wirklich erreichen kann und sodann die Selbstführung übernimmt.“

Unter dem Gesichtspunkt der Religion wird nach Sailer das Grundgesetz aller Pädagogik so ausgedrückt werden können: „Mensch, Bild Gottes! Vertritt du die Stelle des Vaters der Menschen an diesem Menschenkinde, das er dir anvertraut hat, und vertritt sie so lange, bis es imstande sein wird, das Göttliche unter den Menschen in eigener Selbstbestimmung wie im Bilde darzustellen.“

Zusammenfassend in einem Satz kann man formulieren: Menschliches Lehrersein ist Stellvertretung im Dienst des höchsten Magisteriums, darin findet es Würde und Grenze, Anspruch und Askese. Dazu paßt die Fortsetzung jenes Bibelwortes, mit dem diese Vorlesung eingeleitet wurde. Denn nachdem Christus seinen Jüngern untersagt hatte, sich Lehrer nennen zu lassen, fährt er fort mit dem Satz: „Der Größte von euch soll euer Diener sein“ (Mt 23,11).

3. VORLESUNG

In seinem Roman „Die Brüder Karamasow“ läßt Dostojewski die Geschichte von der Wiederkunft Jesu und dem Großinquisitor erzählen. Im Spanien des 16. Jahrhunderts kommt Christus zurück, still und zurückhaltend, tut Wunder. Auf Geheiß des Großinquisitors, eines schon alten Kardinals, wird er von den Wachen ergriffen und in die Verliese des Heiligen Tribunals abgeführt. Wohl unter dem Schutz der Dunkelheit geht der Großinquisitor nachts zu Christus, um ihn zur Rede zu stellen. Christus schweigt auf alle Vorhaltungen. Die Vorwürfe gegen den wiedergekommenen Christus sind schließlich in dem Satz zusammengefaßt: „Statt dich der Freiheit der Menschen zu bemächtigen, hast du sie noch mehr erweitert! Oder hast du vergessen, daß Ruhe und selbst der Tod dem Menschen lieber sind als freie Wahl in der Erkenntnis von Gut und Böse? Nichts kann den Menschen mehr verführen als Gewissensfreiheit, aber auch nichts ist qualvoller für ihn. Doch statt ihm feste Grundlagen zu geben, damit er sein Gewissen ein für allemal beruhigen könnte, wiesest du ihm alles zu, was es an Ungewöhnlichem, Rätselhaftem und Unbestimmtem gibt, alles, was über die Kräfte des Menschen geht … Statt dich der menschlichen Freiheit zu bemächtigen, hast du sie vermehrt und ihre Qualen auf ewig der menschlichen Seele aufgebürdet."

Wir stehen vor der Frage nach der Erziehung. Hat Christus, der eine Lehrer, den Menschen jene Freiheit gebracht, die ihn unsicher macht und ihn in die Hilflosigkeit treibt, wie der Großinquisitor befürchtet? Oder hat er jene Gebote und Gesetze verkündet, die dem Menschen sicheres Geleit geben, allen Entscheidungen die richtige Antwort vorgeben? Die Lehre des Jesus von Nazaret scheint zunächst beiden Auffassungen recht zu geben.

Auf der einen Seite ist es Jesus, der die Freiheit, die Vollendung des Gesetzes verkündet. „So hat das Gesetz uns in Zucht gehalten bis zum Kommen Christi, damit wir durch den Glauben gerecht gemacht werden" (Gal 3,24). Paulus erklärt weiter: „So waren auch wir, solange wir unmündig waren, Sklaven der Elementarmächte in dieser Welt. Als aber die Zeit erfüllt war, sandte Gott seinen Sohn …, damit er die freikaufe, die unter dem Gesetz stehen" (Gal 4,4).

Andererseits spricht Paulus auch von dem Christus, der uns zur Nachfolge auffordert. „So sollen wir alle zur Einheit im Glauben und in der Erkenntnis des Sohnes Gottes gelangen, damit wir zu vollkommenen Menschen werden und Christus in seiner vollendeten Gestalt darstellen" (Eph 4,13). Dies ist der Auftrag an den Menschen. Und so sagt Jesus dem reichen Jüngling, nach Johannes: „Du aber folge mir nach!" (Joh 21,22)

Durch diese Dialektik scheint Erziehung in ein fatales Dilemma zu geraten. Wie ist der Auftrag der Nachfolge Christi mit dem der Freiheit in Einklang zu bringen, wie können wir vollkommene Menschen werden, wie können wir frei sein, wenn wir gleichzeitig unter dem Gebot der Nachfolge stehen?

Wieder stehen wir vor der Frage, ob das Wort von dem einen Lehrer auch die Not der Erziehung wenden kann. Gerade sie hat bedrohliche

Ausmaße angenommen; denn hier geht es nicht um Wissen, sondern um Haltung; wie ich verantwortlich mit dem Wissen umgehe, mit Natur, mit den Mitmenschen und schließlich mit mir selbst.

Die Aufklärung hatte dem Menschen die Freiheit der Entscheidung versprochen. Allgemeinverbindliche, d. h. für alle verbindliche Wertordnungen mußten der Möglichkeit radikal freier Entscheidung geopfert werden. Damit war der Erziehung eine objektiv vorgegebene, für alle verbindliche Orientierung abhanden gekommen. Dieser Verlust stürzt Erzieher, Eltern, Priester, die gesamte Erziehung in ein Dilemma, das unter dem Namen des Wertpluralismus bekannt ist. In der pluralistischen Gesellschaft läßt sich kein von allen anerkanntes Ziel für die Erziehung ausmachen. Die Normen sind relativ; vielfach widersprechen sie einander. Man denke an Sexualerziehung, an soziale Erziehung: Sollen die jungen Menschen lernen, sich in der allgemeinen Konkurrenz durchzusetzen, etwa im Sinne der vielgepriesenen Selbstverwirklichung? Soll man sich überhaupt an Normen binden, oder ist nach wie vor Emanzipation das große Programm? Man kennt die je nach Zeitmoden wechselnden Schlagworte, die häufig genug von einer unsicher gewordenen Erziehungswissenschaft entweder selbst propagiert oder begierig aufgegriffen werden und in der Form von normativen Forderungen auftreten: Man soll mit sich identisch sein, echt sein, sich erfahren, genießen, sich emanzipieren, sich einbringen, sich betroffen machen lassen usw.

Die Unsicherheit betrifft nicht nur das Ziel, sondern in Korrespondenz dazu auch den Weg. Ist autoritäre Strenge angemessen oder geduldige Nachsicht? Soll man strafen oder über Fehler und Mängel hinwegsehen? Dürfen Eltern noch Gebote und Verbote aussprechen, oder erzeugt man damit Neurosen, Leid und schließlich verkrüppelte Persönlichkeiten? Die Fragen ließen sich beliebig vermehren. Kaum eine Antwort kann gefunden werden, von der nicht das Gegenteil ebenso gelten könnte.

Dabei ist die Notwendigkeit von Erziehung unbestritten: Man denke an das Drogenproblem, an die Ausbreitung von Aids, an die zunehmende latente Gewaltbereitschaft der Jugendlichen, man denke auch an politischen Radikalismus, an neuen Rassismus, an Ausländerfeindlichkeit; wohl auch an die täglichen Ungezogenheiten, die vielfach das Bild der Öffentlichkeit prägen. Die Probleme sind zahlreich genug und vielfach bekannt, als daß sie hier aufgezählt werden müßten.

Hat dieser Jesus von Nazaret eine Antwort anzubieten, in der Freiheit und normativer Anspruch versöhnt sind? Natürlich hat Jesus schöne

Beispiele von Erziehung gegeben: Man denke an das Gleichnis vom verlorenen Sohn, von der Begegnung mit der Frau am Jakobsbrunnen, an das Gebot, Gleiches nicht mit Gleichem zu vergelten. Aber kaum jemand wird annehmen, daß wir diese Ratschläge in unseren Erziehungsalltag einfach nur zu übernehmen hätten, um aus diesem Dilemma herauszukommen; und wo Jesus sein grundsätzliches Erziehungsprinzip verkündet, nämlich ihm zu folgen, auf eigene Autonomie zu verzichten und alles andere unwichtig sein zu lassen, da wird moderne Pädagogik ebenso skeptisch wie bei der häufig gemachten Zusage, durch gute Werke den Lohn im Himmel zu erlangen.

Wenn Erziehung auf Moralität bedacht sein muß, dann lassen sich jene Bedenken nicht leicht zerstreuen. Auch Erziehung muß dahin wirken, daß der Mensch sich nicht von allen möglichen Einflüssen und fremden Vorschriften abhängig macht, sondern selbst verantwortlich unterscheidet und entscheidet.

Bekanntlich hat Kant in seiner Religionskritik vor jener Gefahr heteronomer Bestimmung gewarnt; der Mensch müsse lernen, seiner eigenen richtigen Einsicht zu folgen, sein eigener Gesetzgeber zu sein, um sich nicht ihm fremden Geboten und Vorschriften zu unterwerfen. Er kritisiert gleichzeitig die häufig im christlichen Denken anzutreffende Vorstellung als „unmoralisch“, nämlich das Gute zu tun, um dafür im Himmel belohnt zu werden; oder anders gesagt: daß man das Böse meide, den Versuchungen widerstehe, um nicht den ewigen Höllenqualen überliefert zu werden. Beispiele dafür bietet sowohl die Heilige Schrift als auch die Praxis der Kirche, die sich damit natürlich den Vorwurf zuziehen mußte, daß sie durch das Erzeugen von Angst sich die Menschen gefügig machen wollte, um über sie zu herrschen und ihre Macht zu stabilisieren.

Unsere Frage nach dem Jesus von Nazaret als dem Maß und der Bedingung aller Erziehung wird offensichtlich auch hier nicht zu finden sein, wenn man kursorisch verschiedene Aussagen und Beispiele von Erziehung additiv zusammenträgt. Es geht vielmehr auch hier um die Grundlegung im wahrsten Sinne des Wortes: den Grund zu legen für eine dem Menschen gemäße Erziehung. Das Evangelium und die Lehre sind kein Handbuch für Erziehung; Jesus hat nicht gelehrt, um den Menschen das pädagogische Denken und die Verantwortung für die Praxis abzunehmen, sondern im Gegenteil, um sie zu ermöglichen und einzufordern.

So wird es auch hier zunächst notwendig sein, einige grundsätzliche Aussagen zum Problem der Erziehung zu machen und dann nach ihrer

Grundlegung durch Jesus von Nazaret zu fragen. Erziehung richtet sich im Unterschied zum Unterricht nicht auf das Wissen um eine Sache, sondern betrifft das Subjekt selbst, die Frage der Haltung, der Wertung, der Einstellung. Gefragt ist nach wertender Stellungnahme, nach gesolltem Handeln, nach Verantwortung als Antwort auf die vielen Herausforderungen.

Wenn man diese Erziehung von Dressur unterscheiden will, weil es um das Personsein des Menschen geht, dann steht sie unter dem Gebot der Freiheit, dann darf Erziehung nicht als Steuerung zu einem vom Erzieher gewünschten Verhalten pervertiert werden. Erziehung ist nicht „Menschenformung“, wie eine Programmschrift des Dritten Reiches behauptete. Erziehung ist kein Verfahren zur moralischen Entlastung des anderen, keine Wegnahme von Verantwortung und Zurechnung. Im Gegenteil: sie will dem anderen helfen, ihn aber auch auffordern, Verantwortung übernehmen zu lernen.

Angesichts des sog. Wertpluralismus wird diese Aufgabe deutlich und besonders aktuell. Es ist ein fataler Irrtum zu glauben, in der pluralistisch-postmodernen Gesellschaft sei Erziehung überflüssig geworden. Das genaue Gegenteil ist der Fall; nur ist sie eben sehr viel schwieriger geworden. Denn Erziehung kann den jungen Menschen nicht unter ein vorgegebenes Wertsystem zwingen, sondern sie hat ihm zu helfen, das Werten zu lernen. Im Werten macht er sich verantwortlich, im Wertenkönnen definiert er sich in seinem Personsein; in ihm zeigt er seine Würde als Mensch, wie schlecht und gut dieses Werten auch im Einzelfall gelingen mag.

Dieses Wertenlernen, diese Selbständigkeit im Werten und Entscheiden, Handeln und Verantworten ist als Aufgabe keine Erfindung der Pädagogen, sondern eine unverzichtbare Aufgabe in und für eine humane Gesellschaft, für eine freie Demokratie und wohl auch für eine Kirche in der Nachfolge Jesu Christi. Bedrängend wird allerdings die Frage nach der Bedingung der Möglichkeit des selbständigen Wertens, Urteilens und Entscheidens. Denn wer unterscheidet und entscheidet, muß ein Wissen um ein Kriterium, um ein Maß haben, das sein Werten begründet und verantwortbar macht. Dieses Kriterium kann kein Wert unter Werten sein, sondern muß als „der Wert“ aller Werte gesehen werden, wenn eine solche Sprache überhaupt gestattet ist. Die klassische Pädagogik hat jenes Maß im Gewissen gesehen. Platon spricht vom Logos der Seele. Rousseau hat die dreimal heilige Stimme Gottes im Gewissen gepriesen, die sich in jedem Menschen zur Sprache bringt. Die Gewißheit dieses Maßes in seinem unveränderlichen, für alle Menschen geltenden unwiderruflichen Anspruch ist durch Jesus Christus in seinem Wort und seiner Person verbürgt. Deshalb gilt das Wort von dem einen Lehrer auch für die Erziehung.

So versichert Jesus nach Joh 8,31f den Juden, die an ihn glaubten: „Wenn ihr in meinen Worten bleibt, seid ihr wirklich meine Jünger. Dann werdet ihr die Wahrheit erkennen, und die Wahrheit wird euch befreien."

Nach Paulus hat Gott dieses Gesetz den Menschen ins Herz geschrieben, und zwar auch den Heiden. „Ihr Gewissen legt davon Zeugnis ab" (Röm 2,15).

Das Zweite Vatikanische Konzil hat diese unüberbietbare Maßgeblichkeit des Gewissens ausdrücklich anerkannt als jene verborgenste Mitte und das Heiligtum im Menschen, wo er allein ist mit Gott (vgl. Pastoralkonstitution). Unser Heiliger Vater hat dies noch einmal in seiner Friedensbotschaft zum 1. Januar 1991 bestätigt, wo er schreibt: „Keine menschliche Autorität hat das Recht, in das Gewissen eines Menschen einzugreifen. Dieses ist auch gegenüber der Gesellschaft Zeuge für die Transzendenz des Menschen und als solches unantastbar."

Die Aufgabe der Erziehung unter dem Leitwort, daß einer unser aller Lehrer ist, gewinnt seine besondere Gestalt. Wenn das Gewissen als Stimme Gottes gleichzeitig die Würde des Menschen ausmacht, dann kann die Grundaufgabe aller Erziehung nur darin bestehen, daß der Mensch lernen soll, auf diese Stimme zu hören.

Mit anderen Worten: Auch hier zeigt sich das Stellvertreteramt des Erziehers. Er darf sich nicht zum Maß der Erziehung aufschwingen, er darf nicht an die Stelle des Gewissens im anderen treten. Erziehung steht vielmehr im Dienst dieses Maßes. In der genannten Friedensbotschaft zum Jahr 1991 fordert der Heilige Vater, „daß alle das Gewissen jedes einzelnen achten müssen und nicht versuchen dürfen, irgend jemandem die eigene Wahrheit aufzudrängen". Im Johannesevangelium bestätigt Jesus den Menschen diese „Autonomie" im Bewußtsein ihrer Gewissenhaftigkeit (15,15ff): „Ich nenne euch nicht mehr Knechte: denn der Knecht weiß nicht, was sein Herr tut. Vielmehr habe ich euch Freunde genannt, denn ich habe euch alles mitgeteilt, was ich von meinem Vater gehört habe." Und in Joh 16,13 verkündet Jesus den Geist, „der euch in die ganze Wahrheit einführen wird".

Wo dieses Maß verlorengeht, da muß Erziehung entweder zur autoritären Menschenformung oder zur beliebigen, d. h. maßlosen Selbstverwirklichung verkommen. Deshalb ist der Verlust dieses Maßes das wahre Übel einer pervertierten Erziehung. Er macht es, daß sie zwischen Hybris und Skepsis hin und her schwankt. Moderne Anthropologien und Sozialwissenschaften, die mit einer Theorie vom Gewissen als der Stimme Gottes nichts mehr anfangen können, müssen sich radikal in Frage stellen lassen.

So z. B., wenn für die Psychoanalyse das Gewissen jenes Über-Ich ist, das der junge Mensch in der ödipalen Phase, in der Identifikation mit dem gleichgeschlechtlichen Elternteil als dessen Norm- und Wertsystem übernimmt.

So auch, wenn für den Behaviorismus der Mensch in seinem Verhalten überhaupt nach dem Mechanismus von Reiz und Reaktion steuerbar ist und das Reden vom Gewissen als irrational abgetan wird und als empirisch nirgends nachweisbar erscheint.

Die Diskussion zum Problem des Gewissens ist deshalb mit vielerlei Vorurteilen beladen, weil sie zugleich von grundsätzlichen Interessen mitbestimmt ist. Seine Anerkennung schließt die Möglichkeit des Schuldigwerdens ein. Schuld aber ist für den Menschen der Moderne kaum zu ertragen: teils, weil er durch sie in seinem Stolz gekränkt ist – vor allem da, wo er seine Erlösungsbedürftigkeit leugnet bzw. an die Schuldvergebung nicht mehr glauben kann. Als Ausweg aus diesem Dilemma bietet sich die Leugnung des Gewissens als moderne Schuldvermeidungsstrategie an. Nicht die frei handelnde Person ist schuldig geworden, sondern die Umstände sind verantwortlich: kindliche Traumata, soziale Verhältnisse, je nach Belieben sind es Armut oder Reichtum, die zu Neurosen, Schizophrenien usw. geführt haben. Die Lehre Jesu hat gegenüber dieser Verführung der Vernunft eine doppelte Botschaft in der Gewißheit der Offenbarung. Einmal die Verheißung von der Sündenvergebung, wie Jesus sie z. B. ausdrücklich bei Joh 3,16 bestätigt, „denn Gott hat seinen Sohn nicht in die Welt gesandt, damit er die Welt richtet, sondern damit die Welt durch ihn gerettet wird", und weiter bekundet: „Aus seiner Fülle haben wir alle empfangen, Gnade über Gnade. Denn das Gesetz wurde durch Mose gegeben, die Gnade und die Wahrheit kamen durch Jesus Christus." Zum anderen die sichere Gewißheit des Gewissens, das den Menschen nicht versklavt, sondern Bedingung seiner Freiheit ist. Denn die Erfüllung des Gewissensanspruches ist keine entfremdende Normerfüllung, die den Menschen unterdrückt und knechtet; das Gebot Jesu macht frei. Johannes urteilt: „Jeder, der die Sünde tut, ist ein Sklave" (Joh 9,34). Paulus bestätigt im Galaterbrief: „Christus hat uns befreit … Brüder, ihr seid zur Freiheit berufen!"

Diese Freiheit ist weder beliebige Willkür, noch wird sie in knechtendem Gebot widerrufen. Jenes Gebot, das das Geschenk der Freiheit nicht aufhebt, ist das Gebot der Liebe, von dem Markus in seinem Evangelium berichtet. Nachdem ein Schriftgelehrter den Herrn fragt, welches das erste Gebot sei, antwortet Christus: „Das ist das erste: Höre, Israel, der Herr, unser Gott, ist der einzige Herr. Darum sollst du den Herrn, deinen Gott, lieben mit ganzem Herzen und ganzer Seele, mit all deinen Gedanken und all deiner Kraft. Als zweites kommt hinzu: Du sollst deinen Nächsten lieben wie dich selbst. Kein anderes Gebot ist größer als diese beiden" (Mk 12,28–31). Dieses ist dem Menschen von allem Anfang an ins Herz geschrieben und durch die Botschaft Jesu endgültig bezeugt.

Dieses Gebot ist weder ein den Menschen fremdbestimmendes Gesetz, noch kann es in Erwartung eines Lohnes im Jenseits zur Maxime des Handelns werden. Wer um eines Vorteils willen liebt, der liebt nicht, allenfalls sich selbst, aber auch das nur in pervertierter Form. Wer aus Liebe handelt, tut dies nicht, weil es ihm geboten wurde, sondern weil die Liebe selbst das leitende Motiv ist. Wie wenig uns Menschen das gelingt, das steht auf einem anderen Blatt.

Im Epheserbrief 4,14 faßt Paulus die Dialektik von Gebot und Freiheit so zusammen: „Auf daß wir nicht mehr unmündig seien und uns bewegen und umhertreiben lassen von jeglichem Wind der Lehre, durch Bosheit der Menschen und Täuscherei, womit sie uns beschleichen und uns verführen. Lasset uns aber wahrhaftig sein in der Liebe und wachsen in allen Stücken zu dem hin, der das Haupt ist, Christus."

Wenn Kant die Befürchtung äußerte, daß Moralität durch göttliches Gebot eigentlich unterboten würde, weil das Handeln fremdbestimmt, vor allem durch Erwartung irgendeines Lohnes geleitet werde, dann läßt sich dies im Maß des Gewissens und in der Maxime der Liebe zumindest entkräften. Denn der Begriff des Gewissens schließt den der Selbstbestimmung ein. Er schließt gleichzeitig die Sorge um das eigene Glück als Motiv aus, wohl aber enthält er das der Glückswürdigkeit, und dieses wiederum rechtfertigt die Hoffnung auf Erfüllung im Jenseits.

Erziehung, die unter dem Anspruch des Gewissens steht und gerade darin den Gegensatz von Fremd- und Selbstbestimmung überwindet, schließt die Notwendigkeit der Selbstbetrachtung ein. In der Selbstbetrachtung macht sich der Mensch die Wertigkeit seiner Handlung bewußt, er versucht sich Rechenschaft über sich selbst zu geben. In der Selbstbetrachtung versetze ich mich, so gut ich kann, an die Stelle des Unendlichen. Ich bemühe mich, mich mit dem Auge Gottes zu sehen.

Jedermann weiß, wie schwierig und häufig genug schmerzlich redliche Selbstbetrachtung ist, wie gerne man sich über sich täuschen möchte, wie häufig auch Selbstbetrachtung in fast selbstzerstörerische Mißachtung seiner selbst verfällt, weil alle Selbstbetrachtung die eigenen Grenzen und Fehler bewußt macht.

Das Wort Jesu weiß um die Schuld der Menschen; seine Botschaft aber ist die Vergebung. Ein schönes Beispiel ist die Geschichte von der Begegnung mit der Frau am Jakobsbrunnen bzw. bei Lk 7,47ff die Begegnung mit der Sünderin, wo Jesus dem Simon Petrus sagt: „Deshalb sage ich dir: Ihr sind viele Sünden vergeben, weil sie mir so viel Liebe gezeigt hat.“ Weil alle Erziehung stellvertretend ist, weil alle Menschen unter dem gleichen unendlichen Maß des Gewissens stehen, steht auch sie unter dem Prinzip des Dialogs.

In dieser Stellvertretung mahnt und tröstet sie, nimmt Stellung und macht geltend. Sie bleibt auch im Urteil stellvertretend; sie kann die Selbstbetrachtung nicht ersetzen, sie kann sie anregen, dazu auffordern, zu ihr ermutigen. Sie ist interpersonal und auf den intrapersonalen Akt von Gewissenserforschung in der Selbstbetrachtung, im Vorsatz des freien Verfügens über sich selbst gerichtet.

Das hier entwickelte Verständnis von Erziehung und die ihr zugrundeliegende Theorie hat eine lange Tradition, die auch auf die vorchristliche Zeit verweist.

Das wirft die Frage auf, ob denn Erziehung und Unterricht, das Lehren und Erziehen in ihrer Grundlegung auf das Wort und die Person Jesu angewiesen sind, mit anderen Worten, ob nicht Bildung und ihre Theorie auf die Beziehung auf den Jesus von Nazaret verzichten könnten oder gar um ihrer Autonomie willen verzichten müßten.

Die Antwort hierauf bringt uns in einige Verlegenheit. Denn es ist für wissenschaftliche Pädagogik der Gedanke kaum nachvollziehbar, daß Bildung des Christen von höherer Wertigkeit sein müßte als die eines Heiden oder eines Angehörigen einer anderen Religion. Schon der christliche Glaube verbietet eine solche Auslegung, weil nach ihm alle Menschen an der geschöpflichen Ebenbildlichkeit und dem Erlösungswerk Christi teilhaben; weil noch dazu jeder, der um wahres Wissen ringt, sich um Moralität in der Befolgung seines Gewissensanspruches bemüht, schon dadurch zur Kirche gehört. Die weitere Verlegenheit besteht darin, daß die Person und Lehre Jesu für etwas in Anspruch genommen werden, was Vernunft auch selbst müßte einsehen oder erfahren können. Hier lassen sich zwei Gedanken anschließen:

Die Gewißheit von der einen Wahrheit, vom endgültigen Maß im

Gewissen als unwiderrufliche Grundlage für Unterricht und Erziehung, die daraus abgeleitete unaufhebbare Bildsamkeit des Menschen, die Universalität dieses Anspruches, alles dies bleibt gefährdet und unsicher, teils durch die Relativität unserer Erkenntnis, teils durch die egoistischen Interessen, die unser Denken in die Irre zu führen drohen. Häufig genug triumphiert der Zeitgeist über die Vernunft und das Gewissen. Die Sucht nach allgemeiner Verwertbarkeit, die Bequemlichkeit und Faulheit im Denken, die Neigung, allen möglichen Rattenfängereien durch falsche Versprechungen und Verheißungen von Glück auf den Leim zu gehen, verwirren das Denken und suchen den Gewissensanspruch zu relativieren.

Diese Gefahr ist umso größer, als der Weg zu dieser Gewißheit weder durch induktive noch durch rationale Beweise gegangen werden kann: nicht im Hinweis auf Geschichte, nicht durch Abstimmung und demokratische Mehrheit.

Zur Anerkennung der Wahrheit muß man sich entscheiden. Wer diese Entscheidung nicht trifft, bleibt in Gefahr, die Teilhabe an ihr zu verfehlen. Diese Verfehlung ist Ausdruck jener Hybris, die Grund und Folge menschlicher Gefährdung ist. In diesem Stolz sucht der Mensch sich dem Anspruch der Wahrheit zu entziehen, weil er glaubt, ihre Herrschaft nicht ertragen zu können, eine Herrschaft, die nach Sailer nichts anderes ist als eine „wehrlose Kraft“.

In dem schon genannten Schreiben zum Frieden formuliert der Heilige Vater: „Die Wahrheit setzt sich nur kraft ihrer selbst durch. Einem Menschen die volle Gewissensfreiheit, insbesondere die Freiheit zum Suchen nach Wahrheit, zu verweigern, oder der Versuch, ihm eine besondere Weise des Wahrheitsverständnisses aufzudrängen, läuft seinem innersten Recht zuwider.“

Das in und mit Jesus Christus in die Geschichte getretene Wort ist eben nicht nur eine „besondere Weise“ des Wahrheitsverständnisses, sondern die Wahrheit selbst. Sie ist die Antwort aller Antworten auf die den Menschen bedrängenden Fragen nach seinem Woher und Wohin, die als Grundlegung für alles Lehren und Erziehen nicht mehr nur in der Abstraktheit des Formalen bleibt. Durch das Wort Jesu enthält der Gewissensanspruch jenen fordernden Charakter, der ihn als den je meinen und doch nicht nur als den von mir als diesem empirischen Ich erhobenen Anspruch erscheinen läßt.

Das Wissen um die Gewißheit der in Jesus sich offenbarenden Wahrheit gibt einer an ihm sich orientierenden Pädagogik nicht mechanisch und wie selbstverständlich eine größere Dignität. Im Gegenteil, gerade angesichts des einen Magisteriums weiß der Mensch und mit ihm der Lehrer und Erzieher um seine Grenze; er weiß, daß all sein Wissen Stückwerk ist, daß sein Tun mit den Grenzen unseres empirischen und historischen Seins behaftet ist. Nichts schadet einer christlich orientierten Pädagogik mehr als Besserwisserei.

Was und wie die Botschaft Jesu uns Orientierung und Weisung geben kann für die Herausforderungen unserer Zeit, das will ich an einigen aktuellen Fragen aufgreifen.

1. Nicht nur die Schule, sondern wir alle sind konfrontiert mit einer Situation, da uns das Fremde und der Fremde in vielfacher Weise begegnen. Flüchtlinge, asylsuchende, hilflose Menschen der verschiedensten Rassen und Kulturen begegnen uns hautnah. Wir reagieren vielfach unsicher und aggressiv, und tatsächlich bedeuten diese Menschen für uns eine Herausforderung. Sie bedeuten eine Herausforderung im ökonomischen Sinne. Wir fühlen uns in unserem Wohlstand, bei Arbeitsplätzen, Wohnungen, einem geordneten Schulbetrieb bedroht. Wir fühlen uns in unserer kulturellen Identität bedroht durch andere Sitten und Gebräuche, andere Religionen und Kulturen. Moderne Pädagogik hat dafür schnellfüßig ein eigenes Programm entwickelt: Multikulturelle Erziehung ist das Schlagwort.

Toleranz gegenüber den verschiedenen Kulturen wird zum beliebten Schlagwort; aber jeder weiß, daß Toleranz ihre Grenze hat in dem, was Unrecht und Verletzung der Menschenwürde heißt. Da werden die Unterschiede der verschiedenen Kulturen heruntergeredet. Jeder weiß, daß eine konturenlose Einheitskultur nicht das Ziel sein kann. Integration wird gefordert. Das Wort hat im Zeitgeist Karriere gemacht. Dennoch löst es das eigentliche Problem nicht. Denn es geht nicht um gegenseitige Anpassung, nicht um die Aufhebung und Beseitigung von Andersheit, sondern darum, zu lernen, den anderen als gleichen anzusehen, ohne seine Andersheit zu leugnen. Das ist nicht leicht. Denn der andere repräsentiert zunächst das, was wir nicht sind: die Existenz eines fremden Ich, mit eigenen, vielleicht ganz anderen Gedanken.

Nietzsche hat die Idee der Gleichheit aller Menschen als Ergebnis der christlichen Religion und als Folge des Glaubens an den einen Gott bezeichnet. Diese Idee verliert aber nach ihm ihre Berechtigung, wenn Gott gestorben ist. Mit Gott haben die Menschen gleichzeitig den Glauben an die Gleichheit der Menschen begraben müssen. Im Verlust des Glaubens, daß alle von dem einen Christus erlöst sind, scheint auch die Möglichkeit geschwunden, im anderen den mir im Menschsein gleichen wiederzuerkennen.

Das Problem, im anderen den gleichen zu sehen und anzuerkennen, haben wir allerdings nicht nur mit Ausländern, sondern wohl auch mit unseren alten Menschen, mit den Kranken und Behinderten. Im Verlust des Glaubens, der Gewißheit vom apriorischen Gleichsein aller Menschen glaubte der Nationalsozialismus Schwerstbehinderte und Unheilbare töten zu können, so wie auch heute das Recht des behinderten Kindes im Mutterleib nicht gesichert ist.

Das alles sind Folgen des Verlustes jener Gewißheit, die jeden Menschen in seiner Ebenbildlichkeit annimmt, die die Bildsamkeit eines jeden gegen alle rationalistische Vernünftelei behauptet und verteidigt.

2. Ähnlich liegen die Dinge bei einem anderen, uns in der Erziehung besonders bedrängenden Problem. Ich meine die latente Bereitschaft zur Gewalt. Gewalt in den Schulen, gegenüber Ausländern, Minderheiten, anderen Rassen. Der Grund dafür ist offensichtlich dieser, daß junge Menschen weitgehend den Glauben verloren haben, entscheidende Fragen durch Diskussion weiterzutreiben, den Streit über die Lösung anstehender Probleme mit Argumenten auszutragen. Das ist die verheerende Folge davon, daß uns das Bewußtsein von der einen Wahrheit verlorengegangen ist, daß wir uns der Verpflichtung ihr gegenüber entziehen, daß wir dem postmodernen Slogan verfallen: anything goes; daß auch Wissenschaft im Grunde nicht mehr an die Möglichkeit wahrer Erkenntnis glaubt.

Wo der Glaube an die Macht der Argumente geschwunden ist, da muß an deren Stelle die Anwendung purer Gewalt treten; da soll schließlich die Ausländerfrage durch Brandstiftung, durch Verfolgung und physische Gewaltanwendung gelöst werden. Das ist nichts anderes, als wenn der Krieg zur Lösung politischer Fragen behauptet wird. Wenn man das nicht will, und niemand sollte auch insgeheim solchen Verführungen anheimfallen, dann darf man nicht mit einigen neuen Methoden und Modellen in der Pädagogik kommen, dann ist eine grundsätzliche Umkehr eingefordert: Das Bewußtsein der Gewißheit von der einen Wahrheit und ihrem unwiderruflichen Anspruch ist zu sichern, vor allem in der Gewißheit des Glaubens an die menschgewordene Wahrheit in Jesus Christus.

3. Schließlich darf gegenwärtige Pädagogik die verheerende Geißel der Drogensucht nicht übersehen. Auch da werden vielerlei Einzelvorschläge gemacht, wie man ihr entgegentreten könnte. Psychotherapien, politische und populistische Gesundbeter haben Saison. Wieder wird das Grundübel übersehen, nämlich der Absturz in die Sinnlosigkeit des

Lebens. Alle Formen der Drogensucht sind wohl nur von dem einen Wunsch getragen, aus dieser so sinnlosen und gottverlassenen Welt, wenigstens für eine bestimmte Zeit, zu fliehen, in eine andere Welt einzutauchen, um der Hoffnungslosigkeit, der Zukunftsangst und Resignation zu entgehen. Das Evangelium des Jesus Christus bietet kein Therapiemodell an, er gibt keinen Rat für die Behandlung im Augenblick, aber er gibt die Verheißung, die Paulus im Galaterbrief (3,22) anspricht, „damit durch den Glauben an Jesus Christus die Verheißung sich an denen erfüllt, die glauben". Jesus ist der verheißene Messias, in dem „alle Verheißungen Gottes ihr *‚JA'* gefunden haben". Er ist der Garant dafür, daß sich schließlich für alle und jeden alles zum Guten wenden kann, so wie nach Mt 16,17 Jesus dem Petrus verspricht, „daß die Mächte der Unterwelt ... sie nicht überwältigen werden". Jesu Wort ist jene unwiderrufliche Verheißung, die der Hoffnung Grund gibt, trotz aller Erfahrung von Leid und Elend.

Es muß für die Kirche und für eine christliche Erziehung doch eine leidvolle – wenn nicht blamable – Erfahrung sein, daß so viele junge Leute sich Sekten, esoterischen Theorien zuwenden in der Hoffnung, hier eine Antwort auf ihre Nöte und Sorgen zu finden. Dem wäre das Wort bei Mk 6,34 entgegenzusetzen, wo Jesus sich zunächst dem Volk entziehen will, dann aber sieht, wie es sich um ihn drängt, und Jesus hatte Mitleid mit ihnen, „denn sie waren wie Schafe, die keinen Hirten haben".

Die Erörterung aktueller Fragen, an denen der konkrete Anspruch des „unus est vester magister" deutlich werden konnte, muß hier abgeschlossen werden. Statt dessen ist noch einmal die Frage aufzugreifen, was denn die Aussage des Jesus von Nazaret für das Ethos von Unterricht und Erziehung bedeuten kann.

Seine Grundbotschaft lautet, daß alle Pädagogik nur Stellvertretung sein kann, daß ihr Ethos sich als Dienst an der einen Wahrheit zu begreifen hat, darin ihre Dignität, aber auch ihren nicht delegierbaren Auftrag findet. Thomas von Aquin formuliert dieses Ethos so: „Allein Gott hat seinen Lehrstuhl im Himmel, da er die Wahrheit innerlich lehrt; ein anderer, ein Mensch, verhält sich zu seinem Lehrstuhl wie der Landmann zum Baume. Der Landmann ist nun aber nicht Schöpfer des Baumes, sondern dessen Pfleger; also kann ein Mensch nicht Spender des Wissens (doctor scientiae) heißen, sondern nur ein dazu Hilfe leistender" (De Magistro, arg. 1, 8 ad 8).

Der menschliche Lehrer ist Beispiel für das Ringen um Wahrheit, er ist Beispiel im Eingestehen des Scheiterns und Versagens; nichts wäre für eine Pädagogik im Auftrag des Herrn widersprüchlicher als pharisäische Selbstgerechtigkeit.

Man hört oft das Wort, daß es keine christliche Pädagogik gäbe, wohl aber christliche Erzieher und Lehrer. Wenn diese Rede einen Sinn haben soll, dann doch diesen, daß der Gläubige im Wissen um Wort und Person Jesu die in der Botschaft enthaltenen Wahrheiten radikal ernst nimmt. Als Stellvertreter am unendlichen Magisterium Christi ist er zur Verbindlichkeit jener Tugenden aufgerufen, die Paulus im ersten Korintherbrief 13,13 im Anschluß an das Hohe Lied der Liebe für das Leben in der diesseitigen Pilgerschaft formuliert. Das sind bekanntlich die drei göttlichen Tugenden: Glaube, Hoffnung und Liebe. Wenn es auch altmodisch klingt, von ihnen zu sprechen, für die Erzieherhaltung scheinen sie mir unentbehrlich.

Es gehört zum christlichen Ethos, im Glauben an Jesus Christus den Glauben an den Menschen, d. h. hier an seine Bildsamkeit, nicht aufzugeben, trotz aller Enttäuschungen an ihm festzuhalten, trotz aller Rückschläge. Diesen Glauben sind wir jedem Menschen schuldig, unabhängig von seiner empirisch-historischen Erscheinung. Dieser Glaube verpflichtet den Pädagogen, in jedem anderen ein Ebenbild Gottes zu sehen, mit dem ich im dialogischen Prinzip verbunden bin.

Aus diesem Glauben entspringt die Hoffnung. So wie wir auf das verheißene Heil hoffen dürfen, so dürfen wir als Pädagogen, Eltern, Priester, Freunde die Hoffnung mit den uns im pädagogischen Dialog Anvertrauten nicht aufgeben.

Wer an die Bildsamkeit des anderen glaubt, der darf ihm die Hoffnung auf das Fortschreiten im Menschentum nicht vorenthalten.

Der Begriff der Hoffnung verweist in besonderer Weise auf den stellvertretenden Charakter des pädagogischen Handelns. Pädagogischer Erfolg ist nicht machbar und nicht berechenbar. Über einen möglichen Erfolg des Bildungsbemühens entscheidet nicht der Lehrer und Erzieher, sondern der sich bildende Mensch selbst. Das Prinzip der Hoffnung ist konstituierend für diesen pädagogischen Umgang. Der Dialog lebt geradezu von ihm; ich muß hoffen, daß der andere mich versteht, meine Aussagen vor dem Richterstuhl seiner Vernunft zu prüfen in der Lage und willens ist.

So wie wir immer wieder auf die Gnade Gottes hoffen dürfen, so wie Jesus die Hoffnung mit uns nicht aufgibt, indem er dem Schächer am Kreuz noch das Heil verheißt, so wie der Vater den verlorenen Sohn nicht aufgegeben hat, sondern ihm freudig entgegeneilt, so müssen wir in der Stellvertretung gegen alle Skepsis und Resignation, aber auch gegen alle berechenbare Vorstellung von der technischen Machbarkeit von Bildung die Hoffnung behaupten und an ihr festhalten.

Diese Hoffnung macht dem anderen Hoffnung: trotz des Scheiterns und Versagens die Hoffnung mit sich selbst nicht aufzugeben. Diese Hoffnung macht den Erzieher gelassen, ohne den Ernst seines Tuns aufzuheben. Hoffnung nimmt der Pädagogik die Hektik und Befangenheit augenblicklicher Erfolgserwartung, macht besonnen und geduldig.

Nach Paulus und in der Nachfolge des Herrenwortes ist das Größte die Liebe. Der pädagogische Umgang ist selbst Ausdruck dieser Liebe. Sie erfaßt den anderen nicht nur so, wie er jetzt ist, sondern sieht ihn immer auch in seinen zukünftigen Möglichkeiten; nicht in vorausberechnender oder gar für die Zukunft verwertbarer Weise, sondern in jenen Möglichkeiten, die er in seiner Ebenbildlichkeit und als Erlöster hat.

Diese Liebe macht frei von Machtgelüsten und subjektiven Interessen, anerkennt den anderen als Zweck seiner selbst. In dieser Liebe verlieren Entschiedenheit, Mahnung und Tadel ebenso ihre herrschsüchtige Tendenz und vielleicht manchmal verletzende Absicht, wie Rat und Empfehlung nicht als Besserwisserei und Überlegenheit empfunden werden.

Das Argumentieren im Lehren, das Aufmerksammachen in der Erziehung sind dann Ergebnis, sind Ausdruck dieser Liebe und nicht von Macht und Herrschaft. Diese Liebe ist nicht die Folge eines zufälligen und willkürlichen Gefühls, sondern als Tugend eine Haltung der Gemeinsamkeit mit dem anderen, bei aller Andersheit. Diese Gemeinsamkeit ist nicht gestiftet durch gemeinsame Interessen oder um des eigenen Vorteils willen, sie ist nicht begründet in der gemeinsamen Sprache der Kultur. Sie ist auch nicht eine Form von kollektiven Interessen, sondern sie ist gestiftet durch die gemeinsame Hinordnung auf die eine Wahrheit. In der zitierten Botschaft zum Frieden formuliert der Heilige Vater: „Dieses aufrichtige Suchen nach Wahrheit führt nicht nur zur Achtung gegenüber dem Suchen der anderen, sondern auch zu dem Verlangen, gemeinsam zu suchen."

Die Liebe Gottes zu den Menschen ist die Grundlage für die Liebe der Menschen zueinander und zu sich. In ihr hat alle Pädagogik ihre unwiderrufliche Grundlegung gegen alle Skepsis und Kleingeisterei, gegen alle Resignation, aber auch gegen alle Verführungen durch die Ursünde des Stolzes, Menschen nach dem eigenen Bilde formen zu wollen. Das ist nicht als schöngeistiger Überbau gemeint, sondern als Versuch, das Magisterium Jesu Christi ernst zu nehmen.

Walter Weiss

JESUS IN DER MODERNEN LITERATUR

1. VORÜBERLEGUNGEN

Literatur ist mit Jesus untrennbar verbunden, insofern die Evangelien nicht nur als Zeugnis, sondern auch als literarische Dokumente zu verstehen sind (vgl. *Walter Jens,* Die Evangelisten als Schriftsteller, in: Sie werden lachen, die Bibel, 1975).

Auf der anderen Seite zeigt sich immer wieder als eine Schranke für Versuche, Jesus in der Literatur freier zu gestalten, der Charakter der Bibel als Wahrheit und Glauben stiftendes Zeugnis und damit verbunden die feste Bindung Jesu an die Worte der Bibel. Dies gilt auch noch für die seit dem 18. Jahrhundert zunehmende Beachtung der Menschlichkeit des „Menschensohnes".

„Moderne Literatur" verstehe ich hier nicht in dem engeren Sinn von Gegenwartsliteratur (wie z. B. *Karl-Josef Kuschel,* Jesus in der deutschsprachigen Gegenwartsliteratur, 1978; Der andere Jesus, 1983) oder der literarischen Moderne des 20. Jahrhunderts seit dem Symbolismus oder dem Naturalismus. Dies geschieht aus der Überlegung, daß entscheidende Weichen für die moderne literarische Gestaltung Jesu bis in unsere Gegenwart bereits im 18. Jahrhundert gestellt worden sind.

Was setzt mit dem 18. Jahrhundert ein? Nicht einfach die vielbesprochene „Säkularisierung", Verweltlichung im Gefolge der Aufklärung, sondern vielmehr eine Vermenschlichung, die Jesus aus einer vorausgegangenen Entrückung und mit ihr verbundenen Stilisierung löst und hereinholt in menschliche, weltliche Zusammenhänge, ohne ihn zwangsläufig darin aufgehen zu lassen.

2. DIE JESUSGESTALT IN DER LITERATUR UND POETIK SEIT DEM 18. JAHRHUNDERT

Die voneinander nicht isolierten Bewegungen in Richtung auf Autonomie der kritischen Ratio, des Irrationalen, des Gefühls und der Ästhetik brachten literarische Veränderungen in der Gestaltung Jesu.

2.1 Da veröffentlichte der deutsche Aufklärer Gotthold Ephraim Lessing bibelkritische Schriften (von Reimarus) und geriet dadurch in die Auseinandersetzung mit dem orthodoxen Hamburger Hauptpastor Goeze. In diesem Zusammenhang entstanden die wichtigsten theologisch-poetischen Schriften Lessings, wie „Anti-Goeze", „Eine Duplik", „Das Testament Johannis", „Nathan der Weise". Die bekannte Ringparabel Nathans – sie steht auch in der Tradition der Parabeln Jesu Christi, wenn auch ironisch heruntergespielt: „Nicht nur die Kinder bloß speist man / Mit Märchen ab" – hat ihren Sinnkern im Gebot der praktizierten Liebe: „Es eifre jeder seiner unbestochnen / Von Vorurteilen freien Liebe nach." Das stimmt überein mit dem Testament Johannis: „Kinderchen, liebt euch!" Und es entspricht dem Verhalten Nathans, der nach der Ermordung seiner Frau und seiner Kinder in einem Pogrom das ihm vom Klosterbruder übergebene Kind Recha als Gabe Gottes annimmt und später, nach dem Modell Hiobs, bereit ist, es Gott auch wieder anheimzustellen.

Damit schafft Lessing im Zeichen der praktizierten Liebe eine Analogie zu Jesus. Und er überschreitet damit auch die Trenngräben zwischen Juden, Christen und Mohammedanern. In dieser Annäherung durch Analogie hat er Nachfolger in der Literatur vom 18. Jahrhundert bis in die Gegenwart gefunden.

2.2 Die Erkenntnis, daß der Rationalismus der Aufklärung begleitet und ergänzt wurde durch einen Irrationalismus des Gefühls, nicht zuletzt gespeist aus dem verwandelt weiterlebenden Pietismus, ist heute Gemeingut geworden. Dafür steht als eindrucksvollster literarischer Repräsentant Friedrich Gottlieb Klopstock mit seinem Epos „Der Messias". In der Tradition der Hymnen und zugleich der modernen Kosmologie des 18. Jahrhunderts bezieht er in sein Gedicht das All ein und verbindet dabei Denken und Empfinden (Leitwort „Herz"):

Der himmlische Seraph ...
Trat herzu, ... stand denkend, und hörte
Nach dem Messias herab. Und mit dem Ohre, mit dem er,
Tausendmal tausend Meilen entfernt, den Ewigen wandeln
Hört, und am Himmel herunter die Orionen in Jubel,
Hört' er das langsamwallende Blut des betenden Mittlers
Bang von Ader zu Ader fließen. Viel lauter vernahm er,
In den Tiefen des göttlichen Herzens, betende Seufzer,
Unaussprechliche himmlische Seufzer, dem Ohre des Vaters
Mehr, als aller Geschöpfe Gesang, die ewig ihn singen,
Herrlicher als die Stimme, die schuf, so erhaben ihm selber
Gott Jehova erklingt, wenn er Jehova sich nennet!
Also vernahm des Messias geheimes Leiden der Seraph.
(V. Gesang)

Dieses All ist nicht nur weltlich im Sinne von Kopernikus und Giordano Bruno, sondern zugleich bestimmt durch das allumfassende Erlösungswerk Gottes – des Schöpfers, des Richters, des Messias –, das auch das Böse einbezieht. So auch den gestürzten Engel Abbadona:

Abbadona sank an den Felsen, in eilendem Fluge
Standen die Todesengel, und wandten ihr Antlitz zum Richter,
Feierlich schwieg das Menschengeschlecht. Die Donner verstummten,
Die unaufhörlich vorher vom Thron des Richters erschollen.
Abbadona erwacht' und fühlte die Ewigkeit wieder;
Gegen ihn kam durch den wartenden Himmel die Stimme des Richters:
Abbadona, ich schuf dich! Ich kenne meine Geschöpfe,
Kenn' in allen Tiefen des Herzens alle Gedanken:
Aber du hast mich verlassen! Und jene Gerichteten zeugen
Wider dich auch! du verführtest sie mit! ...
... Zuletzt, wie die Stimme des Vaters
Zu dem Sohn, wie der Jubel Nachhall, scholl von dem Throne
diese Stimme: Komm, Abbadona, zu deinem Erbarmer! ...

Und Abbadona jubelt:

Kinder des Lichts, die ich liebte, zu euch bin ich wiedergekommen!
Erstgeborne der Schöpfung, und ihr durch die Wunden des Sohnes
Erben des ewigen Lebens, wohin bin ich wiedergekommen? ...
Gott hat am Abend des Weltgerichts noch einmal erschaffen;
Denn ich war einer der Ewigtoten. Den letzten der Tage
Schuf er mich um, und rief mich, aus meines Todes Umschattung,
Wieder zum ewigen Heil, das unaussprechlich wie Gott ist!
(XIX. Gesang)

Hier zeigt sich ein Anschluß an die „Apokatastasis" (Wiederherstellung, Wiederbringung) des Origenes, der sich dann auch bei Goethe, am

Schluß des „Faust“, findet. Und dies hat eine Entsprechung in Lessings Zusammenführung der getrennten Religionen.

Man richtete nicht zuletzt in diesem Zusammenhang gegen Klopstock den Vorwurf, er habe die Religion der Kunst, der Ästhetik geopfert (Stichwort „Kunstreligion“). Dem begegnete er mit der Überlegung, daß „das Herz zu rühren“ „überhaupt“ „das Höchste“ der Poesie sei: „Es durch Religion zu tun, ist eine neue Höhe, die für uns, ohne Offenbarung, mit Wolken bedeckt war“ („Von der heiligen Poesie“). Der Messias, als Quelle dieser Offenbarung, ist also das Höchste für die höchste Dichtung. Klopstock nimmt für sich in Anspruch, weder Dichtung, verkleidet als Religion, noch Religion, verkleidet als Dichtung, zu geben, sondern dichterische Verkündigung in einer wesentlichen Zuordnung von Poesie und Religion (dazu *Gerhard Kaiser,* Klopstock. Religion und Dichtung, 1963).

2.3 Das Zeitalter der kritischen Ratio und der Gefühlsreligion war zugleich das Zeitalter der sich emanzipierenden, verselbständigenden Ästhetik, bis hin zur Kunstreligion der Romantiker und zur „Poesie pure“ des Symbolismus. Damit wurde aber Jesus, wurde die Religion zunehmend ästhetisch verfügbar.

Das läßt sich etwa bei Goethe beobachten. In seinem fragmentarischen epischen Jugendgedicht „Der ewige Jude“ führt er Jesus im Knittelvers komisch ein, im Vorgriff auf die „sehr ernsten Scherze“, auf die Verbindung von Ironie und Mystik in seiner Spätdichtung:

Der Vater saß auf seinem Thron,
Da rief er seinem lieben Sohn,
(Der Vater war ganz aufgebracht
Und sprach: Das hast du dumm gemacht,
Sieh einmal auf die Erde)
Mußt' zwei bis drei mal schreien.
Da kam der Sohn ganz überquer
Gestolpert über Sterne her
Und fragt', was zu Befehlen.
Der Vater fragt ihn, wo er stickt –
„Ich war im Stern, der dorten blickt,
Und half dort einem Weibe
Vom Kind in ihrem Leibe.“
Es ist wohl schön und alles gut,
Du hast ein menschenfreundlich Blut
Und hilfst Bedrängten gerne.

Hier werden der Vater und der Sohn von den überlieferten Worten der Bibel gelöst, ohne daß deren Sinn ganz verlorenginge. Die bei Lessing und Klopstock angetroffenen Modelle der Allvereinigung werden durch Goethe fortgeführt; sowohl die Zusammenführung der Religionen (im „Westöstlichen Divan") wie auch die Apokatastasis nach Origenes, im Schluß des „Faust", in der Erlösung des bis zuletzt problematischen „Übermenschen" und andeutungsweise auch in der Gestalt des Mephisto, der da – wenn auch auf seine Weise – von Liebe erfaßt wird: „Gemein Gelüst, absurde Liebschaft wandelt / Den ausgepichten Teufel an" (V. 11838/11839).

Es fällt im Zusammenhang mit unserem Thema auf, daß in Goethes Spätwerk Jesus zurücktritt. Im „Faust" treten zu Beginn „der Herr" im „Prolog im Himmel" und am Ende „Mater Gloriosa" auf, nicht aber Jesus. Und in der Pädagogischen Provinz von „Wilhelm Meisters Wanderjahren" wird „das Leben", wird der „Wandel" bis zum „Scheiden des Meisters" der Darstellung seines Leidens und seines Todes ausdrücklich vorgezogen: „Hieraus machen wir kein Geheimnis; aber wir ziehen einen Schleier über diese Leiden, eben weil wir sie hoch verehren. Wir halten es für eine verdammenswürdige Frechheit, jenes Martergerüst und den daran leidenden Heiligen dem Anblick der Sonne auszusetzen, die ihr Angesicht verbarg, als eine ruchlose Welt ihr dies Schauspiel aufdrang ..."

Man hat all das unter dem Titel „Pantheismus" Goethes und seiner Zeit vielfach und kontrovers diskutiert. Dabei sollte man aber mit dem katholischen Literaturwissenschaftler Paul Stöcklein bedenken, daß dieser Pantheismus des 18. Jahrhunderts auf der einen Seite wohl Verweltlichung, Verdrängung der Transzendenz zugunsten der Immanenz bedeutete, auf der anderen Seite aber auch eine im christlichen Sinne legitime Gegenbewegung gegen das abstrahierende Hinausrücken Gottes im Deismus, zugunsten einer neuen Verbindung von Welt und Gott, von Immanenz und Transzendenz, geprägt durch Nähe und Sinnfälligkeit.

Auf diesem Wege erreichte Novalis in seinen „Geistlichen Liedern" bereits ein zweideutiges Äußerstes. Seine sog. Abendmahls-Hymne vereinigt Geist, Leib und Blut in einer Weise, die dem an den Dualismus von Geist und Fleisch, von körperlicher und geistiger Liebe Gewöhnten anstößig erscheinen muß:

Einst ist alles Leib,
Ein Leib,
In himmlischem Blute
Schwimmt das selige Paar. –

O! daß das Weltmeer
Schon errötete,
Und in duftiges Fleisch
Aufquölle der Fels!
Nie endet das süße Mahl,
Nie sättigt die Liebe sich …

Heißere Wollust
Durchbebt die Seele …
Und so währet der Liebe Genuß
Von Ewigkeit zu Ewigkeit …

Sie erkennten der Liebe
Unendliche Fülle,
Und priesen die Nahrung
Von Leib und Blut.

Novalis hat sich gegen die verteidigt, die Anstoß daran nahmen und bis heute nehmen („Teplitzer Fragmentsammlung", 1798): „In der Freundschaft ißt man in der Tat von seinem Freunde, oder lebt von ihm. Es ist ein echter Trope, den Körper für den Geist zu substituieren – und bei einem Gedächtnismahle eines Freundes in jedem Bissen mit kühner, übersinnlicher Einbildungskraft sein Fleisch, und in jedem Trunke sein Blut zu genießen. Dem weichlichen Geschmack unserer Zeiten kommt dies freilich ganz barbarisch vor – aber wer heißt sie gleich an rohes, verwesliches Blut und Fleisch zu denken …"

Es lohnt sich, darüber nachzudenken, ob der Stein des Anstoßes in der uns zu selbstverständlichen dualistischen Trennung von Geist und „niedrigem" Körper liegt.

3. JESUSANALOGIEN

Der fortschreitenden Vermenschlichung des „Menschensohnes" und zugleich den Veränderungen der modernen Literatur vom 19. ins 20. Jahrhundert – hin zur Pluralität und zum synchronen raumzeitlichen Miteinander – entspricht es, daß zunehmend nicht mehr direkte, „komplette" Darstellungen Jesu in Epen, Romanen, Dramen im Vordergrund stehen, sondern indirekte Annäherungen auf dem Weg über Analogien. Analogien sind aber Teilidentitäten, die unablösbar mit Nichtidentitäten gekoppelt sind.

Das gilt z. B. für den „Armen Spielmann“ von Franz Grillparzer (1848). Auf der einen Seite ist er geprägt durch Lebensschwäche, Versagen gegenüber der Realität, in der Schule, im Beruf, in der Liebe und selbst noch gegenüber der Musik, der er sich ganz widmet und die er – gegen seine Zeitgenossen – auf Gott bezieht: „Sie spielen den Wolfgang Amadeus Mozart und den Sebastian Bach, aber den lieben Gott spielt keiner ... Ein ganzes Himmelsgebäude, eines ins andere greifend, ohne Mörtel verbunden und gehalten von Gottes Hand. Davon will niemand etwas wissen bis auf wenige.“ Auf der anderen Seite ist er geprägt durch die opfernde Liebe. Aus der heraus segnet er Barbara, die ihn, den Lebensunfähigen, verläßt, zum Abschied: „Und ich segnete sie und ihre Wege.“ Und die gleiche Kraft treibt ihn dazu, während der Überschwemmung Kinder zu retten, und dann noch – groteskerweise – Steuerbücher und Papiergeld der Nachbarn, wobei er umkommt.

Den indirekten Bezug zu Jesus stellt Barbaras „Gedenkstätte“ her, über die der Erzähler abschließend berichtet: „Ich fand die Familie (Barbaras, W. W.) beisammen ohne Spur eines zurückgebliebenen starken Eindrucks. Doch hing die Geige (des armen Spielmanns, W. W.) mit einer Art Symmetrie geordnet neben dem Spiegel und einem Kruzifix gegenüber an der Wand.“ Diese zeichenhafte Konstellation zum Schluß entspricht strukturell einer prägenden Erzählgattung des 19. Jahrhunderts, der Bildnovelle.

Eine andere Variante der Jesusanalogie finden wir gut zehn Jahre früher bei Georg Büchner in seiner Erzählung „Lenz“ und in seinem Drama „Woyzeck“, welche nicht zufällig so recht erst im 20. Jahrhundert entdeckt worden sind, weil sie viele Züge der literarischen Moderne des 20. Jahrhunderts überlegen vorwegnehmen. Zwischen dem von Unrast und Angst bedrängten Anfang und dem erkalteten, erstarrten Endzustand von Büchners Lenz, der „keine Angst mehr“ fühlt – „So lebte er hin“ –, schiebt sich eine andere Erfahrung im Kreis des Pfarrers Oberlin: „alles ruhige, stille Gesichter. Es war ihm, als müsse Licht von ihnen ausstrahlen; es ward ihm leicht ... ein heimliches Weihnachtsgefühl beschlich ihn.“ Er löst sich von seinem „Starrkrampf“, predigt in Oberlins Gemeinde und fühlt „Trost, wenn er über einige müdgeweinten Augen Schlaf und gequälten Herzen Ruhe bringen, wenn er über dieses von materiellen Bedürfnissen gequälte Sein, diese dumpfen Leiden gen Himmel leiten konnte“. Er fühlt sich eins mit dem Gemeindegesang:

Laß in mir die heiligen Schmerzen,
Tiefe Bronnen ganz aufbrechen;
Leiden sei all mein Gewinst,
Leiden sei mein Gottesdienst.

Die Titelfigur seines „offenen“ Dramas „Woyzeck“ ist ein „armer Kerl“, sozial und als Kreatur im christlichen Sinn, nicht ohne Analogien zum Armen Spielmann Grillparzers. Das bekannte negative Märchen, das die Großmutter den Kindern am Wegrand erzählt, als Woyzeck hinausgeht zum Mord und zum Selbstmord, handelt vom „arm Kind“, das „ganz allein“ im toten All übriggeblieben ist.

In der Eingangsszene, in der ihm der Hauptmann, sein Vorgesetzter, wegen seiner wilden Ehe und seines unehelichen Kindes Unmoral vorwirft, beruft sich Woyzeck auf Jesus: „Der Herr sprach: Lasset die Kleinen zu mir kommen.“ Und zum Abschied vor seiner Tat übergibt er seinem Freund ein Bild aus seiner Mutter Bibel:

und da steht:
Herr wie dein Leib war rot und wund,
So laß mein Herz sein aller Stund.

In Tagebuchaufzeichnungen über Büchners letzte Tage, von Caroline Schulz, werden folgende Worte des Sterbenden berichtet: „Wir haben der Schmerzen nicht zu viel, wir haben ihrer zu wenig, denn durch den Schmerz gehen wir zu Gott ein.“

Bei aller gebotenen Vorsicht gegenüber solchen Berichten, die von der Perspektive der Berichtenden geprägt sind: Sowohl bei Lenz wie bei Woyzeck und schließlich, nach diesem Zeugnis, auch bei Büchner selbst wird Jesus mittelbar beschworen; anders als bei Goethe aber vornehmlich im Zeichen von Schmerz und Leid.

Man sollte diese Annäherung aber nicht isolieren aus ihrer literarischen Umgebung. Und da stößt man in „Dantons Tod“ auf die Aussage Thomas Paynes: „Warum leide ich? Das ist der Fels des Atheismus.“

Die hier nur beispielhaft hervorgehobenen analogischen Herbeirufungen Jesu in der Literatur des 19. Jahrhunderts setzen sich in der Literatur des 20. Jahrhunderts bis heute fort. Und auch da kommen sie keineswegs nur von christlichen Autoren.

Wenn etwa Thomas Mann den Joseph seiner Romantetralogie in Entsprechung und Nichtentsprechung auf Jesus bezieht, so entspricht das auf der einen Seite der Perspektive der Bibel, dient auf der anderen Seite dazu, die von Joseph vollzogene Vermittlung nicht nur zwischen der alten und der neuen Religion, sondern auch seine Wende ins Weltliche, Zivilisatorische, Humane, zur menschlichen Ganzheit hin herauszustellen.

Auch zu Hiob als Bezugsgestalt für Franz Biberkopf in Alfred Döblins „Berlin Alexanderplatz" läßt sich eine von der Bibel gestützte Verbindung zu Jesus herstellen, zu seinen letzten Worten im Markus- und im Matthäusevangelium: „Mein Gott, mein Gott, warum hast du mich verlassen?" Die Nichtentsprechung liegt bei dem von der modernen Großstadt Berlin umgebenen und beherrschten entfremdeten Menschen Biberkopf näher als die trotzdem hergestellte Teilentsprechung.

Selbst die später für die DDR optierende und sie als Schriftstellerin prominent repräsentierende Altkommunistin Anna Seghers stellt nicht nur im Titel ihres berühmten Romans „Das siebte Kreuz" (1942) einen Jesusbezug her. In der Nacht (Kap. 2), die der geflüchtete KZ-Häftling Georg Heisler im Mainzer Dom verbringt, sieht er in den Spiegelungen der Domfenster „alle Bilder des Lebens", auch mit Bezug auf sich selbst: „Ja, das müssen die Köpfe der Kühe sein, die in die Krippe sehen, in der das Kind liegt, für das es sonst keinen Raum gab. Ja, das muß das Abendmahl sein, als er schon wußte, daß er verraten wurde, ja, das muß der Soldat sein, der mit dem Speer stieß, als er schon am Kreuze hing ... Nicht nur was von anderen gleichzeitig durchgelitten wird, kann einen trösten, sondern auch was von andern früher durchlitten wurde."

Der erste Satz des Kapitels (den Kuschel in seiner Anthologie „Der andere Jesus" als Textumgebung wegläßt) markiert wohl schon durch die Wortwahl den Stellenwert des Folgenden: „Als der Küster fortgegangen und die Haupttür verschlossen und auch der letzte Schall in einem Gewölbe zersplittert war, da begriff Georg, daß er jetzt eine *Gnadenfrist* hatte, einen so gewaltigen Aufschub, daß er ihn fast mit *Rettung* verwechselte. Ein heißes Gefühl von *Sicherheit* erfüllte ihn das erstemal seit seiner Flucht, ja seit seiner Gefangenschaft." Der Wortsinn von *Gnadenfrist* wird in dieser Textumgebung über den gewöhnlichen, abgeblaßten Gebrauch hinaus reaktualisiert.

„Und sagte kein einziges Wort" von Heinrich Böll stellt auch vom Titel her bereits einen Jesusbezug her, vermittelt durch ein Spiritual, das „als einziges" das „Herz" der weiblichen Zentralgestalt und Icherzählerin „berührt". Dieses schlägt dann weitere Analogieverbindungen zwischen ihr und ihm, ihrem nicht ordentlich angetrauten Partner, dem obdachlosen Paar mit seinen Kindern, zur Heiligen Familie: „Unsere Kinder, sagte er leise, gleichen den Jesukindern auf Bildern der Heiligen Familie." Und das steht in Opposition zur kinderfeindlichen Kirchenfrömmigkeit. Die Frau erfährt die Härte und den Haß einer tonangebenden Katholikin: „Die Tatsache, Gegenstand eines solchen Hasses zu sein, flößt mir Furcht ein, und ich habe Angst, den Leib Christi zu essen, dessen Genuß Frau Franke täglich erschreckender zu machen scheint. Denn der Glanz ihrer Augen wird immer härter. Und ich habe Angst, die heilige Messe zu hören, obwohl die Sanftmut der Liturgie zu den wenigen Freuden gehört, die mir geblieben sind ... manchmal morgens ... schleiche ich mich für ein paar Augenblicke in die Kirche, zu Zeiten, in denen kein Gottesdienst mehr stattfindet, und ich empfinde den unendlichen Frieden, der von der Gegenwart Gottes ausströmt."

Diese Beschwörung Jesu in Opposition zur herrschenden Kirche prägt auch eine literarische Reihe in der modernen Literatur, der wir uns jetzt zuwenden.

4. JESU CHRISTI WIEDERKEHR

Ein literarisch besonders ausgezeichnetes und fruchtbares Motiv der Vermenschlichung Jesu und seines Eingehens in die Welt ist, vom 18. Jahrhundert bis in die Gegenwart, Jesu Christi Wiederkehr. Wohl ist sie bereits im Johannesevangelium (21,22f) in einer Äußerung des Auferstandenen angelegt, doch meint sie da wohl keine zeitliche Wiederkehr, sondern die endzeitliche (vgl. dazu auch Joh 16,16–19).

Am Beginn steht das bereits im Zusammenhang mit der Ästhetisierung herangezogene Fragment „Der ewige Jude" von Goethe, das sich weniger auf die Titelgestalt als auf Jesus konzentriert. Er ist der Wiederkehrende, der sich erinnert, auch an „den letzten Todesblick", den er „vom Schmerzen-Hügel herab getan". Aber dann wendet er sich der Welt, der Erde zu, und zwar nicht als endzeitlicher Richter:

> Sei, Erde, tausendmal gegrüßt!
> Gesegnet all ihr meine Brüder!
> Zum ersten Mal mein Herz ergießt
> Sich nach dreitausend Jahren wieder ...
> O mein Geschlecht, wie sehn ich mich nach dir!
> Und du, mit Herz und Liebes-Armen
> Fliehst du aus tiefem Drang zu mir.
> Ich komm', ich will mich dein erbarmen.
> O Welt voll wunderbarer Wirrung,
> Voll Geist der Ordnung, träger Irrung,
> Du Kettenring von Wonn' und Wehe,
> Du Mutter, die mich selbst zum Grab gebar!
> Die ich, obgleich ich bei der Schöpfung war,
> Im Ganzen doch nicht sonderlich verstehe.

Jesus, als Sohn der Mutter Erde, und nicht nur als Sohn des Vaters, das erinnert uns an den früher erwähnten Schluß des „Faust“, wo nicht mehr der Herr des „Prologs im Himmel“, sondern an seiner Stelle „Mater Gloriosa“, die „Göttin“ (V. 12.103), erscheint.

Und auch hier meldet sich die bereits bemerkte Ironie. Jesus spricht weniger als Gott denn als Begrenzter, in der Welt Befangener. So erinnert seine Schlußwendung an ähnliche Weltaussagen des jungen Goethe und, wohl nicht zufällig, wörtlich auch an Mephistos Selbstbegrenzung:

> Glaub unsereinem: Dieses Ganze
> Ist nur für einen Gott gemacht!
> (V. 1780/81)

Die mächtigste und wirkungsvollste Gestaltung der Wiederkehr Jesu stammt von Fjodor Dostojewskij in seinem Roman „Die Brüder Karamasow“ (2. Teil, 5. Buch, Kap. 5). Iwan Karamasow erzählt da seinem Bruder Aljoscha seine Erzählung „Der Großinquisitor“ und diskutiert sie mit ihm.

Während die Wiederkehr Jesu bei Goethe „nach dreitausend Jahren“, also in der Zukunft, geschieht, wird sie hier in die Vergangenheit, ins 16. Jahrhundert, verlegt, in die Zeit der Auflehnung gegen die katholische Kirche und der Religionskriege, mitten ins Spanien der gegenreformatorischen Inquisition.

Jesus erscheint „in derselben menschlichen Gestalt“ wie „vor anderthalb Jahrtausenden“. Er schweigt, er „sagt kein einziges Wort“ (vgl. Böll), und sein Kontrahent, der Großinquisitor, als Inbegriff des Katholizismus, verbietet es ihm auch, zu sprechen. Seine Begründung haben wir als literarische Schranke für die Darstellung Jesu bereits kennengelernt: „Der Alte sagt ihm …, daß er nicht einmal das Recht habe, etwas dem hinzuzufügen, was er schon früher gesagt hat.“ Sein eigentliches Motiv dafür, die Erhaltung der Macht der herrschenden Kirche, verrät die Frage: „Warum bist du gekommen, uns zu stören?“

Jesus kommt als Störer der festgefügten Norm und Herrschaftsordnung der Kirche, der er die Freiheit entgegenstellt. Er nimmt damit die Hauptstoßrichtung der literarischen Jesusbeschwörungen der Gegenwart vorweg, die den gesellschaftlichen Außenseiter, den armen Bruder der Armen, den Revolutionär, den Narr unter Narren im Auge haben.

Gerade in seinem Schweigen, in seinem stillen Kuß, der den Großinquisitor verunsichert und der dann von Aljoscha an seinem Bruder Iwan, dem geistigen Vater des Großinquisitors und Verwandten des Großinquisitors im Zeichen des nihilistischen Machtwillens, wiederholt wird, wird Jesus zur Gegeninstanz, zur verkörperten Kritik einer diktatorischen Ordnung, die von der katholischen Kirche über das Zarenreich, über Stalin und Hitler immer wieder aktualisiert worden ist und immer wieder aktualisiert werden kann. Aljoscha, der hellsichtig erkennt: „Deine Dichtung ist ein Lob Jesu, aber keine Schmähung ..., wie du es gewollt hast“, kommt selbst Jesus nahe. Er setzt damit die Jesusanalogien in der modernen Literatur fort. Noch mehr gilt das von Dostojewskijs „Idiot“, dem Fürsten Myškin, den er in seinen Entwürfen „Fürst Christus“ genannt hat. Er führt die auf Jesus bezogenen Abweichenden, Außenseiter in der Gegenwartsliteratur prominent an.

Zu ihnen gehört auch „Der Narr in Christo Emanuel Quint“ (1910) von Gerhart Hauptmann. Bei ihm wird besonders deutlich, was für alle aus der Reihe der Wiedergekehrten gilt: Sie sind besonders stark auf die Welt, auf den Weltzustand, auf die sozialhistorische Situation bezogen, in der und auf die hin sie wiederkehren. Sie sind davon nicht abzutrennen.

Emanuel Quint ist so hineingestellt in die deutsch-schlesische Gesellschaft um 1890, aus der Gerhart Hauptmann kam. Er ist ein kleiner Handwerker und findet Anhang bei den Armen und Unterdrückten, bei Webern, Landstreichern und Schmugglern, bei gescheiterten Existenzen. Das bringt den Außenseiter zeitgemäß in den Verdacht des Sozialismus, ohne daß er ein sozialistisches Programm verträte. Vielmehr folgt er der Tradition des Pietismus, was ihn auch mit Adeligen zusammenbringt. Sein Bekenntnis: „inwendig in uns war ja das Reich“ folgt ihm bis zum Ende, wo man bei dem Erfrorenen einen Briefbogen mit den Worten findet: „Das Geheimnis des Reichs?“

Den Konflikt formuliert der Erzähler am Ende so: „Unwillkürlich dankt man dem Himmel, daß nur ein armer Erdennarr und nicht Christus selber der Wanderer gewesen ist: dann hätten nämlich Hunderte von katholischen und protestantischen Geistlichen, Arbeitern, Beamten, Landräten, Kaufleuten aller Art, Generalsuperintendenten, Bischöfen, Adligen und Bürgern, kurz zahllose fromme Christen, den Fluch der Verdammnis auf sich geladen.“

Der „Narr in Christo“ und der „Erdennarr“ sind sehr wohl auch biblisch begründet. So Paulus im ersten Korintherbrief: „Wir sind Narren um Christi willen.“ Und ihm folgte Martin Luther mit Berufung auf Paulus in seiner Schrift „An den Christlichen Adel deutscher Nation: Von des christlichen Standes Besserung“. Zugleich schlägt im Motiv des Narren in Christo aber auch das spezifisch moderne Außenseitermotiv durch.

Theodor Heuß hat 1911 den historischen Bezug zur deutschen Jugendbewegung und zu dem Deutschland vor dem Ersten Weltkrieg klar benannt: „Gibt es einen Stoff, der inniger mit dem Problemsuchen jener deutschen Jugend verbunden war als dieser: Jesus Christus aus Nazareth wandert durch das Deutschland der Gegenwart, das Deutschland der Fabriken, der Klassenkämpfe, der orthodoxen Staatskirche?"

Mit einem Sprung in die Gegenwartsliteratur kommen wir zu „Jesus in Osaka" von Günter Herburger. Dieser Roman spielt, bezogen auf das Erscheinungsjahr 1970, in der nahen Zukunft: 1984, mit Zügen der Gegenwart, der 68er Bewegung, der Happenings, einer universal gewordenen Ökonomie und den damit verbundenen Kulturdurchmischungen, hier der deutsch-europäischen und der japanischen Kulturen.

Das zentrale Kapitel „Passionsspiele" bringt ein Jesus-Happening mit Deutschen und Japanern auf der schwäbischen Teck, die für die inzwischen dort angesiedelten Japaner eins wird mit ihrem Fujiama.

Der wiederkehrende Jesus sagt da die Passion ab: „Ich glaube nicht mehr an Erlösung durch den Tod ... Deshalb verlasse ich das Kreuz ... und komme zu euch, damit die Angst, die ich errichtet habe, verblaßt, und der Gehorsam, der euch quälte, sich in Freiheit und Liebe verwandelt!" Am Ende befindet sich Jesus erlöst „irgendwo" „in" der „Versammlung".

Anklänge an Dostojewskij sind unverkennbar; doch dieser Kollektiv-Optimismus ist inzwischen schon wieder fragwürdig gewordene Vergangenheit.

Stefan Heyms „Ahasver" (1981) ist die jüngste gestaltungsmächtige Wiederkehr Jesu in der Literatur. Bei ihm steht, im Gegensatz zu Goethe, Ahasver im Mittelpunkt. Er identifiziert ihn sowohl mit dem revoltierenden Engel wie mit dem Jünger, „welchen Jesus lieb hatte, der auch an seiner Brust beim Abendessen gelegen hatte" und von dem er auf die Frage des Petrus: „Herr, was wird aber mit diesem?" sagte: „Wenn ich will, daß er bleibe, bis ich komme, was geht es dich an?" (Joh 21,22f) „Diese Äußerung ist" für Heym „die Keimzelle des Gedankens vom irdischen Weiterleben eines Zeitgenossen des Gekreuzigten bis zu dessen endlicher Wiederkunft".

Diese Wiederkunft verlegt er in unsere Vorgegenwart, den Weltzustand des Gleichgewichts des Schreckens, in dem israelische und Wissenschaftler aus der DDR darüber diskutieren. Und er verbindet sie mit einem Ausblick auf „Armageddon, jene letzte Schlacht vor dem Ende der Welt (mit Zügen des Atomkrieges, W. W.), auf welche, laut Überlieferung, das Jüngste Gericht folgen soll".

Die dominierende Perspektive des Juden Ahasver ist die des revolutionären Veränderers. Dem entspricht z. B. die Inhaltsangabe des 5. Kapitels:

> Worin Ahasver die Anschauungen des Reb Joshua in Frage stellt und diesem erklärt, daß nicht die Sanftmütigen und Geduldigen das wahre Reich Gottes errichten werden, sondern die, welche das Unter zuoberst kehren.

Die trotzdem untrennbare Verbindung von Ahasver und Reb Joshua endet aber mit Ahasvers Vision ihrer Vereinigung in Gott:

„Da legte ich mein Haupt auf seine Brust, so wie ich's getan hatte beim letzten Abendmahl, und er küßte meine Stirn und tat den Arm um mich und sagte, ich wäre ihm wie Fleisch von seinem Fleische, und wie ein Schatten, der zu ihm gehört, und wie ein anderes Ich. Und wir vereinten uns in Liebe und wurden eins.

Und da er und Gott eins waren, ward auch ich eines mit Gott, *ein* Wesen, *ein* großer Gedanke, *ein* Traum."

All das, was heute über Jesus, den Juden, diskutiert wird, ist hier eingegangen. Vielleicht ist auch die Frage erlaubt: Wie verhält sich dieser Schluß zu dem heute vielfach propagierten Ende der Utopien?

5. ABWEICHENDE UND GEGENGESTALTEN

Mit „Ahasver" gelangen wir zu einem vorherrschenden Aspekt der literarischen Jesusdarstellung der Gegenwartsliteratur seit 1945: Jesus aus der Sicht von Gegengestalten, Abweichenden, Jesus, kritisch betrachtet.

Wie bereits angedeutet, hat das viel zu tun mit Abweichung, formal und inhaltlich verstanden, als dem dominierenden Prinzip der Poetik/Ästhetik und auch der Anthropologie des 20. Jahrhunderts (vgl. *Harald Fricke,* Norm und Abweichung. Eine Philosophie der Literatur, 1981; *Michel Foucauld,* das Ungedachte, das wilde Denken, der Wahnsinn usw.).

Aber auch die Problematik, Jesus nur seine überlieferten Bibelworte sprechen lassen zu können, zeigt sich weiterhin wirksam.

Ähnlich wie Stefan Heyms Ahasver ist auch Judas bei Walter Jens' „Der Fall Judas" (1975) ein Revolutionär, der Jesus zum revolutionären Handeln zwingen möchte. Ähnlich wie Ahasver wird Judas mit Jesus untrennbar verbunden und apologetisch gerechtfertigt, als Vollstrecker und zugleich Opfer der Sendung Jesu Christi: „ein Märtyrer, der Jesus

Christus bis hin zum Tod die Treue hielt". Das von Jens erfundene Seligsprechungsverfahren für Judas, den Mann aus Kerioth, ist die genaue Entsprechung des von ihm selbst angestrengten Verfahrens der Rechtfertigung des Judas, gegen seine Denunziation bei Johannes, Kap. 12,1–6, und gegen die Jesus in den Mund gelegte globale Verdammung der Juden, die ihm nicht glauben: „Ihr habt den Teufel zum Vater ... denn er ist ein Lügner und der Vater der Lüge. Ich aber, weil ich die Wahrheit sage, so glaubet ihr mir nicht" (Joh 6,44f).

Der Schlußappell für die Seligsprechung faßt dies alles zusammen: „Dann nämlich stünde Judas – Judas, mein Bruder – für jene Millionen, die die Orthodoxie (welcher Art immer sie sei) um ihres Freimuts oder, oft genug, auch nur um ihrer *Andersartigkeit* willen verdammte. Dann wäre er eine Chiffre für Jude und Heide, für Kommunist, Neger und Ketzer – für alle, die man verteufelte und zum Sündenbock machte. Dann verdiente er die Auszeichnung eines Märtyrers ... und wäre von unserer katholischen Kirche ... erst recht seligzusprechen ... Ehre dem Judas. Ehre den Opfern."

Die Apokatastasis, die Wiederherstellung nach Origenes, die uns im 18. Jahrhundert bei Klopstock, Lessing und Goethe begegnet ist, wird so aus den Erfahrungen des 20. Jahrhunderts wiederaufgenommen und zugespitzt zur Anklage gegen die ausgrenzenden, verurteilenden und verfolgenden Besitzer und Hüter der geschlossenen reinen Lehre, der angeblich absoluten Wahrheit. Das richtet sich nicht gegen Jesus, der selbst wegen seiner Andersartigkeit verfolgt wurde, wohl aber gegen die, die ihn für Orthodoxie in Dienst nahmen und nehmen.

Eine andere von der Literatur nach 1945 bevorzugte Gegengestalt Jesu ist Pilatus. Auch sie hat mit der Wahrheitsfrage zu tun. So etwa bei Max Frisch in seiner „Farce" „Die chinesische Mauer" (1946, 1972). Diese mischt in der Form des offenen Dramas Zeiten, Räume, Regime und ihnen zugeordnete Gestalten durcheinander. Sie alle folgen dem Wiederkehr- und Wiederholungstopos. Die Farce beginnt immer wieder von neuem.

Als eine leitende Frage zieht sich durch die nach Wahrheit, nach Wahrhaftigkeit. Sie ist mit Pilatus und seiner unschlüssigen, zweifelnden Frage: „Was ist Wahrheit?" verbunden, aber nicht auf ihn beschränkt. So bleiben für Columbus, der seine Entdeckung verfälscht und lügenhaft verdreht sieht, „noch immer die Kontinente der eigenen Seele, das Abenteuer der Wahrhaftigkeit" als „Räume der Hoffnung".

Max Frisch sieht selbst für seinen Pilatus die gestalterischen Grenzen, die wir für Jesus bemerkt haben, wenn er sich gegen den Vorwurf der Parodie, der Nachahmung zum Zweck der Verspottung, so verteidigt: „Eine weitere Figur in diesem Reigen, der natürlich nur fragmentarisch sein kann, ist Pontius Pilatus, der, in Gegenwart Christi unfähig zu entscheiden, was die Wahrheit ist, nach Jahrtausenden noch betroffen ist von jenem Tag, da er seine Hände in Wasser wusch und sich begnügte, nicht schuldig zu sein am Blut dieses Gerechten. Könnte aber dieser Pilatus nicht ebenso gut, um nicht Bibelsprache auf die Bühne zu bringen, irgendein ‚Römisch' sprechen, ein Deutsch mit lateinischer Syntax? ... Pilatus kennen wir aber nicht aus der römischen Geschichte, sondern aus der Bibel. Daher das Bibel-Zitat."

Wir könnten noch andere Kontrast- und Spiegelgestalten zu Jesus heranziehen, z. B. Barabbas, wirksam gestaltet durch Pär Lagerkvist (1950). Ich verzichte aus Zeitgründen darauf, aber auch deshalb, weil bereits bei Ahasver, Judas und Pontius Pilatus das Wichtigste begegnet ist.

Eine Ausnahme erlaube ich mir aber noch, den Hinweis auf die „Christusnovelle" „Riverside" von Patrick Roth (1991), die 1993 mit dem Rauriser Literaturpreis des Landes Salzburg für bedeutende Prosa-Erstlingswerke bedacht wurde. Sie erzählt in der Novellentradition des subjektiv-objektiven Erzählens im Rückblick von der Suche nach Zeugnissen für das Wirken Christi und läßt einen von Jesus geheilten Aussätzigen – Diastasimos – zu Wort kommen, der aus seiner Erinnerungsperspektive Jesus sogar nicht im Bibelzitat sprechen läßt. Dieser Diastasimos fügt sich als Ankläger Gottes und ungläubiger Kontrahent Jesu, der ihn nicht aus der Nähe heilen konnte, sondern erst in einem zweiten Vorgang aus der Ferne, aus der Distanz, bei dem Diastasimos als „Jesus-und-Diastasimos, beide in eins erinnert", in die Reihe der Gegen- und Spiegelgestalten Jesu in der Gegenwartsliteratur.

6. ZUSAMMENFASSUNG UND AUSBLICK

Ich habe mich in meinem Versuch bewußt beschränkt auf einige Gesichtspunkte, die mir wichtig schienen, und auf eine bescheidene, aber, so hoffe ich, motivierte und kompositorisch gerechtfertigte Auswahl von literarischen Beispielen.

Vielleicht ist es aufgefallen, daß ich die Lyrik, das Gedicht, weitgehend weggelassen habe, z. B. so wichtige Gedichte wie die von Georg Trakl, Bertolt Brecht, Christine Lavant, Marie Luise Kaschnitz, Nelly Sachs, Paul Celan. Meine Begründung dafür: Das wäre ohne einläßliche sprachliche Analysen nicht angemessen gegangen, und die hat mein Zeitrahmen verboten. Im übrigen habe ich so etwas an anderer Stelle bereits versucht, in dem Aufsatz „Woran erkennt man christlich-religiöse Sprache?" in der „Festschrift für Ignaz Zangerle zum 75. Geburtstag, Salzburg 1981, 479–490.

Für Jesus in der modernen Literatur ist die Bindung an die Bibel eine bestimmende Konstante.

Gegenüber der unauflöslichen Verbindung von Zeugnis und Gestaltung in der Bibel wählt die moderne Literatur seit dem 18. Jahrhundert ästhetische Verfahren wie die Herstellung von Analogien (Teilidentitäten), die imaginierte Wiederkehr Jesu in Zeit, Welt, historische Situation, seine Spiegelung in Kontrastgestalten, mit dem damit verbundenen Perspektivismus.

So ergibt sich nicht einfach eine Säkularisierung, sondern eher ein fortschreitender Prozeß der Aktualisierung Jesu, literarisch, aber auch sozial, politisch, religiös, theologisch. Das ist eng verbunden mit historisch sich verändernden Situationen, ohne daß Jesus darin restlos aufginge.

Er lebt vielmehr fort als Weiterwirkender, als immer wieder Anstoß Gebender, als Grenzüberschreiter, als Maß und als kritische Instanz, als Gewähr für Offenheit.

Ich schließe mit einem leicht veränderten Zitat aus *Karl-Josef Kuschel,* Jesus in der deutschsprachigen Gegenwartsliteratur: „Jesus ist nicht endgültig, sondern nur in immer neuen Modellen, Entwürfen, Versuchen abbildbar ... Das ist für die Theologie ein Vorteil, weiß sie doch, daß die Literatur kein fertiges ‚Jesusprodukt' liefern ... will, sondern immer wieder neue Ansätze auf die je größere Wirklichkeit Jesu Christi hin."

Elisabeth Moltmann-Wendel

FRAUEN UND MÄNNER AM WEGE JESU

I. DIE JESUSBEWEGUNG ALS HERAUSFORDERUNG FÜR FRAUEN UND MÄNNER

1. SOZIOLOGIE DER JESUSBEWEGUNG

Nach Gerd Theissen ist die frühe Jesusbewegung eine innerjüdische Reformbewegung, die geprägt ist durch Wandercharismatiker: „Die entscheidenden Gestalten des frühen Urchristentums waren wandernde Apostel, Propheten und Jünger, die sich von Ort zu Ort bewegten und sich in diesen Orten auf kleine Sympathisantengruppen stützen konnten." Wir kennen diese Wandercharismatiker auch unter den Namen Jünger und Apostel. Doch diese Begriffe sind vage: Schon in den Evangelien schwankt die Zahl der Jünger. Wir kennen sie als die Zwölf, es können aber auch siebzig sein wie bei Lukas. In der Apostelgeschichte finden wir sogar eine Jüngerin (Apg 9,36). Paulus hat ein sehr erweitertes Apostelverständnis. Die berühmten Zwölf, die vermutlich eine symbolische Zahl für die zwölf Stämme Israels waren, lassen sich auch nicht auf die zwölf Jünger beschränken. Der Zwölferkreis, von Petrus geleitet, verschwindet bald – in alle Windrichtungen (Theissen). Verbindend für alle missionarischen Aktivitäten, die verschiedene Zentren und verschiedene prägende Figuren aufweisen wie Paulus, Stephanus, Barnabas usw., bleibt, daß die ersten urchristlichen Autoritäten Wandercharismatiker waren.

Wer sich solchem Wanderradikalismus verschrieb, mußte harte Bedingungen auf sich nehmen. Zunächst Heimatlosigkeit, wie sie Jesus sich vorgestellt hatte: „Die Füchse haben Gruben, und die Vögel haben Nester, aber des Menschen Sohn hat nichts, da er sein Haupt hinlege" (Mt 8,20). Mit ihren Berufungen in die Nachfolge hatten die Menschen Haus und Hof verlassen, und in der späteren Missionsarbeit blieben sie Umherziehende ohne festen Wohnort.

Ferner gehörte zum Wanderradikalismus Besitzlosigkeit. Sie war Bedingung zur vollen Nachfolge, die z. B. der reiche Jüngling nicht leisten wollte, „denn er hatte viele Güter" (Mk 10,17ff). Kritik an Reichtum und Besitz und die Verkündigung der herrlichen Freiheit derer, die sorglos wie die Lilien des Feldes lebten, gehörten zum Ethos der Wanderbewegung.

Als Drittes muß die Familienlosigkeit genannt werden. Zum Verlassen von Haus und Hof gehörte auch das Verlassen der Großfamilien mit ihrer Geborgenheit, aber auch mit ihren Forderungen. Die Jesusbotschaft ist nicht ohne die Botschaft, sich von der Familie zu lösen, zu hören. In unseren familienfixierten Kirchen eine harte Sache! Doch die Evangelien durchzieht in verschiedenster Form der Gedanke, Vater und Mutter, Brüder und Schwestern und Kinder zu verlassen (Mk 10,29ff), ja sogar sie zu hassen (Lk 14,26), den alten Vater nicht einmal zu beerdigen, ihn bei der Arbeit im Stich zu lassen – kurz, im Sinne Jesu, der sich selber von seiner Familie gelöst hatte, alle natürlichen Bindungen dieser Art aufzugeben. Jesus selbst hatte sich seine Familie ausgesucht: die, die das Wort Gottes hören und tun. Er hatte sich in Konflikt zu Mutter und Geschwistern begeben, die ihn zurückholen wollten und ihn schließlich für verrückt erklärten (Mk 3,21).

Dieser Bruch mit der Familie bedeutete aber auch die Verweigerung der in Israel heiligen Verpflichtungen, die Familie fortzupflanzen.

Nur wer bereit war, als Außenseiter innerhalb der Gesellschaft und Religion zu leben, konnte sich in dieser Form des Wanderradikalismus der Jesusbewegung anschließen. In ihr dachte man nicht mehr an das Morgen, sondern lebte in der Freiheit der Gegenwart. Die Erwartung des baldigen Endes und der Neuanfang des Reiches Gottes prägten die persönliche und gesellschaftliche Haltung. Der patriarchale Haushalt – das Fundament von Religion und Gesellschaft – war durch ihre führenden Gestalten grundsätzlich in Frage gestellt.

Neben diesen Radikalen gab es aber auch die Lokalsympathisanten in den Ortsgemeinden. Hier scheinen traditionelle jüdische Werte und Normen gültig geblieben zu sein. Sie verkörperten – nach Theissen – weniger das Neue im frühen Christentum. Sie waren viel stärker noch in die alten Verhältnisse, in Bindungen an Ort, Besitz und Familie verstrickt. Organisatorisch blieben sie im Rahmen des Judentums. Für sie gab es auch ein anderes Ethos und auch noch die traditionelle Frömmigkeit. Opfer, Tempelsteuer, Fastensitten und Familienbindung wurden gepflegt. Von diesen Sympathisanten, ihrem Besitz und ihrer Stabilität lebten die progressiven Wanderradikalen. Durch sie waren sie von materiellen Sorgen befreit. Beide unterschiedlichen Lebensformen mit einem unterschiedlichen, abgestuften Ethos prägten demnach die frühe Jesusbewegung.

Wo hatten nun Frauen ihren Platz?

Theissen artikuliert nicht die Geschlechterproblematik, aber für ihn scheinen unausgesprochen die Wanderradikalen Männer gewesen zu sein. Frauen hätten wir uns demnach in den Sympathisantinnen vor Ort vorzustellen.

Hier hat die Frauenforschung – insbesondere Elisabeth Schüssler-Fiorenza – protestiert. Theissen geht in der Beschreibung der Wanderradikalen von einer Stelle aus dem Lukasevangelium aus, die aus der Jesusbewegung eine Bewegung wandernder Männer macht. Denn diese verlassen nicht nur Haus und Kinder, sondern auch ihre Ehefrauen: „Wenn jemand zu mir kommt und haßt nicht seinen Vater, Mutter, Frau, Kinder, Brüder, Schwestern und dazu sich selbst, der kann nicht mein Jünger sein" (14,26). Diese Sicht entspricht der lukanischen Auffassung, die aus der späteren Gemeindepraxis gewonnen wurde und in die Frühzeit der Jesusbewegung zurückprojiziert wurde. Danach waren Frauen bereits in eine bestimmte Rolle der Fürsorge und Lokalstabilität versetzt, und die Jünger waren zu einer elitären, auf dem Weg zum Zölibat sich befindenden Männergruppe geworden, die sich um Jesus scharte.

Hier scheinen wir es also mit einer lukanischen Redaktion einer früheren Textstelle zu tun zu haben, die in ihrer ursprünglichen Fassung – wie sie im Markusevangelium begegnet (10,29) – nichts vom Verlassen der Frau weiß. Lediglich Väter, Mütter, Brüder, Schwestern, Kinder, Äcker und Haus werden genannt. Das heißt, daß das Verlassen der Familie auch für Frauen gedacht werden konnte oder daß Männer ihre Frauen – wie z. B. Petrus – auf die charismatische Wanderschaft mitnahmen (1 Kor 9,5). Den frühesten Zeugnissen nach (Logienquelle und vormarkinische Tradition) war der Zugang zur radikalen Nachfolge Jesu nicht auf Männer beschränkt. Maria Magdalena z. B. scheint eine Wandercharismatikerin gewesen zu sein, aber wir hören auch von mitziehenden Ehefrauen. Das Ehepaar Priska und Aquila zog ebenfalls gemeinsam umher, wobei die Frau, Priska, als Lehrerin des Paulus die wichtigere Rolle gespielt haben dürfte.

Fraglich wird auch aus der Frauenforschung, ob wir von einem abgestuften Ethos in der Jesusbewegung sprechen können oder ob nicht nur unter Wanderern, sondern auch unter Lokalgruppen der patriarchale Haushalt in Frage gestellt war. Nach Aussagen Jesu sind die Konflikte, die er für die traditionelle Familie durch seine Botschaft voraussah, gerade auch für Frauen zutreffend. Sie können also nicht nur auf die Gruppe wandernder Männer beschränkt gewesen sein. Mutter gegen Tochter, Schwiegermutter gegen Schwiegertochter – das sind die Zeichen der anbrechenden Endzeit, und sie betreffen jede christliche Gemeinschaft. Die Umwälzung der Welt ist mit der apokalyptischen Zerstörung und Auflösung der patriarchalen Familie verbunden (Mt 10,34ff; Lk 12,51ff). Das abgestufte Ethos kann nicht so verstanden werden, daß Männer das radikale-höhere und Frauen das lokale-niedere Ethos vertraten. Die Jesusbewegung in Palästina stört also gründlich den patriarchalen Haushalt. Nie entbrennt allerdings der apokalyptische Streit zwischen Ehefrau und Ehemann. Im Gegenteil, sie werden in einer neuen, intimen Gemeinschaft, als ein Fleisch, gesehen (Mk 10,6–9). Scheidung schließt sich in dieser unzerstörbaren Lebensgemeinschaft aus. Schöpfung und Vollendung werden hier eins.

An die Stelle der kritisierten Großfamilie tritt nun die familia Dei, die Familie Gottes. In ihr finden die, die alle vorherigen Bindungen verlassen haben, Mütter, Brüder, Schwestern, Kinder, Häuser und Äcker wieder. Allerdings keine Väter (Mk 10,29ff). Die neue Familie ist frei von patriarchalen Strukturen, und sie spiegelt bereits herrschaftsfreie Beziehungen wider. In ihr haben aber auch gerade Frauen einen besonderen Platz, und Mütter werden in ihr wiedergefunden und anerkannt. Als die Mutter Jesu mit seinen Brüdern Jesus in die Blutsfamilie zurückholen will, sieht sich Jesus im Kreis seiner Freunde und Freundinnen um und sagt, daß dies seine Brüder, seine Mutter und seine Schwestern seien (Mk 3,31f).

Ein abgestuftes Ethos, eine Trennung von Wanderern und Ortsansässigen, läßt sich danach schwer festhalten. Die Kritik an der patriarchalen Familienstruktur, die Religions- und Gesellschaftsstruktur genauso betrifft, war das Herzstück der jesuanischen Botschaft, und es war zugleich eine befreiende Botschaft für Frauen und Männer, für Freie und Knechte.

Nachfolge war also ein Angebot an Frauen und Männer. Es bedeutete für beide die Absage an überkommene Werte, an Familie, Fortpflanzung, Pflichten gegenüber den Eltern. Es verhieß aber auch Unbekümmertheit gegenüber Tradition und radikale Offenheit für eine neue Ordnung. Allerdings müssen wir auch die Differenz für Frauen und Männer, die in dieser Botschaft liegt, sehen. Die Tradition herumwandernder geistlicher Männer war bis dahin weit stärker entwickelt als für entsprechende Frauengruppen. Wenn Jesus die unfruchtbaren

Frauen preist, so war das ein eklatanter Bruch mit einer verbreiteten jüdischen Tradition, denn sie galten – nach Elaine Pagels – „für verflucht". Frauen setzten sich in der Jesusbewegung weit stärker einem Bruch mit ihrer Umwelt aus.

Wenn bis heute in der Christenheit immer wieder von der Frauenbefreiung der Jesusbewegung die Rede ist, dann müssen wir an diesem Punkt näher nachfragen. Jesus war kein Feminist – wie Leonard Swidler es im Anfang der Feministischen Bewegung einmal geschrieben hat. Von Jesus ist kein Wort zur Befreiung der Frau überliefert, allerdings auch kein negatives Wort über Frauen. Womit er, historisch gesehen, eine Frauenbewegung anstieß, ist m. E. der Bruch mit der Familie, aus dem die Frau in ungeahnter Weise aus Zwängen der Fortpflanzung, Fürsorge und Unterordnung unter die Familie frei und unabhängig hervorging, ein Trend, den die Christenheit der ersten Jahrhunderte revolutionär fortsetzte. Damit war trotz späterer Zwänge, trotz aller Rückschläge ein Keim gelegt, der historisch einmal bedeutsam werden sollte. Mit der Erzählung von der Heilung der unreinen, blutflüssigen Frau durch Jesus unterstrich die frühe Christenheit diese weibliche Freiheit auch als Befreiung von rituellem Reinheitsdenken. Ein egalitäres Ethos hat den Aufbruch von Frauen und Männern in der Jesusbewegung begleitet.

Doch konnte dieses Ethos durchgehalten werden? Waren nicht gerade mit ihm die heiligsten Güter vieler Religionen, gerade auch der jüdischen, damit in Frage gestellt? Waren nicht auch viele grundsätzliche Bedürfnisse von Menschen nach Blutsbeziehungen, Verwandtschaft und Heimat radikal gestört?

Aus dem Vorhergehenden wird schon immer wieder deutlich geworden sein, daß die Evangelien unterschiedliche Positionen einnehmen, d. h. sie haben die Botschaft von der Umkehr der Verhältnisse verschieden interpretiert und auch der Rolle der Frau darin einen unterschiedlichen Platz eingeräumt.

Im Folgenden wollen wir uns die vier Evangelien ansehen, wie sie diese Botschaft aufgenommen, verändert oder kreativ interpretiert haben. Hinter der überwiegend androzentrischen Redaktion unserer Quellen, durch die z. B. stets die Jünger im Vordergrund stehen, erkennen wir besondere Akzente, die Frauen und ihre Geschichte bekommen haben.

Das Grundmuster menschlichen Verhaltens ist in allen vier Evangelien gleich: Die Männer flohen bei Jesu Verhaftung, einer verriet ihn, und bei Johannes verleugnet ihn Petrus. Die Frauen dagegen harrten beim Kreuz aus, waren beim Begräbnis zugegen und bekamen beim Besuch seines Grabes am Ostermorgen den Auftrag, die Osterbotschaft von seiner Auferstehung den Jüngern zu sagen. Sie wurden die ersten Zeuginnen dieser Auferstehung und die ersten Verkündigerinnen dieser Botschaft. Mit leichten Varianten folgen alle Berichte diesem Grundmuster. Im Folgenden werde ich mich auf die Frauen und Männer in dieser unmittelbaren Nachfolge Jesu beschränken.

Daneben finden wir aber sehr unterschiedliche Ansichten über die Frauenrolle in der Jesusbewegung. Einmal hatten alle Evangelisten der Botschaft Jesu noch einen eigenen Akzent verliehen, der wiederum für Frauen eine besondere Bedeutung hatte. Zweitens transferierten sie die Erfahrungen ihrer Zeit und ihrer Gemeinden in die Frühzeit der Christenheit zurück. Heraus kam dabei ein jeweils anderes Bild von der Bedeutung der Frau in der Jesusbewegung, von dem wiederum die Bedeutung der Männer-Jünger-Rolle abhing.

Das *Markusevangelium* ist das älteste Evangelium, und in seinen Aussagen scheint es der Jesusbewegung noch sehr nahe zu kommen. In ihm ist die Botschaft Jesu eigentümlich zugespitzt: Sie gilt dem „Volk", dem *ochlos,* der Menge derer, die das Gesetz nicht erfüllen konnten, weil sie krank, aussätzig, unrein, blutend – wie die blutflüssige Frau – waren oder weil sie in Berufen arbeiteten wie Zöllner, Prostituierte, die sie zu Gesetzesübertretern machten. Sie galten als „Sünder", weil sie das Gesetz übertraten oder sich dem Gesetzessystem nicht anpassen konnten. Religiöse Sünde und soziale Entfremdung waren für sie zwei Seiten derselben Medaille. Unter diesen Menschen waren Frauen durch ihre Blutungen, die sie unrein machten, eine dominierende Gruppe. Die blutflüssige Frau wurde deshalb auch zur Symbolfigur für die Befreiung aus ritueller Unreinheit. Ihre in keinem anderen Evangelium so dramatisch erzählte Geschichte wurde paradigmatisch dafür, wie Jesus durch diese Heilung zum Gesetzesbrecher gestempelt wurde. Ihr Leib – ihr Blut wurde mit seinem Leib und seinem Blut so eng verknüpft, daß wohl von daher auch die besondere Affinität der Frauen im Markusevangelium zu Jesus zu erklären ist. Sie leiden wie er *(paschein)*, sie dienen wie er *(diakonein)*. Im Unterschied zu den auf Ehrenplätze im Reich Gottes wartenden Männern, die ins Gelingen verliebt sind, gelten sie heute in der neutestamentlichen Frauenforschung als die eigentlichen Nachfolgerinnen Jesu. Die Botschaft des Markus war nicht auf Frauen beschränkt, aber er sah in ihnen exemplarisch die Ausgegrenzten der Gesellschaft. Während die Frauen sich in ihrer Nachfolge „steigern", sein Leiden mittragen und bestätigen, wie die ihn auf den Tod und zum Grab salbende Frau, wird die enge Freundschaft und erwartungsvolle Beziehung zwischen Jesus und den Jüngern immer brüchiger, immer enttäuschender. Hinter der Fassade von den Zwölfen und dem immer wieder an Jesus gebundenen Viererkreis der engsten Gefährten wird eine Jüngerinnengeschichte sichtbar, die lange übersehen war. Die Frauen sind allerdings auch keine abgehobenen Heldinnen. Beim Anblick des leeren Grabes erschrecken sie zutiefst, und sie fliehen vor dieser Realität, wie die Jünger bei Jesu Verhaftung flohen. Männer und Frauen werden gleicherweise zur Nachfolge herausgefordert. Es trennt sie die Intensität der Nachfolge, die bei den Frauen unerschrockener ist. Es eint sie die Angst in unterschiedlichen Situationen, der sie letzten Endes beide anheimfallen.

Im *Matthäusevangelium*, das viele Vorlagen von Markus übernommen hat, ist die Botschaft Jesu speziell an jüdische Christen und Christinnen als das ganze, wahre Israel gerichtet. Nicht allein die vom Gesetz Ausgegrenzten sind hier angesprochen. So haben Frauen keinen speziellen Anspruch auf die Botschaft, aber sie sind als jüdische Frauen, und das heißt bei Matthäus: als jüdische Mütter, in einer besonderen Beziehung zu dieser Botschaft gesehen. Im Unterschied zu Markus fällt auf, wie hier Mütter eine besondere, farbige Darstellung erfahren: die kanaanäische Mutter, die in einem langen Disput Jesus schließlich für die Heilung ihrer Tochter – und die der Heiden überhaupt – gewinnt; die Mutter der beiden Jünger, für die sie um Ehrenplätze bei Jesus bittet. In den Stammbaum Jesu flicht Matthäus unbekanntere Mütter ein als die ehrenwerten Saras, Rebekkas und Rahels. Es sind skandalumwitterte Mütter: Rahab, Tamar, Batseba und Rut, die treue, aber auch raffinierte Frau. Matthäus macht seine Frauen nicht zu besseren Jüngerinnen. Er läßt sie an den Herrschaftsgelüsten der Jünger teilhaben. Aber dann demonstriert er doch an der Mutter der Zebedäussöhne, was für ihn die Frauen der Jesusbewegung waren: eigenständige Menschen, die weder Söhnen noch Männern folgten. Die Zebedäusmutter stellt er unter das Kreuz und läßt sie so ihren Irrtum einsehen. Frauen als Mütter treten für ihn aus dem engen Kreis der Familie heraus und werden eigenständig. Seine Messiasmütter sind ein Bruch mit der Konvention und eröffnen allen aus der ehrenwerten Gesellschaft Ausgeschlossenen, ihren Schatten anzunehmen und ihn zum Heil und zur Heilsgeschichte umzuwandeln. Die Besonderheit der Frauen sieht Matthäus in der Stärke und Unabhängigkeit der Mütter.

Auch bei Matthäus werden also Frauen und Männer gleichermaßen in die Nachfolge berufen. Bei ihm beginnt aber auch schon die Unterscheidung zwischen zwei Ebenen der Lehre und zwei Typen der Jesusnachfolge: Traditionelle Familie und Familie Gottes – das wird die Wahlmöglichkeit.

Mit *Lukas* beginnt dann die entscheidende Wende, die bis heute unser Bild der frühen Christenheit prägt. Frauen und Männer werden nicht mehr in einem gemeinsamen Aufbruch aus alten Ordnungen gesehen. Das Ethos der Gleichheit, wie es anfänglich prägend war, verliert sich. Ein abgestuftes Ethos beginnt sich durchzusetzen. Männer werden aufgefordert, Heimat, Besitz und Familie zu verlassen, und zu dieser Familie gehört nun die Frau. Eine elitäre Männergruppe beginnt sich herauszuschälen, von denen Frauen sich unterscheiden müssen. Zwar nennt auch Lukas noch mit herumwandernde Frauen, die der Jesusgruppe mit ihrem Besitz dienen. Doch sie dienen nicht mehr, wie Jesus gekommen ist zu „dienen“. Sie dienen nicht mehr im Sinn von Abbau der Herrschaftsverhältnisse, sondern sie dienen bereits der Jesus-Jüngergruppe. Sie haben Funktionen der Lokalsympathisantinnen übernommen. Der Wanderradikalismus wird für sie entschärft und beginnt sich auf die Jüngergruppe zu reduzieren.

Bezeichnend für diese lukanischen Veränderungen ist die lukanische Version der von allen drei ersten Evangelisten erzählten Szene, wie Jesus seine eigene Familie abwehrt und sich *seine* Familie auswählt. Er sitzt – nach Lukas – im Kreis seiner Freunde und erklärt: „Das sind meine Mutter und meine Brüder.“ Die „Schwestern“ der neuen Gemeinschaft, die noch bei Markus und Matthäus genannt werden, spielen beim lukanischen Jesus keine Rolle mehr. Sie sind übersehen. Sie tauchen nicht mehr auf. Lukas beschreibt bereits den Weg der Kirche, die sich von einer Männergruppe repräsentiert sieht. Die Gemeinschaft der Gleichen, wie sie die Frühzeit der Jesusbewegung sah, hatte Brüche bekommen. Während Markus und Matthäus für den Führungsstil der Christen keine großen und ersten Mitglieder der Gemeinde anerkennen wollten, stellt sich Lukas Erste und Große vor, die sich allerdings am Führungsstil Jesu orientieren sollten (vgl. Mk 10,42ff; Lk 22,24ff). Auch darin ist der Weg in die Realität der Kirche bereits beschritten.

So ist es auch kein Wunder, daß im Lukasevangelium die Frauen als apostolische Zeuginnen der Auferstehung heruntergespielt werden. Die

Elf, denen die Frauen die Osterbotschaft bringen, glauben ihnen nicht, sondern halten ihre Worte für Geschwätz (24,11). Die Überprüfung bestätigt dann zwar die Frauen, aber erst nach der Erscheinung des Auferstandenen heißt es von den Jüngern, daß sie zum Glauben kamen. Die lukanische Redaktion der vorhandenen Geschichten – so Schüssler-Fiorenza – zielt „auf den Ausschluß der Frau vom Apostelamt". Petrus – und nicht Maria Magdalena – ist hier der erste Auferstehungszeuge.

Gerade das Lukasevangelium galt lange Zeit als das frauenfreundliche Evangelium, und es hat in der Tat seine Verdienste um Frauen. Es nennt Namen von Frauen wie Johanna und Susanna, die wir bisher nicht kannten. Es erzählt die Geschichte von der gekrümmten Frau, der Jesus mit ihrer Heilung zusagt, daß sie nun auch eine Tochter Abrahams sei. Es bringt immer wieder Vergleiche in seinen Jesus-Predigten aus dem weiblichen und dem männlichen Lebensbereich. Neben die Suche nach dem verlorenen Schaf stellt es die Suche nach dem verlorenen Groschen, neben den Ackerbau das Brotbacken usw. Lukas repräsentiert eine Kirche von Frauen und Männern, in der die Erinnerung an die wachen und führenden Frauen der Jesusbewegung lebendig war. Nur befand sich diese Kirche bereits in einem Prozeß der Anpassung an traditionelle Rollen der Gesellschaft. So baute Lukas Brücken, die die Frauen wieder ohne große Verletzungen an ihren traditionellen Platz zurückführten. Dieser Prozeß wird dann in den Pastoralbriefen massiv weitergeführt.

Das *vierte Evangelium* spiegelt diese Tendenz noch in stärkerer Ambivalenz wider. Es heißt dort, daß Petrus und der Lieblingsjünger und nicht Maria Magdalena als erste an die Auferstehung geglaubt hätten (Joh 20,1–18). Doch zugleich bietet es eine Fülle von in den drei ersten Evangelien nicht überlieferten Frauentraditionen, z. B. vier Jesus-Frauen-Dialoge (mit der Mutter Jesu, der Samaritanerin, mit Marta und Maria Magdalena), die alle wohl wichtigen Rollen dieser Frauen in der frühen Christenheit widerspiegeln. Ebenso macht es uns mit bis dahin unbekannten männlichen Gestalten der Jesusgeschichte bekannt wie Nikodemus und dem Lieblingsjünger, die die Bedeutung der zwölf Jünger zurückdrängen. Bei Johannes gelten andere Regeln als überkommene Autorität und Macht. Der Geist als schöpferische Macht ist über alle ausgegossen. Wer durch ihn neues Leben empfängt, erfährt das Reich Gottes. Liebe ist das Kriterium, aus dem christliches Leben gestaltet wird. Zwanzig Jahre nach dem Markusevangelium wird noch einmal mit neuen Bildern und mit einer veränderten Sprache der befreiende, gleichmachende und Liebe ausströmende Geist der frühen

Christenheit beschworen. Der heißblütige Petrus, der sich zunächst nicht die Füße waschen lassen will, also das Dienen nicht annehmen will, und dann doch in totaler Umkehr sich selbst übernehmen will, erinnert an die Schwierigkeiten der markinischen und matthäischen Jünger. Liebe ist die Form und die Botschaft, die diese johanneischen Gemeinden zusammenhält und sie davon befreit, sich den politischen Strukturen der Umwelt anzupassen. Auch christliche Machtkämpfe sind hier bewußt, nur wird die Gemeinde daran erinnert, daß sie in der Gegenwart der Auferstehung lebt und sich davon frei weiß. Eine merkwürdige Weltabgewandtheit und zugleich eine offensive Weltzugewandtheit: der Glaube an den Christus, der in diesen Kosmos gekommen ist, zeichnet sie aus. In dieser Spannung können bis dahin unbekanntere Frauen Konturen gewinnen und auch Männer, die jenseits der kirchlichen Autoritätsstrukturen leben, zur Sprache kommen. So kann auch der unhistorische Akt, daß ein Mann und eine Frau, der Lieblingsjünger und die Mutter Jesu, unter dem Kreuz stehen, Bedeutung bekommen und den Sinn des Evangeliums herausstellen: Eine neue Gemeinschaft von Frau und Mann konstituiert die Kirche. Es ist nicht der Traditionsträger Petrus, und es sind nicht die Frauen der synoptischen Tradition, die jetzt hier unter dem Kreuz stehen. Sie sind nicht ausgeschaltet, sie haben ihre eigene Begegnung mit dem Auferstandenen. Nein, es sind der unbekannte, namenlose Jünger und die immer wieder zurückgedrängte Maria, Personen, die nicht durch Tradition und Leistung, sondern durch Ursprung und Liebe auf Jesus bezogen sind. Sie entschärfen m. E. das radikale Ethos des Markus und holen in die Jesusbewegung das zurück, was zunächst draußen bleiben mußte: das Angewiesensein aufeinander auch durch Familie, gemeinsame Herkunft und Freundschaft. Auch diese Beziehungen können Ausdruck der Liebe in der neuen Gemeinschaft sein.

Das Johannesevangelium hebt nicht das frühe radikale Ethos auf. Es erweitert es und bereichert es. Die Familie Gottes schließt schließlich keinen aus.

II.
MARIA MAGDALENA
Von der Freundin Jesu zur großen Sünderin

Keine literarische Frauengestalt der abendländischen Kulturgeschichte hat so viele Wünsche und Ängste in sich vereinigen müssen wie die christliche Maria Magdalena, und keine hat so viele dramatische

Verzerrungen erleiden müssen wie die biblische Maria Magdalena. Aber an keiner kann auch so deutlich abendländische Geistesgeschichte und Theologieentwicklung gezeigt werden wie an dieser wichtigsten Frauengestalt der Christenheit: das Schwanken zwischen Gnosis und Orthodoxie, d. h. zwischen freier Religiosität und Rechtgläubigkeit, die Entstehung der Sünden- und Gnadenlehre, das Ineinanderfallen von Sünde und Sexualität und damit schließlich die Erniedrigung der Frau. Maria, die Mutter Jesu, die für viele bis heute die zentrale christliche Rolle spielt, hat im Neuen Testament nur eine dünne und höchst widersprüchliche Traditionsbasis: Sie ist eindrucksvolle Mutter in der Weihnachtsgeschichte des Lukas, aber in der frühen Tradition bei Markus unglücklich und unzufrieden. An Kreuz und Auferstehung hat sie in den ersten drei Evangelien nicht teil, und nur der späte Johannes stellt sie als Repräsentantin der weiblichen Gemeinde mit Johannes unter das Kreuz. Maria Magdalenas Geschichte dagegen ist in allen Evangelien viel eindeutiger als die Marias: Sie wird von einer schweren Krankheit geheilt (sieben böse Geister). Sie wird die bekannteste Gestalt der Jüngerinnengruppe und bekommt als erste vom auferstandenen Jesus den Auftrag, die Auferstehung weiterzusagen. Ihre Nähe und Unmittelbarkeit zu Jesus und ihre einzigartige Funktion, die zentrale Botschaft des Christentums weiterzusagen, hätten sie eigentlich zur wichtigsten Traditionsträgerin des Christentums bestimmt. Dies geschah nicht nur nicht, im Gegenteil, wir begegnen ihr in unserer Kulturgeschichte: in Kunst, Kult, Literatur und nicht zuletzt im menschlichen Bewußtsein als der großen Sünderin. Das geht bis in die Gegenwart. Ich will nur zwei Beispiele aus der bildenden Kunst und aus der Literatur nennen: Der Wiener Künstler Alfred Hrdlicka griff kürzlich das alte Thema Maria Magdalena wieder auf und machte sie zur „rückfälligen Sünderin und Anbeterin des Fleisches“ (FAZ 29. 12. 1990). Sie ist und bleibt das Ventil erotischer Phantasien, und die FAZ überschrieb den Ausstellungsbericht: „Wenn Maria Magdalena wieder sündig wird“. Und in dem Bestseller-Roman von Andrzej Szczypiorski „Die schöne Frau Seidenmann“ taucht der Name Maria Magdalena wieder auf als Symbol für freie Sexualität. – Aber auch die Theologie hat nicht umgelernt. Dies bezeugte kürzlich noch einmal eindrücklich der französische Mediävist Georges Duby, als er in der Einleitung zu den Akten des „Internationalen Kolloquiums zu Maria Magdalena“ 1988 in Avignon davon ausging, daß die lateinischen Kirchenväter Maria Magdalena mit der Sünderin identifizierten – ohne diese Identifikation zu problematisieren. „In dieser Gestalt“, so fährt Duby fort, „erreicht die Sünde ihren Höhepunkt: Es handelt sich um eine Frau, also um ein von Natur aus verderbtes Wesen, und überdies haben von dieser Frau sieben Dämonen Besitz ergriffen, das bedeutet: alle Laster überhaupt." Von solchem absurden Frauen- und Sündenbewußtsein entwickelt Duby dann eine Gnadenlehre, die von verdienstvoller Reue und Glut der Liebe ausgeht. Hier hat eine fatale abendländische Magdalenentheologie noch einmal fröhliche Urständ gefeiert.

Doch wie lief diese Entwicklung ab? Wie kam es zu der fatalen Geschichtsfälschung?

1. NEUES TESTAMENT

Wer war Maria Magdalena, und was ist aus ihr geworden?

Der Name Maria Magdalena (Mk 15,40 u. ä.) gibt zunächst einmal Auskunft über ihre Herkunft. Sie ist aus Magdala am See Gennesaret in Galiläa. In der Nachfolge Jesu hat sie vermutlich ihre Heimat verlassen. Als der Name „Magdalena" aufkommt, war sie wohl nicht mehr in ihrer Heimat. Sie scheint eine alleinlebende Frau gewesen zu sein, denn sonst wäre ihr Name über einen männlichen Verwandten konkretisiert worden. Mit anderen Frauen ist sie aus Galiläa mit Jesus und der Jüngergruppe nach Jerusalem hinaufgezogen. Diese Nachfolge wird mit dem Wort „dienen" qualifiziert, ein Wort, das nur von Frauen und Jesus gebraucht wird. Die beiden anderen in diesem Zusammenhang gebrauchten Worte „nachfolgen" und „nach Jerusalem hinaufgehen" sind auch von den männlichen Jüngern gebraucht (Schüssler-Fiorenza). Das Dienen, und d. h. „der hierarchischen Ordnung absagen" (Schottroff), verbindet die Frauen-Jüngerinnen und Jesus in auffallender Weise.

In den Frauenlisten, die sich im Zusammenhang der Passions- und Auferstehungsgeschichten finden, ist Maria Magdalena immer zuerst genannt. Parallel zu Petrus, der in der Männergruppe immer zuerst genannt ist, zeigt dies eine besondere Autorität, die sie in den frühen Gemeinden hatte. Diese Autorität ist nach den Kriterien, die Apg 1,21f.25 genannt werden, die der „Zeugin der Auferstehung" und Apostelin.

Mit den anderen Frauen ist sie bei Kreuzigung, Grablegung und am Grab des Staatsfeindes Jesus zugegen und riskiert Kopf und Kragen. Am Ostermorgen bekommt sie mit ihnen den Auftrag, den davongelaufenen Jüngern die Auferstehungsbotschaft zu verkündigen. Johannes hat ihr noch eine besondere Begegnung mit Jesus gewidmet und, wie Raymond Brown meint, hat sie auch vielleicht als Teilnehmerin am

Abendmahl gesehen, denn sie hat seine Stimme gehört – ein Kennzeichen für die Jünger, die „Seinen", die wie die Schafe die Stimme des Hirten hören. Von diesen „Seinen" ist zu Beginn des letzten Abendmahles die Rede (13,1).

In der paulinischen Theologie wird sie nicht erwähnt. Nur die Brüder! Ist sie darunter auch gemeint, oder hat Paulus sie nicht als Zeugin akzeptieren können (1 Kor 15,3ff)?

Lukas erzählt überdies noch von ihrer Heilung von einer Geisteskrankheit (8,3) und daß sie zum Kern der Urgemeinde in Jerusalem gehört habe. Der Rückweg und zeitweilige Aufenthalt in Galiläa ist aber nicht erwähnt.

Was ist nun aus diesen biblischen Notizen in der Geschichte der christlichen Tradition gemacht worden?

2. GNOSTISCHE EVANGELIEN

Zunächst blühten die im Neuen Testament knapp gehaltenen Magdalenenberichte von enger Vertrauter Jesu und erster Auferstehungszeugin in den späteren apokryphen Evangelien noch einmal mit voller Phantasie auf. Was im NT nur angedeutet wird, wird hier voll ausgezogen! Drei Elemente werden verstärkt:

1. Ist dem Neuen Testament eine besondere Nähe der Maria Magdalena zu Jesus zu entnehmen, so wird im Philippusevangelium sogar von häufigen Küssen gesprochen. Sie gilt als „Gefährtin" des Erlösers. Die anderen Jünger werden eifersüchtig und fragen: „Warum liebst du sie mehr als uns alle?"

> … die Gefährtin des (Erlösers) ist Maria Magdalena. (Christus liebte) sie mehr als (alle) Jünger und pflegte sie auf den (Mund) zu küssen. Die anderen Jünger waren deshalb gekränkt … Sie sagten zu ihm: „Warum liebst du sie mehr als uns alle?" Der Heiland antwortete und sprach zu ihnen: „Warum liebe ich euch nicht, wie ich sie liebe?"

2. Sie hat – nach dem Evangelium der Maria (Magdalena) – Einsichten, die den anderen Jüngern verborgen sind. Die erotische Gemeinschaft ist zugleich eine mystische Geistesgemeinschaft. Im „Dialog des Erlösers" ist sie nicht nur eine Jesus völlig vertraute Visionärin, sondern mehr noch: „eine Frau, die das All kennt". Gegenüber den als orthodox geltenden und die Kirchentradition vertretenden Aposteln ist sie die Gnostikerin, die auf Geist, Erfahrung und Zukunft setzt. Während die Männer von ihr, der Zeugin der Auferstehung, Fakten hören wollen,

vertritt sie – über das Neue Testament hinaus – eine sehr persönliche Form des Evangeliums.

3. Die Konkurrenz zu den Jüngern, die im Neuen Testament bei Johannes verhalten anklingt, wird hier nun voll diskutiert. Das „Evangelium der Maria" berichtet, daß die Jünger, als sie nach der Kreuzigung mutlos und verängstigt waren, Maria (Magdalena) baten, ihnen zur Ermutigung zu erzählen, was der Herr ihr im geheimen mitgeteilt hatte. Als Petrus wütend fragte: „Sprach er wirklich im geheimen mit einer Frau (und) nicht öffentlich mit uns? Wollen wir uns umwenden und alle ihr zuhören? Hat er sie uns vorgezogen?" – antwortet Maria, betrübt über diesen Zornausbruch: „Petrus, mein Bruder, was denkst du? Denkst du, daß ich mir dies selbst im Herzen ausgedacht habe oder daß ich über den Heiland lüge?" In diesem Augenblick mischt sich Levi ein, um in der Auseinandersetzung zu vermitteln: „Petrus, du bist immer aufbrausend gewesen. Jetzt sehe ich dich gegen diese Frau streiten wie gegen Feinde. Aber wenn der Heiland sie würdig gemacht hat, wer bist du wirklich, sie abzuweisen? Sicherlich kannte der Herr sie sehr genau. Deshalb hat er sie mehr geliebt als uns." Dann akzeptieren die anderen übereinstimmend Marias Lehren und gehen durch ihre Worte ermutigt aus zu predigen. Ein anderer Streit zwischen Petrus und Maria (Magdalena) findet sich in „Pistis Sophia" („Glaube und Weisheit"). Petrus beschwert sich darüber, daß Maria die Unterredung mit Jesus beherrscht und die rechtmäßige Priorität des Petrus und seiner Apostelbrüder verschiebt. Er drängt Jesus, ihr Schweigen zu gebieten, und wird gleich zurechtgewiesen. Später allerdings räumt Maria Jesus gegenüber ein, daß sie es kaum wagt, freimütig mit ihm zu sprechen, da – in ihren Worten – „Petrus mich zögern läßt; ich fürchte mich vor ihm, denn er haßt das weibliche Geschlecht". Jesus antwortet, wen immer der Geist treibe, der sei von Gott dazu bestimmt zu sprechen, ob Mann oder Frau.

Aber diese eindringlichen gnostischen Zeugnisse über Maria Magdalenas hohe Stellung haben auch einen „Pferdefuß". Zugleich kann nämlich auch gesagt werden, daß Maria Magdalena mit den Jüngern zusammen „die Werke der Weiblichkeit" – und das meint wohl Geschlechtsverkehr und Zeugung – verworfen habe. Ihre hohe Position bleibt in den apokryphen Schriften erhalten, aber der Preis ist ihr Frau-Sein.

Maria Magdalena war zu einer Lieblingsfigur der gnostischen Gemeinden geworden, und das brachte sie in unlösbaren Konflikt mit kirchlich-orthodoxen Kreisen.

Je mehr sich gegenüber den gnostischen Christengemeinden mit ihren Idealen der Geschlechtslosigkeit und zugleich mit ihrem höheren Führungsanteil von Frauen die orthodoxen kirchlichen Gruppen durchsetzten, um so mehr gerieten andere Interessen an Maria Magdalena in den Vordergrund. Bei zwei lateinischen Kirchenlehrern des 4. Jahrhunderts, Cassian von Autun und Ambrosius von Mailand, finden sich zum ersten Mal Versuche, die große Sünderin von Lk 7 mit der in Lk 8 genannten Maria Magdalena zusammenzusehen. Dazu gesellte sich dann noch das Bild von der Maria, der Schwester Martas, die Jesus die Füße gesalbt und ihm zugehört hatte. Die Salberin und Sünderin von Lk 7 wurde mit Maria von Joh 12 identifiziert, bekam den Namen „Maria" und wurde zugleich identisch mit der von Krankheit, von bösen Geistern geheilten Maria Magdalena. Warum sollte nicht ausschweifende Sexualität als *die* weibliche Krankheit angesehen werden? Ein schillerndes, rührendes und gefährliches Frauenbild begann sich abzuzeichnen: Maria Magdalena, Freundin Jesu, gewesene Prostituierte, meditative Schwester der aktiven Marta von Betanien. Von Ambrosius, dem Bischof von Mailand, heißt es, daß „Einheit und Reinheit der Kirche" das Ziel seiner Arbeit und seines Lebens waren. Er wurde „der Vorkämpfer ihrer Rechtgläubigkeit und Einheit wider Häresie und Schisma, ihrer Alleinberechtigung wider die letzten Reaktionen des Heidentums, ihrer Selbständigkeit gegenüber der Staatsgewalt" (LThK).

Gehörte dazu ein neues Frauenbild, das die Apostelin und Gefährtin Jesu ablöste oder zumindest in den Schatten stellte? Vermutlich ist es auch kein Zufall, daß Ambrosius sich wie kein anderer Kirchenvater des Abendlandes mit Maria, der Mutter Jesu, befaßt und die Verehrung ihrer Tugenden, Sündelosigkeit und immerwährenden Jungfräulichkeit gefördert hat. Hure und Heilige – Magdalena und Maria – zwei bis in die Gegenwart dominierende Frauenalternativen waren aus der Taufe gehoben. Noch den altchristlichen Kirchenvätern, z. B. Irenäus, Origenes, Chrysostomos, waren solche Gewaltstreiche fremd, und auch die Ostkirche identifizierte nie die „edle" Maria Magdalena mit der Sünderin. Sie wurde hier zwar als Schwester des Lazarus, also als Maria von Betanien, verstanden, aber nicht zu einer öffentlichen Sünderin erniedrigt. Dies blieb der historische Sündenfall der Westkirchen – des Abendlandes.

Nach Karl Künstle hat der Kirchenvater Augustinus, der bei Ambrosius in Mailand die neue Deutung vernahm, die „Konfundierung der drei Frauen" aus persönlicher Betroffenheit gefördert. Denn Künstle meint, es mußte für Augustinus ein Trost sein, „daß der Herr so oft bei Maria von Betanien einkehrte, obwohl sie einst wie er selbst in den Banden der Sinnlichkeit lag". Das Abendland hatte Sünde als Sinnlichkeit und Sexualität entdeckt und projizierte diese Probleme auf die Frau. Es ist kein Zufall, daß mit der offiziellen Verfälschung Maria Magdalenas zur großen Sünderin zugleich auch die abendländische Erbsündenlehre entstand, für die sexuelle Begierde, Triebe, concupiscentia ein tragendes Element waren. Ein scheinbar gefährliches, gnostisches, unabhängiges Frauenbild Magdalena war durch das Sünderinnenbild Magdalena der patriarchalischen Großkirche ersetzt. Mit Papst Gregor I. wurde es um 600 das verbindliche Einheitsbild, und seine Magdalenenhomilien sorgten für die päpstlich-pastorale Verbreitung dieser Frauendiskriminierung. Die Kirchenväter hatten ein Bild von „Sex, Sin and Grace" – so ein gegenwärtiger Buchtitel der feministischen Theologin Judith Plaskow – geschaffen, das „in lebendigster Veranschaulichung die Hilfe göttlicher Gnade offenbart und hinführt zu hoffnungsfroher Buße" (Hans Hansel). Daß Frauen dabei zu Mustern und Monstern von Sünde gemacht wurden, blieb aus männlicher Perspektive gerechtfertigt, denn Frauen gelten allgemein in allen patriarchalen Kulturen als labil.

Maria Magdalena wurde zum Prototyp der labilen, sexuell anfälligen Frau und zum Symbol der Prostitution. Magdalenenhospitale, Magdalenenorden, Magdalenenvereine entstanden, die bis in unser Jahrhundert sich der „gefallenen Mädchen" annehmen.

4. MITTELALTER

Der Magdalenenkult, der sich in den folgenden Jahrhunderten entfaltete, orientiert sich an diesem Einheitsbild der drei Frauen. Er entwickelte sich zunächst in Frankreich und verbreitete sich dann über Europa. Im Mittelpunkt steht stets die Bekehrung der Sünderin, die in der cluniazensischen Bewegung im 11. Jahrhundert noch eine besondere Aufwertung erfährt. Maria Magdalenas Gestalt dient nun dazu, die verweltlichte Kirche zur Umkehr und geistlichen Erneuerung aufzurufen.

Im französischen Vézelay meinte man, ihre Reliquien zu verehren, und Vézelay wurde zum beliebten Wallfahrtsort für viele Pilger. In Frankreich kommt im 13. Jahrhundert noch ein neues Center, St. Beaume, dazu, wo Maria Magdalena als Büßerin im Haarkleid in einer Eremitenhöhle verehrt wird. Die mit den lateinischen Kirchenlehrern begonnene Entehrung und geistliche Vermarktung wurde nun noch einmal verstärkt. Hinter dem Kult von St. Beaume verbirgt sich jedoch noch eine andere als die bekannte Sünderin-Tradition. Es ist der Legendenkreis um die Maria Ägyptica, der sich hier niederschlägt: die Sage um eine Dirne, die ihrem sündigen Leben ein Ende machen möchte und in der Einöde der Wüste Buße tut. Diese Legende entstand im 7. Jahrhundert, verbreitete sich in Italien im 10. Jahrhundert, wurde zur Legende um die Büßerin Maria Magdalena und bereicherte die Phantasien um die „Sünderin" noch um ein pikantes Element der tätigen Buße und lebensfernen Eremitenaskese. Zur Sünderin mit den schönen langen Haaren stößt die Büßerin im abstoßenden Haarkleid oder auch die Prostituierte im letzten Stadium, wie sie Donatello dargestellt hat.

Die eigentliche und bekannteste Magdalenenlegende, die sich in vielen Bildern niedergeschlagen hat, hat allerdings weit weniger lustlose Züge. Sie orientiert sich zwar auch an dem Einheitsbild der drei Frauen. Aber sie enthält darüber hinaus noch so viel ursprüngliche biblische Magdalenenelemente, daß es lohnt, ihnen nachzugehen. Sie entsteht vermutlich in Frankreich, denn die französische Südküste ist ihr Schauplatz, und sie ist bis heute Fundort interessantester und unorthodoxer Magdalenendarstellungen.

In diesem Legendenkranz fällt auf, daß die Sünderingeschichte zwar die Folie ist, auf der sich die Geschichte abspielt, daß aber immer stärker die beiden anderen Elemente der biblischen und auch der gnostischen Tradition ins Zentrum rücken: Magdalena ist die engste Gefährtin Jesu, auch wenn der Kuß nicht seinem Mund, sondern seinen Füßen gilt. Sie wird „Freundin" genannt, ein unorthodoxer Ausdruck, der in der mittelalterlichen Mystik, in der jüdischen Weisheitstheologie und in gegenwärtigen neuen Konzepten für das Verhältnis von Gott und Mensch gebraucht wird und das Vater-Kind-Gehorsamsverhältnis ablöst. Sie ist im Gegensatz zu den Jüngern die standhafte, die nicht flieht und in der Begegnung mit dem Auferstandenen zum „Apostel der Apostel" wird. Sie ist faszinierende Predigerin, hat Jünger wie ihr Freund und Meister Jesus und wird zur Missionsheiligen Frankreichs. Die Bilder der predigenden Frau, die am Rande der großkirchlichen Sünderinnenkultur entstehen, zeigen sie souverän: im Boot – wie ihr Freund Jesus –, auf der

Kanzel einer mittelalterlichen Kathedrale, in Volkskirchen und auf Marktplätzen. Besonders eindrücklich sind romanische Darstellungen, wie z. B. am Heiligen Grab im Dom zu Gernrode (Harz), wo Maria Magdalena in majestätischer Haltung – und nicht kniend wie auf fast allen späteren Darstellungen – dem Auferstandenen entgegentritt.

Ein aufsehenerregendes Bild fand ich nach langen Mühen in Lübeck. Auf der Außenseite eines festverankerten Altarflügels kniet Lazarus vor seiner Schwester Magdalena, und sie macht ihn zum Bischof von Marseille. Keines Menschen Auge sieht normalerweise dieses ketzerische Bild, das ein früher Hohn auf die Verweigerung des Priesteramtes für Frauen ist. Ich vermute, daß auf keltisch-französischem Boden, der eine lange matristische Tradition hat, solche Frauenbilder gedeihen konnten und den ursprünglichen christlichen Frauentraditionen wieder Raum gaben.

5. NEUZEIT

Erinnerungen an die eigenständige erste Frau der Christenheit brechen dann in den protestantischen Bewegungen am Rande der Reformationskirchen wieder auf, allerdings nicht bei den Reformatoren selbst.

Mit Erstaunen konnten Frauen jetzt die eigentliche Rolle der Magdalena im Neuen Testament nachlesen und sich mit ihr identifizieren. Katharina Zell, die Frau des Straßburger Reformators, hielt ihrem Mann bei dessen Tod einen öffentlichen Nachruf und entschuldigte sich ob dieses „Skandals", daß eine Frau öffentlich auftrat, daß sie dies wie Maria Magdalena getan habe. Schüchtern fügte sie allerdings noch hinzu, „mit keinem Gedanken, ein Apostel zu sein".

Selbstbewußter orientierte sich im nächsten Jahrhundert schon die Quäkerin Margaret Fell an den neutestamentlichen Frauen, den drei Marien, Johanna und Magdalena: „Sie trugen die Botschaft weiter … wie sollten die Jünger es gewußt haben, die doch gar nicht dabei waren …" Das wieder erwachende Recht der Frauen, in der Kirche zu reden, wird auf die biblischen Wurzeln zurückgeführt. Der Quäker John Rogers nennt Maria Magdalena den „ersten Prediger der Auferstehung". Und in Abwehr der katholischen Mariologie und zugunsten einer neuen protestantischen Typologie betonte der Gründer der Quäker, George Fox, entgegen der seit dem Kirchenvater Irenäus verbreiteten Typologie: Adam – Christus, Eva – Maria die Typologie Eva – Magdalena: „Eine Frau übertrat als erste, und so verkündigt auch eine

Frau als erste die Auferstehung vom Tod, vom Grab." In den USA leitet später, im 18. Jahrhundert, die schwarze Methodistin Javana Lee von der zentralen Auferstehungsbotschaft des Christentums, die einer Frau übertragen war, das Recht der Frauenpredigt ab. Die Stimmen der Frauen zum Recht auf Predigt gingen in den Denominationen der USA-Kirchen immer wieder auf Maria Magdalena zurück. Auffallend ist allerdings, daß in der evangelischen Ordinationsdebatte am Anfang dieses Jahrhunderts kaum auf diese erste Predigerin verwiesen wurde. Vielleicht weil die betroffenen Frauen sich auf die in der männlich dominierten Kirche gängige paulinische Vision und Version eingelassen hatten, nach der von einer weiblichen Auferstehungszeugin keine Rede ist. In der vatikanischen Deklaration von 1976 wurde Maria Magdalena zwar erwähnt, aber ihre Rolle gleich wieder heruntergespielt, daß die Frauen die Apostel nur darauf vorbereiten sollten, die offiziellen Zeugen der Auferstehung zu werden. 1978 wurde das römische Brevier schließlich von der Maria poenitens und der Magna peccatrix gereinigt.

Was die lateinischen Kirchenväter mit der Erfindung der Magdalenengestalt gewollt hatten, den menschlichen Lebensweg zwischen Trieb und Tötung des Fleisches, zwischen Hurerei und Heiligkeit, zwischen Sünde und Gnade festzuschreiben, mußte letzten Endes mißlingen. Spätestens seit der Renaissance hatte man sich von der „Sünderin" kirchlicher Denkart gelöst, aber man hatte Maria Magdalena als Objekt sexueller Lust, als Sex-Modell entdeckt. Ein reizvolles, launisches oder sanftes Modell – je nach männlichem Zeitbedürfnis. Spätestens seit der Renaissance war aus der zu verachtenden Sünderin und Dirne auch die reizvolle Kurtisane, wie Tizian sie darstellt, geworden, die lockere Hetäre, wie Shalom Ben Chorin sie heute sieht, das sanfte Groupie der Rock-Oper „Jesus Christ Superstar", das mit seinen Therapeutinnen und dem Trost: „Alles ist gut – alles ist in Ordnung" die rauhe Welt kompensiert. Aber gelungen war es, das Bild der unabhängigen ersten Frau der Christenheit zu ruinieren. Was jenseits der Kirchenmauern zurückblieb, war die Erinnerung an ein „halb rasendes Weib", das den Auferstandenen zu sehen meinte, wie David Friedrich Strauß spottete, oder die zärtlich hingebungsvolle Frau, die man heute allerorts von Heinrich Böll bis zu Ernst Eggimann erwartet:

Jesus
ich stelle mir vor
du hast maria magdalena
die schön war und

nach blüten duftete
geliebt
als du sie umarmtest
war ihre hingabe
so groß
wie eine göttliche liebe
ich stelle mir vor
diese nacht
außerhalb der geschichte
die alle moral überwand
erlöse uns
jesus
von den christlichen sünden
mache uns frei.

ernst eggimann

Dies ist jedoch ein neues Wunschbild, und es ist nicht die ganze biblische Magdalena. Wird sie wieder auferstehen, die Freundin Jesu, die uns zu Gottes Freunden macht, und die Apostelin aller Apostel, die die Nähe und Unmittelbarkeit Gottes neu verkündet – ganz anders als die Jünger, die flohen und deren Gottesbild stets durch Schuldgefühle und Distanz geprägt blieb? Die Proteste gegen ein kirchliches und männliches Wunschdenken waren und sind da, heute stärker denn je. Die Frage ist, wieweit tief verinnerlichte Bilder absterben können und welche Bilder an ihre Stelle treten werden.

III.
JESUS AUS DER SICHT HEUTIGER FRAUEN

1. DIE MÄNNLICHKEIT JESU UND DIE FRAUEN

Die Gestalt Jesu und der Glaube an Jesus Christus sind für viele Frauen in den letzten 20 Jahren zu einem Problem geworden. Die Gestalt Jesu ist männlich. Jesus hat einen männlichen Körper, eine männliche Geschichte, und die Frage ist, ob dies noch zu einer Identifikation für Frauen taugt, die heute sich selbst und ihre Geschichte wiederfinden wollen. Dazu kommt das zweite Problem: Im Namen Jesu Christi, im Glauben an ihn und seine Herrschaft sind Machtansprüche über Heiden, Juden und Frauen erhoben, die mit Tod und Vernichtung enden konnten. Wie können Frauen mit dieser Vergangenheit, die für viele noch Gegenwart ist, leben?

Kirche und Christentum sind heimlich tief durchzogen von der Voraussetzung, daß Christus männlich ist. Auch im NT sind Spuren davon. Im Epheserbrief (5,21ff) ist die Unterordnung der Frau unter den Mann mit dem Beispiel Christus/Gemeinde legitimiert. Er ist Beispiel der hierarchischen Gesellschaftsordnung, in der der Mann dominiert. Wie Christus das Haupt ist, die Gemeinde aber der Leib, so steht der Mann über der Frau. Er liebt, und sie muß ihn fürchten.

In der Hexenverfolgung wurde ein Teil der Legitimation der Verfolgung von Frauen als Hexen aus der Männlichkeit des Erlösers bezogen. Der Hexenhammer stützt sich in seiner Behauptung, daß Frauen leichter Opfer des Teufels seien, also Hexen wurden, unter anderem auch auf das Faktum, daß der Erlöser ein Mann gewesen sei und damit das männliche Geschlecht vor solchen Schandtaten bewahrt habe: eine Verstärkung des landläufigen Arguments von der weiblichen, minderwertigen und gefährlichen Natur der Frauen (Doris Strahm).

Und damit sind wir in der Gegenwart. In der vatikanischen Deklaration von 1976 gegen die Zulassung der Frauen zum Priesteramt heißt es, daß die Frau niemals zum Priesteramt zugelassen werden kann, da der Priester in der Ausübung seines Amtes Christus präsentiert, die Frau aber nicht Abbild Christi sein kann: „Christus selbst war und bleibt nämlich ein Mann."

Wie kann Christus im Kontext von Frauen wieder lebendig werden? Ist es überhaupt möglich, den männlichen Kontext des Christusgeschehens und der Christusdeutung zu verlassen?

In den letzten Jahren sind viele Versuche gemacht worden. In der Matriarchatsforschung ist Jesus zum Heros geworden, der als Sinnbild der sterbenden und wiederauferstehenden Natur auf dem Schoß der Göttin ruht, ein alter, immer wiederkehrender Mythos, in dem die Frau Ursprung des Lebens ist und der Mann, der Heros, ihr dient. Jesus ist ferner zum „Gesalbten der Frauen" geworden, der durch Frauen und Frauenkulte zu seinem Lebenswerk reift (Christa Mulack).

In der stärker theologisch orientierten Frauenforschung ist Jesus als Sophia-Weisheit wieder gesehen. Vieles deutet darauf hin, daß Jesus sich als die Weisheit verstand, und die älteste Christologie scheint eine Sophialogie gewesen zu sein (Felix Christ). Die Weisheit geht auf die Straßen, ruft ihre Kinder zu sich, wird von ihnen verworfen, aber auch wieder gesucht. Sie war vor der Schöpfung, spielte vor Gott, kann in vielen anderen weiblichen Bildern beschrieben werden und ist damit ein faszinierendes Gegenbild gegen die Hoheitstitel und Bruderideologien (Elisabeth Schüssler-Fiorenza).

Einen weiteren Schritt in solcher Jesus-Deutung geht die Amerikanerin Rita Nakashima Brock: Für sie ist die Gemeinschaft von Frauen und Jesus unlösbar. Sie ist die Erfahrung von „inklusiver und solidarischer Gemeinschaft", in der die Verachteten und Randständigen ihrer Würde als Töchter und Söhne Gottes gewiß werden. In dieser Gemeinschaft sieht sie die göttliche Macht inkarniert, die heilt und ganz macht. Sie wendet sich damit gegen das alte Modell, das in Jesus als Individuum göttliche Macht inkarniert sah, und entwirft ein neues Modell, die messianische Gemeinschaft, in deren Beziehungen lebenspendende Macht erfahren wird.

Ich möchte noch einen anderen Weg versuchen: Ich möchte wieder zur Gestalt Jesu, wie sie uns in den synoptischen Evangelien begegnet, zurückkehren und sie aus der patriarchalen Verpackung in Dogmen, Herrschaftsansprüche, in männliche Wünsche und Träume befreien. Schon 1973 hatte Mary Daly dazu ermuntert, als sie schrieb: „Wenn er (Jesus) nicht mehr zu der Rolle des Erlösers verdammt ist, kann Jesus vielleicht als ein freier Mensch erkannt werden. Nur der Stolz und die Selbstbehauptung von Frauen kann die Erinnerung an Jesus von ihrem zerstörenden Gebrauch befreien und die Freiheit frei machen."

An diesem Punkt möchte ich anknüpfen. Das heißt aber zugleich, daß wir uns in einer zweiten Phase feministischer Theologie nicht nur darum bemühen sollen, die Weiblichkeit in der Theologie wiederzufinden, sondern auch die in der patriarchalen Theologie untergegangene Menschlichkeit, die nicht-verzerrte Männlichkeit. Denn es könnte ja sein, daß das Bild von Weiblichkeit ebenfalls verzerrt und somit dominierend würde wie die Männlichkeit! Für die Rekonstruktion der Jesusgestalt heißt das, daß wir versuchen, den Menschen Jesus neu zu entdekken oder den freien Menschen Jesus, wie Daly es versteht. Doch wie kann das geschehen? Sicher schwer mit der paulinischen Theologie und dem paulinischen Jesus, der für Paulus „nach dem Fleisch", also in seiner irdischen Menschlichkeit uninteressant war. Eher mit der synoptischen Jesustradition. Doch noch sind wir gewohnt, auch die biblischen Geschichten aus der traditionellen Perspektive von Männern vermittelt zu bekommen. Vieles, was Frauen heute sehen, ist dabei nicht gesehen worden. Wir müssen fragen: Wie können wir mit unserem Stolz und unserer Selbstbehauptung die Erinnerung an Jesus von ihrem zerstörerischen Gebrauch befreien? Doch wir müssen auch fragen: Wie können wir für unser berechtigtes subjektives und emotionales Vorgehen auch eine rationale Methode finden? Wie können wir unsere neuen Zugänge begründen und allgemein verständlich machen?

Für das, was Männlichkeit und Weiblichkeit in unserer Kultur heißt, und für die Kriterien, die sich daraus ergeben, sind für mich die psychosozialen Analysen Anne Wilson Schaefs wichtig geworden. Für das Selbstverständnis von Männern und als Kriterium, mit dem sie andere beurteilen, sind danach zwei Dinge entscheidend: die Person und das Werk. Für das Selbstverständnis von Frauen gibt es darüber hinaus eine dritte Dimension: die Beziehung. Ein ganzheitliches Menschenverständnis kann nur erreicht werden, wenn wir alle drei Kategorien einsetzen. Nun ist unsere Christologie aber ein typisches Produkt männlichen Selbstverständnisses geworden: Sie reflektiert Person und Werk, und ihr fehlt die wichtige Kategorie der Beziehung. Fragen wir nach deren Vorkommen, so stoßen wir zunächst auf ein Niemandsland: Kaum eine(r) hat sie je wichtig genommen. Fragen wir aber in die biblischen Jesusgeschichten zurück, machen wir die erstaunliche Beobachtung, von wieviel Beziehungen erzählt wird, Beziehungen, die ja menschliches Leben, Werden und Reifen erst ermöglichen und, wenn wir sie vergessen, uns nur ein erstarrendes und abstraktes Menschenbild übrigbleibt. Im Kontext einer Feministischen Theologie muß Jesus aus einer abstrakten Betrachtung befreit werden zu seiner ganzen Person. Damit bekommt sein Leben gegenüber dem traditionellen Übergewicht seines Todes neue Bedeutung. Ich möchte also von der Kategorie Beziehung ausgehen und fragen, ob sie etwas für ein anderes Jesusbild aussagt. Ich möchte dann nach dem Charakter dieser Beziehung fragen und schließlich, welche Bedeutung sie für ein neues Verständnis von Tod und Auferstehung haben kann. Und zuletzt möchte ich nach Spuren von Frauenaussagen zu einem eigenen Christusverständnis im Neuen Testament fragen.

2. DIE NEU GELESENE JESUSGESCHICHTE

1. Die Beziehungen, in denen Jesus lebte, sind die der Familie, der Jüngergruppe und der Frauen. Mit der Familie, in der er zuerst Nähe, Wärme, Bestätigung gefunden und in der er wohl auch bestimmte Erwartungen ausgelöst hat, bekommt er bald Schwierigkeiten. Sie wollen ihn für sich behalten, ihm seinen skurrilen Weg ausreden und erklären ihn für verrückt (Mk 3,21). Die Mutter vor allem muß Enttäuschungen erleben, wie sie fast alle Mütter mit eigenwilligen Söhnen erleben. Mit dem Erwachsenwerden reißt dies Beziehungsnetz, hat wohl aber seine deutlichen Spuren hinterlassen, die sich in einer Art Urvertrauen und Unbekümmertheit Jesu zeigen. Die nächste prägende Gruppe sind die

Jünger. Diese Männerfreundschaft ist anfangs auf Solidarität und gemeinsamem Handeln, Heilen, Predigen, Taufen (Mk 6,12f) aufgebaut. Doch sie wird zunehmend schwieriger. Jesus ist enttäuscht über die Freunde, stöhnt über sie, ärgert sich über ihre Machtträume (Mk 10,35f), vermißt ihre Solidarität in Getsemane. Aus dieser Beziehung muß in ihm die Erkenntnis von der Einsamkeit seines Weges wachsen. Die dritte Beziehungsgruppe sind die Frauen. Oft nur wenig beachtet und – analog der dienenden Frauenrolle in der Kirche – zu dienenden und die Jesus/Jüngergruppe versorgenden Frauen herabdegradiert, sind sie durch die feministische Forschung als Gruppe eigenständiger Frauen wiederentdeckt. Allen voran Maria Magdalena, die erste Apostelin. Frauen folgen Jesus nach wie die Jünger, werden – teils durch Heilung von Krankheit – in seine Nachfolge berufen, beeinflussen seinen Lebens- und Leidensweg an entscheidenden Punkten und solidarisieren sich mit ihm bis zum Tod und Grab. Die kanaanäische Frau macht ihm klar, daß er auch der Heiland der Heiden ist. Die ihn in einer Männerrunde salbende Frau zeigt ihm den Weg, den er als gesalbter König und Prophet in den Tod gehen soll. Eine alte ikonographische Tradition zeigt Frauen, Maria und Marta, wie sie mit Jesus in Getsemane wachen. Im Johannesevangelium ist von dieser Frauenaktivität noch etwas zu spüren, indem das Weinwunder von Kana, das durch eine Frau, seine Mutter, initiiert wird, die Serie der Wunder Jesu einleitet. Die Auferstehung erfahren Frauen als erste, die ihm bis hin zum Grab folgen – sich damit der Verfolgung aussetzen – und ohne deren Verkündigung die christliche Kirche gar nicht zu denken ist. Jesus lebte also in Beziehungen, erlebte in ihnen Nähe, Vertrauen, Trennung und Enttäuschung.

Diese Erkenntnis hat Konsequenzen: Wer in Beziehungen lebt, wird berührt von anderen Menschen und berührt andere, sowohl psychisch als auch physisch. In den neu gelesenen Jesus-Frauengeschichten erleben wir, wieviel Berührungen hier gegenseitig erfolgt sind. Wer in Beziehungen lebt, entwickelt dabei jede Art von Gefühlen: Liebe, Zorn, Lust und Haß.

Wir erfahren – vor allem im Markusevangelium – von den diese Beziehung begleitenden Gefühlen, die uns einen anderen als den von vornherein reifen, abgehobenen Gottessohn darstellen: einen Menschen, der Menschen braucht, der sich ängstigt, irrt, frustriert ist und nicht isoliert zu denken ist, der stöhnt, sich über die Jünger ärgert, der physische Wohltaten erfährt: die Salbung, das Kissen im Boot, Berührung gegenseitiger Art. Ein an starker und unabhängiger Männlichkeit ausgerichtetes Menschenbild hat uns in der Theologie ein entsprechendes Jesusbild hinterlassen, das nach dem Motto geformt war: Ein Junge weint nicht – und ein Jesus stöhnt nicht. Aus der Frauenperspektive begegnet uns dagegen ein Jesus, der ein noch immer an Unabhängigkeit, Stärke und Verdrängung von Gefühlen ausgerichtetes Männer-/Menschenbild in Frage stellt. Es begegnet uns ein Mensch, den wir vorher nicht gesehen haben. Ein Mensch, der uns neu sehen lernt, was Inkarnation ist, nämlich Menschwerdung, Körperwerdung, nicht Mannwerdung, und von dem her es keine Kirche geben kann, die nur von ordinierten Männern geprägt ist. Dies Menschenbild – und das ist wichtig – tut sich allerdings bisher nur aus der Perspektive von Frauen auf, aus der Kategorie „Beziehung".

2. Damit sind wir bei dem zweiten wichtigen Punkt: dem Charakter der Beziehung, und wir stoßen auf den Einfluß der Frauen und die Unmöglichkeit, sich Jesu Lebensweg ohne diese Frauen vorzustellen.

Auf der Suche nach der eigenen Identität ging Frauen zunächst einmal auf, wie partnerschaftlich der Umgang Jesu mit Frauen ist (Hanna Wolff). Nichts von der üblichen Animosität der Epoche ist darin zu spüren! Mit keiner Frau ging er auch je im Konflikt auseinander. Es gibt keine Geschichte von der reichen Jungfrau! – Jesus heilt Frauen, lehrt Frauen, geht in ihre Häuser. Doch diese Erkenntnis blieb noch im Rahmen traditioneller Jesus-Deutung: Er war der Aktive, der Wichtige, der Dynamische. Die nächste Erkenntnis war revolutionärer: Frauen schienen es zu sein, von denen die eigentliche Dynamik der Beziehungen ausging. Sie dringen in fremde Häuser und Männerrunden ein. Sie salben ihm unaufgefordert Kopf und Füße. Sie folgen dem Staatsfeind bis zum Kreuz und harren dort aus, gehen ans Grab und sind Zeugen der Auferstehung – alles gefährliche Aktionen, die die alten Frauenrollen durchbrechen und mit Todesgefahr verbunden waren. Eine auffallende Dynamik (positive Aggression) ist zwischen Jesus und den Frauen zu beobachten. Auf das Drängen einer Frau (Marta) weckt Jesus Lazarus vom Tod auf. Der Kampf einer Mutter für ihre gestörte Tochter wendet Jesu Selbstverständnis vom Nationalisten zum Heiler auch der Heiden.

Die blutflüssige Frau holt sich selbst – eigenständig, unverfroren – die Heilung ihrer zwölfjährigen Krankheit, die sie aus Kult und sozialem Leben ausgeschlossen hatte. Er ist in dieser Geschichte nicht einmal der Aktive. Er merkt nur, wie von ihm Energien ausgehen, die die Frau heilen.

Die Jesus-Frauengeschichte zeigt uns damit ein Modell neuen Lebensstils: das Modell von Gegenseitigkeit, dieses wechselseitige Nehmen und Geben, in dem jeder seine/ihre Würde behält, aber ohne die Beziehungen zum anderen nicht zu denken ist. Ein Versuch, der zwischen den Jüngern und Jesus gescheitert ist, aber zwischen ihm und der Frauengruppe gelingt. „Gegenseitigkeit“ löst das hierarchische Lebensmodell der alten Welt ab, das aber leider wieder auferstand, das bis heute unsere Kirchen prägt und doch eigentlich längst überholt sein sollte: das Warten und Hören auf die Stimme der Autorität und das Befehlen nach unten.

In „Gegenseitigkeit“ dagegen nimmt jeder/jede zunächst sich selbst wahr und wichtig in seiner/ihrer Ganzheit und wird so aufmerksam auf den/die andere(n). In Gegenseitigkeit verwandelt sich unsere Persönlichkeit, können wir Autonomie entfalten und uns auch wieder selbst geben bis hin zum Selbstvergessen, bis hin zum (echten) Opfer. In Gegenseitigkeit können wir voneinander aufnehmen, ohne uns selbst aufzugeben.

Gegenseitigkeit kann sehr harmlos und liberal klingen. Welche politische und theologische Brisanz in dieser Vorstellung liegt, zeigen der Elite-Denker Friedrich Nietzsche, der sie für eine „Gemeinheit“ hielt, weil sie den Willen zur Macht der Schwachen fördern könnte, und der patriarchale Theologe Karl Barth, der jeden „Mutualismus“ ablehnte, weil er die Superiorität Gottes über den Menschen in Frage stelle.

Die aus der Jesusgeschichte herauszulesende Gegenseitigkeit hebt alles Herrschaftsdenken auf, sowohl das Denken von der Superiorität Gottes als auch von der des Mannes und anderer falscher Autoritäten. Es ist die Absage an jede religiöse und gesellschaftliche Hierarchie und die Botschaft, daß wir von der Mitteilung und dem Mitteilen leben. Jesus ist nicht von den Menschen zu lösen. Er läßt sich nicht auf ein isoliertes Podest stellen, wie er auch heute nicht aus der Christenheit, der Gemeinde gelöst werden kann.

Welche Bedeutung von Tod und Auferstehung ergibt sich daraus?

3. Von jüngsten neutestamentlichen Untersuchungen fällt auch ein neues Licht auf die Bedeutung von Tod und Auferstehung Jesu im Kontext der Frauen. Danach sind in frühen Schichten der Frauenheilungsgeschichten und in den Passionsgeschichten parallele Begriffe gebraucht, so als ob es eine geheime Parallele zwischen der Geschichte Jesu und der Geschichte der Frauen gegeben habe.

Zum Beispiel: Der Ausdruck „leiden“ *(paschein)* wird bei Markus sowohl von Jesus als auch von der blutflüssigen Frau ausgesagt (Mk 5,26; 8,31; 9,12). Dieses Wort wird später zum festen Terminus der Passion Jesu. Schon Matthäus wendet es aber nicht mehr für die blutflüssige Frau an!

Mit dem Wort *mastix, mastigun* – Plage/Geißelung wird sowohl die Krankheit der Blutflüssigen als auch die Folter Jesu beschrieben. – Das Wort *„soma"* wird nur von diesem kranken und geheilten Körper der Frau und dem Körper Jesu gesagt. Ebenso „Blut" – das ausfließende und schließlich vertrocknende Blut der Frau und das Blut Jesu vom letzten Mahl stehen in einmaliger Beziehung.

Eine weitere Parallele zwischen Jesus und den Frauen ist mit „aufrichten" oder „aufwecken" *(egeirein)* angezeigt. Es ist untersucht worden, daß dieses Wort im Neuen Testament zweiundfünfzigmal für die Auferweckung Jesu gebraucht ist, auch in vormarkinischen Heilungsgeschichten vorkommt, vor allem bei Frauenheilungen: bei der Heilung der Petrus-Schwiegermutter und bei der Auferweckung der Jairustochter. „Auf der Ebene der Markustradition" – so Monika Fander – „wird also ein enger Zusammenhang zwischen einzelnen Heilungsgeschichten über Frauen und der Passion hergestellt."

Leiden und Neuwerden sind also in den frühen Schichten des Neuen Testaments eng mit Frauenschicksalen zusammengedacht. Die Lebenskraft verlieren – wie die blutflüssige Frau –, aus Ohnmacht wieder auferstehen – wie die Jairustochter – sind existentielle Erfahrungen, die Frauen und Jesus verbinden. Auferstehung und Tod sind sowohl aus der Frauengeschichte als auch aus der Jesusgeschichte abzulesen. Auch die erschütternde Erfahrung Jesu in Getsemani, vor einem Abgrund zu stehen, von Gott und Welt verlassen zu sein, nur mit dem Nichts konfrontiert, hat eine Frauenparallele: die Erschütterung der Frauen am leeren Grab. Beide Male ist das Wort *„ekthambeisthai"* verwandt (Mk 14,33; 16,5). Doch schon Matthäus hat diese Parallele nicht mehr!

Die frühen Christen konnten noch in den Krankheiten der Frauen mehr sehen als physische Leiden. Sie konnten sie parallelisieren zu den Leiden Jesu, der unsere Krankheiten auf sich nahm (Jes 53,4). Sie konnten in der Gesundung der Frauen aber auch Auferstehung und Neuwerden sehen. Sie sahen vermutlich Jesus und die Frauen als Menschen am Rande der Gesellschaft, aber mit neuer Leidenschaft erfüllt, die Strukturen zu verändern. Und sie hatten keine Angst, den Zusammenbruch und die Verzweiflung beider mit dem gleichen Ausdruck zu beschreiben. Schon bald wurde dieser „gefährliche" Zusammenhang entflochten. Passion und Auferstehung Jesu wurden aus der Frauenerfahrung herausgelöst. Sie wurden die einmalige und einzigartige Geschichte Jesu Christi. Diese hatte nun kaum mehr existentiellen Bezug, auf keinen Fall jedoch zur Frauengeschichte. Sie wurde isoliert und dogmatisiert. Im Bild der gekreuzigten Frau, das im frühen Mittelalter entstand und immer neue Entwürfe bis in die Gegenwart angeregt hat, ist etwas von dieser Nähe von Passion und Frauenleiden, von der Ohnmacht unter patriarchalen Strukturen erhalten geblieben.

Frauengeschichte und Jesusgeschichte sind also ursprünglich tief miteinander vernetzt. Doch der Tod Jesu ist hier dann aber nicht als Sühnetod verstanden. Er ist Bild der Stellvertretung! Er ist parallel zu den Frauengeschichten von Krankheit und Heilung, von Sterben und Auferstehen existentiell verstanden. Er ist nicht Symbol der Sündenvergebung, sondern Sinnbild menschlichen Leidens und Wiederaufstehens, menschlicher Ohnmacht und göttlicher Machterfahrung. Er ist noch nicht zum Dogma geworden!

Frauen- und Jesusgeschichte sind allerdings nicht identisch. Die Jesusgeschichte geht nicht in der Frauengeschichte auf. Sie hebt sich in ihrer Einmaligkeit von der Frauengeschichte ab. Das zeigt m. E. das Parallelbeispiel vom *„ekthambeisthai"*, dem tiefen Erschrecken in unterschiedlichen Situationen: Die Frauen erfahren, als sie hier an den Rand ihrer Existenz, ans leere Grab, kommen, den Trost des Jünglings: „Entsetzt euch nicht. Er ist auferstanden!" Sie nehmen allerdings den Trost nicht an. Sie versagen und fliehen wie alle Jünger. Sie sind fehlbar wie sie – nur in einer anderen Weise. Jesus dagegen erfährt keinerlei Trost. Er muß den Weg in Tod und Einsamkeit ohne Beistand gehen. Seine Geschichte ist darum für das Neue Testament einzigartig. Aber nicht im Sinne einer männlich-heldischen Einzigartigkeit, die zu einem Herrschaftsanspruch führt, sondern einzigartig darin, daß sie nicht wiederholt zu werden braucht. Sein Leiden wiederholt das Leiden der Frau, aber so, daß keiner mehr diese Frau wegen Unreinheit stigmatisieren kann. Der Weg Jesu öffnet uns unseren Weg, den wir angstfreier gehen können.

3. CHRISTUSBEKENNTNISSE VON FRAUEN

Der großen Nähe von Frauen zu Jesus entspricht, daß von ihnen erste, frühe und originelle Bekenntnisse zu ihm übermittelt sind, die unsere bekannten Bekenntnisse übertreffen. Die existentiellen Heilserfahrungen mit der Jesusgeschichte und im Jesusgeschick haben zu einer anderen Christusdeutung geführt. Das erste christologische Bekenntnis im Markusevangelium spricht eine Frau, die Syrophönizierin. Ihre Anrede „Kyrie" (7,28) ist kein Höflichkeitsprädikat. In ihr drückt sich eine „qualifizierte Christologie" aus (Kertelge). Es steht noch vor dem Petrusbekenntnis (Mk 8), und es antizipiert das Bekenntnis des heidnischen Hauptmanns unter dem Kreuz. Die Syrophönizierin wird damit „zum Prototyp der gläubigen Heiden, zum Symbol der Völkerkirche, und dieses Symbol ist weiblich“ (Fander). Dies Frauenbekenntnis steht auch in scharfem Gegensatz zum Unglauben der Jünger, die kurz vorher, bei der Brotverteilung, nicht zur „Einsicht“ gekommen waren (6,35f).

Im Johannesevangelium fallen zwei von der Norm abweichende Christus-Titel und Bekenntnisse auf, die vielleicht Aufschluß geben über eine besondere Bedeutung Jesu für Frauen. Die samaritanische Frau (Joh 4) entfaltet in ihrem Gespräch mit Jesus am Brunnen eine große Zahl von Christustiteln: „Jude“, „Herr“, „größer als unser Vater Jakob“, „Prophet“, „das Heil kommt von den Juden“, „Messias“, „Christus“, „Heiler der Welt“. Der letzte Titel wird von den Samaritanern gebraucht, die aufgrund des Zeugnisses der Frau glauben (V. 42), und er ist der originellste. Er findet sich nur noch einmal im ersten Johannesbrief (4,14). Statt von den zu heilenden Menschen spricht er von dem zu heilenden Kosmos, diesem Erdkreis, der von Gott geliebt wird und der sich gegen ihn empört. Der Heiler des Kosmos hier heilt konkret die auseinandergerissenen Religionen und Völker. Entsprechend dem ersten markinischen Frauen-Glaubensbekenntnis wird auch hier die menschenverbindende Heilungskraft Jesu in den Mittelpunkt der Christuserfahrung gestellt. Nicht der/die einzelne und seine/ihre Sündenvergebung, sondern der Kosmos und die Heilung seiner Zerrissenheit ist das Anliegen der Frauen.

Noch aufschlußreicher scheint mir das Bekenntnis zu sein, das Marta, die Schwester des Lazarus, in der Erzählung von der Lazarusauferweckung ablegt (Joh 11): „Du bist Christus, der Sohn Gottes, der in die Welt gekommen ist“ (V. 27).

Wir kennen gewöhnlich nur das Petrusbekenntnis: „Du bist Christus, der Sohn des lebendigen Gottes“ (Mt 16,16). Der Forschung nach haben in der Frühzeit der Kirche beide Bekenntnisse nebeneinander existiert, d. h. es gab Gemeinden, in denen das Petrusbekenntnis bekannt wurde, und es gab Gemeinden, für die das Martabekenntnis zentral war (Raymond Brown). Das Martabekenntnis hat nun einen wichtigen Zusatz, der lange übersehen war: „der in die Welt gekommen ist“. Er geht auf die vielen Selbstaussagen Jesu im Johannesevangelium zurück, in denen sich Jesus als der versteht, der in die Welt gekommen ist, als Licht, als Zeuge der Wahrheit usw. Mit Marta werden also Selbstaussagen Jesu in Verbindung gebracht, die diese Frau in großer Nähe und Vertrautheit zu Jesus zeigen. Dieser Zusatz ist neben den beiden bekannten anderen Titeln „Christus“ und „Sohn Gottes“ der „bedeutsamste“, weil er „den Einbruch des Jenseits in das Diesseits am deutlichsten ausspricht“ (Rudolf Bultmann). Dies Bekenntnis ist in dieser Form einzigartig im Neuen Testament: In die Welt, den Kosmos, den Gegenstand der Liebe Gottes, in die Macht, die sich gegen Gott empört, ist der Christus gekommen. Marta zieht Jesus also ganz tief ins Diesseits hinein, wie sie selbst ganz diesseitig, praktisch und nüchtern ist, den physischen Tod ihres Bruders erlebt – („er stinkt schon“) – und doch weiß, daß in diesem Kosmos schon neues Leben ist.

Die Christusbekenntnisse der Frauen im Johannesevangelium haben eine eigene Dimension: Sie sehen über den Menschen hinaus die ganze Erde, den Weltkreis. Sie sind nicht anthropozentrisch, sondern kosmozentrisch, nicht auf den einzelnen Menschen nur, sondern auf den Kosmos ausgerichtet. Hier, in dieser Welt, ereignet sich das Heil. Hier sind mit dem gekommenen Christus die trennende Macht des Todes (Joh 11), der Schwester und Bruder auseinanderriß, und das Gesetz der Religionsspaltungen, das Juden und Samaritaner spaltete (Joh 4), aufgehoben.

Statt Vertröstung auf das Jenseits ist hier Hoffnung auf konkrete Verwandlung dieser Welt in eine neue Gemeinschaft von Frauen und Männern, von Heiden und Juden ausgedrückt. Wir stoßen auf Christusbekenntnisse, die das Kommen des Christus vor allem als Heilung und Verwandlung des Kosmos, des Diesseits dieser Welt, als Leibhaftigkeit bekennen. An sie anzuknüpfen könnte heute vielen Menschen, nicht nur Frauen, helfen, die Botschaft Jesu, sein Leben und seinen Tod besser in ihr eigenes Leben aufzunehmen und die verwandelnde Kraft für die Welt darin zu entdecken.

Literatur

Zu I.:

Elaine *Pagels,* Adam, Eva und die Schlange, Reinbek 1991.

Elisabeth *Schüssler-Fiorenza,* Zu ihrem Gedächtnis, München 1988.

Dies., Die Rolle der Frau in der urchristlichen Bewegung, in: Concilium 12 (1976) Heft 1.

Gerd *Theissen,* Soziologie der Jesusbewegung, München 1977.

Luise *Schottroff,* Frauen in der Nachfolge Jesu in neutestamentlicher Zeit, in: Willy Schottroff / Wolfgang Stegemann (Hg.), Traditionen der Befreiung, München 1980.

Dies., Lydias ungeduldige Schwestern, Gütersloh 1994.

Elisabeth *Moltmann-Wendel,* Ein eigener Mensch werden. Frauen um Jesus, Gütersloh 1980.

Raymond *Brown,* Die Rolle der Frau im vierten Evangelium, in: E. Moltmann-Wendel, Frauenbefreiung – Biblische und theologische Argumente, München 1978.

Zu II.:
Dietmar *Bader* (Hg.), Maria Magdalena – Zu einem Bild der Frau in der christlichen Verkündigung, Freiburg 1990.
Die Legenda aurea, Heidelberg 1972.
Marga *Janssen,* Maria Magdalena in der abendländischen Kunst, Diss., Freiburg 1961.
Karl *Künstle,* Ikonographie der christlichen Kunst, Freiburg 1926.
Elisabeth *Moltmann-Wendel,* Ein eigener Mensch werden. Frauen um Jesus, Gütersloh 1980.
Neutestamentliche Apokryphen, Bd. I, Tübingen 1987.
Carla *Ricci,* Mary Magdalene and many others, Minneapolis 1994.
Monika *Ingenhoff-Danhäuser,* Maria Magdalena. Heilige und Sünderin, Tübingen 1984.

Zu III.:
Rita Nakashima *Brock,* Journeys by Heart. A Christology of Erotic Power, New York 1988.
Monika *Fander,* Die Stellung der Frau im Markusevangelium, Altenberge 1989.
Raymond *Brown,* Die Rolle der Frau im vierten Evangelium, in: Elisabeth Moltmann-Wendel, Frauenbefreiung – Biblische und theologische Argumente, München 1978.
Rudolf *Bultmann,* Das Evangelium des Johannes, Göttingen 1952.
Elisabeth *Schüssler-Fiorenza,* Zu ihrem Gedächtnis, München 1988.
Elisabeth *Moltmann-Wendel,* Das Land, wo Milch und Honig fließt, Gütersloh 1985.
Anne Wilson *Schaef,* Weibliche Wirklichkeit, Wildberg 1985.
Doris *Strahm*/Regula *Strobel* (Hg.), Vom Verlangen nach Heilwerden, Fribourg/Luzern 1991.
Hanna *Wolff,* Jesus der Mann, Stuttgart 1975.

Hans Kessler

DAS KREUZ UND DIE AUFERSTEHUNG

Das Kreuz und die Auferstehung – beides zusammen bildet so etwas wie den sensiblen Nerv und das Zentrum des christlichen Glaubens. In dessen Mitte steht der auferweckte Gekreuzigte, der verwundete Arzt, die gekreuzigte Liebe. Mit beidem, mit dem Kreuz und mit der Auferstehung, haben viele Menschen nicht erst heute ganz erhebliche Probleme. Beide sind Problempunkte. Über beides, Kreuz und Auferstehung, ist neuerdings wieder eine z. T. heftige wissenschaftliche und auch öffentliche Diskussion ausgebrochen. Ich möchte mich mit diesen drei Vorlesungen in diese Diskussion einschalten.

Erster Teil: Das Kreuz

Jesus hat nicht mit dem Kreuz begonnen, und auch wir sollten nicht mit dem Kreuz ins Haus fallen. Aber das, womit Jesus begonnen und was er vertreten hat, war so, daß es ihm – in der Welt, wie sie faktisch ist – das Kreuz eingebracht hat. An der Sache Jesu scheiden sich die Geister: das kommt am Kreuz heraus, und darum scheiden sich am Kreuz die Geister.

Das Kreuz ist eine Zumutung. Es durchkreuzt unsere Erwartungen, ist der Tod aller natürlichen Gottesvorstellungen, auch unserer bürgerlichen Vorstellungen vom lieben (Softy-)Gott: Einen Gott, der sich schwach, ohnmächtig zeigt (nicht allmächtig), der selber ins Leiden eintaucht, erfindet man nicht. Mit dem Kreuz haben wir darum alle Schwierigkeiten, und wer keine hat, hat es nicht mit dem Kreuz Jesu zu tun oder hat dieses verfälscht und verharmlost, so daß es seinen Schrekken verlor und seine Aussagekraft.

Andererseits wurde das Kreuz schlimm mißbraucht. Im Zeichen des Kreuzes wurden Kriege geführt, Waffen gesegnet, Menschen gequält und ermordet: Gewalttätigkeit im Namen dessen, der gewaltlos war. Die in westlicher Frömmigkeit verbreitete Fixierung auf den (gewaltsamen) Tod Jesu konnte die Auffassung fördern, daß der christliche Gott Blut sehen will und von seinen Gläubigen eine selbstquälerische Nachfolge verlangt: lebensfeindliche Leidverliebtheit und Opfermentalität.

Kein Wunder also, wenn nicht wenige Zeitgenossen von einem so verstandenen Christentum Abschied nehmen oder wenigstens den Helden (Jesus) ohne Kreuzestod haben wollen. Vorweg möchte ich deshalb auf eine Frage eingehen, die meist keiner Behandlung für wert erachtet wird und dann in den Köpfen ihr Unwesen treibt:

1. IST JESUS ÜBERHAUPT AM KREUZ GESTORBEN?

a) Das wird immer wieder bestritten. Ein paar Beispiele:

(1) Daß Jesus den Kreuzestod erlitten hat, bestritten schon im 2. Jh. manche Gnostiker – aus dogmatischen Gründen: das Geistig-Göttliche darf nicht in den Schmutz der Materie und des Leidens, gar des Kreuzestodes, gezogen werden. Deswegen behauptete z. B. der Gnostiker Basilides (um 150 n. Chr.), in Wirklichkeit habe nicht Jesus Christus, sondern Simon von Kyrene (der ähnlich wie Jesus ausgesehen habe) den Kreuzestod erlitten.

(2) Solche Vorstellungen lernte auch *Mohammed* (ca. 570–632) kennen, und sie paßten in sein Konzept. Denn für ihn war es undenkbar, daß ein Verkünder des wahren Glaubens dem Bösen unterliegen kann. Diese Logik forderte, daß Jesus zumindest die Kreuzigung überlebte oder besser gar nicht gekreuzigt wurde. Im *Koran* heißt es deshalb: „Sie sprachen: Siehe, wir haben den Messias Jesus, den Sohn der Maria, den Gesandten Allahs, ermordet. – Doch (in Wirklichkeit) ermordeten sie ihn nicht und kreuzigten sie ihn nicht, sondern einen ihm ähnlichen … Nicht töteten sie ihn mit Gewißheit, sondern es erhöhte ihn Allah zu sich" (Sure 4, 157f). Die Muslime glauben daher, daß Jesus nicht am Kreuz starb.

(3) Um 1890 kommt die *Jesus-in-Indien-Legende* auf. Sie hat zwei Varianten: Die einen lassen Jesus in seinen uns unbekannten Jugendjahren in Indien gewesen sein. So erstmals der Russe Notovitch 1894. Eine reine Erfindung, wie längst erwiesen ist, die aber trotzdem viele bis heute für wahr halten. Die andern behaupten, Jesus habe die Kreuzigung überlebt und sei dann nach Indien gegangen, wo er starb und begraben sei. So erstmals 1899 Mirza Ghulam Ahmad (1839–1908), der Gründer der islamischen Ahmadiyya-Sekte, der erklärte, er sei der Messias,

dann, er sei die Wiedererscheinung Mohammeds (wofür er Ablehnung im Islam erfuhr), dann, er sei der wiedergekommene Jesus. Deshalb behauptete er seit 1898/99, Jesus habe die Kreuzigung überlebt, sei in Indien gestorben, und er, Ghulam Ahmad, habe Jesu Grab in Srinagar entdeckt. Ein Stück Legitimation für ihn als wiedergekommenen Jesus! Der Indologe und Tibetologe Günter Grönbold zeigt in seinem fundierten Buch „Jesus in Indien. Das Ende einer Legende“[1], wie alle Vertreter der Jesus-in-Indien-Behauptung (Holger Kersten: Jesus lebte in Indien; Siegfried Obermeier: Starb Jesus in Kashmir?; usw.) auf diesen beiden Schwindeln aufbauen und sie mit unhaltbaren Spekulationen und Kombinationen (die unkundige Leser meist nicht durchschauen) zu untermauern suchen.

(4) Jüngst hat auch der Journalist *Franz Alt* in seinem Bestseller „Jesus der erste neue Mann“[2] behauptet: „Eine bis heute wundergläubige Theologie und Verkündigung erklärt Jesus am Kreuz für tot; verwandelt seine Leiche anschließend in ein Gespenst, das sich je nach Bedarf sichtbar und unsichtbar machen und schließlich in die Wolken aufschweben kann.“ Eine üble Karikatur, die Theologie und Verkündigung diskreditieren soll. Wenn er indes bemerkt: „Daß Gott eine Leiche aufrichtet, ist gottwidrig“, dann hat er recht und offenbart doch zugleich, welch primitives Verständnis von der Auferweckung er hat (als ob diese etwas mit der Leiche zu tun hätte: s. u.). Weil Alt ein so naives Verständnis hat, kann er die Auferstehung nicht akzeptieren und macht sich deshalb – ähnlich wie Holger Kersten u. a. – folgendes Bild zurecht: „Jesus ‚stirbt‘ nicht am Kreuz, sondern ‚haucht seinen Geist aus‘ (ekpneúein), das heißt …: Er war bewußtlos. Einflußreiche Juden um den Jesus-Freund Joseph von Arimathäa versorgten den verwundeten und ohnmächtigen Jesus, der dann nach zwei Tagen wieder aufwacht (egérthe heißt: Er ist aufgewacht!).“ Das ist alles falsch! Egérthe z. B. heißt „er ist aufgeweckt worden“, nämlich von Gott; ekpneúein heißt „sein Leben aushauchen, sterben“.

b) Erste Gegenkritik: Kreuzigung und Kreuzestod sind historisch gut bezeugt: neben dem NT auch durch außerchristliche römische und jüdische Quellen (v. a. Tacitus, Annalen 15,4; Talmud-Traktat Sanhedrin 43a). Die viel genaueren ntl. Zeugnisse über Kreuzigung und Tod Jesu sind im wesentlichen historisch unverdächtig, da gerade der schändliche Kreuzestod Jesu der Urchristenheit solche Schwierigkeiten bereitete, daß sie diesen nie erfunden hätte.

Dafür, daß Jesus die Kreuzigung überlebt haben könnte, gibt es nicht die geringsten Anhaltspunkte. Was Kersten u. a. dazu schreiben, ist ein

Zusammenschustern von abenteuerlichen Erfindungen.[3] Aber viele Leute, die an Auferstehung nicht glauben wollen, sind bereit, so Abenteuerliches zu glauben. Wenn man jedoch auf dem Boden der Zeugnisse und der Wirklichkeit bleibt, kann man nur sagen: Jesus hat die Kreuzigung nicht überlebt.

c) Die neuere historische Forschung zum Kreuzestod Jesu[4]*:* Jesus von Nazaret (geboren zwischen 7 und 4 vor unserer Zeitrechnung) ist an einem Freitag, am 14. Nisan, dem Rüsttag zum Pesachfest des Jahres 30, im Alter von 35 bis 37 Jahren vom römischen Prokurator Pontius Pilatus verurteilt, dann nach zerfleischender Geißelung und mühsamem Schleppen des Kreuzbalkens zum Golgotahügel, der Hinrichtungsstätte für Schwerverbrecher, von einem römischen Exekutionskommando am Kreuz hingerichtet worden: zwischen zwei zelotischen Aufrührern, durch eine Schuldtafel gebrandmarkt als „König der Juden", d. h. als angeblicher politischer Messias und damit Aufwiegler gegen Rom. Er ist nach einem Gebetsschrei am Kreuz gestorben, wohl um die neunte Stunde, d. h. nur drei Stunden vor Beginn des Sabbats und Pesachfestes (Mk 15,34.42).

Die römischen Hinrichtungskommandos kannten verschiedenste Formen der Kreuzigung; sie ergriffen, wie Seneca und Josephus bestätigen, gern die Gelegenheit, um ihren Sadismus zu befriedigen, und kreuzigten nach Lust und Laune in den verschiedensten Körperlagen; sie hatten auch Methoden, um den Tod hinauszuzögern und die Todesqualen zu verlängern: dazu gab man dem Hingerichteten z. B. einen Sitzpflock als Stütze. An diesem Freitag freilich standen die Römer wegen des unmittelbar bevorstehenden Pesachfestes unter Zeitdruck und mußten die Prozedur und das Sterben abkürzen. Jesus starb schon nach wenigen Stunden. „Nach römischem Recht bleibt die Leiche des Hingerichteten so lange am Kreuz hängen, bis sie verwest oder von Raubtieren aufgefressen ist."[5] Doch konnten Angehörige bei der Gerichtsbehörde um die Freigabe des Leichnams nachsuchen; sie war als Gnadenakt möglich, im Fall von Aufruhr (also im Falle Jesu) aber schwierig. In Palästina hingegen respektierten die Römer die jüdischen Prinzipien, und zu denen gehörte auch dies: Weil Leichen, auch die von Hingerichteten, das Land kultisch verunreinigten und ihm Schaden brachten, durften sie „nicht über Nacht hängen bleiben", mußten „unbedingt noch am gleichen Tag begraben" werden (Dtn 21,23; Josephus, Bell. IV 5,2). Daher haben die Römer jüdischem Ersuchen um Freigabe eines Leichnams in der Regel stattgegeben.

Auf diesem Hintergrund ist die Grablegungserzählung in Mk 15,42 bis 47 zu sehen. Da ist die Rede von Josef von Arimathäa: Er ist begütert und Mitglied im Hohen Rat, vielleicht läßt er sich von diesem beauftragen, jedenfalls „wagt“ er es, um das Land vor dem doppelten Festtag vom Fluch einer verunreinigenden Leiche zu befreien, Pilatus um Freigabe des Leichnams Jesu zu bitten. Es mußte schnell gehandelt werden: Pesach stand unmittelbar bevor. Ein Transport zu dem weit außerhalb der Stadt liegenden Platz, wo Hingerichtete normalerweise in Massengräbern verscharrt werden, ist nicht mehr möglich. Die Grabeserzählung – welche freilich die Tendenz hat, die Würde des Begräbnisses Jesu zu betonen – läßt Josef den Leichnam Jesu vom Kreuz nehmen, ihn in neu gekaufte Leinwand hüllen und in einem Felsengrab beisetzen, möglicherweise in der Nähe des Golgotahügels in einem der dort (für die Reichen) in einen alten Steinbruch gehauenen Felsengräber, das ihm gehörte. Ob daraus geschlossen werden darf, daß die Urgemeinde um den Ort des Grabes Jesu wußte, ist unsicher.

Josef war sicher kein Jünger Jesu, wenngleich voller Wertschätzung für ihn, wie die Überlassung des eigenen Grabes an einen Gekreuzigten zeigt. Für die galiläischen Frauen, die von ferne zusahen (Mk 15,40), war er ein Fremder und Unbekannter, sonst hätten sie sich vermutlich aus ihrer ängstlichen Distanz gewagt und sich an der Beisetzung Jesu beteiligt. Die Bemerkung in Mk 15,47, sie hätten gesehen, wo er hingelegt worden war, könnte zwar zutreffen. Sicher ist das freilich nicht, denn die Grabauffindungserzählung Mk 16,1–8, zu der Mk 15,47 den Übergang herstellt, macht deutlich den Eindruck einer sekundären poetischen Konstruktion (s. u.), von der unsicher bleibt, ob und welche historischen Erinnerungen hinter ihr stehen.

2. WARUM MUSSTE JESUS EINES GEWALTSAMEN TODES STERBEN?[6]

Mußte er sterben, weil wir anders nicht erlöst werden konnten? Eine lange lateinisch-westliche Tradition (von Tertullian über Anselm von Canterbury zu Luther usw.) sah es so. Oder mußte er sterben, weil die menschlichen Verhältnisse so sind, daß man ihn, den radikal Guten, nicht ertrug, weil er schon durch seine einfache Existenz die weniger Guten ins Unrecht setzt und ihr Fehlverhalten aufdeckt?

a) Die zentrale Gottesbotschaft und -praxis Jesu: Jesus hat die anbrechende Herrschaft der Güte Gottes verkündet, d. h. das hier und jetzt geschehende Kommen des heiligen Gottes selbst, seine unbedingt gütige Zugewandtheit zu den Verlorenen und Sündern. Sie müssen nicht erst umkehren. Vielmehr geht die Vergebung der Umkehr voraus, sie macht Umkehr und Neuanfang erst möglich. Das Heil ist reine, voraussetzungslose Gnade: nur so kann es *allen* gelten und universal sein. Der Gott Jesu macht jedem Menschen das Angebot, zu leben aus unbedingtem Angenommensein (unabhängig von Herkunft, Schuld oder Leistung), befreit von der tiefsitzenden Angst um sich selbst, befreit zur Annahme seiner selbst und zur Annahme des andern über alle Grenzen von Trennung und Feindschaft hinweg.

Diese radikale Heilsbotschaft Jesu hängt mit seiner ureigenen Gotteserfahrung zusammen: Jesus lebte in inniger Kommunikation und Verbundenheit mit dem heiligen Gott, den er zugleich als unbedingte Güte erfuhr. Wir können mit K. Rahner[7] annehmen, daß er in sich selbst die Nähe dieser Güte Gottes erfuhr, und zwar nicht als ihm allein geltende, sondern als die unbedingt barmherzige Zugewandtheit Gottes zu allen Menschen. Deshalb vertraute er diesem Gott restlos, und deshalb verkündete er seine gütige Nähe und lebte sie selbst in seinem Dasein für die andern. Jesus: der Mensch ganz von Gott her und deshalb der Mensch ganz bei den und für die andern, der die andern an seinem Gottesverhältnis teilhaben lassen möchte, damit Gott und seine Güte auch bei ihnen befreiend ankomme.

Das ist kein Gott, der nur vom Himmel herabschaut oder gar nur deistisch am Rande des Kosmos sitzt, sondern der uns und alles umgibt (Ps 139 u. a.) und der zugleich alles Geschaffene „erfüllt" (Jes 6 u. a.), der von den Menschen aber bewußt und liebend eingelassen werden möchte. – Eine rabbinische Geschichte verdeutlicht dies: Da sitzen sie zusammen, und der Rabbi fragt: Könnt ihr mir sagen, wo Gott wohnt? Sie grinsen besserwissend oder verlegen: Rabbi, weißt du nicht, daß Gott beim Propheten Jeremia sagt: „Bin nicht ich es, der Himmel und Erde erfüllt?" Also: In der ganzen Schöpfung wohnt Gott. Der Rabbi wackelt bedenklich mit dem Kopf: Ja schon, aber eigentlich wohnt er dort, wo man ihn einläßt. – Jesus hat ihn ganz eingelassen. Meister Eckhart (Predigt 81): „Wäre ich so bereit und fände Gott soweit Raum in mir, wie in unserm Herrn Jesus Christus, er würde mich ebenso mit seiner Flut erfüllen. Denn der Heilige Geist kann sich nicht enthalten, in all das zu fließen, wo er Raum findet, und soweit, wie er Raum findet."

b) Der historische Konflikt: Warum wurde Jesus umgebracht? Jesus „bildet mit allem, was er lehrt und praktiziert, einen fortgesetzten Skandal, der entweder die spontane Antwort von Vertrauen und Liebe hervorruft oder tödliche Aggressionen auf sich lenkt".[8]

Er repräsentiert Gottes vergebende Zuwendung zu allen Menschen, voran zu den notorischen Sündern, mit denen er – zum Ärgernis vieler – Tischgemeinschaft pflegt (als Vorwegnahme der Freude der vollen Gottesherrschaft). Solche Großmut Gottes mußte für viele Fromme, die Vergebung und Heil von vorausgehender Leistung abhängig machten und sich von den Sündern abgrenzten, anstößig sein; schien sie doch das Ziel der Heiligung des Volkes zu unterlaufen.

So geriet Jesus mit seiner Botschaft von Gott und seinem ihr entsprechenden Verhalten in Gegensatz zu den maßgeblichen Kreisen seines Volkes. Seine Gemeinschaft mit Verachtungswürdigen und in Zusammenhang damit seine Mißachtung inhuman gewendeter Reinheits- und Sabbatvorschriften wirkten anstößig. Der entscheidende Anstoß freilich lag gar nicht in diesem Handeln an sich, sondern in dem damit verknüpften Anspruch, im Namen und an Stelle *Gottes* so zu handeln. Daß er so – über alle Grenzziehungen gegen die Unreinheit hinweg – Gottes voraussetzungslose Vaterliebe und Vergebungsbereitschaft für *alle* verkündete, das konnten engherzige Hüter der offiziellen Doktrin als Angriff auf die Glaubensgrundlagen und als Verrat an der heiligen Sache Israels verstehen.

Der Konflikt spitzte sich zu, als Jesus von Galiläa nach Jerusalem kam und nun direkt mit den dort dominierenden Sadduzäern und oberen Priestern zu tun bekam. Von ihnen wurde Jesus als Gefahr angesehen: als Gefahr für die mühsam aufrechterhaltene kultisch-politische Ordnung, als Gefahr auch für ihre eigene Macht. Nüchterne Macht- und Realpolitiker wie der Hohepriester Kajaphas und der Exekutivausschuß des Hohen Rates (bestehend aus dem Tempeloberst, einigen Tempelaufsehern und Schatzmeistern) wollten durch kein Risiko den Status quo gefährden. Dieser enge Kreis verschwor sich gegen Jesus.[9]

Der unmittelbare Anlaß für ihr Vorgehen gegen Jesus dürfte die sog. Tempelreinigung gewesen sein: eine prophetische Zeichenhandlung Jesu im Tempel, die den Sühnekult als Heilsmöglichkeit in Frage stellte (vgl. Mk 11,15–18 par.; Joh 2,13–17), vor allem durch ein prophetisches Wort über die Zerstörung des Tempels (Mk 13,2; 14,56–61a; 15,29). Das war eine Provokation. Sie konnte als Falschprophetie und Gotteslästerung ausgelegt werden, und darauf stand die Todesstrafe der Steinigung (Lev 24,15f; Num 15,30f; Dtn 13,1–10; 17,12; 18,20; Josephus, Ant. IV 8,6). Die Tempelkritik war der Auslöser, die Messiasfrage wurde wohl erst in einer späteren Darstellung der Passionsgeschichte zum eigentlichen Angelpunkt der Verurteilung Jesu[10]: Messianische Ansprüche waren ja auch vom jüdischen Standpunkt aus kein todeswürdiges Vergehen, im Unterschied zu „Lästerungen" gegen Tempel und Tora.

Die herrschende Clique um Kajaphas ließ Jesus in einer Nacht-und-Nebel-Aktion verhaften, ließ ihm aber kaum einen ordnungsgemäßen Prozeß zuteil werden. Es fand wohl nur um Mitternacht ein kurzes Vorverhör im kleinsten Kreise statt, der seine Entscheidung über Jesus dann frühmorgens geschickt in die Entscheidungskompetenz des eilends einberufenen Hohen Rates einband; der konnte schon bei 23 anwesenden (von insgesamt 71) Mitgliedern einen Mehrheitsbeschluß fassen.

Die eigentliche Schwierigkeit bestand nun für diese kleine Machtclique darin, daß die jüdische Obrigkeit nicht mehr die „Gewalt über Leben und Tod" (Josephus, Bell. II 8,1) besaß, das ius gladii lag allein beim römischen Prokurator. Also mußte man Pilatus gewinnen. Eine bloß religiöse Anklage konnte bei ihm indes kaum auf Erfolg hoffen. Es war jedoch relativ leicht, den im weiten Sinn messianischen Anspruch Jesu politisch umzudeuten und Jesus an Pilatus auszuliefern unter dem Vorwand, er sei einer der damals immer wieder auftretenden politischen Messias- oder (für den Römer verständlicher) „Königs"-Anwärter, d. h. ein gefährlicher Rebell, den man beseitigen müsse. Eine solche Anklage konnte ihre Wirkung auf Pilatus kaum verfehlen. Nach einigem Hin und Her verurteilte er denn auch Jesus zum Tod am Kreuz. Jesus wurde von den Römern gekreuzigt – und zwar, wie die Anklagetafel mit der Verbrechensangabe „König der Juden" (Mk 15,26) und die Kreuzigung zwischen zwei Aufrührern (Mk 15,27) zeigen – wegen angeblichem politischem Messias- oder „Königs"-Anspruch.

Die Kreuzigung galt als die „erbärmlichste" (Josephus), „grausamste und fürchterlichste Todesstrafe" (Cicero). Die Römer wandten sie in Palästina nur bei Aufständischen an. Das jüdische Strafrecht kannte sie nicht. Es kannte hingegen das „Aufhängen am Holz" (Pfahl) als Zusatzstrafe für Götzendiener oder Gotteslästerer *nach* bereits eingetretenem Steinigungs- oder Enthauptungstod (Dtn 21,22f); dadurch wurde der Hingerichtete öffentlich zu einem von Gott Verfluchten gestempelt: „Verflucht ist, wer am Holze hängt" (Dtn 21,23b). Diese Stelle hat man, entgegen ihrem eigentlichen Sinn, bereits im vorchristlichen Judentum auch auf die Hinrichtungsart des Kreuzigens bezogen (z. B. 11 Q Tempelrolle 64,6–13: „Gekreuzigte sind Verfluchte Gottes und der Menschen"). So konnte ein Gekreuzigter als von Gott Verfluchter gelten. Das paßte in die Strategie der herrschenden Clique: Für die jüdische Öffentlichkeit war Jesus als falscher Gottesbote entlarvt; er war erledigt, man konnte zur Tagesordnung übergehen.

c) Die paradigmatische Bedeutung für alle Menschen und Völker: Der historische Konflikt, der zu Jesu Hinrichtung führte, darf nicht historisierend (als bloß vergangene jüdische Sache) verharmlost werden. Er ist zugleich paradigmatisch. Nach dem Johannesevangelium stehen die entscheidenden Vertreter der den Offenbarer Gottes ablehnenden „Juden" nicht für das empirische Volk Israel, sondern paradigmatisch für die *gesamte* sich Gott verweigernde Menschenwelt. Sie hat in ihren Repräsentanten mit Ablehnung auf das Heilsbemühen Gottes in Jesus geantwortet (Joh 1,10f; 7,7; Apg 4,26f). Die „Finsternis" hat das „Licht", das ihr einfach durch sich selbst widerspricht, abgewiesen (Joh 1,5; 3,19; Lk 22,53). Zu jeder Zeit und in jeder Kultur, vielleicht sogar in jedem Menschenherzen sind Selbstverschließungs-, Abschottungs- und Eliminierungsmechanismen gegen dieses Licht am Werk. Aber die Gegensätze kulminieren in der Geschichte Jesu – dieses klaren Menschen, der ganz Gott in seinem Leben kommen läßt und bezeugt.

Jesu Leben und Wort sind bis heute wie ein Spiegel, in dem Menschen ihren egozentrischen, gewalttätigen Lebensentwurf und auch ihre verirrte Religiosität erkennen können. Diejenigen, die sich überführt sehen und sich gegen eine Selbstkorrektur sträuben, reagieren dann mit Verdrängung, Verharmlosung oder Ausgrenzung und Beseitigung des Störenfrieds. Jesu Weg der unbedingten Güte und vorbehaltlosen Zuwendung zu Erniedrigten und Verfemten erregt, wenn er nicht verharmlost wird, zu allen Zeiten den Widerspruch derer, die von der Erniedrigung und Verfemung anderer ihr falsches Leben leben.

Gottes eschatologisches Bemühen um die Gemeinschaft des Volkes Israel als ganzes stieß auf Ablehnung: die herrschende Clique entschied sich, indem sie den Mechanismen und Mächten dieser Welt verhaftet blieb. So geht es in der Menschengeschichte immer wieder zu, auch heute, mitten unter uns.

3. WAR JESU GEWALTSAMER TOD VON GOTT GEWOLLT?

Nach allem, was wir bisher entwickelt haben, war der Tod Jesu eine Tat der Menschen. Aber war er nicht auch eine Tat Gottes? War sein Tod, wie viele Christen meinen, von Gott gewollt? Im NT finden sich zwei Textgruppen, die eine gegensätzliche Antwort zu geben scheinen. Die eine Aussagenreihe sagt:

a) Jesus wurde von Menschen ausgestoßen und getötet: Hier werden Verurteilung und Kreuzigung Jesu – vom ältesten vorlukanischen Kontrastschema („ihr habt ihn getötet, Gott aber hat ihn auferweckt": Apg 2,23f.36 u. ö.), dem alten vormarkinischen Passionsbericht und dem Winzergleichnis (Mk 12,1–9) an – durchgehend auf das Handeln von Menschen zurückgeführt. Konkrete Menschen haben Jesus abgewiesen und getötet. Juden *und „Heiden"* haben sich in ihren Repräsentanten mitten in der heiligen Stadt „wider den Herrn und seinen Gesalbten ... zusammengerottet" (Apg 4,26f), haben den Boten und Repräsentanten des wahren, richtigen Lebens aus ihrer Mitte ausgemerzt. Sie haben das Negative in ihren Herzen abgespalten, es auf den Unschuldigen projiziert, über ihn – in seltsamer Verblendung (Lk 23,34: nicht wissend, was sie taten) – gerichtet und ihn als „Verbrecher" verurteilt (Lk 22,37). Das Kreuz Jesu ist eine Tat der gegen Gott und seine Geschöpfe sich verschließenden Menschen. Diese Aussagenreihe gibt die geschichtliche Ursache des Kreuzes Jesu an. Von ihr ist eine zweite Aussagengruppe zu unterscheiden:

b) Von Gott dahingegeben: Jesu Tod also doch von Gott gewollt? – Für die Jünger war das Kreuz Jesu ein schweres Ärgernis, das sie in eine tiefe Krise stürzte: War ihr Meister damit nicht erledigt, seine Botschaft nicht als Irrtum widerlegt? Ein gekreuzigter Messias – undenkbar! Und doch gab die Ostererfahrung genau dies zu denken und zu akzeptieren auf: der gekreuzigte Jesus – der Messias Gottes.

Von Ostern her lernten die Jünger das so verheerende Geschehen des Karfreitags nach und nach mit andern Augen zu sehen: Gott hat trotz der menschlichen Abweisung seiner Liebe nicht von dieser Liebe zu den Menschen gelassen. Er hat, indem er den von Menschen Hingerichteten zu sich erhöht und zum Anfänger eines neuen Lebens gemacht hat, die Untat von Menschen in ihr Gegenteil gewendet. Von daher ist das Kreuz nicht mehr nur Ausdruck des Nein von Menschen zu Gott und seinem Reich, sondern zugleich das Ja Gottes zu allen Menschen, auch zu den ihn feindlich Abweisenden. Im Licht der Auferweckung (nur in ihm!) wird also das Kreuz, das Wahrzeichen menschlicher Feindseligkeit und Gewalt, zugleich zum Zeichen von Gottes unbeirrbarem Heilswillen, zum Heilszeichen.

Diese Einsicht veranlaßt die Urchristen nun zum Suchen in der Schrift, ob dort nicht Hinweise auf die Passion des Gerechten, des Messias, zu finden seien, die man als Schriftbeweise vorbringen könnte. Zweitens kommt nun die Rede vom „Muß" des Leidens auf: „Dieses Schriftwort muß sich an mir erfüllen" (Lk 22,37). Oder: „Der Menschensohn muß viel leiden ..." (die nachösterlich Jesus in den Mund gelegte Leidensweissagung in Mk 8,31 par.). Drittens kommt es zur

Aussage, daß Jesus „sich dahingab“ (oder daß Gott ihn dahingab), daß Jesus also nicht einfach nur von einem bösen Geschick überwältigt wurde, sondern ganz bewußt seiner Sendung von Gott her treu blieb und so in den Tod ging (Gal 1,4; Mk 10,45 u. a.).

Mit diesen Motiven wird zum Ausdruck gebracht: Mitten in dem schlimmen Tun von Menschen hat Gott dennoch seinen fest beschlossenen Heilswillen weiterverfolgt und nicht preisgegeben. Keineswegs aber soll gesagt werden, der gewaltsame Tod Jesu sei das von Gott geplante Ziel gewesen. Eine solch sadistische Vorstellung stünde im Widerspruch zum Gottesbild Jesu und des Judentums: Gott will kein einziges Menschenopfer (solche sind ihm ein Greuel: Lev 18,21; 20,2–5; Dtn 12,31; 18,10; Jer 7,30f; 32,35; Ez 16,20f; 20,26), und er hat seinen Sohn auch nicht in die Welt gesandt, damit er von ihr umgebracht werde, sondern damit sie sich von ihm retten lasse (Joh 3,16f).

Der gewaltsame Tod Jesu war deshalb nicht von Gott gewollt oder gar initiiert. Man darf nicht Gott zuschreiben, was allein menschliche Unrechtsgeschichte Jesus, Gott und Gottes Geschöpfen antut. Es war nicht Gottes Wille, daß Jesus grausam getötet wurde. Aber es war durchaus Gottes Wille, daß Jesus auch diesen ihm von Menschen zugefügten Tod noch mit seiner Liebe zu Gott und zu den Menschen füllte.

4. WIE GING JESUS SELBST IN DEN TOD?

a) Todeserwartung und Todesbereitschaft Jesu: Spätestens seit der Tempelreinigung mußte Jesus mit seinem gewaltsamen Ende rechnen (vgl. Lk 13,34 par.; 11,49 par.; Mk 12,6–8). Zur Gewißheit wurde ihm dieses am letzten Abend. Das belegt der eschatologische Ausblick beim Abschiedsmahl: „Ich werde nicht mehr trinken vom Gewächs des Weinstocks, bis ich es von neuem trinken werde im Reiche Gottes“ (Mk 14,25; Lk 22,18). Eine doppelte prophetische Ansage. Sie verrät einerseits Jesu Wissen um den nahen Tod. Andererseits hoffnungsvolle Zuversicht über seinen Tod hinaus: Die Gottesherrschaft, deren Anbruch er bisher mit seinem ganzen Dasein angezeigt und präsentiert hatte, *wird* kommen – selbst wenn man ihn tötet. Die Tötung des Boten und Bringers des Ankommens Gottes kann das Ankommen Gottes nicht aufhalten. Gott kommt trotz der tödlichen Abweisung seines Sohnes zu den Menschen. Kommt er gar durch den Tod Jesu?

b) Bis zum Äußersten gesteigerte Pro-Existenz und Feindesliebe: Die Ablehnung und das drohende gewaltsame Ende stellten Jesus vor eine neue Situation und vor die schwerwiegende Frage, wie Gott auf jene Menschen reagieren würde, die sich durch das Angebot der bedingungslosen Annahme und Verzeihung nicht gewinnen ließen, sondern in verschlossener Selbstbehauptung verharrten. Wie sollte Gottes Güte sie doch noch erreichen? Hier mußte Jesus – im Namen Gottes – eine weiterführende Antwort geben.

Nun hatte Jesus ja schon in seiner Verkündigung seine Hörer dazu aufgerufen, selbst noch ihre Feinde zu lieben und sie durch ein unerwartet zuvorkommendes Verhalten zur Umkehr einzuladen: z. B. durch das Darbieten auch der andern Wange oder das Hergeben von mehr als dem zu Unrecht verlangten Kleidungsstück (Mt 5,38–41). Dabei war die Frage einer *tödlichen* Bedrohung noch außer acht geblieben. Jetzt aber wurde sie akut, und Jesus ging mit seinem eigenen Verhalten noch über das hinaus, was er selbst gefordert hatte: Auf die Steigerung des Bösen antwortete er nicht mit Rückzug oder Flucht noch mit Vergeltungsmechanismen, sondern mit der Steigerung seiner Liebe bis zur Bereitschaft, das Leiden auf sich zu nehmen. Jesus war bereit, die gewaltsame Tötung ohne Gegenwehr gewaltlos anzunehmen, sich also von den gegnerischen Mächten treffen zu lassen.

Worum ging es? Um das Geschick der (mit Jesus abgewiesenen) Gottesherrschaft, um das Ankommen der (doch abgelehnten) Güte Gottes in der Situation der Verschlossenheit. Daß die Güte Gottes doch noch eine Chance habe anzukommen, das war nur möglich dank einer Feindesliebe (Gottes und Jesu), die ganz radikal wurde, die also auf die gewaltsame Ablehnung mit einer noch größeren Zuwendung und einer neuen Form von Aktivität antwortete: indem sie sich ganz in das Dunkel der verschlossenen Welt hineinziehen ließ (vgl. Todesangst und Gottverlassenheit), um sie durch eine noch stärkere (Lk 11,22; Mk 3,27) Liebe zu unterwandern und von innen her zu öffnen zu Gott und den andern hin.

Jesus muß, wie die Abendmahlsgesten und die Ölbergszene zeigen, es als den Willen des Vaters erkannt haben, daß er in dieser dramatisch zugespitzten Situation, in der Konsequenz seiner Sendung, den Weg in den Tod zu gehen habe. Und er hat sich dazu durchgerungen, diesen Weg frei zu gehen: in einer letzten vertrauenden Übergabe an Gott und seinen Heilswillen für alle und darum in äußerster Solidarisierung mit allen Menschen, mit den notleidenden Opfern *und* mit den Leid zufügenden Tätern (nicht mit ihrer bösen Tat).

c) Ein kurzes Wort zur *Abendmahlsüberlieferung:* Sie ist – in all ihren Varianten – bereits so stark von nachösterlicher Reflexion und

Liturgie geprägt, daß die ursprüngliche Formulierung der Abendmahls*worte* Jesu nicht mehr feststellbar ist.

Anders steht es mit den ungewöhnlichen Abendmahls*gesten* Jesu, die aus dem Rahmen des jüdischen Mahlritus herausfallen (vor allem hatte dort jeder einen eigenen Becher, während Jesus emphatisch seinen Becher an alle herumreicht). In der dichten Atmosphäre des Abschieds waren das eindrückliche Hingabegesten, die sicher von deutenden Worten begleitet waren. Die Grundrichtung dieser Sinndeutung, die Jesus selbst seinem Sterben gab, dürfte noch in den gemeinsamen Grundmotiven der Abendmahlstexte durchscheinen („Dies mein Leib" = ich selbst; Hingabe, für euch; „dieser Becher der neue Bund, in meinem Blut" = in meiner Lebenshingabe): Jesus bietet sich an, damit Gott in seiner Lebenshingabe für die andern das Heil gegenwärtig machen und neue Gemeinschaft (den neuen Bund) begründen kann.

Wie immer man die Abendmahlsworte Jesu rekonstruiert, eines scheint deutlich: Jesus hat auch noch seinen bevorstehenden Märtyrertod in derselben – Gottes Kommen zu den Menschen dienenden – Haltung, die sein bisheriges Wirken prägte, aktiv (nicht nur passiv) auf sich genommen. Er dürfte demnach zuletzt sein Sterben durchaus soteriologisch als stellvertretendes „Sterben für" verstanden haben und dies in symbolstarken An-Deutungen zum Ausdruck gebracht haben, die Anhalt und Ansatzpunkt für nachösterliche Explikationen wurden.

5. WIE WURDE JESU TOD NACH OSTERN IM CHRISTENTUM VERSTANDEN? [11]

a) Das Pro nobis und die Vielfalt seiner Deutungen in der Geschichte: Jesus ist, so dürfen wir begründet annehmen, am Ende dem drohenden Tod nicht nur bewußt und gewaltlos entgegengegangen, er hat ihn auch als äußersten Dienst für das Kommen der Güte Gottes (auch zu seinen Feinden) verstanden, als Sterben für die vielen. Hier setzen alle nachösterlichen Deutungen an. Von Ostern (von der erkannten Auferwekkung Jesu) her begreifen sie Jesu Lebenshingabe als *äußerstes Zeugnis* für die Unbedingtheit und Unbeirrbarkeit der liebenden Zuwendung Gottes zu allen Menschen und als *äußerstes Ereignis* dieser liebenden Zuwendung; hier *geschieht* sie auch *real* in tiefster Weise. In diesem Sinne kann man sagen, daß Erlösung „durch" den Tod Jesu geschieht. Doch kann man das nur sagen, wenn der Tod nicht das absolute Ende Jesu war, also nur von der Auferstehung her.

Ich überspringe die ntl. Aussagen. Nicht alle stellen das Kreuz so in die Mitte, wie es die judenchristliche Sühneopfertheologie tut, die den Jerusalemer Sühnekult zur Folie nimmt (z. B. Röm 3,25f; Hebr), oder wie es die paulinische Kreuzestheologie tut, für die das Kreuz zum Integral der ganzen Jesusgeschichte wird, oder wie es später die westliche Theologie tut, die ihren Blick über weite Strecken auf das Kreuz (als Opfer, Sühne, Genugtuung) konzentriert und fixiert, weil sie das Unheil in Schuld und Sünde lokalisiert. Wichtig ist, daß nach dem NT (und großen Theologen wie Thomas von Aquin) die *ganze* Jesusgeschichte erlösende Bedeutung hat. Doch kommt der Passion (in Einheit mit der Auferstehung) besondere Bedeutung zu. Die gemeinsame Mitte der ntl. Erlösungsaussagen bildet das *Pro nobis:* es prägt Leben und Sterben Jesu genauso wie sein Wirken als erhöhter Herr (z. B. Röm 8,34e).

Das große Credo faßt diese christliche Glaubensüberzeugung zusammen, wenn es einerseits das „propter nostram salutem" als Vorzeichen vor das ganze irdische Dasein des Gottessohnes setzt und andererseits den Kreuzestod daraus nochmals hervorhebt durch jenes „crucifixus etiam pro nobis": für uns und für alle. Damit ist die Heils*wirksamkeit* des Todes Jesu definiert. Nie aber wurde definitiv festgelegt, *wie* man sich das, was im Sterben Jesu zu unserm Heil geschehen ist (also die Wirk*weise* des Heilsgeschehens am Kreuz), genauer vorstellen und erklären müsse: dafür blieb ein offener Spielraum.

So finden sich in der christlichen Tradition unterschiedliche Bilder und Deutekategorien, mit denen das Pro nobis zur Sprache gebracht wurde. Um die wichtigsten zu nennen: Opfer, Sühne, Lösegeld, Versöhnung u. a. (NT); wunderbarer Tausch, Sieg über Tod und Teufel, Erlösung von den Menschen tyrannisierenden Mächten (Kirchenväter); unendliche Genugtuung (Anselm) oder stellvertretendes Strafleiden (Luther), aber auch Zeichen und Werkzeug der versöhnenden Liebe Gottes (Thomas von Aquin) oder Ausdruck der Liebe Gottes im Sinne von Joh 3,16 (Abälard; Neuzeit).

b) Verengungen in der westlichen Kirchengeschichte: Manche Deutungen des Todes Jesu bereiten heute vielen Gläubigen erhebliche Schwierigkeiten, weil sie mit Mißverständnissen und Verdunkelungen der ursprünglichen Aussageintention des NT belastet sind. Das gilt besonders für die Begriffe Opfer, Sühne und Genugtuung.

Sie rückten im lateinischen Westen ins Zentrum. Hier fixierte man sich auf das Kreuz, weil man meinte, Erlösung sei nur möglich durch das Kreuz, genauer: durch den Opfertod bzw. die stellvertretende Sühne oder Genugtuung Christi. Diese einseitige Fixierung auf das Kreuz rührte daher, daß die westliche Theologie das Unheil primär in Schuld und Sünde lokalisierte – weniger in Vergänglichkeit, bedrückenden Mächten, Entfremdung, Sinnleere, Angst usw. Die Erlösung mußte daher vor allem auf die Sünde bezogen werden. Diese wurde aufgefaßt als Ungehorsam und Beleidigung Gottes, dessen Zorn wieder besänftigt werden muß, als Verstoß gegen die von Gott gesetzte Ordnung, die wiederhergestellt werden muß. Notwendig ist daher eine wiedergutmachende Leistung, welche die Menschheitsschuld bezahlt und den erzürnten Gott gnädig stimmt. Eine solche Leistung kann aber kein Mensch erbringen, sondern einzig der Gottmensch und Mittler: er kann sein Leben stellvertretend hingeben als unendlich wertvolles Sühnopfer. So rückte der als freiwillige menschliche Sühnetat verstandene Leidenstod Jesu ins Zentrum des Heilsinteresses. Ohne diesen Leidenstod gibt es keine Erlösung. Anselm von Canterbury hat diese Sicht in ein geschlossenes System gebracht. Mag er auch Richtiges gemeint haben, der Duktus seiner Ausführungen ist fragwürdig und löste in der Folgezeit manche Fehlentwicklungen aus.

Eine Nachwirkung der Sühnetheologie Anselms sieht Joseph Ratzinger in jenem westlich-„christlichen Allgemeinbewußtsein", das er folgendermaßen beschreibt: „Für sehr viele Christen und besonders für jene, die den Glauben nur ziemlich von weitem kennen, sieht es so aus, als wäre das Kreuz ... die Form, wie die unendlich beleidigte Gerechtigkeit Gottes mit einer unendlichen Sühne wieder versöhnt würde." Manche Andachtstexte enthielten eine Vorstellung von Gott, „dessen unnachsichtige Gerechtigkeit ein Menschenopfer, das Opfer seines eigenen Sohnes, verlangt habe. Und man wendet sich mit Schrekken von einer Gerechtigkeit ab, deren finsterer Zorn die Botschaft von der Liebe unglaubwürdig macht."[12]

c) Kritische Anfragen: Nicht erst Psychologen wie Tilmann Moser, Drewermann, Franz Buggle wenden sich mit Schrecken und Protest ab. Schon länger kritisiert eine an der Botschaft Jesu orientierte Theologie das Bild von dem grausam-sadistischen, patriarchalen Herrscher-Gott, der ein blutiges Sühnopfer verlangt und Vergebung nicht unbedingt, sondern nur aufgrund des Todes Jesu gewährt. Dieses Bild widerspricht der Botschaft und Haltung Jesu total: Der Gott Jesu ist nicht rachsüchtig und blutrünstig. Aber die Gottes- und Selbstbilder jener sind es, die in ihrem angstgetriebenen Rivalisieren einen Gott nach ihrem Bild und Gleichnis entwerfen. Kritisiert wird außerdem, insbesondere von Befreiungs- und Feministischer Theologie, die moralisierende Verwendung des Kreuzesopfers als Vorbild christlichen Verhaltens: Selbstaufopferung, Aufforderung, das eigene Kreuz zu tragen, ja sein Fleisch zu kreuzigen, die eigene Sinnlichkeit und sich selbst zu verleugnen. Das Kreuz wurde für vieles herangezogen, gebraucht und mißbraucht. Allzuoft wurde es in Kirche und Gesellschaft mißbraucht, um Untergebene niederzuhalten, um den Schwächeren (Frauen, Armen, Indios, Schwarzen usw.) Opfer abzuverlangen, sie zu Opfern zu machen oder auch um ihre Bemühungen, sich aufzurichten und ihr Recht zu erkämpfen, als Ungehorsam zu diskreditieren.

Es darf also nicht unüberlegt vom Kreuz, von Opfer und Sühne usw. geredet werden. Dem Mißbrauch wehrende Unterscheidungen sind nötig. Größte Sorgfalt und Genauigkeit muß gerade bei der Deutung des Todes Jesu walten.

6. WIE KÖNNEN WIR DIE BEDEUTUNG DES TODES JESU HEUTE VERSTEHEN?

a) Stellvertretendes Opfer? – Das deutsche Wort „Opfer" enthält zwei zu unterscheidende Bedeutungen, die in anderen Sprachen z. T. durch verschiedene Wörter bezeichnet werden:

(1) Das Opfer (etwa eines Verkehrsunfalls oder einer Mordtat) als passiv-leidendes Objekt eines fremden zerstörerischen Handelns (engl. *victim;* lat. victima); Opfer in diesem Sinn können auch Tiere werden.

(2) Das Opfer als Gebe-Akt (engl. *offering;* lat. offerre) eines handelnden Subjekts, das etwas aktiv hingibt; Opfer in diesem Sinn zu bringen ist eine spezifisch menschliche Möglichkeit. Dabei ist nochmals zu unterscheiden zwischen

(2a) der archaisch-kultischen Bedeutung (engl. *sacrifice;* lat. sacrificium = Darbringen einer äußeren Gabe durch deren Zerstörung zur Befriedigung einer erzürnten Gottheit) und

(2b) einer allgemeineren, weiten Bedeutung (verzichten, etwas hergeben um eines höheren Gutes willen: ich opfere Geld, die Dame beim Schach, Zeit, Kraft oder gar mein Leben für jemanden; vgl. das Opfer der wahren Mutter im salomonischen Urteil).

Jesus wurde ganz eindeutig passiv-erleidendes Opfer eines fremden zerstörerischen Handelns: er fiel der Feindschaft von Menschen zum Opfer (1). Aber Jesus wurde von ihnen *nicht* als kultisch-sakrifizielles Opfer zur Umstimmung Gottes dargebracht (nicht 2a), und er brachte sich auch nicht selbst zur Besänftigung eines zornigen Vatergottes dar, wie man im Westen häufig annahm. Der Vater Jesu mußte nicht erst versöhnlich gestimmt werden. Nicht wir Menschen (oder Christus an unserer Stelle) müssen Gott versöhnen, vielmehr hat *umgekehrt Gott selbst* in Christus die Menschenwelt mit sich versöhnt (2 Kor 5,19), weil er sie „so geliebt" hat (Joh 3,16).

Eine Übertragung außerchristlich-kultischer Opfervorstellungen auf das Sterben Jesu ist deshalb sehr problematisch. Ein christlicher Opferbegriff darf sich nicht von ihrer inneren Logik leiten lassen (do ut des: umstimmende Einwirkung *auf Gott* durch äußere Sach-, Tier- oder Menschenopfer). Er kann nur entwickelt werden von dem inhaltlich ganz bestimmten und unverwechselbaren Leben und Sterben Jesu her, d. h. inhaltlich bestimmen muß ihn Jesu totales liebendes Sich-Hingeben an den Vater und an uns.[13] Darin aber geht es gerade um die versöhnende Einwirkung Gottes *auf uns,* und zwar dadurch, daß Jesus auch in seinem Sterben ganz zu Gott hin offen und für Gott bereit ist und so Gott mit seiner abgrundtiefen Liebe auch noch zu seinen Feinden kommen und dasein läßt. Jesus nimmt in radikaler (Feindes-)Liebe den ihn zum passiven Opfer machenden tödlichen Haß (gegen sich wie seinen Gott) auf sich und unterläuft ihn, indem er ihm begegnet mit dieser radikalen Liebe; mit ihr schaltet er sich aktiv in das passive Erleidenmüssen ein. Das zeigen die Hingabegesten beim Abendmahl. In seiner alles gebenden („offerierenden") Liebe hat Jesus die grenzenlose Liebe Gottes bezeugt und vergegenwärtigt – bis in die finstere Situation äußerster Abweisung dieser Liebe hinein. Sein Tod *bezeugt* nicht nur die Radikalität der Liebe Gottes, sie *geschieht* in ihm auch in letzter Radikalität. Gott versöhnt die Sünder mit sich (aber er versöhnt sich nicht mit der Sünde und ihren Folgen: Haß, Gewalt, Unterdrückung, Elend; sie berühren und verletzen ihn in der Tat, weil sie seine geliebten Geschöpfe verletzen).

In der Lebenshingabe Jesu hält Gott also das Angebot seiner die Sünder suchenden Güte aufrecht: als Selbstangebot, als Selbst-„Offerte" (Selbstopfer) und Selbsthingabe Gottes. Er hält es aufrecht noch mitten in der Ablehnung dieses Angebots. Und er wirbt um unsere freie Annahme, um unsere Erwiderung der Liebe, um Überwindung von Haß und Abgrenzung. Der solchermaßen umgeprägte Begriff „Opfer" bezeichnet also das Hingegebensein an den unbedingten Heilswillen Gottes für alle, ohne Ausschluß von irgend jemand. Und das christliche Opfer kann darum letztlich nur noch solches Hingegebensein an Gottes guten Willen für alle (und die daraus erwachsende konkrete Tat der Güte) bezeichnen: ein Sich-Geben, das aus Selbstbejahung heraus erfolgt, nicht aus Selbstnegierung und Opfersucht.

Das „Opfer" Jesu Christi befreit uns von dem masochistischen Zwang, Opfer leisten zu müssen. Es befreit uns auch von dem sadistischen Versuch, dadurch uns zu steigern und etwas zu gewinnen, daß wir andere zu Opfern machen. Es befähigt uns vielmehr dazu, in Selbstbejahung und aus freier Entscheidung – um des Wohles und Heiles anderer willen – etwas von uns (oder gar uns) selber zu geben (zu „opfern"), ohne der Einbuße zu achten, die wir dabei vielleicht erleiden; solcher „Opfer" bedarf unsere Welt.

b) Können wir noch von Sühne und Genugtuung durch Jesu Tod reden? Das biblische Verständnis der Sühne hat nichts mit menschlicher Leistung oder Umstimmung der Gottheit zu tun: Gott braucht keine Sühne, der Mensch braucht sie. Sühne ist im AT eine den Menschen von Jahwe geschenkte Möglichkeit der Vergebung und des Neuanfangs: Durch die stellvertretende Hingabe des Blutes eines Opfertiers (Lev 17,11) wird zeichenhaft (eigentlich nicht ersatzweise!) die persönliche Lebenshingabe des Menschen vollzogen, der dadurch mit Gott neuen Lebenskontakt bekommt und Entsühnung erfährt. Gott selbst entsühnt dabei die Sünden, die „uns zu mächtig werden" (Ps 65,3–5). Freilich, der Sühnopferkult im Tempel war voll unterschwelliger Gewalt, und er drohte stets zu veräußerlichen, zum Alibi zu werden für die eigentlich geforderte persönliche Hingabe, die Gottes- und Nächstenliebe (daher die prophetische Kultkritik seit Hos 6,6: „Liebe will ich, nicht Schlachtopfer").

Jesus stand dem Sühnopferbetrieb im Tempel äußerst kritisch gegenüber: Er hat die Menschen, die Vergebung und Kontakt mit Gott suchten, nicht an die Sühnopfer im Tempel verwiesen. Die andrängende, sich anbietende Güte Gottes bedeutet Vergebung und Versöhnung unabhängig vom Tempel und seiner Sühne. Gottes zuvorkommendes Vergebungshandeln ist auf keine (meist eben doch ersatzweise) Sühne und auf keinen Sühnetod eines Lebewesens angewiesen, auch nicht auf den Sühnetod des Sohnes. Aber – und das verändert die Situation ganz entscheidend – Menschen lehnten (und lehnen) die *bedingungslose* Vergebung und Annahme *aller* ab und töteten den Gottesboten, der sie brachte und forderte (Mk 12,6–8). Da hat Gott die gekreuzigte Liebe seines Sohnes noch einmal zu einem Geschehen von (auch letzte Grenzen überschreitender) Annahme und Vergebung für alle gemacht. Frühe hellenistische Judenchristen (die Jesu tora- und tempelkritische Praxis fortführten) begannen daher von Jes 53 her den Tod Jesu als das abgründige Geschehen zu sehen, in dem Gott definitiv Sühne für alle Völker schenkt (Röm 3,25f u. a.). Das bedeutet: Die gekreuzigte Liebe Jesu ist der endgültige Ort der vergebenden Präsenz Gottes.

Damit hat sich freilich der Begriff der Sühne entscheidend gewandelt. Sühne meint kein ersatzweises Sühnopfer, keine Bezahlung eines Preises (Lösegeldes) an Gott, sondern Gottes eigene liebend-vergebend-annehmende *Selbst*-Darbietung an die ihm entfremdete Menschheit, die ein für allemal (Hebr 10,10) und universal allen Menschen gilt. In der äußersten Liebe des sterbend sich hingebenden Jesus *geschieht* die äußerste Selbstinvestition der (Feindes-)Liebe Gottes in die ihm entfremdete Menschheit hinein. In diesem neuen Sinne ist am Kreuz endgültige Sühne von Gott her geschehen. Nichts Geringeres hat sich im Sterben Jesu ereignet. Damit hat *Gott* wirklich „genug getan".

Gott überbrückt von sich aus (und ohne unser Zutun, wohl aber durch das Zutun der im Leiden durchgehaltenen Liebe Jesu) den Abgrund, der uns von Gott trennt. Die Investition seiner ganzen Liebe in die von ihm getrennte Menschheit hebt die Trennung auf. Sie begründet für alle Zukunft die Möglichkeit von Vergebung. Gott will keine Ersatzleistung für Schuld und keine Strafe. Vielmehr gewährt Gott Vergebung und Gemeinschaft mit ihm bedingungslos. Er tut es im Wirken Jesu, und er tut es definitiv in dem von Menschen herbeigeführten Sterben Jesu, das Jesus mit letzter Hingabe an Gottes Heilswillen für alle (die Sünder) gefüllt hat und das Gott darin zur vergebenden Selbstdarbietung (= Sühne) gewendet hat. Vor diesem Gott braucht der Mensch keine Angst mehr zu haben. Aber er kann tiefe Ehrfurcht vor der Unbegreiflichkeit der warumlosen Güte dieses Gottes haben.

Das alles kann man freilich nur von Ostern her wissen (ohne Ostern bliebe das Kreuz nur das grauenhafte Symbol menschlicher Gewalttätigkeit und des Scheiterns einer großen menschlichen Liebe). Nur im Licht von Ostern zeigt sich am Kreuz Jesu: Gott selbst steht für uns ein. Das ist übrigens die Grundaussage der ntl. Sühnetheologie, daß „Gott für uns ist" (Röm 8,31), unter allen Umständen. Dagegen kommt keine Macht an.

c) Grundsätzliches zur Rede vom erlösenden Tod Jesu heute: Man muß, wenn man vom Sterben Jesu als seinem Opfer- und Sühnetod sprechen will, sehr sorgfältig unterscheiden und genau reden; sonst wird alles falsch! Wo deshalb im Alltag der Kirche, der Predigt usw. nicht sorgfältig unterschieden und genau geredet wird, sollte man besser auf so belastete und leicht mißbrauchbare Worte wie Opfertod und Sühnetod verzichten und ohne sie, in eigenen Worten – und sei's etwas weniger tief – sagen, was man meint (falls man überhaupt etwas meint).

Man müßte dann, wie wir es versucht haben, von der gekreuzigten Liebe Jesu reden und damit von zwei Dingen, die am Kreuz aufeinanderprallen: einerseits von menschlichem Haß, Feindschaft und Gewalttätigkeit, andererseits von radikaler Güte, Solidarität und Gewaltlosigkeit Jesu und (im Licht von Ostern:) Gottes selber. Beides prallt hier aufeinander. Aber wie? Am Kreuz geschieht mitten unter der Abwehr und Beseitigung der Güte Jesu und Gottes genau nochmals jene Güte eines Menschen und darin Gottes, freilich in äußerster Form, eben im Sterben als dem letzten Aus-sich-Herausgehen auf den anderen zu: letzte Selbst-Entäußerung der Liebe. Mitten in der tiefsten Entzweiung zwischen Gott und Welt, die die Verwerfung Jesu und seines Gottes bedeutet, hat Gott sich der Welt selber unumstößlich eingestiftet, selber die Brücke gebildet, den unzerbrechlichen neuen Bund begründet und so auch für schuldiggewordene Menschen Gottesbeziehung möglich gemacht. Indem Gott den radikal gewordenen Graben der Gottentfremdetheit bleibend mit der Anwesenheit seiner ganzen Liebe füllt, können wir auch in äußerster Schuld uns in diese Liebe hineinfallen lassen, uns in ihr heilen und verwandeln lassen. Solches Wandlungsgeschehen meint die Eucharistie: Nicht nur oder primär die Gaben, wir selbst sollen wieder neu gewandelt werden, von Übeltätern zu Wohltätern, von Gewalttätern zu Sanftmütigen, d. h. zu Menschen, die den Mut haben, sanft und zärtlich zu sein.

Zweiter Teil: Die Auferstehung

1. MODERNE SCHWIERIGKEITEN MIT DER AUFERSTEHUNG

Die Schwierigkeiten mit der Auferstehung Jesu sind nicht neu. Nach der Areopagrede Apg 17,31f hat schon Paulus bei den Populärphilosophen Athens nur Spott geerntet, als er die Auferweckung Jesu behauptete, die sie offenbar als „Wiederbelebung des Leichnams“ mißverstanden, ein abstruses Mißverständnis der „leibhaftigen“ Auferstehung in vielen Köpfen bis heute (etwa bei Franz Alt). Seit dem *Rationalismus* des 18. Jh.s haben sich die Schwierigkeiten mit der Auferstehung gewaltig verschärft: Für den Deismus ist ein göttliches Wirken *in* der Welt nicht mehr denkbar, für den Positivismus gibt es nur noch diese eine „natürliche“ Wirklichkeit, für den heutigen Konstruktivismus sind nur noch die Konstruktionen des Menschen real. Wirklichkeit wird also gleichgesetzt mit dem, was *wir von uns aus* beobachten, überprüfen, kontrollieren oder konstruieren können. In diesem *Wirklichkeitsverständnis* bleibt für den biblischen Gott und für die Auferstehung Jesu kein Platz mehr: nur noch für unser Tun und höchstens noch für von uns konstruierte Gedanken von Gott.

Das Buch von Gerd *Lüdemann* „Die Auferstehung Jesu“[14] liegt ganz in diesem Trend. Am Montag vor Ostern machte es der „Spiegel“ publik unter den Titelfragen: „Lebt Jesus weiter wie Goethe?“ und „Können wir noch Christen sein?“ (einer Lüdemann-Frage). Im Vorspann des Artikels hieß es: „Ist Jesus auferstanden, wie es in der Bibel steht und seit nahezu zwei Jahrtausenden gelehrt, gepredigt und geglaubt wird? Ein Göttinger Theologe hat das seit langem kritischste Buch über die Auferstehung geschrieben. Demnach blieb Jesus im Grabe, und am ‚dritten Tag‘ ist nichts geschehen, die Jünger hatten nur Visionen.“ Das ist in der Tat kurz gefaßt Lüdemanns historisch-kritische Position. Ganz am Ende seines Buches fügt Lüdemann an seine historisch-kritische Durchsicht noch einen kurzen liberal-frommen Schluß an: „Allerdings *glaube* ich, daß dieser Jesus durch den Tod nicht der Vernichtung anheimgegeben wurde, und die *Gedanken* seines Seins bei Gott, seiner Erhöhung, seiner Auferstehung und seines Lebens ergeben sich aus *unserer* Gemeinschaft mit Gott wie von selbst“ – eben als unsere Glaubensgedanken. Konsequent modern.

G. van der Leeuw hat einmal geschrieben: *Wenn* das moderne Denken überhaupt etwas von Gott weiß, so doch „nur vom Tun des Menschen in der Beziehung zu Gott, nichts vom Tun Gottes“; für die Religionen dagegen sei gerade „Gott der Agens in der Beziehung zum Menschen“.[15] Der biblisch-christliche Glaube rechnet nicht nur mit *unserem* Tun in der Beziehung zu Gott, sondern mit dem Wirken *Gottes* selbst in der Welt: durch die Eigendynamik der Dinge im Kosmos, durch für ihn offene, wahrhaft humane Menschen, vor allem durch Jesus von Nazaret. Da aber diese weltlichen Ereignisse, wenn man Gott leugnet, nicht gegenstandslos werden, kann der Schein rein natürlicher Erklärungsmöglichkeit entstehen. Das gilt offenbar auch für die sog. Ostererscheinungen. Anders steht es mit der Auferweckung vom Tod: Sie wird ohne die Anerkennung eines Gottes, der mehr vermag, als in der Welt (ihrem „Stirb und Werde“) „drin“ ist, eo ipso sinnlos. Ohne Gott gibt es keine persönliche Auferstehung.

2. WAS BEHAUPTET DAS NTL. ZEUGNIS VON DER AUFERSTEHUNG JESU?[16]

Das gesamte NT vertritt in völliger Einmütigkeit die ihm fundamentale Überzeugung von der Auferweckung Jesu vom Tod. Es gibt keinerlei Meinungsverschiedenheiten darüber, daß Jesus lebt, und zwar er selbst, nicht nur seine „Sache“. Ohne die Überzeugung, daß Jesus auferweckt ist, wäre es wohl gar nicht zur Überlieferung von Jesu Wirken und Sterben gekommen (weil das zu Überliefernde sich durch den Kreuzestod erledigt hätte). Ohne die Auferstehung Jesu wären eben auch das Leben und Leiden Jesu eine Geschichte der begrabenen Hoffnungen – wie so vieles.

a) Was meint die Bildrede von der Auferstehung Jesu? – „Auferweckung“ oder „Erhöhung“, „Verherrlichung“, „neues Leben“ – das sind allesamt Bildworte (Metaphern, Modellvorstellungen), die aus unserer Erfahrung geläufige Wörter metaphorisch (= übertragen) verwenden, um auf eine neue, uns noch unvertraute Wirklichkeit hinzuweisen und sie zu erschließen. „Aufgewecktwerden, aufstehen“ z. B. sind alltägliche Wörter zur Bezeichnung uns vertrauter Dinge (aufwekken/aufrichten/aufstehen vom Schlaf, aus Krankheit oder Niederlage). Das späte AT verwendet diese Wörter im übertragenen Sinn als vorausweisende Bilder für eine erhoffte, noch nicht eingetretene, alle weltlichen Möglichkeiten übersteigende Wirklichkeit: für die endgültige leibliche Auferstehung der Toten (Jes 26,19; Dan 12,2). Und zwar verwendet das AT und genauso das NT beide Ausdrücke (aufwecken und aufstehen) synonym: Weil Gott sie „auferweckt“, „auferstehen“ die Toten – in ein endgültiges Leben hinein.

Das NT sagt mit diesen Metaphern aus, Gott habe dieses für die Zukunft Erhoffte an Jesus bereits gegenwärtige Wirklichkeit werden lassen. Das NT behauptet also nicht eine von den Jüngern nur in Zukunft erhoffte Auferstehung Jesu, sondern die durch Gott bereits bewirkte (und offenbarte) Auferstehung Jesu: als perfektische Realität, als reale Überwindung des Todes.

Mit der „Auferstehung“ Jesu meint das NT aber keine Wiederbelebung eines Toten (wie bei den Wundergeschichten von Totenerweckungen, etwa des Lazarus), also keine Rückkehr ins irdische, erneut sterbliche Leben und damit unter empirisch prüfbare Daseinsbedingungen. Sondern es meint den Übergang (die Transformation) in die uns noch verborgene endgültige Daseinsform bei Gott, also den Beginn eines radikal neuen, unzerstörbaren Lebens: „Christus, von den

Toten auferweckt, stirbt nicht mehr" (Röm 6,9f; vgl. Apg 13,34; Hebr 7,24f; Offb 1,17f). Das, was mit der „Auferweckung" Jesu gemeint und behauptet ist, sprengt also den Bereich der uns erfahrbaren natürlichen Welt.

Auferstehung ist Metapher für ein real eingetretenes Geschehen, das sich gleichwohl der sinnlichen Anschauung und empirischen Feststellbarkeit entzieht. Deswegen gibt es nach dem NT auch keine unmittelbaren Zeugen des Auferstehungs-„Vorgangs"; diesen *konnte* niemand sehen. Die Auferstehung Jesu selber ist also keine historisch beweisbare Tatsache, sondern eine nur im Glauben erfahrbare und erfaßbare Wirklichkeit: Mysterium im strikten Sinne. Und die ntl. Rede von der Auferweckung Jesu ist keine neutral berichtende, gegenständliche Aussage, sondern Glaubensaussage. Genauer: Sie ist Zeugnis und Bekenntnis von Glaubenden, die (1) von dem, was sie bezeugen, existentiell betroffen und verändert sind und es mit ihrer veränderten Existenz bezeugen, die (2) überzeugt sind, daß sich die bezeugte Auferstehung Jesu noch für alle Welt bewahrheiten werde, und die (3), indem sie die Auferstehung Jesu bezeugen, nicht unsere Neugierde befriedigen wollen, sondern unsere eigene Betroffenheit und Existenz-Veränderung (Umkehr) anzielen.

Wir hatten dargelegt: Der Auferstehungsvorgang und der Auferstandene können, von ihrer Seinsweise her, gar keine empirisch vorfindlichen Größen sein. Sie gehören nicht unserer – von uns aus zugänglichen – sinnlichen Erfahrungswelt an. Aber, so bleibt zu fragen, kann der Auferstandene sich denn nicht – von sich aus – in unsere Erfahrungswelt hinein kundtun, „erscheinen", sich offenbaren?

b) Ein Überblick über die ntl. Ostertexte: Die Texte zerfallen in zwei Grundtypen: Bekenntnisformeln und Erzählungen.

(1) Die *ältesten* Zeugnisse für den Glauben an die Auferstehung Jesu sind *kurze formelhafte Wendungen:* „Gott hat Jesus aus den Toten auferweckt", ihn „erhöht", „lebendig gemacht". In diesen uralten kurzen Bekenntnisformeln fehlen all die anschaulichen Details, die uns aus den späteren Ostererzählungen der Evangelien vertraut sind.

Die *eingliedrige Auferweckungsformel* „Gott hat Jesus aus den Toten auferweckt" geht bis in die Anfänge der Urgemeinde zurück und findet von frühen bis in späte Schichten des NT weite Verbreitung (z. B. Apg 3,15; 1 Thess 1,10; Röm 4,24; 6.4.9; Mk 8,31 par.; 16,6 par.; Joh 2,22; 20,9; 2 Tim 2,8; Offb 1,18; u. v. a.). Sie spricht vom lebendigmachenden Handeln Gottes am getöteten Jesus, wodurch er sich zu dem scheinbar widerlegten Jesus bekennt und sich als der Gott erweist, den

Jesus mit seiner ganzen Existenz verbürgt hatte: der die Verlorenen annimmt und rettet, und dies unter allen Umständen, eben auch im Tod (wie jetzt bei Jesus). Die Auferweckungsformel wurde früh weiter *ausgestaltet* zu kleinen Glaubensbekenntnissen. Deren wichtigstes ist die „Überlieferung", die Paulus in *1 Kor 15,3–7* zitiert. Er hat sie wohl schon kurz nach seinem Damaskuserlebnis um 35 n. Chr. „empfangen", auch sie ist also recht alt. Dieses Credo bekennt, daß der gekreuzigte „Messias starb für unsere Sünden" und von Gott „auferweckt wurde am dritten Tag" (d. i. keine historische Angabe, sondern – seit Hos 6,2 – symbolischer Ausdruck für die von Gott herbeigeführte Wende in der Not). Daß Jesus wirklich den Tod gestorben ist, das wird bekräftigt durch den Hinweis, daß er begraben wurde; und daß er wirklich der Auferweckte ist, das wird beglaubigt durch den Hinweis, daß „er erschien dem Kephas" usw. und ihnen so offenbar wurde.

(2) Die *späteren Ostererzählungen:* Sie gliedern sich in Grabfindungs- und Erscheinungserzählungen. Beide sind nicht historische Erfahrungsberichte (Reportagen) mit protokollarischer Wiedergabe der Osterereignisse. Vielmehr sind sie spätere Verkündigungen in Gestalt narrativer Veranschaulichung des uralten Osterbekenntnisses („Jesus wurde auferweckt") und der Ostererfahrung („er erschien"). Diese erzählerische Veranschaulichung fällt bei den vier Evangelisten – ihrer Gemeindesituation und ihrer Aussageabsicht entsprechend – sehr verschieden aus. Daher erklären sich die Ungereimtheiten und Widersprüche, die nicht nur Christentumskritikern immer schon aufgefallen sind.

– Zur *Grabauffindungserzählung,* deren älteste Fassung in Mk 16,1–8 (um 70 n. Chr.) vorliegt: Sie setzt bereits die Botschaft von der Auferweckung Jesu (1 Kor 15,3–5) voraus und ist auf sie hin komponiert. Es geht ihr gar nicht primär um die Entdeckung eines geöffneten oder leeren Grabes durch Frauen, die Grabszene gibt nur den expositionellen Rahmen ab für die zentrale Osterbotschaft im Munde des Verkündigungsengels (ein geläufiges Motiv): „Ihr sucht Jesus von Nazaret, den Gekreuzigten; er ist auferweckt." Erst *nach* der Auferstehungsverkündigung spricht der Engel von der Nichtauffindbarkeit Jesu im Grab („er ist nicht hier ..."): ein nachträglich bestätigendes Zeichen für die Realität der verkündeten Auferweckung, aber keine Begründung für den Glauben an diese; das geöffnete (leere) Grab löst gerade nicht den Osterglauben, sondern nur Schrecken aus. Ein leeres Grab ist ja auch vieldeutig und kein Beweis für Auferstehung. War das Grab Jesu leer? Historisch läßt sich die Frage nicht sicher beantworten. Mußte es aus Glaubensgründen leer gewesen sein?

– Zu den *Erscheinungserzählungen:* Von „Erscheinungen" des auferstandenen Gekreuzigten sprach die älteste Überlieferung nur in kurzen, formelhaften Wendungen (1 Kor 15,4–7: „auferstanden und erschienen dem Kephas usw."; vgl. Lk 24,34; Apg 13,28.30f; 1,3 und 10,39f; evtl. Q: Lk 10,21f/Mt 11,25–27). Noch der erste Evangelienschreiber erzählt nicht von Erscheinungen, sondern weist nur auf die ihm vorgegebenen Erscheinungen hin (Mk 16,7c). Erst die Großevangelien inszenieren und entfalten das ihnen vorgegebene Datum der Erscheinungen in vielfältigen Variationen; daher die starken (nicht harmonisierbaren) Unterschiede. Man muß bei der Lektüre immer fragen: Auf welche Frage (seiner späteren Generation) will der Evangelist antworten? Die Leser des Lk sind offenbar von der Frage bewegt: Wo begegnet uns der auferweckte Herr denn heute, also über 50 Jahre später? Die Antwort des Lk in der Emmauserzählung: Der Herr begegnet uns im ausgelegten Wort der Heiligen Schrift und im gemeinsam gefeierten Herrenmahl. Die Leser des Joh hielten wohl die ersten Osterzeugen für Privilegierte, die „sehen" durften und deshalb gar nicht hätten glauben müssen. Die Antwort des Joh in der Thomaserzählung (einer Predigtgeschichte): Sie waren nicht privilegiert; „selig, die nicht sehen und doch glauben"; usw. Kurzum: Die Evangelisten beantworten in den Erscheinungserzählungen nicht die Frage nach der Auferwekkung Jesu selbst und nach seinen Erscheinungen vor den Urzeugen, sondern Anschlußfragen der schon gläubigen Gemeinden ihrer Zeit.

3. ZU EINEM VERANTWORTETEN VERSTÄNDNIS DER AUFERSTEHUNG

a) Jenseits von Fundamentalismus und Rationalismus: Diese einander scheinbar entgegengesetzten Extreme meinen beide, daß das NT und die christliche Tradition an die Auferstehung Jesu – wie sie sagen – „wörtlich" geglaubt hätten: also an die Wiederbelebung des Leichnams, „an das leibhafte Hervorgehen des Auferweckten aus dem Grab, die leibhafte Himmelfahrt zu einem bestimmten Ort, welcher Thron Gottes heißt" usw.[17] Nur in ihrer Stellungnahme zu dieser angeblichen ntl. Meinung unterscheiden sich die beiden Extreme.

(1) Der *Fundamentalismus* sagt, wir müßten das auch heute so glauben: Die Auferstehung Jesu wird hier zum großen mirakelhaften Eingriff Gottes von oben, der die naturgesetzlichen Abläufe außer Kraft setzt. Das leere Grab und die Erscheinungen seien „die beiden histori-

schen Ecksteine", die Ostererscheinungen eine „empirische und sinnenfällige Tatsache"; Jesus sei von Thomas (was übrigens Joh 20 nirgends sagt!) tatsächlich betastet und berührt worden.[18]

(2) Auch der *Rationalismus* meint, „daß die Menschen damals ‚wörtlich' an die Auferstehung geglaubt haben". Aber er lehnt diese Sicht als „supranaturalistisch" ab: die „wörtlichen Aussagen von der Auferstehung Jesu (haben) mit der Umwälzung des wissenschaftlichen Weltbildes ihren wörtlichen Sinn verloren". Daher sind „die traditionellen Vorstellungen von der Auferstehung Jesu als erledigt zu betrachten und durch eine andere Sicht zu ersetzen": Zu Ostern geschah das innerliche Wiederauferstehen des Jüngerglaubens an den geschichtlichen Jesus. Denn: „Vor Ostern war bereits all das vorhanden, was nach Ostern endgültig erkannt wurde." Ostern bringt also keinen neuen Inhalt. Dann fügt Lüdemann noch als Zugeständnis an: Wir „dürfen aber glauben, daß er (Jesus) auch als der nun Lebende bei uns ist".[19]

b) Zum biblisch-christlichen Wirklichkeits- und Gottesverständnis: Beide skizzierten Extrempositionen haben eine sehr primitive Sicht von den biblischen Autoren und der Tradition! Lüdemann z. B. hat nicht einmal gemerkt, daß diese schon längst zwischen dem kosmologischen Himmel (engl. sky) und dem theologischen Himmel (engl. heaven) unterschieden haben, der Himmel über unseren Köpfen also ein Bild ist für Gott und für die Erfüllung unserer tiefsten Sehnsüchte. Nicht wo der Himmel ist, ist Gott, sondern wo Gott ist, da ist der Himmel.

So macht z. B. schon 2 Kön 8,27 klar: „Der Himmel und aller Himmel Himmel vermögen Gott nicht zu fassen"; die lukanische Himmelfahrtserzählung will das endgültige Eingehen Jesu in die verborgene Gegenwart Gottes ausdrücken. Die große christliche Tradition war sich dieser Bildhaftigkeit bewußt. Im Anschluß an Augustin, Albert und Thomas von Aquin sagt z. B. Nikolaus von Kues über die Himmelfahrt Christi: Himmel meint keinen Ort da oben, Himmel meint Gott. Gott ist sowohl „die einfassende Peripherie von allem", da er „über allem" ist und alles umfängt, als auch „das Zentrum", das alle Wirklichkeit „durchdringt", der „Mittelpunkt aller Wesen" und ihr „Leben". Deshalb sitzt der erhöhte Christus „nicht gleichsam am Rande des Kosmos, sondern im Zentrum" aller Wirklichkeit.[20] Erst die Neuzeit und eine dekadente Schultheologie haben Gott und Welt dualistisch-deistisch voneinander getrennt, haben Gott zur weltjenseitigen, abstrakten Transzendenz reduziert, zum bloß äußerlichen Gegenüber der Welt, und die Welt zu seinem bloßen Werk, zur reinen Immanenz, in der Gott nicht vorkommt.

Bibel und christliche Tradition sehen Gott (und Welt und Mensch) anders. Drei Grundperspektiven und -modelle sind unverzichtbar:

(1) Gottes Welttranszendenz: „Von allen Seiten umgibst du mich" (Ps 139), „in ihm leben wir, bewegen wir uns und sind wir" (Apg 17), wir und alles Kosmische. Es gibt kein Außerhalb Gottes: alles kommt schon immer in der unendlich aufgespannten Weite seines Lebens vor.

(2) Gottes Weltimmanenz: Gott durchpulst auch alles: „Bin nicht ich es, der Himmel und Erde erfüllt?" (Jer 23,24; vgl. Jes 6,3 u. a.) Gott ist die feurige Kraft in allem (Hildegard); im Kosmos und in jedem geschaffenen Wesen ist er „intimst präsent" wie die Seele im Leib (Thomas, STh I 8). Augustin nimmt beide Aspekte zusammen in folgendem Bild: Die geschaffene Welt kommt ihm vor wie ein riesiger Schwamm, umflutet von einem unermeßlichen Meer und von ihm zugleich durchtränkt (Conf. VII 5). Andere wählen Metaphern wie die Atmosphäre, die uns umgibt und zugleich belebend in uns eingeht.

(3) Gott, das große Du: Gott begegnet uns auch als Gegenüber, freilich nicht als räumlich-äußerlich-gegenständliches, sondern als personales Gegenüber, als Du, das in der Freiheit seiner Liebe uns in unsere endliche Eigenständigkeit hinein freigibt und um unsere Gegenliebe wirbt: d. h. bei uns Aufnahme, Einlaß, Raum finden, in uns wohnen möchte – zu unserer und anderer Erfüllung. Ein Du, das sich von diesem unbedingten Liebesentschluß für uns auch nicht durch den tödlichen Widerspruch gegen diese Liebe (am Kreuz) abbringen läßt.

Gott also, umfassender Urgrund, innerstes liebendes Zentrum und Geheimnis aller Wirklichkeit: in ihn stirbt Jesus hinein. Und in ihm ist er gegenwärtig: nicht am Rande des Kosmos, sondern im Zentrum aller Wirklichkeit. (In diesen Gott werden auch wir hineinsterben, und in ihm sind unsere Toten geborgen und uns gegenwärtig.) Aber:

c) Was meint leibliche Auferstehung? – Was heißt Auferstehungsleib? Zuvor: Was heißt Leib? Leib und (materiell-physischer) Körper sind nicht dasselbe. Der Leib „hat schon immer eine zum Seelischen gehörige Schicht" (E. Husserl), ist voller Bedeutung, Selbstausdruck der Person und Medium ihrer Kommunikation; erst wenn wir davon absehen, erhalten wir den bloßen materiellen Körper, ein Abstraktionsprodukt. In der Bibel meint Leib nicht einen Teil des Menschen (den Körper), sondern den Menschen als ganze Person in seinen gelebten Beziehungen zu den andern und in seinem Verwobensein mit dem Kosmos (personale Selbigkeit in Beziehungen).

Leibhaftige Auferstehung bedeutet daher, daß der Mensch in seiner personalen Selbigkeit mit all seinen Beziehungen (zu Mitmenschen und zur ganzen Schöpfung) von Gott gerettet, geheilt und vollendet wird. Das beinhaltet auch die Heilung und Vollendung der – positiv gelebten, gescheiterten, verweigerten, vorenthaltenen usw. – Beziehungen der Person und die Erfüllung ihrer unerfüllten Möglichkeiten und Sehnsüchte. In der Auferstehung wird der Mensch kein anderer, aber radikal anders: Ich persönlich oder „leibhaftig" darf sein, es wird *nicht ein anderer* an meiner Stelle geschaffen; aber genau ich darf *anders* und so endlich mit den andern ganz ich selber sein vor und in Gott. Leibliche Auferstehung heißt: Der Bezug der Person zu den andern und zum (materiellen) Kosmos bricht nicht ab, er wird durch die verwandelnde Kraft der Liebe Gottes geheilt und (zu universaler Solidarität) entgrenzt. Die Person verliert im Tod nur ihre abgegrenzte Körperlichkeit; sie wird aber nicht beziehungslos und „a-kosmisch", sondern im Gegenteil „allkosmisch" (K. Rahner), sie öffnet sich zu allen anderen Wesen hin.

Genau das ist auch gemeint mit dem pneumatischen Leib (1 Kor 15,44a; vgl. Phil 3,21): Der neue Leib (= der Mensch in seinem Sein und seinen Bezügen) wird ganz durchflutet und erfüllt vom Pneuma (Geist) Gottes und so sehr von ihm geprägt, daß er aus aller Zwiespältigkeit und Selbstabgrenzung zu vollkommener Liebe befreit und allen Geschöpfen Gottes zugetan ist. (Mit einem aus dem Grab geholten und „verklärten" Körper oder mit einem ätherischen oder Astralleib hat der pneumatische Leib nichts zu tun.)

Mit anderen Worten: Daß das neue, uns jetzt noch verborgene unzerstörbare Leben bei Gott wirklich die Person (nicht ein isoliertes Individuum) betrifft und darum die Gemeinschaft und die ganze Welt einbezieht, das ist gemeint mit der neuen Leiblichkeit in der Auferstehung. Sie hält eben den Gemeinschafts- und Weltcharakter des Auferstehungslebens fest.

Die Identität der Person – in der erläuterten Sprache: die Kontinuität zwischen dem irdischen Leib und dem neuen Leib – in der Auferstehung wird nicht gewährleistet durch ein den Tod überdauerndes Selbst (eine vermeintlich aus sich selbst unsterbliche Seele) oder durch einen sich durchhaltenden materiell-identischen Körper, sondern allein durch Gottes Treue zu seinem Geschöpf, der dieses im Moment des Todes nicht in den Abgrund des Nichts fallen läßt, sondern festhält (Ps 63,9 u. a.) und mit ewigem Leben beschenkt. Nur im Glauben an ihn kann man deswegen von einem „Hinübergehen" sprechen.

Das gilt auch für den Menschen Jesus: Am Kreuz hat er sein ganzes Wesen dem Vater in einem letzten Vertrauen anheimgegeben. Gott aber hat ihn im Sterben nicht losgelassen. Vielmehr wurde Jesus im Augenblick des Totseins von der Liebe Gottes unterfangen, so daß er nicht der Vernichtung anheimfiel, sondern als identische Person (= leibhaftig) bewahrt wurde, indem er das neue Leben erhielt. Im Tode Jesu geschah also beides: Lebenshingabe und Aufgang neuen Lebens.

Was Paulus über die Leiblichkeit der auferweckten Toten sagt, ist von seiner Erfahrung des auferweckten Christus und seinem Verständnis der leibhaftigen Auferstehung Christi her gewonnen. Für ihn wie für das ganze NT hat auch der auferweckte Herr einen ihm eigenen (individuellen) Leib, d. h. er in seiner unverwechselbaren Person hat seinen liebenden Bezug zu den andern Menschen, der sein irdisches Dasein charakterisiert hat, keineswegs verloren, sondern zu uns und zur materiellen Welt einen noch universaleren Bezug gewonnen. Sein Weltverhältnis – das der Intention nach immer schon auf alle hin offen war – ist nun auch faktisch entschränkt und vollendet: Sein Leib (= er selbst) ist zum Medium einer grenzenlosen göttlichen Ausstrahlung, eines Daseins für wirklich alle (zu allen Zeiten) geworden.

4. EINIGE FOLGERUNGEN

a) Mußte das Grab Jesu leer sein? – Es ist bemerkenswert, daß in den alten Osterbekenntnissen nichts von einem leeren Grab steht, nirgendwo bei Paulus oder in anderen Schriften des NT, außer eben in den Evangelien, die mit Kreuzigung und Grablegung schließen und dann – in erzählerischer Logik konsequent – die Auferstehungsbotschaft eben im Zusammenhang mit dem Grab inszenieren.

Der Glaube an die Auferstehung Jesu ist von einem leeren Grab anscheinend unabhängig. Im zweiten Makkabäerbuch, das seine Endgestalt im 1. Jh. v. Chr. erhielt, findet sich die ältere Überlieferung von den makkabäischen Brüdern, die wegen ihrer Jahwetreue den Märtyrertod sterben müssen und zuvor die Hoffnung aussprechen, daß Gott sie „zu einem neuen, ewigen Leben auferwecken“ (7,9 u. ö.) und sie sofort nach ihrem Tod in seinen Himmel aufnehmen wird. Obwohl sie leiblich vernichtet werden, halten sie an der Hoffnung fest, daß Gott, der die Welt „nicht aus vorhandenen Dingen gemacht hat“ (7,28), auch imstande ist, sie zu neuem (gut biblisch: leiblich vorgestelltem) Leben zu erwecken, und daß er dazu nicht auf irgendwelche erhaltenen Leibesreste angewiesen ist. Der Auferstehungsleib (= die auferweckte Person) ist zwar personal identisch mit dem gestorbenen Leib (= Person), nicht aber materiell identisch mit dem getöteten und verbrannten Körper.

Ähnlich denkt auch das NT (1 Kor 15,35–44; Mk 12,24f) an eine völlig neue Leiblichkeit, die den im Grab liegenden Leichnam, also die zufälligen materiellen Reste, nicht unbedingt einbezieht. Wenn das Verwesliche („Fleisch und Blut“) die Unverweslichkeit nicht erben kann (1 Kor 15,50), dann kann der Leichnam ruhig verwesen. Das gilt für uns wie für Jesus. Dagegen spricht auch nicht Apg 2,27.31 (wo es heißt, das AT habe über die Auferstehung Christi vorausgesagt, daß er „die Verwesung nicht schauen“ werde); denn „die Verwesung nicht schauen“ ist dem Ps 16,10 entnommen und meint ganz unspezifisch das Gerettetwerden aus dem Tod. Das Auferstehen hat deshalb mit der Leiche nicht direkt etwas zu tun. Darum ist das leere Grab kein notwendiger Bestandteil des christlichen Auferstehungsglaubens, sondern eher ein veranschaulichendes Symbol. Mit dem unverdächtigen Jacob Kremer können wir sagen: „Ein leeres Grab bildet nicht die unabdingbare Voraussetzung für die Existenz des verklärten Leibes“, weil der Auferstehungsleib nicht an die biochemische Substanz des irdischen Leibes gebunden oder mit dieser identisch ist – schon innerhalb unseres Lebens wechselt diese materielle Substanz alle sieben Jahre fast vollständig. Kremer fügt hinzu: Es „können heute auch ernsthafte Verteidiger der kirchlichen Osterbotschaft die These vertreten, Jesu Grab sei wahrscheinlich nicht leer gewesen“.[21] Wenn also Gerd Lüdemann meint, der Leichnam Jesu sei „verwest“ (216), so ist zumindest diese Ausführung in seinem Buch nicht so aufregend, wie er sie hinstellt.

b) Wie sind die Erscheinungen zu verstehen?[22] – Nun könnte gegen die dargelegte Sicht nochmals jemand einwenden: Aber in zwei Erscheinungserzählungen bei Lk und Joh zeigt der Auferstandene doch den Jüngern seine Wundmale, ja in einer der beiden ißt er sogar vor ihren Augen. Ist er also doch mit seinem irdischen (zwar „verklärten“) Körper-Leib auferstanden, mußte das Grab also doch leer sein?

Die sog. Ostererscheinungen gelten heute ziemlich allgemein als der Auslöser des Osterglaubens. Aber Uneinigkeit besteht darin, wie die Ostererscheinungen zu verstehen sind, welche Vorgänge sich hinter diesem Ausdruck verbergen. Die Fundamentalisten beharren auf massiv sinnlich-physischen Erfahrungen (die Jünger haben seine Wundmale berührt, er hat vor ihnen gegessen), die Reduktionisten sagen, es waren bloß innere Vorgänge in den Jüngern (psychogene Visionen u. ä.). Wir stehen wieder zwischen diesen zwei Fronten.

– Zur *fundamentalistischen* Extremposition: Daß die ntl. Erscheinungserzählungen selber nicht „blutig wörtlich“ verstanden werden wollen im Sinne von massiv körperlich-sinnlichen Erfahrungen, zeigen sie selbst an durch das Zugleich von „Berührt mich" (und seht, daß ich kein Gespenst bin) und „Rühr mich nicht an", also von Sich-Anbieten und Unberührbarkeit (auch Thomas rührt Jesus nicht an!), von plötzlichem Sich-Zeigen und Entschwinden, von Vertrautheit und Fremdheit, ja Bezweifelbarkeit (Lk 24,13–53; Joh 20,11–20); damit machen sie auf die ganz andere (nicht physisch-körperliche, aber leibhaftige) Wirklichkeit des Auferstandenen aufmerksam.

– Zur *rationalistischen* Extremposition: Die von manchen vertretene These, der Glaube der Jünger an Jesus habe sich nach dem Karfreitag allmählich wieder erhoben (und bis zu ekstatischen Erlebnissen wie Visionen gesteigert), hat den gesamten Duktus der ntl. Zeugnisse gegen sich. Das ganze NT zeichnet den Kreuzestod als Zusammenbruch des gelebten Glaubens und spricht durchgängig von überraschenden neuen Offenbarungserlebnissen (Selbstbekundungen Jesu als präsent und lebendig), die erst den Glauben an die Auferweckung Jesu durch Gott hervorriefen; darüber gab es offenbar keinerlei Meinungsverschiedenheiten und Debatten. Von allmählichen Bekehrungs- oder Konsensbildungsprozessen ist in den Erscheinungstexten nichts zu finden. Genausowenig finden sich enthusiastisch-produktive, eigentlich visionäre Elemente; die ersten Jünger waren – anders als dann Paulus – keine „Visionäre".

Wie aber lassen sich die Ostererscheinungen vor dem von uns erarbeiteten Hintergrund verstehen? Wenn Gott das Geheimnis ist, das alle Wirklichkeit umfängt und zugleich ihre innerste Mitte und so allem gegenwärtig ist, wenn der Gekreuzigte in diesen Gott hineingestorben ist und durch ihn auferweckt, also bei ihm und in ihm lebendig ist, dann ist er – weil bei Gott – nicht nur bei Gott, sondern genau deswegen auch ganz bei uns. Dann sitzt er nicht am Rande des Kosmos, sondern ist im innersten Zentrum von allem, allem gegenwärtig; er ist allkosmisch und allgegenwärtig geworden. Wo Gott ist, da muß man nun auch Jesus suchen. Wenn er aber so von Gott her und wie Gott uns und allem gegenwärtig ist, warum soll er dann nicht aus der Dimension Gottes heraus – wie der unsichtbare Gott selbst – sich in freiem Entschluß auch in die Erfahrung von Menschen hinein vermitteln können? Warum soll er sich nicht – aus der lebendigen Gegenwart Gottes heraus – bestimmten Menschen, die bereit dafür sind, vernehmbar kundtun, ihnen „erscheinen" können?

Vernehmbar: Wie sollen wir uns das vorstellen? Ganz sicher dürfen wir nicht an handgreifliche Erscheinungen in Macht und Herrlichkeit denken, an „exorbitante Mirakel, die die Jünger einfach ‚umhauten'"[23] und keinen Platz für ihre personale Antwort des Glaubens ließen. Solche überwältigenden, die personale Freiheit des Menschen überrollenden Machtdemonstrationen hätten allem widersprochen, was Jesus von Gott verkündet und selber bis ans Kreuz gelebt hatte. Nein, Gott offenbart sich inmitten der Welt, die er umfängt und erfüllt, *durch Zeichen* und Winke: Irdische Dinge und Ereignisse (vor allem für Gott aufgetane Menschen) können für aufmerksame, seh- und hörbereite Menschen zu Zeichen und Zeugen Gottes werden. [Jesus ist *das* Zeichen und Sakrament Gottes für die Welt.] *Ohne* irdische und d. h. immer auch mehrdeutige Zeichen gibt es *keine* Erscheinung Gottes in dieser vergänglichen Welt. Jede Erscheinung von Gott her hat notwendig Zeichencharakter, und das bedeutet, daß jede Offenbarung Gottes durch Zeichen zugleich Verbergung Gottes durch dieses Zeichen ist. Das gilt auch für die Ostererscheinungen. Sie waren vernehmbare, aber keineswegs machtvoll-demonstrative, vielmehr eher zurückhaltende Zeichen, die deshalb für eine distanziert-kritische Vernunft unbefriedigend bleiben. Sie setzten nicht den Glauben an den Auferstandenen voraus, wohl aber die Bereitschaft zum Glauben, also die Empfänglichkeit der Jünger, diese ihnen widerfahrenden Zeichen als die Mitteilung ihres von Gott her lebendigen Herrn anzuerkennen, der eine neue Beziehung mit ihnen eingehen will.

Die ersten Jünger waren nicht vom Glauben dispensiert. Ihr „Sehen" war kein äußerlich-beobachtendes Sehen mit den normalen Augen. Es war auch kein bloß inneres (selbsterzeugtes) Sehen ohne deutlichen äußeren Anlaß. Sie „sahen" mit den ihnen neu geöffneten „Augen des Glaubens" (P. Rousselot). Es war ein innerlich-gläubiges Sehen der ihnen widerfahrenden Zeichen, die sie gerade *als* Zeichen wahrzunehmen bereit waren. Sie begegneten also einer zeichenhaften Selbstkundgabe Jesu und einer Einladung der Liebe, ließen sich in vertrauender Antwort darauf ein und wagten erneut eine Beziehung radikalen Glaubensvertrauens einzugehen zu Jesus, den sie gerade dabei als auferstanden und lebendig erfuhren. Die erste Ostererfahrung war also eine Erweckung zum Glauben und eine Erfahrung im Glauben zugleich.

Welcher Art die Zeichen waren, die sie als Zeichen der Selbstkundgabe des auferstandenen Herrn an sie wahrnahmen, wissen wir nicht. Die Texte geben uns darüber einfach keine Auskunft und erlauben „keine nachvollziehbare Vorstellung" (A. Vögtle). Das zuzugeben, gebietet die historische Redlichkeit und hat mit Immunisierung nicht das geringste zu tun. Alle Versuche weiterzufragen, haben den Charakter von Mutmaßungen (die immer subjektiv und zeitgeistbedingt sind).

5. WIE IST DER AUFERSTANDENE GEKREUZIGTE UNS HEUTE GEGENWÄRTIG?

Aber das NT bezeugt uns, daß wir auch heute den lebendigen Christus in bestimmten Zeichen erkennen und seine verborgene Gegenwart bei uns erfahren können. Es sind Zeichen, die auf die verborgene, aber reale, personale Gegenwart Christi nicht nur hinweisen, sondern sie präsentieren und realisieren (ähnlich wie – d. i. nur eine entfernte Analogie – ein äußerlich abwesender, persönlich aber sehr naher Mensch uns durch Brief und andere Zeichen seine Nähe spüren lassen kann). Solche sinnlich greifbaren Zeichen seiner Gegenwart sind: (1) Wort und Sakrament (nur weil Jesus auferstanden und von Gott her gegenwärtig ist, kann er den Emmausjüngern *und* uns im verkündigten Evangelium und im Mahl sich selber geben); (2) die Gemeinschaft der in seinem Namen Versammelten (er ist „mitten unter ihnen“, sie bilden seinen irdischen Leib, sind „Zeichen und Werkzeug“ seines einenden Wirkens in der Welt); (3) die Geringsten und Geplagten dieser Erde (in ihnen wartet er selbst nach Mt 25 incognito auf uns und unsere Tat der Barmherzigkeit).

Pascal hat in einer Ölbergmeditation formuliert: „Bis ans Ende der Welt wird Jesus in Agonie sein.“[24] Die gekreuzigte Liebe Jesu ist weiterhin im gewaltlosen „Kampf mit dem Tod“ und allen, die das Geschäft des Todes betreiben (oder unterstützen). Der auferweckte Gekreuzigte ist noch immer in die Konflikte dieser Welt verwickelt. Die Bewegung der Liebe Gottes, die in Jesu Leben, Sterben und neuem Leben Raum gewann, will weitergehen, der Geist Jesu will alle Menschen erfassen, will das Angesicht der Erde erneuern und die gesamte Schöpfung verwandeln zum Ort der Herrschaft der Güte Gottes. Bis dahin aber ist die Auferstehung Jesu noch nicht vollendet.

Origenes († 254) bringt das einmal sehr schön zum Ausdruck: Die Freude des Herrn beim Vater ist noch nicht vollkommen. Er „trauert“ und „kann sich nicht freuen, solange ich in Verkehrtheit lebe ... Er wartet also, daß wir uns bekehren, daß wir seinem Beispiel folgen ... und er sich mit uns freue.“ Erst wenn „Gott alles in allem“ sein wird, „dann wird (vollkommene) Freude sein“. Auch die Apostel und Heiligen haben „nicht ihre volle Freude“, sondern auch „sie warten auf uns“. „Es warten auch Isaak und Jakob, und alle Propheten warten auf uns, um mit uns zusammen die vollendete Glückseligkeit zu erreichen.“ Und auch „du wirst zwar Freude haben, wenn du als Heiliger aus diesem Lande scheidest; dann aber erst wird deine Freude voll sein, wenn keines der Glieder (am großen Menschheits-Leibe Christi) mehr fehlt.“

Erst recht wird unser Herr und Heiland „es für keine volle Freude ansehen, wenn er noch immer irgendwelche Glieder seines Leibes entbehrt ... Er will also nicht ohne dich seine volle Glorie empfangen, d. h. nicht ohne sein Volk.“[25]

Schluß: Das Kreuz und die Auferstehung

Wir haben über das Kreuz und die Auferstehung nacheinander gesprochen, obwohl sie eine Einheit bilden: Die Auferstehung Jesu geschah nicht erst zeitlich nachträglich zu seinem Tod, sie geschah *in* seinem Tod, wurde aber zeitlich später seinen Jüngern durch die Selbstbekundungen des Auferstandenen offenbar. Das heißt nicht, daß wir nun nicht mehr Karfreitag, Karsamstag und Ostern nacheinander begehen sollten: Jesus ist ja wirklich gestorben, hat den Tod erfahren, hat neues Leben beim Vater, ist von ihm her gegenwärtig; und es hat seinen tiefen Sinn, daß wir bei all diesen Momenten verharren, weil *wir* sie anders gar nicht ernst zu nehmen und mitzuvollziehen vermögen.

Die Auferstehung ist nämlich nicht nur die noetische Kehrseite des Kreuzes, nicht nur die Erkenntnis, daß der Tod Jesu am Kreuz Heilsereignis ist. Jesus ist auch nicht nur ins Kerygma, in die Gemeinde, in die Glaubenspraxis hinein auferstanden; dies ist er nur deswegen, weil er grundlegend selbst auferstanden ist. Die Auferstehung ist ein neues reales Geschehen an Jesus in seinem Tod, das über den Tod hinaus etwas Neues bringt, also ein Geschehen von eigener Inhaltlichkeit. Gäbe es nur das Kreuz (ohne Auferstehung), so wäre es nur Zeichen der menschlichen Gewalt und des letztlichen Scheiterns der Liebe Jesu. Erst durch die Auferstehung wird erkennbar, daß im Kreuz und in der scheinbar scheiternden Liebe Jesu die Liebe Gottes über Gewalt, Feindschaft und Tod zu siegen begonnen hat und daß es sich lohnt, diese Liebe stark zu machen, also Jesus nachzufolgen.

Auch für uns ist *beides* Wirklichkeit, das Kreuz und die Auferstehung, der noch fortdauernde gewaltlose Kampf *und* der gewisse gute Ausgang in den Händen Gottes. Weil beides Wirklichkeit ist, ist dem Christen aller Masochismus ebenso unmöglich wie aller Triumphalismus. Weder darf eine Theologie des Kreuzes die Auferstehung absorbieren noch eine Theologie der Auferstehung das Kreuz auflösen. Kreuz und Auferstehung bilden eine Einheit, aber eine differenzierte Einheit, so nämlich, daß sie eine unumkehrbare Sequenz bilden. Der Weg geht durch mühevollen Einsatz, durch Leiden und Kreuz, aber er geht zur Herrlichkeit. Ich schließe mit zwei Bibelzitaten. Das eine aus der Emmausgeschichte bezieht sich auf Jesus (Lk 24,26): „Mußte nicht der Christus dies leiden und so in seine Herrlichkeit eingehen?" Und das andere aus Röm 8,18 bezieht sich auf uns: „Ich halte dafür, daß die (in der Nachfolge Jesu zugezogenen) Leiden der jetzigen Zeit nichts bedeuten im Vergleich zu der Herrlichkeit, die an uns offenbar werden soll."

Anmerkungen

1 *Günter Grönbold,* Jesus in Indien. Das Ende einer Legende, München 1985.

2 *Franz Alt,* Jesus der erste neue Mann, München 1989, 55f.

3 Vgl. dazu *Grönbold* 85–89 u. ö.

4 Genaueres dazu bei *Joachim Gnilka* und *Karlheinz Müller,* in: K. Kertelge (Hg.), Der Prozeß gegen Jesus, Freiburg/Basel/Wien 1988, sowie nun bei *Willibald Bösen,* Der letzte Tag des Jesus von Nazaret. Was wirklich geschah, Freiburg/Basel/Wien 1994.

5 *Bösen* 326.

6 Zum gesamten Folgenden dieses ersten Teils vgl. *Hans Kessler,* Christologie, in: Handbuch der Dogmatik, hg. von T. Schneider, Düsseldorf 1992, Bd. 1, 267–283.393–423.

7 Vgl. *Karl Rahner,* Grundkurs des Glaubens, Freiburg/Basel/Wien 1976, 250f.

8 So *Josef Blank,* in: Neues Glaubensbuch, hg. von J. Feiner / L. Vischer, Freiburg/Basel/Wien 1973, 169.

9 Vgl. *Bösen* 167ff.

10 Mit *K. Müller* 78ff; gegen *Bösen* 181ff.

11 Zum Folgenden vgl. *Kessler* 414–423 sowie 297–300 und 358–365.

12 *Joseph Ratzinger,* Einführung in das Christentum, München 1968, 231.

13 Hierzu *Hans Kessler,* Erlösung als Befreiung?, in: StZ 99 (1974) 3–16, hier 7–12.

14 *Gerd Lüdemann,* Die Auferstehung Jesu. Historie, Erfahrung, Theologie, Göttingen 1994.

15 *Gerardus van der Leeuw,* Phänomenologie der Religion, Tübingen 1933, 3.

16 Zum gesamten Folgenden vgl. ausführlich *Hans Kessler,* Sucht den Lebenden nicht bei den Toten. Die Auferstehung Jesu Christi in biblischer, fundamentaltheologischer und systematischer Sicht, Düsseldorf 1985, ^{2}1987 (erweiterte Neuausgabe mit ausführlicher Erörterung der aktuellen Fragen: Würzburg 1995), sowie kurz *ders.,* Art. Auferstehung, in: NHThG^{2} (1991) I 121–138; *ders.,* Art. Auferstehung, in: LThK^{3} I (1993) 1182–1190.

17 *Lüdemann* 16.

18 So z. B. *Antonio Socci,* Sehen um zu glauben, in: 30 Tage 2 (1992) Nr. 8/9, 50–55.

19 Die Zitate der Reihe nach aus *Lüdemann* 216 Anm. 691; 217; 218; 220.

20 *Nikolaus von Kues,* De docta ignorantia III 8.

21 *Jacob Kremer,* Die Osterevangelien. Geschichten um Geschichte, Stuttgart/Klosterneuburg 1977, 18 und 49.

22 Dazu *Kessler,* Sucht den Lebenden, 127–236.245–250.254–265.267–283. Außerdem die gründliche Arbeit von *Georg Essen,* Historische Vernunft und Auferweckung Jesu. Erkenntnistheoretische und methodologische Analysen zur theologischen Verantwortung des Osterglaubens, Diss., Münster 1993 (Publikation demnächst: Mainz 1995).

[23] So braucht man sich die Erscheinungen nach *Walter Kasper,* Der Glaube an die Auferstehung Jesu vor dem Forum historischer Kritik, in: ThQ 153 (1973) 229–241, hier 239, nicht vorzustellen.

[24] *Blaise Pascal,* Pensées. Fragment 553; in der dt. Ausgabe von E. Wasmuth, Heidelberg 1963, 243.

[25] *Origenes,* Leviticus-Homilie 7,2.

Klaus Berger

VOM VERKÜNDIGER ZUM VERKÜNDIGTEN – ANFRAGEN AN EIN PROGRAMM

I. DARSTELLUNG DES ÄLTEREN PROGRAMMS

Definition: Vom Verkündiger zum Verkündigten – das heißt: Jesus hat nicht über sich geredet, sondern über Gott und sein Reich. Und die Gemeinde hat die Rede über Gott und sein Reich zunehmend vergessen und statt dessen über Jesus geredet. Zwei Triebkräfte sind maßgeblich: die Ostererfahrung und die Parusieverzögerung.

1. ANHALTSPUNKTE IM NT

a) Man ging aus von Sätzen wie Joh 2,22, daß die Jünger erst nach Ostern verstanden hätten, vom Wirken des Parakleten nach dem Johannesevangelium, der in alle Wahrheit erst einführen werde, oder von Mk 9,9, welche Stelle man als verräterisches Indiz dafür ansah, daß erst nach Ostern überhaupt die Verkündigung über Jesus begonnen habe. So wollte man das sog. Messiasgeheimnis des Markusevangeliums erklären.

b) Man findet eine Bestätigung dieser Ansicht darin, wenn man die sogenannte Logienquelle (Q), eine bloße Sammlung von Worten Jesu, für den ältesten Text des Christentums hält – eine Sammlung, in der die Passion und Auferstehung Jesu noch fehlen und in der eine titulare Christologie noch nicht ausgebildet ist. Hat Jesus also auf diese Weise geredet, ohne über sich selbst etwas zu sagen?

c) Man weiß, daß in den Briefen des Neuen Testaments viel über Jesu Tod und Erhöhung und fast nichts über sein Wirken auf Erden gesagt ist. Man schloß daraus: Diese Briefe sind Zeugen des nachösterlichen Kerygmas, und dieses war vollständig unabhängig von Jesu Worten und Taten auf Erden. Es gab demnach zwei getrennte Überlieferungsströme: Jesu Worte einerseits und Jesu Geschick (Tod und Auferstehung) andererseits. In Jesu Worten fehlten Äußerungen über seine Würde, und in den Aussagen über sein Geschick erfuhr man nichts über Jesu Wirken. – Die Zweiteilung des Ansatzes entspricht daher grob gesehen dem Quellenbestand des Neuen Testaments.

2. ANHALTSPUNKTE AUSSERHALB DES NT

Schließlich gab es auch Anhaltspunkte außerhalb des Neuen Testaments, wie man sich die Entstehung des Christentums erklären sollte:

a) Die Theorie des sog. Euhemerismus stellte sich die Entstehung der Gottheiten als Resultat einer Karriere vor. Auf die Christologie ließ sich dies leicht anwenden: Vor Ostern war Jesus schlichter Rabbi, Jude und Mitmensch, nach Ostern wurde er sukzessive vergottet. Immer schwindelnder wurde die Höhe, immer weniger blieb er Mensch. Dabei war natürlich das klerikale Machtinteresse von Anfang an verdächtigt.

b) Die Konzeption des Deutschen Idealismus von der Unsicherheit empirischer Erkenntnis und der alleinigen Sicherheit der unabhängig von historischem Material gewonnenen Wahrnehmung. Angewandt auf das NT heißt dies: Erst in der von Jesu Auftreten ganz unabhängig gewordenen Reflexion erkannte man, wer er war. Diese Reflexion setzte erst mit Ostern ein, ja Ostern war diese Reflexion.

c) Bibelkritik ist immer auch Kirchenkritik. Da man eine Zunahme des kirchlichen Machtapparats im Laufe der Kirchengeschichte mit Händen greifen kann, setzte man, je kritischer man war, die Zäsur für den Beginn dieses Prozesses sehr früh an. Typisch ist der Satz des liberalen Katholiken Alfred Loisy, Jesus habe das Reich Gottes verkündigt, gekommen aber sei die Kirche. Und diese Kirche verkündigt, so ergänzen wir im Sinne unseres Themas, nicht das Reich Gottes, sondern dogmatisiert Jesus und erfindet die Sakramente.

d) Man unterscheidet im Sinne des 19. Jahrhunderts zwischen Religion und dogmatischer Lehre. Religion sei das Ursprüngliche, Echte, Gefühlsmäßige, Menschliche – dogmatische Lehre dagegen sei das Gekünstelte, das Verdrehte, Machtorientierte, das Abstrakte, Gelehrte und Lebensfeindliche. – Es ist klar erkennbar, daß sich hier ein typisch protestantischer Gegensatz widerspiegelt und daß dieser auf Jesus übertragen wird: der zwischen Pietismus und Orthodoxie. Dem Pietismus entspricht der religiöse, menschliche Jesus – Orthodoxie dagegen ist das Lehrhafte, Dogmatische. Jesus wird als Genie der Religion bezeichnet, die nachösterliche Lehre dagegen als professorale Lebensfeindlichkeit.

Dieser Gegensatz von Pietismus und Orthodoxie hat in unglaublich intensiver Weise die Jesusforschung beeinflußt. Franz Overbeck etwa, der Freund Nietzsches, sieht mit Jesu Tod das Ende der christlichen Religion gekommen. Danach erfolgt das Sich-Einrichten in der Welt, das Ende glühender Naherwartung. – Oder Adolf Jülicher: Jesus habe in Gleichnissen schlicht und allgemeinverständlich geredet, danach habe man daraus gekünstelte Allegorien gemacht. – Oder Martin Dibelius: Jesus als der Prediger des Reiches, danach aber dringen weltliche Formen der Literatur ein. – Hier wird das Thema des 19. Jahrhunderts von Glaube und Welt als angeblicher Gegensätze auf das Neue Testament übertragen, und wiederum werden Ostern und die nachösterliche Erkenntnis der Jünger zum Scheitelpunkt.

3. DER ANGELPUNKT OSTERN

Wer so entschieden alles Gewicht auf die Ostererfahrung legt, müßte nun eigentlich eine besonders hohe Meinung von diesen Ereignissen haben. In Wahrheit jedoch wird innerhalb derselben 200 Jahre Theologiegeschichte auch Ostern selbst immer fragwürdiger und schmilzt zum Punkt Null zusammen. Denn, wie das jüngste Produkt dieser Schule aus Göttingen zeigt, weder hat das leere Grab Bestand noch die Ostervisionen, denn diese sind tiefenpsychologisch zu erklären.

Das heißt: Der eigentliche Dreh- und Angelpunkt selbst wird so weit abgebaut, daß er zusammenschmilzt auf den Punkt der Bewußtwerdung. So etwa bei R. Bultmann: Ostern ist die Entstehung eines neuen Selbstverständnisses. Ostern ist kein Handeln Gottes an Jesus, sondern ein ganz, ganz innerliches Handeln Gottes am Glaubenden.

Wie bequem ist hier alles modernisiert worden. Jede Anstößigkeit und jede Kühnheit ist genommen, damit das Ganze intellektuell erträglich wurde.

Modernisierung war und ist das große Thema.

4. TRENNUNG ZWISCHEN DEM VERKÜNDIGER UND DEM VERKÜNDIGTEN – EIN MISSLUNGENER VERSUCH DER MODERNISIERUNG DER BIBEL

Je nach Epoche hat die Ansicht der Irrtumslosigkeit der Schrift verschiedene Gestalt gefunden. Jahrhundertelang war es die biblische Chronologie, die mit der weltlichen synchronisiert werden mußte. Es folgte die Abwehr der Widersprüche zur Naturwissenschaft, dann versuchte man die wiederum apologetische Gleichstellung der Bibel mit diversen modernen Humanwissenschaften (Anthropologie, Soziologie, Psychologie) und neuzeitlichen Emanzipationsbewegungen (Befreiungstheologie, Feminismus). Daran wird erkennbar, daß seit jeher die Lehre von der Unfehlbarkeit der Schrift ihren Sitz im Leben in apologetischen Manövern gehabt hat. Und fast in der Regel ist moderne („progressive") Theologie Teil solcher Apologetik.

Wenn man es recht bedenkt, ist das schon eine merkwürdige Situation, daß ein Großteil des theologischen Scharfsinns darauf verwendet wird, die Bibel irgendwie zu „retten", zu zeigen, daß sie jeweils „dennoch" recht habe und etwas zu sagen vermöge. Diese Versuche geschehen in der Regel auf der Basis der Harmonisierung mit den modernen Strömungen und Bewegungen. Ich meine, daß hier Mißverständnisse im Wahrheitskonzept vorliegen. Wenn die Schrift nicht primär doktrinär-intellektuelle Wahrheit enthalten muß, sondern verbindliche Orientierung für den Lebensvollzug des ganzen Volkes Gottes gibt, dann muß sie nicht harmonisiert werden, sondern dann besteht umgekehrt ihr provozierender Charakter darin, daß Jesus Christus, die Apostel und Propheten in aller wahren Anstößigkeit und Unmöglichkeit, die beide eben nicht apologetisch ausgleichbar sind, als Autoritäten in diesem einen Gottesvolk ganz ernst genommen werden. Denn in Wahrheit entsprechen Lebensstil und Gottvertrauen des Propheten Amos und des Jesus von Nazaret auch dem damaligen Weltbild nicht, sie sind zu jeder Zeit unmöglich.

Es wäre Aufgabe der Exegese, die Felder dieser Unmöglichkeiten herauszuarbeiten. Es wäre viel zu harmlos, die Inspiration und die Irrtumslosigkeit auf den Feldern der Erkenntnis abzuhandeln und loszuwerden. Das wirkliche Problem liegt in der Frage, ob so zu leben möglich ist. Und darauf kann es keine doktrinär-überzeitliche Antwort geben.

All unsere Bekenntnisse – sie sind vor allem viel zu brav angesichts der provozierenden Botschaft Jesu.

Und es gehört zu den Illusionen vieler sog. Linker, zu meinen, die Bibel sei ein Buch der Menschenrechte. Das ist nicht der Fall, und Ehrlichkeit hilft hier weiter. Weder ist die freie Entfaltung der Persönlichkeit, noch sind Emanzipation, Selbstverwirklichung, freiwillige Entscheidung für oder gegen den Glauben, allgemeine Humanität, Ausschluß der Rache oder dergleichen Dinge auch nur im entferntesten Aussageziel der Bibel. Nein, der Mensch ist Töpfergeschirr oder

Sklave, er wird berufen oder überfallen, die Rache wird nicht verboten, sondern auf Gott übertragen, nicht die allgemeine Menschheit ist erwählt, sondern Israel und Gottes einziger Ölbaum, Heiligkeit vollzieht sich durch Ansteckung, Tabuvorstellungen sind virulent, und Gewaltenteilung liegt denkbar fern. Der närrisch alles auf eine Karte setzt, ist der Mensch, von dem die Gleichnisse reden, nicht die allseits gebildete Persönlichkeit. Glaube an Jesus ist voll von Magie, man kann von magischem Messianismus reden.

Fazit: Es gibt nicht nur einen evangelikalen Biblizismus, es gibt genauso einen der Linken. Die Wahrheit der Bibel besteht nicht darin, daß sie modern ist. Sie ist ein fremdes, provozierendes Buch.

Anwendung auf unsere Fragestellung: Die Unterscheidung zwischen Jesus vor Ostern und Jesus nach Ostern ist ein durchsichtiges Manöver, um jeweils vorgefaßte Jesusbilder mittels eines schlichten Tricks in der Bibel wiederzufinden. Der Trick besteht darin, das, was man wünscht, für vorösterlich und damit für echt zu halten, das aber, was man aus kirchenkritischen Gründen nicht wünscht, für spät.

Voraussetzung ist die Illusion, auf diesem Wege Jesus bestimmt zu packen zu bekommen. Und die Illusion, Jesus könne nur so gewesen sein, daß er allzeit modern war. In Wirklichkeit tun wir gut daran, damit zu rechnen, daß Jesus uns so fremd und merkwürdig vorkäme wie ein polnischer Jude des 17.–19. Jahrhunderts. Nur wenn wir damit rechnen, haben wir die Chance, ein zurechtgelegtes Jesusbild zu vermeiden.

5. DIE FUNKTION IM KATHOLISCHEN MODERNISMUS

Die Unterscheidung zwischen echtem Jesusgut und Gemeindebildung dient zum Beispiel bei E. Drewermann dazu, alle Aussagen über Gericht und Hölle als unechtes Gut auszuscheiden. Dieses Manöver dient dem durchsichtigen Anliegen, den Mißbrauch der neutestamentlichen Aussagen im Sinne einer autoritären kirchlichen Angstpredigt zu vermeiden. Denn für Drewermann steht fest: Amt und Angst, Institution und Terror, Recht und Unmenschlichkeit, geprägte Formeln und Höllenangst, Dogma und Zwang stehen auf der einen Seite und der liebreiche, angstfreie und humane Jesus auf der anderen. Und nach altem, bewährtem Schema wird hier dann unterschieden zwischen echtem Jesusgut und der schrecklichen dogmatischen Verfestigung.

Dem Neutestamentler kann nur elend werden dabei. Denn hier wird einfach 50 Prozent der Verkündigung Jesu geopfert. Sehen Sie doch selber nach in den Gleichnissen Jesu, die angeblich so liberal, liebevoll und dogmenfrei sind. Neben dem Gleichnis vom verlorenen Sohn steht das von den anvertrauten Pfunden, neben dem Gleichnis vom Schatz im Acker steht das vom betrügerischen Verwalter. Vom Gleichnis vom unbarmherzigen Knecht und von den Arbeitern im Weinberg ganz zu schweigen. Nein, der katholische Modernismus muß sich eine andere Bibel zurechtmachen, die nicht die der Neutestamentler ist. „Gott ist die Liebe“, das ist eben nur die eine Seite. „Und führe uns nicht in Versuchung“, der Appell an einen gefährlichen Gott, die andere.

Ich verstehe recht gut, daß viele unter der Kirche leiden, daß ihre Amtsträger viele Menschen gequält und verrückt gemacht haben. Der Mißbrauch geistlicher Macht liegt besonders nahe, weil man Menschen leicht ängstigen kann. Aber wir sollten unseren Schmerz nicht Jesus ausbaden lassen, nicht voll Enttäuschung seine Worte verstümmeln.

Ja, es ist wahr, daß seine Worte mißbraucht wurden. Aber um so mehr müssen wir nach deren Wahrheit fragen, sie nicht einfach weglassen und damit anderen überlassen, die damit Angst machen. Der Sinn der Aussagen über Gericht und Hölle ist nicht, Angst zu machen, sondern Jesus hat Angst um uns. Leben ist gefährdet, der Tod ist schnell zur Hand. Und wie wir Menschen gebaut sind, kann man uns nicht nur mit Verheißung locken, sondern muß man uns auch unter Hinweis auf die Gefahr warnen.

Es geht nicht darum, an die Ewigkeit der Hölle zu glauben, sondern es wird gesagt: Man hat nur ein Leben, und das ist leicht verspielt. Hütet euch, Leben ist zart und zerbrechlich! Ihr seid verantwortlich.

II.
KRITIK AN DER UNTERSCHEIDUNG ZWISCHEN DEM VERKÜNDIGTEN JESUS UND DEM VERKÜNDIGENDEN JESUS

Die Geschichte des frühen Christentums ist historisch nur dann plausibel zu machen, wenn man von Jesus selbst ausgeht und diese Geschichte dort beginnen läßt. Diese Plausibilität betrifft den wahrscheinlichen innerweltlichen Ablauf des gesamten frühesten Christentums. Dabei ist vorausgesetzt, daß Historie für den Glauben von größter Bedeutung ist, und das gilt auch für Jesus als Jude. Ferner sind folgende Einsichten maßgeblich:

1. Die Differenz zwischen vor Ostern und nach Ostern ist nach dem Selbstverständnis der frühchristlichen Schriften nicht so erheblich, wie

man das in der Exegese seit der Aufklärung gedacht hat. Die qualitative Neuheit der nachösterlichen Erfahrung wird in der Regel maßlos überschätzt, und Ostern überhaupt als Schwelle anzusehen ist eher Ausdruck philosophischer Prämissen als solider Exegese.

Abgesehen von den fragwürdigen philosophischen Prämissen, die den üblichen Weg als fraglich erscheinen lassen, sind es umgekehrt soziologische Argumente (bzw. deren Kritik), die einen anderen Weg nahelegen: Die Unterscheidung zwischen Jesus (vor Ostern) und Gemeinde (nach Ostern) hält trotz lauthals proklamierter soziologischer Betrachtungsweise daran fest, Jesus als isolierten Helden zu sehen, die Gemeinde dagegen wird – ebenfalls recht unwahrscheinlich – lediglich als Kollektiv in den Blick genommen.

2. Die Echtheit von Jesustaten und Jesusworten ist in der Regel weder positiv noch negativ erweisbar. Die Geschichte der diesbezüglichen Exegese stellt sich vielmehr eher als zirkuläres Verfahren dar, in dem sich vor allem vorgefaßte Entwürfe über Jesus oder die Geschichte des Urchristentums widerspiegelten. Das hat auch Folgen für den methodischen Einsatz von Literarkritik und herkömmlicher Formgeschichte.[1]

3. Positiv bedeutet die unter 2. formulierte Einsicht: Um dem Anfang der frühchristlichen Theologie bei Jesus wenigstens annäherungsweise in historischer Beschreibung gerecht zu werden, empfiehlt es sich, von den – für unseren Eindruck – am weitesten auseinanderliegenden Äußerungen Jesu auszugehen, sie als die Eckpfeiler anzusehen und zwischen diesen gewissermaßen das Netz der Möglichkeiten im Tun und Denken Jesu nachzuzeichnen. Dabei gilt: Aufgrund der Eigenart jüdischer Theologie der gesamten Antike ist es extrem unwahrscheinlich, daß Jesus ein kohärentes gedankliches System vertreten hat. Jeder Versuch, sich ein solches zurechtzulegen, scheitert daher schon an der mangelnden Plausibilität der Grundprämisse. Das bedeutet zugleich auch: Widerspruchslosigkeit ist kein Kriterium der Zuschreibung oder Nichtzuschreibung zu Jesus. Vielmehr sind die (uns als solche erscheinenden) Widersprüche auf jeden Fall zu „bewahren“, um gerade so der Versuchung zu entgehen, sich ein Bild zurechtzulegen. Am Ende wird daher kein geschlossenes Jesusbild stehen können, sondern nur ein unvollständiges Mosaik mit vielen blinden Stellen.

4. Aufgrund der großen, unübersehbaren religionsgeschichtlichen Vielfalt des Judentums im ersten Jahrhundert nach Christus ist weder das Differenzkriterium angebracht (d. h. echt sei nur das, was nicht schon als jüdisch erwiesen sei), noch sind angeblich unjüdische Stoffe

lediglich aufgrund ihres paganen Charakters Jesus zuzuschreiben oder abzusprechen. Das heißt: Das religionsgeschichtliche Kriterium zieht überhaupt nicht. Denn weder ist Jesus künstlich aus dem Judentum zu lösen oder ist seine Originalität als auf dessen Kosten gehend subtraktiv zu ermitteln, noch ist paganer Ursprung ein Kriterium von Unechtheit. Und umgekehrt ist es eben auch aus religionsgeschichtlichen Gründen unmöglich, die Schwelle zwischen vor und nach Ostern für so hoch anzusehen, wie es gewöhnlich geschieht.

5. Weil die Echtheitsfrage nicht entschieden werden kann und darf, müssen wir uns an die Maxime halten, Überlieferungen an dem Ort zu besprechen, an dem sie ihre mutmaßliche größte allgemeine Bedeutung in der Geschichte des Urchristentums hatten, und zwar unabhängig von der Herkunft von Jesus. Daher ist die Geschichte des Urchristentums im ersten Jahrhundert im ganzen (unter Einbeziehung der Zeit Jesu) der Rahmen, innerhalb dessen wir nach derartigen Augenblicken der je größtmöglichen Wirkung fragen.

Die Grundentscheidung, überhaupt Wort- und Erzählgut zur Rekonstruktion der Theologie Jesu zu gebrauchen und nicht etwa paulinische Systematik oder die des ersten Petrusbriefes, rührt aus der Eigenart des Paulus und des Hebräerbriefes, selbst auf solches Wort- oder Erzählgut zu rekurrieren.

6. Die Frage nach dem Selbstbewußtsein Jesu war ebenfalls eindeutig philosophischen Ursprungs und ist, soweit möglich, zu ersetzen durch die Frage nach den verschiedenen Relationen, in denen sich Jesu Tätigkeit ereignete (konflikttheoretischer und ekklesiologischer Ansatz). Zum anderen ist die Rekonstruktion des „Wirklichkeitsverständnisses“ bzw. des Weltbilds auch kleinerer Kompositionen und einzelner Worte ein probater und noch viel zu wenig erprobter Weg zum Verständnis der einzelnen Mosaiksteine. Dieser Anweg wird gerade dann faszinierend, wenn man eben nicht von der systematischen Einheitlichkeit der Theologie Jesu ausgeht.

III.
WIEDERGEWINNUNG DES VORÖSTERLICHEN JESUS

A. Zur Methode

Nach Albert Schweitzers großartigem und ironischem Werk „Geschichte der Leben-Jesu-Forschung" scheint eines nicht mehr möglich zu sein: einen halbwegs befriedigenden Ablauf des Lebens Jesu zu rekonstruieren. Seither gilt das Verdikt, daß niemand ungestraft versuchen soll, dieses Dunkel aufzulösen. Es ist tollkühn, solches zu tun. Denn die Anschuldigung des Fundamentalismus ist der schwerwiegendste religiöse Vorwurf, den man überhaupt machen kann (orthodoxe Juden, Moslems, der Papst, Apokalyptiker wie Präsident Reagan in seiner vormodernen Phase).

Dennoch wird das hier unternommen, und zwar unter folgenden Sicherheitsvorkehrungen:

1. Die Echtheit oder Unechtheit keines Jesuswortes und keiner Jesustat läßt sich erweisen.

2. Alle Kriterien über Echtheit haben versagt.

3. Es bleibt das einzige Kriterium die Plausibilität des Gesamtablaufes der Geschichte des frühen Christentums. Wir fragen: Ab wann wird nach menschlichem Ermessen der Gesamtvorgang der Entstehung des Christentums auch für den Historiker unbegreiflich?

Ich sage „auch für den Historiker", meine damit also den Wissenschaftler, der nach denselben Methoden vorgeht wie bei der Rekonstruktion der Ermordung Cäsars. Ich sage nicht, daß diese allgemein üblichen Methoden alle denkbaren sind, sage auch nicht, daß damit alles erfaßt werden könnte. Aber ich muß eine Unterscheidung machen: Für den naiv Bibelgläubigen ist der Ablauf der Geschichte so plausibel, wie er im Neuen Testament berichtet wird oder besser: wie er sich das vorstellt, daß es berichtet wird. Das mag am Ende wahr sein oder nicht – ich habe indes keine Kriterien, die meiner wissenschaftlichen Neugier standhalten. Solche Wissenschaft ist aber überhaupt nötig, weil ich im Gespräch mit anderen, die nicht glauben oder die noch nicht glauben oder die sich über die Daten der Bibel streiten (das ist der interessanteste Fall), eine gemeinsame Plattform suchen muß. Die Rolle der Wissenschaft ist hier die der Feuerwehr. Sie wissen auch, daß Feuerwehren nicht zu allem gut sind, wohl aber dazu, erhitzte Gemüter zu erfrischen. Genau darum geht es, und zwar um des Friedens willen. Exegese, wissenschaftliche Exegese, ist ein Instrument des Friedens.

4. Das Problem, zu dem ich spreche, heißt: Vom Verkündiger zum Verkündigten. Es geht daher wesentlich um die sog. Christologie. Die ältere Forschung nahm im Sinne dieses Schemas an: Alle Aussagen über Jesu Rang und Wert sind nachösterlich. – Wir fragen kritisch: Warum darf und kann Jesus nicht „ich" gesagt haben? Warum dürfen Menschen, seine Jünger, nicht – auch in Form von Antworten – über ihn nachgedacht haben? Was ist das für ein merkwürdiges Bild von Jesus, ja vom Christentum, das sich darin spiegelt?

Spiegelt sich darin nicht tatsächlich die dogmatische Lehre darüber, daß der fromme Mensch ganz vor Gott verschwindet und zu nichts wird? Spiegelt sich nicht darin vor allem jenes autoritäre Erziehungsideal des 18. und 19. Jahrhunderts, wonach jeder Eigenwille und alles Selbstwertgefühl zerbrochen werden müsse? Hatte nicht die vulgärpietistische Sündenlehre gerade diese Vernichtung des Selbstwertes erfolgreich propagiert? – Christologie ist hier der Kampfplatz damals höchst aktueller soteriologischer Ansichten darüber, daß jeder Selbstwert und jede Selbstbehauptung völlig unangemessen seien vor Gott. Daß der wahre religiöse Mensch sich eben nur für nichts erachten könne vor Gott.

Mußte dann nicht die Dogmenbildung nach Ostern geradezu als Frevel erscheinen? Weil sie dann plötzlich erklärte, nicht nur auf dem einen Bein, dem kommenden Gott, sondern auch auf einem zweiten, dem gekommenen Jesus, zu stehen. War das nicht Frevel an der demütigen Religiosität Jesu? In der Tat wurde hier mit der Differenz zwischen dem Verkündiger und dem Verkündigten eine grundsätzliche Aversion gegen Dogmen festgeschrieben, die in Gestalt von Dr. Drewermann auch auf den nachkonziliaren Katholizismus übergeschwappt ist.

Ohne Zweifel liegt hier eine der zentralen Gründe für die Destruktion vorösterlicher Christologie. – Und sind nicht umgekehrt die Emanzipationsbewegungen, die ja auf dem Selbstwert des Menschen aufbauen, vom mittlerweile orthodox gewordenen Pietismus immer unter Hinweis auf die Sündigkeit und Verderbtheit des Menschen blokkiert worden? Kurzum: Auch hier zeigt es sich, daß Aussagen über Jesus niemals zu isolieren sind von generellen Tendenzen der Theologie. Das bedeutet: Sowie man, statt den Menschen in den Staub zu drücken, seine Würde betonen oder hervorkitzeln will, gewinnt auch der vorösterliche Jesus wieder an Profil.

Warum schließlich schenkt die Forschung fast allen Aussagen über Johannes den Täufer wesentlich mehr Gehör als denen über Jesus?

Wir behalten diese Vorkehrungen im Auge und unternehmen den kühnen Versuch, Aussagen über Jesus vor Ostern zu machen.

Um der Versuchung zu entgehen, bestimmte Worte unter der Hand für echt oder unecht zu erklären, orientieren wir uns an bestimmten Phasen, über deren Existenz wir eben als Historiker halbwegs sicher sind. Also nicht Worte und Taten sind es, die wir zu retten suchen, schon gar nicht Fetzen von echten Jesusworten – das alles ist nur peinlich. Wir setzen an den wenigen harten Daten an, die sich nicht auf zweifelhafte Worte oder umstrittene Taten beziehen, sondern die mit Personen oder Orten zusammenhängen, ohne die – im Sinne unseres Plausibilitätsaxioms – Leben, Sterben und Wirkung Jesu unvorstellbar wären.

B. Phasen im Leben Jesu

1. JOHANNES DER TÄUFER UND JESUS

Es ist schon erstaunlich und wird in der Frömmigkeit viel zu wenig bedacht, daß am Beginn des Christentums nicht eine Persönlichkeit, sondern eben zwei große Männer stehen. Beide sind für die Evangelisten nicht unvergleichbar, vielmehr fühlen sich alle Evangelisten dazu provoziert, Jesus und Johannes den Täufer miteinander zu vergleichen (durch die sog. Synkrisis). Wir fragen jetzt nicht, was die Evangelisten daraus gemacht haben, sondern was diese Konstellation vor Ostern bedeutet haben mag. Jesus trat später auf, hatte seine Berufungserfahrung im Zusammenhang mit dem Taufen des Täufers und wohl auch im Unterschied zu diesem. Was bedeutet es in diesem Zusammenhang, daß von Johannes dem Täufer keine Wundertaten überliefert sind? Beide nannte man Prophet, brachte sie in Zusammenhang mit Elija, aber Jesus war ein Charismatiker anderer Art, und früher oder später kam das in dem unterscheidenden Prädikat „Sohn“ zum Ausdruck.

2. JESUS ALS EXORZIST UND HEILER

Nicht nur die Evangelien und die Apostelgeschichte, auch die Zeichen und Wunder, die Hebr, 2 Thess und Offb erwähnen, sowie die Zeichen des Apostels sind unverständlich, wenn die Texte der Evangelien über Jesu Wunder im Unterschied zum Täufer allesamt auf optischer Täuschung beruhten. Alles spricht dafür, daß Jesus als Exorzist und Heiler tätig war.

War er dies von Anfang an?

Offenbar haben Trennung und Unterscheidung zum Täufer damit zu tun.

Darf man sagen, daß Züge, die auch und gerade für antike Begriffe ungünstig für Jesus sind und die von späteren Evangelisten ausgelassen wurden, einen hohen Ursprünglichkeitswert haben? Dazu gehört dann die Auskunft über das Versagen der Wunderkraft Jesu (Mk 6,5).

3. LEHREN IM HAUS UND TÄTIGKEIT ALS WANDERMISSIONAR

Offenbar ist Jesus an mehreren Orten aufgetreten, und die Richtung Galiläa–Jerusalem läßt sich ganz grob vermuten. Deutlich ist auch, daß die Wanderung nach Jerusalem am Ende steht, denn daß Jesus dort gekreuzigt worden ist, erscheint als sicher.

Für die Zeit vorher aber ist zu fragen: War Jesus dauernd auf Wanderschaft? Ist das rein technisch überhaupt denkbar? Oder geht es um begrenzte Ausflüge? Viel spricht für das letztere. Oder handelt es sich insgesamt um Projektionen aus späterer Gemeindepraxis?

In Mk 2,15 (vgl. 2,1) tritt uns Jesus als Hausbesitzer gegenüber, der seine Jünger in seinem Haus versammelt und sie dort belehrt. Wenn das zutreffend sein sollte, gehört es jedenfalls an den Anfang der Tätigkeit Jesu, nicht an das Ende. – Ist Jesu Lehren im Haus nicht Ausdruck seiner besonderen Konzeption von Jüngerschaft (vgl. Mk 7,17–23; 10,10–12)?

4. EINSETZUNG DER ZWÖLF UND DIE MÄHLER

Daß Jesus Jünger gehabt hat, darüber besteht kein Zweifel. Ob Jesus die Zwölf eingesetzt hat, das ist umstritten. Wegen der Verknüpfung mit den Osterereignissen und der späteren Bedeutungslosigkeit gehört die Institution der Zwölf jedenfalls sicher in die Frühzeit. Die Bezeichnung des Judas als „einer der Zwölf“ und die Verknüpfung mit Petrus machen es ziemlich wahrscheinlich, daß Jesus die Zwölf berufen hat. Wenn das zuträfe, so wäre das ein unübersehbarer und sehr markanter Punkt. Denn in dem Gremium der Zwölf äußert sich geradezu ein theologisches Programm, nämlich eine Erneuerung Israels durch zwölf Gerechte.[2]

Gleichzeitig weiß man aus zeitgenössischen Analogien[3], daß die Zahl 12 + 1 ein geläufiges Modell königlicher Tischgemeinschaften war. Der königliche Gastgeber speiste mit zwölf Männern. Jesus könnte sich zunächst an dieses Modell angeschlossen und ihm dann zusätzlich durch die Israel-Typologie theologische Symbolik verliehen haben.

5. JESU MAHLZEITEN

Offenbar gehört es zu den gesicherten Merkmalen der Tätigkeit Jesu, daß er sie vor allem im Rahmen von Mahlzeiten entfaltete. Das Mahl ist die Gestalt seiner Verkündigung, beim Mahl entscheidet sich schlechterdings alles. Hier wird die Annahme der Sünder sichtbar, beim Mahl wird Jesus gesalbt von einer Frau, hier verrät ihn Judas. Und das Mahl wird zum Bild für das kommende Reich. Die Bedeutung des Mahles für die frühe Geschichte des Christentums und auch die spätere Kirche wird unverständlich, wenn die auffällige Konzentration der Verkündigung auf diese Form nicht schon bei Jesus gegeben wäre.

6. JESUS UND DIE FRAUEN

Ebenso ist Ausdruck eines theologischen Programms, daß Jesus weibliche Jünger hatte, deren bekannteste jedenfalls Maria Magdalena ist. Die intensive Verbindung mit Passion und Ostern nach allen Evangelien läßt es m. E. nicht zu, die Jüngerinnenschaft dieser Frau als erfunden zu bezeichnen. Um ein theologisches Programm handelt es sich aber dann deshalb, weil weibliche Jünger bei den Rabbinen und auch offensichtlich bei Johannes dem Täufer nicht zu finden sind, vielmehr sind die einzigen Analogien Prophetinnen bzw. Richterinnen, Frauen also, die nach der Anschauung des Frühjudentums durch den heiligen Geist Gottes berufen und gestärkt worden sind. Die Existenz weiblicher Jünger sagt daher etwas über den charismatischen Charakter Jesu und die Bedeutung des heiligen Geistes. Auch zu allen Zeiten der Kirchengeschichte hat das charismatische Element Frauen und Männer gleichgestellt. Unter dieser Bedingung war immer Gleichheit gegeben.

7. JESUS ALS PHARISÄER UND KONFLIKTE MIT DEN PHARISÄERN

Hier bewegen wir uns auf schwankendem Boden. Aber wenn man fragt, in welcher der jüdischen Gruppierungen das früheste Christentum unterzubringen sei, kann die Antwort nur so ausfallen, daß es sich um die Pharisäer gehandelt haben muß. Keine andere Gruppierung bleibt übrig. Darauf weist schon die frühe Bedeutung des Auferstehungsglaubens, der ein exklusiv pharisäisches Merkmal ist, darauf weist der latente Konflikt mit Sadduzäern (s. unten), die Bedeutung der Reinheitsfrage in den Evangelien – gerade auch im Zusammenhang der Heidenmission –, die Rolle des heiligen Geistes im Zusammenhang damit und überhaupt im frühen Christentum. Es ist auch kein Zufall, daß der Pharisäer Paulus sich zu dieser Botschaft berufen wissen kann. Die Pharisäer sind eine Laienbewegung, und nach allem, was wir von Jesus wissen, war auch er Laie, nicht Priester oder Schriftgelehrter. Die sog. Radikalität der Evangelien, die Überbietung geltender moralischer Standards um des Himmelreiches willen, all das atmet deutlich pharisäischen Geist und ist Antwort auf pharisäische Probleme.

Man kann daher getrost einen Aufsatz mit dem Titel schreiben „Jesus als Pharisäer und frühe Christen als Pharisäer". Die Christen sind eine der ältesten greifbaren Gruppen des Pharisäismus.

Gleichzeitig ist aber auch – und zwar im Zusammenhang mit dem, was als Unterschied zu Johannes dem Täufer oben bemerkt wurde – der Punkt der Differenz zu den nichtchristlichen Pharisäern gut erkennbar. Die Probleme sind die gleichen, aber die Antwort darauf ist originell: Weil Jesus mit dem heiligen Geist begabt ist, besitzt er eine offensive Reinheit, nicht nur eine defensive. Seine Reinheit ist ansteckend, nicht gefährdet, sie besiegt alle Unreinheit, auch die der Heiden, auch die des Todes. Unter dem Aspekt des Vergleiches mit dem Pharisäismus kann man geradezu sagen:

a) Der Kontroverspunkt mit dem nichtchristlichen Judentum reduziert sich auf die Frage, ob Jesus endzeitlicher Träger des heiligen Geistes Gottes war oder nicht. Denn der Geist selbst spielte bei den Pharisäern eine große Rolle, die Frage ist nur, ob Jesus diesen Geist besaß. Hier liegt auch die gemeinsame Schiene zwischen den synoptischen Evangelien und Paulus.

b) Jesus als Träger des Geistes Gottes – das bedeutet die eschatologische Nähe Gottes bei den Menschen und ist ein erster Ansatz der Trinitätslehre.

Mit dieser Konzeption von Reinheit ist zugleich auch die Möglichkeit der Hinwendung zu Zöllnern, Dirnen, in ihrer Krankheit Unreinen und zu Heiden gegeben. Konsequenterweise bricht der Protest der Pharisäer dort auf, wo Jesus sich diesen Gruppen zuwendet. Er „ißt“ mit „Sündern“.

War der Konflikt mit den Pharisäern schon immer in dieser Weise gegeben? Die Vermutung spricht eher dafür, daß Jesus zunächst ein Glied der pharisäischen Bewegung war. Vom Täufer galt das nicht, er war mutmaßlich priesterlicher Herkunft, wenn wir Lukas glauben dürfen. – Als Vertreter der pharisäischen Bewegung stößt Jesus auf den Täufer – und rezipiert dessen Botschaft auf seine Weise. Dabei wird ihm deutlich, daß er sowohl vom Täufer als auch von den Pharisäern dadurch sich unterscheidet, daß der Geist Gottes in ihm gegenwärtig ist.

Jesus faßt diese offensive Reinheit als eine Gabe auf, mit der er sich speziell den Unreinen zuwendet. Die Pharisäer hält er – mit Recht – für rein. Daher kommen dann die wohl ernstzunehmenden Äußerungen, daß die Pharisäer einer Buße nicht bedürfen. Jesus betrachtet seine charismatische Begabung als Weg, die Reinheit des Gottesvolkes auf außergewöhnliche, in ihm per Geschenk anwesende und durch ihn vermittelte Weise den traditionell Unreinen zuteil werden zu lassen. Gerade das wird ihm von den Pharisäern nicht zugestanden, sie erklären Jesu Charisma für illegitim, ja führen es auf die Gegenseite zurück. Aufgrund dieses offensiven Pneumas entsteht nicht nur der Konflikt mit den Pharisäern – so kann auch die Heidenmission begründet werden.

8. DER GEHEIMNISCHARAKTER VON BOTSCHAFT UND PERSON JESU

Die Vielzahl der christologischen Titel und die zahlreichen Anläufe zu beschreiben, wer Jesus war, legen die Annahme nahe, daß er selbst nicht gesagt hat, wer er sei, und zwar im Sinne eines bestimmten Prädikats oder Anspruchs.

Eigentlich vorher aber wäre die Frage zu klären, ob man im Sinne unserer Fragestellung „Vom Verkündiger zum Verkündigten“ vor Ostern überhaupt einen Anlaß sah, die Frage nach der besonderen Identität Jesu zu stellen. Denn schon mit der Frage selbst geht es auch um den Verkündigten.

Dazu folgende Überlegung: Nach allem, was wir über Jesus wissen, war sein Auftreten von starken Kontroversen begleitet. Im gesamten

Neuen Testament beziehen sich diese Kontroversen auf die Vollmacht Jesu. Weil seine Vollmacht umstritten ist, ist es auch seine Person. Das aber bedeutet bereits: Es geht nicht um seine Taten, die bestreitet niemand (und darin liegt der große Unterschied zu uns), sondern die Kontroversen entfalten sich an der Nahtstelle zwischen Person und Werk, eben an der Frage der legitimen Vollmacht (und auch bei Paulus später wird es nicht anders sein).

Jesu Anspruch für sich selbst bleibt in diesem Punkte unscharf. Es könnte sein, daß es sich dabei um einen beabsichtigten Rätselcharakter handelte. Vieles von Jesus Überlieferte hat diesen Rätselcharakter, auch und besonders seine Gleichnisse. Insgesamt Rätselcharakter haben auch die Zeichenhandlungen Jesu. Und die Art des johanneischen Jesus, Menschen vor den Kopf zu stoßen, könnte sehr wohl hier einen Ansatz haben. Ich sagte: „könnte". Jedenfalls wäre diese Redeform darin zu begründen, daß sie die Menschen verstrickt, zum Nachdenken zwingt, in eine dauernde Beschäftigung mit diesem Anspruch hineinführt. Es könnte seinen guten Grund haben, daß Markus und Johannes, die aus meiner Sicht ältesten Evangelisten, Jesu Worte pauschal als Rätselrede bezeichnen.

Die Frage nach der verborgenen Vollmacht Jesu mußte übrigens schon anhand der Heilungen und Exorzismen aufbrechen. Denn die Alternativen Magier/Sohn Gottes oder Exorzismus mit Teufelskraft/mit Gotteskraft lagen bereit und mußten nicht erst erfunden werden. Wenn Jesus Heiler und Exorzist war, dann war damit die christologische Frage gegeben. „Wer ist doch dieser?" wurde entsprechend konsequent gefragt.

Fazit: In zwei bedeutenden Bereichen hat Jesus offensichtlich bleibende Unklarheit hinterlassen, in der Frage seiner theologischen Identität und in der Frage der Bedeutung seiner Worte. Das erstere führte zu seiner Kreuzigung, das zweite war vielleicht beabsichtigt.

9. JESUS UND DER TEMPEL

Jesus zieht am Ende seines Lebens nach Jerusalem. Wenn er selbst eine Gestalt mit theologischer Identität war, dann mußte es etwas bedeuten, daß er in Jerusalem einzog.

Das Herz der Stadt aber war der Tempel. Hier gab es nach allem, was wir ahnen können, neue Kontroversen mit und um Jesus. Vielleicht hat Jesus im Tempel gelehrt – er spricht davon auch in der Passion nach dem

Johannesevangelium, das ein Lehren im Tempel gar nicht berichtet. Das Wort über Zerstören und Aufbauen des Tempels spielte eine Rolle im Verfahren gegen Jesus, und hier haben die sadduzäischen Tempelpriester die entscheidende Rolle. Beim Lehren im Tempel nach Mk 12 zeigt Jesus, daß die Sadduzäer nicht schriftgemäß lehren, indem sie die Auferstehung bestreiten. Stephanus sieht den erhöhten Menschensohn den Tempel geradezu ersetzen, da er ihn als himmlischen Anwalt erblickt (Apg 7,56). – Daß sich um Mk 14,58 bereits im Markusevangelium ein Echtheitsstreit entspinnt, zeigt nur, daß die Drohung der Tempelzerstörung und die – sich eventuell daran anschließende – Verheißung über das Wiederaufbauen des Tempels alt und gewichtig waren.

Man kann daher annehmen, daß Jesus in der Schlußphase seines Lebens Konflikte mit den sadduzäischen Gruppen am Tempel erfahren mußte. Auch Jesu pharisäische Grundausrichtung mag dazu beigetragen haben. Da der Tempel bezüglich seines Geschicks immer für ganz Israel steht, ist es denkbar, daß Jesus einige rätselhafte Handlungen und Worte anhand des Tempels vollzogen und geäußert hat, so das Vertreiben der Händler und die Ansage der Zerstörung, vielleicht auch die des Wiederaufbaus.

10. WACHSAMKEITSMAHNUNGEN

Wir beobachten, daß in Evangelien wie in Briefen, in der Didache oder auch in der testamentarischen Rede des Paulus nach Apg 20 und ebenso in der testamentarischen Rede Jesu nach Mk 13, daß überall dort die Ermahnung zur Wachsamkeit regelmäßig am Schluß steht. Sie ist sehr häufig die letzte Mahnung dessen, der weggeht, für die Zwischenzeit. Dabei handelt es sich zunächst um einen literarischen Topos. Darf man aus dieser Beobachtung schließen, daß es sich auch um einen entsprechenden Sitz im Leben Jesu handelte? Kann man daher annehmen, daß die Wachsamkeitsmahnungen in die letzte Phase des Lebens Jesu gehören, gerade so, wie es Mk 13 und Mk 14 berichten? Die Frage bleibt offen.

11. JESU HINRICHTUNG

Jesus wurde als Messiasprätendent durch die Römer hingerichtet. Die Kreuzesinschrift gilt als historisch, und sie läßt erkennen, daß – durch wen auch immer – Jesu Anspruch auf Vollmacht – wie auch immer er sich geäußert haben mochte – für die Römer im Sinne eines rex iudaeorum verdolmetscht worden war, ohne daß Jesus sich selbst so genannt hätte. Gleichzeitig mußte ein so gedeuteter Anspruch zum Tode führen.

Wir fassen zusammen:

Als kritischer Wissenschaftler kann man das hier Vorgetragene ehrlichen Herzens behaupten. Das bedeutet nicht, daß man über Jesus nicht mehr sagen könnte oder sollte – nur mindestens dieses darf man sagen, ohne sich der gläubigen Voreingenommenheit zeihen zu lassen. Mindestens dieses kann gelten. Das aber bedeutet für unsere Fragestellung: Die christologische Frage ist jedenfalls auch schon in den vorösterlichen Kontroversen zwingend grundgelegt. Sie ist von dem Augenblick gegeben, da Jesus nicht nur als Weisheitslehrer auftritt, sondern da er charismatische Vollmacht beansprucht.

Wir haben Gründe, anzunehmen, daß auch Johannes der Täufer ähnlichen Fragen nach der theologischen Identität ausgesetzt war (Joh 1,19–27). Aber das kann doch nur ein Grund mehr sein, Entsprechendes auch für Jesus anzunehmen.

Daß Jesus selbst die Frage nach seinem Geheimnis und nach dem Geheimnis seiner Worte nicht eindeutig beantwortet hat, verrät System und Absicht. Denn so werden alle Antworten der Menschen auf diese offenen Fragen wichtig. Sie sind Ausdruck des Verstricktseins in dieses Geheimnis. Allein schon aus diesem Grund hat sich die Kirche vier Evangelien geleistet.

IV.
NEUE ASPEKTE DER BOTSCHAFT JESU

Wenn man sich weigert, Echtheit oder Unechtheit von Worten und Taten Jesu zu behaupten, dann ist man sehr viel vorsichtiger damit, die Evangelien durch moderne Logik zu bevormunden. Dann hat man ein wesentlich schonenderes Prüfverfahren entwickelt, als es die rationalistische Exegese vergangener Tage seit der Aufklärung kannte. Bedeutung hat das besonders in zwei Richtungen: Einmal kann man Wundererzählungen nicht mehr als unhistorische spätere Legenden disqualifizieren. Denn wir wissen bereits, daß Jesus vor Ostern als Exorzist und Heiler aufgetreten ist. Zum anderen empfiehlt es sich, bei den Worten Jesu jeweils von denen auszugehen, die inhaltlich einander am weitesten entgegengesetzt sind. Dann nimmt man diese Worte gewissermaßen als die Eckpfosten, zwischen denen ein Netz zu spannen ist, in dem dann auch alles andere Platz hat.

1. WUNDER

In der älteren (D. F. Strauß) und in der neuesten (B. Mack) Forschung gibt es die Auffassung, die Wundergeschichten seien insgesamt unhistorisch. Es gibt auch diese Variante: Für Jesus hätten nur Leiden und Kreuz gegolten, daher habe er an Wunder gar nicht denken wollen – die seien nur für Griechen geschrieben.

Eine mustergültige Projektion: Was uns paßt, war auch „echt"; das Historische ist das, was wir glauben wollen. Dies ist die Kehrseite davon, daß Jesus so wichtig ist und daß wir uns unbedingt in ihm wiedererkennen wollen.

Weit über die These hinaus, alle Wunder seien unecht, ist aber der Umgang der modernen Theologie, insbesondere der sog. Praktischen Theologie, mit den Wundern äußerst fragwürdig. Denn ganz generell meint man, die neutestamentlichen Erzählungen darüber reduzieren zu müssen, zumeist bleibt ein flacher Moralismus übrig. Der Grundirrtum besteht darin, daß man meint, die Erzählungen müßten sich bewegen, müßten gekappt oder manipuliert werden. Fast nie rechnet man damit, daß wir uns bewegen müßten, um sie zu verstehen. Daß wir uns bewegen können und müssen, lehrt ein schlichtes Beispiel: Die autofreie Existenz auf einer Nordseeinsel ohne großes Nachtprogramm und großenteils ohne Fernsehen, das Leben mit Wasser, Wind, Sand und schwarzem Tee öffnet in ganz ungewöhnlicher Weise auch das Herz der Menschen für Religion und Meditation. Das heißt: So, wie wir leben, nehmen wir auch wahr. Unser Vorverständnis von dem, was wirklich ist, richtet sich auch heute noch danach, was wir erleben. Zu den Wahrnehmungsformen unseres Alltags gehören Kausalität und die Unterscheidung zwischen eigentlich und uneigentlich, zwischen Form und Inhalt, so daß wir immer fragen müssen, was denn etwa der, der heilt, in Wirklichkeit tut. Viel zuwenig beachten wir, daß unsere Kategorien der Wahrnehmung selbst schon bestimmte Interpretationen von Wirklichkeit sind. Sie sind als solche begrenzt in Raum und Zeit, relativ und vergänglich.

Die Wahrnehmungsweise der frühen Christen selbst ist anders. So fragen sie zum Beispiel nicht nach der Echtheit des erfahrenen Wunders, sondern nach dem Täter: Wer ist denn dieser? Die Echtheit des

Wunders selbst wird nicht bestritten, kontrovers ist nur die Frage, ob der Täter von Gott oder vom Satan herkomme.

Menschen, die Wunder wahrnehmen und erfahren können, leben orientiert auf Personen hin, kommen aus einer Großfamilie und erfahren Machtkonzentration in Personen. Sie erklären nicht aus Verhältnissen und Umständen wie wir, sondern sind den Mächten des Daseins so unterworfen, daß sie immerzu überrascht werden, so als hätten diese Mächte einen Willen wie Personen. Und umgekehrt sind Personen und ihr Wille und Machtpotential entscheidend für die Wahrnehmung. So wie man, um ein anderes Bild von der fernen Nordsee zu gebrauchen, auf der Hallig nach der Sturmflut, die die Häuser elementar bedroht, einander wieder wahrnimmt als verschworene Gemeinschaft von Menschen gegen die Gewalten.

Anders auch, als Fundamentalisten heute glauben, sind Wunder nicht einfach Anstückung des Bereichs der rational wahrnehmbaren Wirklichkeit, Ergänzung und Erweiterung eben im Sinne des Übernatürlichen. Sondern die Wirklichkeit im ganzen wird anders wahrgenommen.

Wahr ist daran mehreres: 1. Daß unsere Weise, Wirklichkeit zu erfahren, nicht die einzige und nur eine neben anderen ist. 2. Daß Wunder dramatische Widerspiegelung des Auftretens der Person Jesu sind. Sie sind die Art, in der seine Offenbarung so erfahren wird, daß „nicht leere Worte" sind. 3. Wahr ist daran auch, daß wir zumindest in Teilbereichen Wirklichkeit auf die geschilderte antike Weise wahrnehmen.

Für unsere Frage nach Jesus bedeutet all dies: Wunder sind nicht dadurch zu erklären, daß man sie für spätere Konstrukte oder Ausgeburten des Glaubens hält. Sie sind überhaupt nicht zu erklären, sondern gehören zu einer Weltanschauung, in der Macht personhaft und Personen machthaft erfahren werden. Sie gehören damit direkt in das Herz der Christologie.

2. JESUSWORTE

Wir kommen zurück auf den Vorschlag, von den jeweils extremsten Worten auszugehen und nach dem Prinzip zu verfahren, daß *diese Worte auf jeden Fall zu bewahren sind.* Dazu gehören etwa: das Gebot, den Nächsten zu lieben, und Jesu Wort über die Notwendigkeit, die nächsten Angehörigen zu hassen. Oder Jesu Lobpreis derer, die um des Himmelreichs willen ehelos und wie Eunuchen sind, gegenüber Jesu Wort, daß Mann und Frau in der Ehe durch Gott verbunden werden.

Oder Jesu Worte über Gottes Kommen, bei dem sich Gott tückisch wie ein Dieb in der Nacht verhält, im Gegensatz zum Vergebungsangebot des Vaters jetzt. Das alles sind Gegensätze, die man unmöglich harmonisieren kann oder darf.

Vielmehr liegt die Chance künftiger Auslegung des Neuen Testaments darin, die einzelnen Mosaiksteine, die die Evangelien anbieten, jeweils sehr viel gründlicher auf das zu befragen, was sie meinen, mit Hilfe religionsgeschichtlichen Vergleichens, vor allem aber mit unvoreingenommener Bereitschaft zum Hinhören, die Weltanschauung und das Gottesbild jedes einzelnen Stückes zu rekonstruieren und auf die Fragen sowohl der Echtheit als auch der Urgestalt fortan vollständig zu verzichten. Ich weiß, daß Ausleger sich mit diesen beiden Fragen lange aufgehalten haben. Gerade dies aber war es, was Exegese zur sprichwörtlichen Unfruchtbarkeit verurteilte, aber doch eben die Willkür der Ausleger nur um so deutlicher hervortreten ließ. Das gilt ganz abgesehen davon, daß diese Unternehmungen theologisch in der Regel nichts brachten und in der Verkündigung ganz nutzlos waren. Denn bestätigt wurde doch immer nur das Jesusbild, das man schon hatte. Jetzt dagegen kann etwas anderes und Faszinierendes geschehen: Wir müssen auf jedes einzelne Wort so intensiv hören, als wäre es das einzige von Jesus überlieferte.

Nein, ich habe kein Jesusbild. Ich verzichte darauf, um mir nicht den Weg zu versperren, auf jedes einzelne Wort neu zu hören. Jedes Wort, jede Erzählung ist ein Mosaikstein für ein großes Mosaik, das wir gemeinsam und ohne Ende zusammensetzen können. Die Geschichte der Jesusforschung ist ein Irrweg der Projektionen moderner Wünsche auf Jesus, und der verkündigende Jesus mußte es dann immer bringen, sei es Sozialismus, Pazifismus, Ökologismus oder Feminismus. In diese Linie der Dinge, die ebenso gut gemeint wie dumm sind, gehört auch ein mißverstehender Philojudaismus, der meint, erst ab Ostern sei die Trennung von Judentum und Christentum erfolgt, erst durch die Dogmen sei die schlichte Kommunikation frommer Menschen unterbrochen worden. Gerade das Gegenteil ist der Fall. Denn alle Autoren des Neuen Testaments sind Judenchristen, und die Aussagen über Jesus sind nicht weniger jüdisch als die Worte Jesu über das Reich Gottes. Das gilt auch von Präexistenz und Menschensohn, von Gottessohn und Kyrios, ja auch von Jesus als dem „eingeborenen Gott".

Ich möchte Sie dazu ermuntern, auf ein tendenziöses Bild vom irdischen Jesus zu verzichten. Und ich möchte Sie ebenso dazu ermuntern, die Aussagen über Jesus, also die sogenannten Dogmen, wieder einzubeziehen in seine Botschaft und von der unteilbaren Einheit von Botschaft und Glauben an Jesus auszugehen. Denn das scheint gerade das Besondere zu sein, daß hier Lehre mit Vollmacht geäußert wird. Zum Beispiel ist die heute unverständliche Rede vom stellvertretenden Tod Jesu einzubeziehen in die Botschaft Jesu von der Vergebung.

Anhand von einigen Beispielen soll gezeigt werden, was es austrägt, nach dem Gehalt einzelner Worte weiterzufragen, gewissermaßen zu bohren, bis man auf Grundwasser stößt, das oft sehr alt und rein und klar ist.

a) Mt 19,12 – ein Rätselwort Jesu: Der Ton liegt auf dem dritten Glied. Sätze, die lauten „Wer es fassen kann, der fasse es" oder „Wer Ohren hat zu hören, der höre", haben stets Aufforderungscharakter. Der Sinn ist nicht, resignativ festzustellen, daß die einen es begreifen und die anderen nicht. Sondern Jesus sagt: Begreift, daß es hierbei um das Reich Gottes geht! – Wir denken, durch die Gnadenlehre bewogen, zu schnell an Vorherbestimmtsein bei solchen Sätzen. Aber selbst bei Sätzen wie „Viele sind berufen, wenige aber auserwählt" geht es nicht um Vorherbestimmung, sondern solche Feststellungen haben allerstärksten Aufforderungscharakter. Ähnlich auch Mk 4,11: Jesus fordert dazu auf, um des Reiches Gottes willen ehelos zu bleiben. Dennoch geht es nicht um ein Gesetz im Sinne von Kants kategorischem Imperativ, sondern um ein exemplarisches Verhalten. – An anderen Stellen der Verkündigung Jesu beansprucht das Reich Gottes auf andere Weise den Menschen ganz, z. B. indem er sein Vermögen dransetzt. Gemeinsam ist: um jeden Preis Gott zu gehören (vgl. 1 Kor 7,33) und dies durch eine dauernde Existenzform sichtbar zu machen. Das ist weder gegen den Leib noch gegen Sex, noch gegen Frauen. Sondern daß Gott der Herr und Besitzer ist, wird öffentlich zum Ausdruck gebracht, prophetisch und zeichenhaft wird so ein Teil der Botschaft verkündet, die so oder anders, in jedem Fall aber radikal für alle gilt. Denn daß Gott der Herr ist, meint ja auch die Rede von Gottes Reich. Die auf die Ehe verzichten, predigen durch ihre Existenz, was es heißt, daß Gott der Herr ist.

Jesus selbst war wohl ehelos. Auch jüdische Historiker können jetzt bestätigen, daß keineswegs jeder jüdische Mann heiraten mußte, wie man früher immer glaubte. Es gibt auch im Frühjudentum Ehelosigkeit aus religiösen Gründen, für Visionäre und für Menschen, die sozusagen mit der Tora verheiratet waren. Vgl. dazu etwa Tosefta Jebamot 8,4 (Ben Azzai wurde wegen Ehelosigkeit angegriffen und verteidigte sich: „Was soll ich tun? Meine Seele hängt an der Tora. Mag die Welt durch andere erhalten werden").

b) Mk 9,49b–50 – wieder ein Rätselwort Jesu, zu lösen wie eine Gleichung mit einer Unbekannten: Was ist das Salz? Wir kennen ein ähnliches Wort, das Jesus in Mt 5,13 an die Jünger richtet, aber dort sind sie selbst das Salz. Davon kann hier keine Rede sein. Vielmehr finden wir das öfter, daß etwas von Gott oder Jesus gesagt wird und auch von den Jüngern: „Licht der Welt" zum Beispiel.

Zu bemerken ist noch, daß Salz gar nicht schal oder fad werden kann. Der Satz „Wenn das Salz schal wird" meint daher etwas Unmögliches, wie wenn man bei uns sagte: Wenn Gold zu Staub wird. – Salz hat ferner eine doppelte Funktion: Es frißt die Fäulnis weg und bewahrt daher das Gesalzene frisch, verhindert sein Vergehen. – Salz ist überdies ein Symbol der Freundschaft. All dies spielt in unserem Wort eine Rolle.

Wie wäre es also, wenn Salz hier für Gott stünde? Wir lesen dann den Text: Gott ist wie Feuer und wie Salz, er brennt das weg, was nicht zu ihm paßt, und bewahrt euch zum ewigen Leben. Auch nach Hebr 12,24 ist Gott wie verzehrendes Feuer.

Gott kann nicht vergehen, wie Salz nicht schal, wie Gold nicht Staub wird. Seht zu, daß ihr Gott in eurer Mitte habt, dann findet ihr Frieden – und umgekehrt: Wenn ihr Frieden haltet, dann habt ihr Gott in eurer Mitte, und das ist wie Salz, denn es bewahrt zum ewigen Leben.

Gott ist nicht wie Zucker, sondern wie Salz. Denn es geht um Vergehen oder Bestehen.

c) Thomasevangelium, Logion 74: „Jesus sagte: Herr, es sind viele um den Brunnen herum, keiner aber ist im Brunnen."

Auch das Thomasevangelium selbst versteht Jesus nicht als die Quelle selbst, sondern nur als den, der die Quelle ausgemessen hat (Logion 13). Gott ist für Geschöpfe unerreichbar, aber gerade das verbindet die Geschöpfe untereinander. Sie stehen im Kreis um das Brunnenloch herum, der Brunnen ist der Ort, an dem man sich trifft, der Ort der Kommunikation.

Wenn auch Jesus selbst nicht im Brunnen ist, dann bedeutet das: Der Sohn ist nicht mit dem Vater zu verwechseln, mit dem Ursprung. Er ist darin und deshalb der Sohn, weil er alles, was er hat und ist, radikal dem Vater verdankt. So kann man dann auch die Lehre von der Dreifaltigkeit besser begreifen. So ist sie auch für Juden ohne Anstoß.

d) Schließlich ist auf eine Reihe von Texten aus dem Markusevangelium aufmerksam zu machen, die zu unserem Thema „Vom Verkündiger zum Verkündigten" ganz gut passen. In diesen Texten geht es nicht um christologische Hoheitstitel, sondern um etwas viel Anstößigeres.

Denn wenn Jesus am Sabbat die Jünger, die vor ihm hergehen, Ähren aus dem Feld ausreißen läßt, dann geschieht das noch nach Markus nicht, weil jemand Hunger hätte, sondern weil Jesus gerade diesen Weg gehen will. Ganz und gar nicht ökologisch, sondern Erntearbeit am Sabbat, und nur weil Jesus gerade dort gehen will, statt einen Bogen um das Feld zu machen. – Und Jesus will auf einem Fohlen in die Stadt reiten, auf dem noch niemand gesessen hat, eine verrückte Idee, die aber zum Ausdruck bringt: Er ist der Herr mit den Rechten des Schöpfers, alle anderen Geschöpfe sind seine Leibeigenen. – Oder Jesus verflucht den Feigenbaum, der ihm keine Feigen geboten hatte, obwohl es Winter war und niemand Feigen erwarten konnte. Der Baum erhält einen Denkzettel und wird nie wieder Feigen tragen. Er war als Hoflieferant ungeeignet. – Oder die Salbung beim Mahl: Jesus läßt nicht nur zu, daß er für 300 Denare eingecremt wird, er rechtfertigt das auch noch: Arme habt ihr immer, mich aber nicht. Und 300 Denare waren der Jahreslohn eines Arbeiters. So wie wenn man bei uns Geld sammelte, um den Menschen in Ruanda für 3 Millionen Mark eine goldene Monstranz zu schicken. – Dieser Mann Jesus war entweder wahnsinnig und ein Zyniker – oder er war Gott.

Warum müssen diese Geschichten nachösterlich sein? Ich sehe keinen Anlaß dafür, daß sich nun gerade die Gemeinde diese sehr provozierenden Geschichten ausgedacht haben wollte, um einen ursprünglich ganz harmlosen Friedenslehrer namens Jesus zu glorifizieren. Nein, es geht hier nicht um freundlichen Humanismus und um die reine Unverbindlichkeit. Und ich sehe auch keinen Anlaß, das Parabelgeheimnis Jesus abzusprechen, jene Äußerungen (Mk 4,11f), wonach er in Gleichnissen redet, um die Menschen zu spalten zwischen Jüngern und anderen.

Zusammenfassung in Thesen:

1. Es war ein Fehler, die Verkündigung Jesu einseitig auf das Reich Gottes ausgerichtet sein zu lassen. Vielmehr hat die neutestamentliche Botschaft zwei Standbeine: Christologie und Reich Gottes. Die Zeit der Wirksamkeit des Messias ist dem Reich Gottes vorgelagert. Dieses entspricht durchaus jüdischer Erwartung.
2. Die Trennung zwischen Verkündiger und Verkündigtem ist nicht möglich, weil es keinen Zeitpunkt gab, an dem Jesus nicht zumindest

als Charismatiker/Prophet aufgetreten ist. Und Analoges gilt überdies schon für Johannes den Täufer.

3. Daß man die Größe Heiliger Geist in Theologie und Verkündigung seit Jahrhunderten vernachlässigt hat, rächt sich besonders bei dem mißlungenen Ansatz, zwischen dem Verkündiger und dem Verkündigten zu unterscheiden. Denn Vollmacht Jesu oder die Präsenz des Heiligen Geistes bei ihm ist die Klammer zwischen Botschaft und Existenz Jesu.

Anmerkungen

[1] Vgl. zur methodischen Begründung: *K. Berger,* Einführung in die Formgeschichte, UTB 1444, §§ 8–9.

[2] Vgl. dazu ausführlich *K. Berger,* Theologiegeschichte des Urchristentums, 1994, §§ 67–73.

[3] Vgl. dazu *Berger/Colpe,* Religionsgeschichtliches Textbuch zum Neuen Testament, Göttingen 1987, S. 145, Nr. 241.

Veronica Gradl

DIE BOTSCHAFT JESU – EIN WEG DURCH DIE ANGST

Mein Zugang ist kein theologischer und auch nicht kirchlich, sondern ein rein praktischer: In der psychotherapeutischen Arbeit mit psychisch kranken Menschen stieß ich auf die religiöse Struktur der Seele. Sie ist der eigentliche Träger der „geistigen Gesundheit" und der Lebenskraft. Unsere psychologischen Vorstellungen sind die mehr oder minder verzerrten Anfänge des Wissens vom Leben. Die heiligen Symbole sind die kürzeste, treffendste Aussage über unsere humane Natur. Das Geheimnisvollste am „Geheimnis des Glaubens" ist, daß es buchstäblich wahr ist, und „unaussprechlich" bleibt es, weil seine Wirklichkeit im gesprochenen Wort nicht Platz hat. Das sogenannte Profane ist durch und durch „Gefäß für den Geist", getränkt und durchdrungen von seiner Heiligkeit: Es gibt nichts „Gewöhnliches" an unserem Dasein. Davon will ich berichten.

Die Botschaft Jesu ist die schockierende Nachricht, *daß die Wirklichkeit heilig ist* – und daß also wir Menschen nur dann in die Wirklichkeit passen, wenn wir „uns heiligen". Jesus von Nazaret ist „der Mensch, der sich heiligt", in jedem Augenblick, in jeder Tat. Er zeigt uns also, wie „das wirklichkeitsgerechte Sein des Menschen" aussieht (Ecce Homo). *In der Welt habt ihr Angst, aber seid getrost – ich habe die Welt überwunden.* Jesu Weg ist kein *Ausweg,* weg aus der Welt, und kein *Umweg,* drum herum, sondern der Überwindungsweg mitten *durch* die Angst, weil er mitten durch die Wirklichkeit führt. Auf einer Art Blitz-Sightseeing-Tour durch das Land der uns eingeborenen konkreten Religion will ich Ihnen drei ihrer größten Sehenswürdigkeiten zeigen.

I.
„DER WOHNORT DES GEISTES“

Wer die Braut hat, der ist der Bräutigam;
der Freund aber des Bräutigams steht von ferne und hört
ihm zu und freut sich hoch über des Bräutigams Stimme.
(Joh 3,29)

1. Den „Wohnort des Geistes“ besichtigen wir zuerst. Hier ist alles daheim, was zur Ecce-Homo-Botschaft vom richtigen Menschsein gehört. Bitte bedenken Sie, *daß Religion in Symbolen spricht,* das ist „in allergenauesten Zusammenfügungen der Bruchstücke zum Ganzen“. Das, was Religion zusammenzufügen trachtet, sind die Wirklichkeitsbruchstücke, in denen wir unser menschliches Dasein erfahren: die äußere und die innere – die körperliche, seelische und geistige – die „profane“ und die „heilige“ Wirklichkeit. Für unseren kurzen Verstand erscheinen sie getrennt, obwohl sie natürlich ein unteilbares Ganzes bilden. *Religion ist die Bildersprache vom Ganzsein der Wirklichkeit* und erscheint uns als „transzendent“, weil sie uns so viel zu hoch ist wie einem Erstkläßler die Relativitätstheorie.

Jedes Wort in der Bibel bedeutet zu gleicher Zeit historisch-materielle *„äußere Wirklichkeit“* und entwicklungsgeschichtlich-allgemeine sowie biographisch-individuelle *„innere Wirklichkeit“* – und das, was „ist und sein wird“, das also, was es von uns an Wachstumsnotwendigkeit einfordert (von jedem und von uns allen): *Gesetz des Geistes* – und das, was daraus hervorgehen wird an künftigem Sein in der Zeit: *„Kommende Welt“* (vier Wirklichkeitsebenen im *Vierheitssymbol Kreuz*!). Denn die Botschaft Jesu von Nazaret an uns bedeutet in allererster Linie, *daß wir uns ändern müssen.* Jesus, des Menschen Sohn, vertritt eine nächste Generation „Mensch“, deren Eltern zu werden wir verpflichtet sind. Religion redet zu uns von unserer Unfertigkeit und von der dringlichen Notwendigkeit, daß wir wachsen und uns wandeln müssen, damit wir leben. Unsere Seele versteht diese Rede gut – nur unser Verstand kann verhängnisvoll wenig damit anfangen.

Als die eingeborene Religion der Seele haben wir die Wachstumssehnsucht nach dem Erscheinen der Menschensohn-Generation in uns, wie der Säugling die Sehnsucht nach der Aufrichtung. Jesus von Nazaret ist die sichtbar gewordene Voraus-Gestalt dieses Wachstumsantriebs: *Die Menschlichkeit Jesu* ist das Grundmodell richtigen Menschseins. Er ist das wandelnde Muster und das Beweisstück dafür, daß es menschenmöglich ist, menschlich zu handeln, nicht nur ihm, sondern auch uns – er ist der *Zeuge der Wahrheit,* wie Wirklichkeit wahrhaft beschaffen ist, nämlich ganz und nicht bruchstückhaft – und das Unterpfand dafür, daß wir tatsächlich *den Weg und die Tür in die Zukunft* finden werden. Er ist *der verkörperte Weg, den wir gehen können.* Es ist der *einzige* Weg, der keine Sackgasse ist. Deshalb ist es verhängnisvoll, daß die Menschlichkeit Jesu als „übermenschlich" gilt. Jesus wird stark „verunwirklicht": bis zur Unerreichbarkeit „vergöttlicht" oder bis zur Bedeutungslosigkeit „vermenschlicht" – die Ganzheit seiner Erscheinung wird bis zur totalen Sinnlosigkeit zerklaubt in Einzelaspekte und das Unverständliche daran bis zur krassen Unmenschlichkeit mißdeutet. Denn der heftige Appell zur Wesenswandlung, den er verkörpert, wird als eine permanente Kränkung ausgespien.

Jesus ist *Symbol,* zu unteilbarer Ganzheit zusammengefügte Wirklichkeit eines ganz lebendigen Menschen: Wenn wir ihn also verstehen wollen, müssen wir sein Wort nicht nur mit den Ohren, sondern auch durch unser Handeln hören, und wir müssen sein Wesen nicht nur vor unseren Augen, sondern durch unser Da-Sein sehen: in Nachahmung, wie ein Kind aus der Nachahmung lernt. Wir brauchen dazu arglose Liebe, ohne jegliche Frage nach der eigenen „Würdigkeit", wie das nachahmende Kind ja auch nicht auf die Idee kommt, daß es dazu Verdienste aufweisen müßte. Es nimmt den Besen in die Hand, wie die Mutter, weil es liebhat. Dadurch versteht es „im Sein", was „Menschsein" ist – Verstandes-Verstehen durch Worte kommt erst viel später dazu. Ganz genauso steht für uns die Nachahmung Jesu *vor* jeder Möglichkeit, denkend zu verstehen, worum es sich handelt.

Es ist ganz überaus notwendig, eines deutlich auszusprechen: Die Menschlichkeit Jesu ist uns nicht „göttlich zu hoch", sondern genau das Maß, das von uns gebraucht wird, unser Auftrag, *der Weg* und *die Tür* in die Wirklichkeit.

Das Verstehen seiner Botschaft ist ein wachsender Zirkelprozeß, der in Gleichzeitigkeit und Durchdringung aus Einsicht und Tun und Verwandlung besteht und seine Energie bezieht aus dem Glauben an die Richtigkeit des nachgeahmten Modells. Wer meint, er könne die Worte verstehen, ohne danach zu handeln, oder er könne handeln, ohne sich nach dem Sein zu strecken, der hat nicht verstanden und wird auch nicht verstehen, weil das so gar nicht möglich ist.

Was heißt aber „das Sein Jesu"? Wie „ist" er denn? Er ist, was wir alle nicht sind, aber werden sollen: *ganz.* Was das heißt, läßt sich nur erfahren, indem man selber die Erfahrung des Ganz-Werdens macht.

Dazu gehört Glauben an die Richtigkeit der von ihm gelebten Ganzheit, wie das Kind für sein nachahmendes Lernen den „Glauben an die Richtigkeit seiner Mutter“ braucht. Wer vom Gärtner die Kunst des Bäumeschneidens lernen will, muß daran glauben, daß er wirklich das Fruchttragen des Baumes im Sinn hat, wenn er schneidet. Jesu Sein ist „Baumschnitt an uns“ um der richtigen Fruchtbarkeit willen.

Die Evangelien sind das Lehrbuch des Ecce Homo. Aus der ihr eingeborenen konkreten Religion weiß das unsere Seele sehr genau – darum sind diese Texte heilig gehalten durch Jahrtausende. Aber leider versteht unser Verstand das immer weniger – er sagt zur Seele: „Was du da heilig hältst, sind Hirngespinste.“ Wer darf wen etwas lehren? Darf nur der Verstand der Seele vorschreiben, was sie „heilig halten“ darf und was nicht? Oder hat auch die Seele das Recht, zum Verstand zu sagen: „Dies ist voll heiligen Wertes – so sieh nun du zu, daß du es richtig verstehst!“ Wie kann die Seele den Verstand lehren?

2. Das ist es, was der „Ort Nazaret“ bedeutet. Nazaret ist sozusagen „der Ort des Lernens“, denn die Menschlichkeit Jesu, die größer ist als unsere, stammt *aus Nazaret.* Das Symbol-Wort der Bibel verpackt die Lehr-Bedeutung im Namen: Seiner Herkunft nach hat das Wort Nazaret zu tun mit „beobachten, bewachen, bewahren, hüten“. Seiner Form nach deutet es auf etwas Weibliches hin: Nazaret ist gewissermaßen „ein Weibliches, das genau beobachtet, bewahrt und hütet“. Auf der inneren Wirklichkeitsebene ist „das Weibliche“ im Menschen seine Seele. Nazaret könnte man also übersetzen: aus einer Seele, die „genau beobachtet, was wirklich da ist – die sorgfältig bewacht, was ihr anvertraut ist, sich selbst sowohl als auch das, was sie liebhat – die gewissenhaft bewahrt, was sie als wertvoll gelernt und erfahren hat – und die aufmerksam hütet, als ein *guter Hirte,* was an Leben in ihrer Welt lebendig ist“. *So zu tun* ist der erste Lernschritt.

Der zweite hängt unmittelbar daran: Zum Wort Nazaret gehört auch die Bedeutung „verbergen“, so wie ein Rest im Verborgenen bewahrt bleibt und wie „Mysterien“ verborgen sind. Und weiter gehört dazu die Bedeutung „Sprößling, Wurzelschoß“. Wenn nämlich einer tatsächlich so tut, wie es der Name Nazaret ausdrückt, tritt im Verborgenen seiner Seele ein Wandlungsprozeß ein, der wahrhaftig etwas von einem Mysterium an sich hat: es ändern sich sozusagen in ihm die Wortwurzeln seines Nazaret. Es gibt nämlich noch einen anderen Wortstamm, von dem der Name Nazaret sich ableiten könnte. Er bedeutet „aussondern, geloben, sich weihen“ und auch „sich enthalten von …“.

Der Verwandlungsprozeß im Verborgenen sondert in der Seele dessen, der mit Aufmerksamkeit alles Wirkliche beobachtet, in der Anstrengung des guten Hütens, eine neue Qualität der Einsicht aus (daß es nämlich viel mehr wert ist, ein Lebendiges zu schützen, als weiß Gott welchen Vorteil zu erlangen). Diese Einsicht wächst auf wie ein Wurzelschoß: *als ein neuer und anderer Wille,* der aus Einsicht freiwillig gelobt, dem Leben dienen zu wollen. Im Tun nach diesem Willen wird bald sichtbar, daß es viel gibt, was schadet, so daß man nicht gut bewahrt und einen schlechten Hirten abgibt. Wer das merkt, beginnt aus Einsicht, sich auch „zu enthalten von – –“ allerlei, was ihm die Aufmerksamkeit eintrüben würde. Das ist der zweite Lernschritt *aus Nazaret,* und er bewirkt, „daß der Wurzelschoß aufwächst“: Aus der Wurzel seines Anfangs im guten Willen schießt dieser ausgesonderte Einsichtswille empor, als ein Zirkelprozeß wachsend an Einsicht durch Tun und Begreifen, bis dieser ganze Mensch „sich weiht“, „sich heiligt“, wie es verlangt ist. Dann ist Nazaret in seiner Seele fertig. Dabei sind *beide* Wortwurzeln wichtig: Das erste Nazaret, aus der ersten Wortwurzel allein, würde sehr schnell verkommen. Unser Verstand ist zu täuschbar – vor lauter Beobachten übersehen wir das Wichtigste. Schon wird ungewiß, was zu bewachen ist (das KZ oder das eigene Herz?). Die zweite Wortwurzel allein würde Nazaret zum magischen Unheilsort machen. Das ist in Simsons Geschichte (Ri 13–16) bebildert: Rausch, Blut und Blendung führen zum Einsturz aller Bewußtseinsgebäude, wenn einer sich „als ein Geweihter“ findet, ohne das aus Einsicht freiwillig selbst in der rechten Weise zu wollen. Das Nazaret des Menschensohnes braucht *beide* Wurzeln, um wirklich Wandlungsort zwischen *jetzt* und *noch nicht* zu sein!

Aus Nazaret bedeutet also: aus einer Seele, die aus genauer Beobachtung der Wirklichkeit und unter gewissenhafter Bewachung der eigenen Motivation gelernt hat, des erfahrenen Wertes eingedenk zu bleiben und das Lebendige zu behüten, *so bedingungslos entschieden,* so mit ganzem Einsatz, daß sie daraus im Wesen verwandelt wird (in der Symbolsprache der Bibel heißt das: *In der Liebe bleiben*).

Aus einer solchen Seele stammt Jesus.

3. *Die Person Jesu:* Über Jesu Aussehen und Erscheinungsbild wird nichts gesagt – denn was er uns vorlebt, sagt er uns allen: das Menschlichsein des Menschen in der Wirklichkeit. *Es sei denn, daß jemand von neuem geboren werde, so kann er das Reich Gottes nicht sehen.* Wer „von neuem geboren“ ist, hat auch einen neuen Verstand,

um die Welt und sich selber darin neu zu verstehen: wie Jesus. Er ist *der Erstling* einer Seinsweise, die wir alle auch erwerben sollen.

Wiedergeburt geschieht *aus Wasser und Geist:* Erneuerung des Verstandes, als eine ganzheitliche Erneuerung des Wesens, geschieht durch Verschränkung von Kräften aus dem Unbewußten *(Wasser)* mit dem hellsten Licht im Bewußtseinsland *(Geist).* Das hellste Licht im Ich ist der „Gute Wille aus Nazaret“: *Beziehungs-Wille.* Jesus zeigt uns, daß es dieser *gute Wille* ist, der die Kraft hat, die Welt zu bewegen. Ganz praktisch bedeutet das für uns, daß wir uns jederzeit den Herkunftsort unserer Willensstärke genau anschauen müssen: denn nicht der „starke Wille“ ist das Gefährliche, sondern das Ziel, dem er dient. Wenn er dem Leben dient, indem er *in der Liebe bleibt,* kann er nicht stark genug sein.

Wie können wir wissen, was „dem Leben dient“?

Der *Heilige Geist* ist uns als *Tröster* und Helfer versprochen. Wo bleibt er so lange? Warum erscheint er nicht? Sein Ausbleiben hat einen ganz einfachen Grund: Der Ort seines Erscheinens ist im Guten Willen des Ich, in meiner höchst privaten Nazaret-Entschlossenheit, *in der Liebe zu bleiben.* Solange dieser Gute Wille nicht hell in uns brennt, kann auch der Tröster nicht kommen. Der neue Verstand, den wir brauchen, ist Verstand für die unteilbare Ganzheit der Wirklichkeit. Jesus hat ihn und benützt ihn. Darum schaut er tief in die Wirklichkeit, weiß die Gesetze des Lebens und sieht das Zukünftige. Wenn ein Mensch anfängt, mit messerscharfer Entschlossenheit genauso zu wollen, wie Jesus auch wollte: wahrhaftig, kompromißlos und ohne zu töten das Leben – dann *fügt sich ihm etwas hinzu: ein Neues im Land,* eine unerwartete Hilfe. Dann wird ihm diese Hilfe, die wir dringend brauchen, *bei Nacht geboren in Betlehem.*

4. *Der Geburtsort Betlehem:* Jesus heißt, wie Sie wissen, „Gott hilft“. *Geboren* wird diese Kraft nicht dort, wo sie herstammt, in Nazaret, sondern dort, wo man von dort aus erst hingehen muß: in *Betlehem.* Das heißt „Haus des Brotes“. Auf der Ebene der inneren Wirklichkeit bedeutet *Brot* „Nahrung des Teilens“, das heißt *Beziehung,* und zwar nicht irgendeine Beziehung, sondern *Beziehung von unersetzlichem Wert,* das ist *Liebe.* Dieses innere Brot ist *die Nahrung unserer Menschlichkeit. Das Brot Liebe* ist Arbeit des Herzens. Es ist Frucht und Ergebnis der Kultur des eigenen Wesens, im Außen der Wirklichkeit erstaunlich entgegenwachsend mit Beantwortung, *dreißigfach, siebzigfach, hundertfach,* aus dem eigenen Liebhaben, das einer eingesät hat in die Beziehungsäcker seiner Welt. Das Wissen vom Brot ist von allem

Wissen das höchste, die *Königin aller Königinnen und Herrin aller Herrinnen* im Bewußtseinsland. Leider kann ich hier nicht mehr davon sagen.

Betlehem also, der Geburtsort der Kraft „Gott hilft", ist das *Haus* für das Brot – der „Ort" in der Lebenslandschaft, wo einer sein Liebhaben in die Realität wirklicher Welt wirklich versenken kann, bis zum leibhaftigen Spüren, daß „sein Herz hängt ...", an etwas, an jemandem. Die Erfahrung: „*Das* ist es, was mir tiefere Freude macht als irgend etwas sonst, *das ist Sinn*" wird von uns oft – nach meiner Erfahrung fast immer – übergangen. Es stört uns zu sehr, daß es *das* sein soll, was wirklich von Wert ist. Zwar steht *der Stern* der heimlichen Wachstumssehnsucht darüber still, mit der tiefen Beruhigung: „*Dies ist es,* was ich suchte." Aber unser dummer Verstand will meist etwas „Besseres" wollen!

Betlehem, das Haus des Brotes, ist alltägliches Leben von ganz einmalig besonderer Art: durchtränkt mit Aufmerksamkeit *aus Nazaret:* mit Liebe, die beobachtet und bewacht und bewahrt, die „sich enthält von ..." allem, was schadet, die sich ganz und gar dem richtigen Hüten verlobt und verschrieben hat. *Betlehem* ist das „geweihte Ganze", ein Mensch in seiner ihm geheiligten Welt seines Liebhabens.

Dort also, im konkreten Tun *Stall unter dem Stern,* erscheint bei Nacht „der Mittler" zwischen mir, wie ich war, und mir, wie ich sein werde, zwischen dem, was jetzt ist, und dem, was werden kann, zwischen *dieser* Welt und der *kommenden.* Dieser Mittler-Sohn aus dem Brothaus der Liebe ist *Verstand für die Wahrheit des Wirklichen.*

Liebe kann nur in der Wahrheit wohnen, also dort, wo die Aufrichtigkeit daheim ist: im hellsten Willenslicht des Guten Willens. *Betlehem* liegt also im obersten Bewußtseinsbereich, im Willen meiner zur Wahrheit entschlossenen Seele: Betlehem ist sozusagen der innerste, oberste und hellste Kernbezirk von Nazaret. Dort sitzt „meine Liebe" in Aufmerksamkeit und wacht über meine Beziehungswelt mit Gerechtigkeit und Geduld.

Wasser und Geist markieren die äußersten Pole des menschlichen seelischen Raumes. *Wiedergeburt* geschieht im Spannungsfeld zwischen dem guten Ich-Willen und seinen geheimsten Begierden, indem dieses ganze unüberschaubar weite Spannungsfeld in den guten *Nazaret*-Pakt mit dem Leben gestellt wird, der *in der Liebe bleiben* heißt. Die Bemühung darum bewirkt, daß meine schlafende Seele Stimme bekommt und in mein Wachleben herüberzusprechen beginnt, was sie „im Traum sieht". *Ich schlafe, aber mein Herz wacht* (Hld 5,1). Sie lehrt mich mit Wegweisung aus dem Traum, was zu tun ist, so wie es dem *Zimmermann Josef* geschah und den *drei königlichen Magiern aus dem Osten* auch, und dem *Weib des Pilatus.* Diese Wegweisung aus dem Traum gibt dem Verstand dazu, was er aus Tagbewußtsein nicht wissen kann: *das Wissen um die Wege des zukünftigen Werdens.* Sie sagt mir, was ich tun kann und soll, nicht nur nach meiner Bedingung allein, sondern unter Berücksichtigung der Bedingungen der anderen Menschen, die dadurch betroffen sind.

Die Traum-Wegweisung ist *Weisheit,* die erste und oberste *Gespielin Gottes.* Jesus von Nazaret hat sie: *Sie ist die Braut.* Wir sollen sie auch haben. Sie kommt zu uns *aus Nazaret,* mit Gewißheit, denn *sie wartet vor unserer Tür,* jede Nacht. In der Symbolsprache der Bibel heißt sie *das Öl für die Lampen* Verstand und Wille, für diese hochwichtigen Lampen zur Erhellung des Alltags – und *das Salbungsöl,* mit dem uns die Weisheit die Wirklichkeit als das Hochheilige salbt, in dem unsere Zukunft zu uns kommt (Sach 4 – Dan 9,24 – Offb 19,10). Für sie, für diese geduldige „Weisheitsrede der Salbung", brauchen wir den neuen Verstand, den *Wiedergeburts*-Verstand, ohne den wir *das Reich Gottes nicht sehen können.*

Jesus aus Nazaret, geboren in Betlehem, ist ein Bewußtseinsfunke in uns, der vor uns hingehen kann, weil er weiß, was sein wird. Er kommt zu uns in einem langen und mühsamen Wachstumsprozeß, wenn wir versuchen, im Alltag, als ganzer Mensch, in Gedanken, Worten und Werken, trotz aller Schwierigkeiten, trotz Wut, Angst und Schmerzen doch in einer zugewandten und aufrichtigen Beziehung zu bleiben, zu allen Menschen und Dingen, in allen Situationen. Das kostet nicht *viel* Kraft, sondern *alle* – dafür bewirkt es auch viel: das unerwartete Wunder der Wesensverwandlung und das Erscheinen der Kraft „Gott hilft" *(Jesus). In der Liebe zu bleiben* bedeutet zugleich, *in der Wahrheit zu bleiben:* Es bedeutet also, nicht zu lügen, auch nicht vor sich selbst. Es bedeutet, nicht zu töten, zu stehlen oder zu mißgönnen, weder außen noch innen, es bedeutet, kein falsches Zeugnis zu geben und die Beziehung nicht abzubrechen, sondern die wirklich mögliche Form ihrer Wahrheit zu suchen, jetzt und jetzt, immer wieder von vorn. Das ist eine Anstrengung, die „übermenschlich" ist, *aber uns möglich,* wie es schon im fünften Buch Mose steht: *Denn das Gebot, das ich dir heute gebiete, ist dir nicht verborgen noch zu ferne – denn es ist das Wort gar nahe bei dir, in deinem Munde und in deinem Herzen, daß du es tust* (Dtn 30,11–14).

II.
DAS ERSCHEINEN DES ANTICHRIST

Ich will euch aber zeigen, vor welchem ihr euch fürchten sollt: Fürchtet euch vor dem, der, nachdem er getötet hat, auch Macht hat zu werfen in die Hölle. Ja, ich sage euch, vor dem fürchtet euch.
(Lk 12,5)

Nun wollen wir den „Wohnort des Ungeistes" besichtigen. In ihm ist alles versammelt, was zur „Schlangen-Botschaft der Irreführung" gehört. Da er ein „Ort des Betrugs" ist, hat er keinen Platz im Außen, denn die Wirklichkeit der Welt ist ganz wahr und ohne Betrug so, wie sie ist. Alles, was es außen gibt, gibt es wirklich. Irreführung und Betrug spiegeln vor, es sei etwas, wie es nicht ist, und es gäbe etwas, das es nicht gibt. Das ist nur in der „inneren Welt" möglich, im Spiegelkabinett unseres reflexiven Bewußtseins.

Schon das Bewußtsein der Tiere ist täuschbar – aber die Irreführungen in unserem Menschen-Bewußtsein mit seinen Freiräumen des Denkens und der Vorstellungsbilder sind unermeßlich viel größer. Darum liegt denn auch der „Irreführungsort der Schlange" in dieser Schwachstelle der Schöpfung, in unserem Verstand – in der *einen* Lücke, die er *nicht* haben sollte: *im Fehlen des Guten Willens.*

Guter Wille ist „Wille zur Anteilnahme" – das ist *Liebe;* d. h. das *Fehlen der Liebe* ist der Wohnort des Ungeistes und der Herkunftsort des *Antichrist.* Natürlich hat unser Verstand ganz unvermeidliche Lükken – *im Wissen* sind sie richtig, weil wir nie und nimmer alles verstehen können. Aber *im Willen* zur Anteilnahme sind sie „falsch" und sollten nicht sein. Beide zu unterscheiden gehört zum Verstand Jesu, als *Unterscheidung der Geister.* Leider hängen sie eng miteinander zusammen: Die „Lücken im Wissen" wandern aufgrund der außerordentlichen Täuschbarkeit unseres Verstandes aus in den Willen: Aus „Versteh ich nicht!" entsteht „Ist mir egal!"; blitzgeschwind wird daraus Täuschung über den Wert: „Was ist das schon!" Das ist *Anti-Nazaret* – denn falsch gedachte Gedanken aus fehlendem Wissen geben dem irregeführten Verstand gute Argumente zur Rechtfertigung *der Gleichgültigkeit* und damit zur unbewußten Entwertung von großen Teilen der Wirklichkeit („So was gibt es ja gar nicht!").

In tödlicher Lautlosigkeit ist das die Anti-Botschaft von der Entwirklichung der Welt (und das exakte Gegenstück zur Botschaft Jesu).

Denn der Verlust der Anteilnahme ist der größte Feind des menschlichen Bewußtseins. Obwohl dieser Feind ein „nicht“ ist, ein Fehlen, kann er uns auslöschen. Das Vorhandensein von *Fehlen der Liebe* in uns bewirkt den Wirklichkeitsverlust des Menschen – bewirkt, daß uns Welt, Realität, Zukunft und Hoffnung aus dem Bewußtsein entgleiten, ohne daß wir uns dessen bewußt werden. Daraus entspringt das *Erscheinen des Antichrist.*

Auch das ist ein wachsender Zirkelprozeß: Ein falscher Einsichtswille entspringt aus fehlendem Wissen und führt zu fehlender Anteilnahme, die mit wachsender Geringschätzung die Seele abzieht von Menschen und Dingen. Welt entgleitet, weil das Herz nicht mehr Anteil nimmt *(Inter-esse).* Wenn er erst einmal begonnen hat, wächst dieser falsche Wille zur Gleichgültigkeit weiter, aus falscher Einsicht und falschem Tun: Der irregeführte Verstand wähnt sich überlegen – er merkt nicht, daß Herz und Welt auseinanderfallen: kein Interesse hält sie zusammen. Mit dem Abhandenkommen des Bewegtseins geht alle Bewegung verloren. Am Ende steht die Erstarrung *(Lots Weib).* Das ist der Zirkelprozeß *Anti-Nazaret.* Er ist Denkgewalt aus dem Wertverlust und entsteht aus falsch gedachten Gedanken, die dem *Antichrist* den Weg bereiten.

Der „Wohnort des Ungeistes“ ist in allen Stücken das Spiegelbild zum „Wohnort des *Geistes*“, nur fehlt ihm „das wirkliche Sein“, weil er „das Ausbleiben“ ist. In den Evangelien gibt es für ihn keine geographische Entsprechung: auf der Landkarte weder Anti-Nazaret noch Anti-Betlehem. Und doch droht das Erscheinen des Antichrist ganz wirklich aus dem Ausbleiben unserer Menschlichkeit. Wenn er erst da wäre, wäre alle Hoffnung verloren, weil er *das Ausbleiben aller Zukunft* ist. In der Bibel, die doch so voll ist von *Fürchte dich nicht,* heißt es von ihm: *Ja, ich sage euch, vor dem fürchtet euch, weil er Macht hat, euch zu werfen in die Hölle.*

„Die Hölle“ ist der Wohnort des vollständig verwirklichten Mißlingens und der Zielpunkt endgültig falsch verlaufener Entwicklung. Im Alten Testament ist „Hölle“ das „Reich der Schatten“ – ein lichtloser Finsternisort im Unwirklichen. Er wurde zum „Ort der Qual“ erst in christlicher Zeit. Beide Vorstellungen geben erst miteinander Sinn: Es gibt kein Leiden des Menschen, das so tief ohne Trost und so ätzend unstillbar ist wie das Leiden am Unwirklichbleiben der Seele, wie es ein Mensch ertragen muß, der sich zu nichts und zu niemandem aus Wertschätzung in Beziehung setzen kann. Ruhelos gejagt, bleibt er hungrig an Sein und leer von Leben. Weil er *„der Liebe nicht hat“*, ist ihm alles andere *nichts nütze.* Das genau ist der Ort, wohin uns der *Antichrist* verführen will, indem er Wertschätzung und Anteilnahme aus unseren Herzen wegargumentiert, mit Irreführungsgedanken aus fehlender Einsicht. Auch *sein Reich ist nicht von dieser Welt.* Es ist das Fehlstellen-Reich unserer nicht verwirklichten Möglichkeit, zu einer tieferen Menschlichkeit heranzuwachsen, und liegt im Irrealen der leergebliebenen Zeit, in den Illusionen von Menschen, die den Wirklichkeitsbezug aus dem Herzen verloren haben, weil ihnen die Fähigkeit abhanden kam, etwas oder jemanden zu lieben.

Wie lernt man, „das Fehlen" zu sehen? Wie versteht der Verstand, daß „ihm fehlt"? Ist es überhaupt möglich, das eigene Nicht-Sehen zu sehen? Das Symbolwort der Bibel gibt da erstaunliche Hilfe: Anti-Nazaret ist *das Fehlen von ernsthafter Beziehung:* das Fehlen der Bereitschaft, „mit rechtem Ernst" zu beobachten, zu bewachen, zu bewahren und zu hüten. Positiv formuliert, ist es *das Vorhandensein von Unernst:* die leichtfertige Bereitschaft, ungenau und obenhin mit der Realität umzugehen, den Wirkzusammenhängen und auch den eigenen Motivationen gegenüber kritiklos und nachlässig zu sein, Wesentliches geschwind zu vergessen und Wertvolles mutwillig oder achtlos zu zerstören.

Aus dieser Grundhaltung entsteht folgerichtig die „zweite Sprachwurzel" des Anti-Nazaret: Wer so mit der Wirklichkeit der Welt und der eigenen Seele umgeht, wird nicht bereit sein, „sich zu enthalten von ..." etwas, nur weil es schadet.

Positiv formuliert: Es entwickelt sich ein wahlloses Gebrauchen von allem, was sich irgend gebrauchen läßt. Ehrfurchtslos werden die Wirklichkeit der Welt und die eigene Seele verschlissen. Zwangsläufig entsteht daraus ein Gefühl innerer Leere: Weil Werterfahrung schnell vergessen wird, kann sie nicht wirken, weil sie nicht wirkt, bleibt ein vages Unwertgefühl, ein heimliches Nagen, wie Hunger. Immer lauter fragt es drinnen: „Ist das alles?" Genuß und Macht müssen den Seinshunger beschwichtigen, der aus dem Mangel an Wandlung kommt. Sie dienen als Ersatz für die fehlende Sättigung, die sie selber verhindern, weil Wandel des Wesens nicht geschehen kann, wo einer Macht und Genuß aus seinen Erfahrungen pressen will.

Dieser „Verhinderungsprozeß aus *Anti-Nazaret*" ist ein Prozeß der Seelenzerstörung. Als seine Begleiterscheinung erscheint ein spezifischer Tonfall: Ironie und Zynismus sind gesellschaftlich hochgeschätzt, von „aufgeklärten Geistern" als Adelsbrief des kühlen Verstandes betrachtet, weil sich darin *grundsätzliche Distanzierung* ausdrückt. Das gilt als Zeichen überlegener Kraft – dabei ist es Zeichen ängstlicher Beziehungsschwäche. Ironie und Zynismus sind verschiedene Stadien von Schmerzgelächter aus dem Unernst. Wo sie hörbar werden, ist Anti-Nazaret im Entstehen. Gelächter im richtigen *Nazaret* klingt ganz anders. Es hat den Namen *Isaak,* das ist: *Gott lacht,* weil es ein Lachen in der Verbundenheit ist. Humor ist das Schmerzgelächter aus dem *rechten Ernst.* Es kommt aus der Wertschätzung auch noch im Leiden, trotzdem und gerade deshalb. Wo Humor ist, ist Liebe – wo Liebe ist, kann Anti-Nazaret sich nicht bilden.

In *Anti-Nazaret* wird im alltäglichen Unernst, in abertausend winzigsten Nachlässigkeiten des Umgangs mit sich selbst und mit der Welt ganz buchstäblich ein „Pakt mit der Hölle“ geschlossen, mit dem Unwirklichbleiben der Seele, weil so alle Möglichkeiten zum Wachstum unverwirklicht bleiben müssen. Vor allem bleibt die Traumtiefe der Seele stumm: *Kein Öl für die Lampen!* Die Geburt des neuen Bewußtseinsfunkens „Gott hilft“ muß ausbleiben, weil es kein *Betlehem* gibt: keinen Wirklichkeitsbereich, der getränkt ist mit aufrichtigem und ernsthaftem Liebhaben. Statt dessen entsteht aus Willkür und Nichtachtung *Anti-Betlehem:* der Geburtsort des Steckenbleibens. Dort herrscht Leere. Und innere Leere macht böse. Verhängnisvoller Zirkelschluß: Die Bosheit aus hungriger Leere macht Lust, ironisch in Unernst mit allem zu spielen – je wirklicher etwas dennoch von Wert sein könnte, um so nachdrücklicher die Schmerzlust, mit der es verraten wird. Gerade der Schmerz im Verraten hat Süße – denn in der Leere ist Schmerz wie ein Lebenszeichen, ein Wirklichkeitssignal in der „Hölle des Unwirklichen“. So kommt es, daß zuletzt der Verrat am Leben sich wie Leben anfühlt. Da hat *der Antichrist* gewonnen.

Könnt ihr denn nicht eine Stunde mit mir wachen? Diese eine Entwicklungsstunde des Übergangs zwischen unserem jetzigen Weltbild und dem Weltbild Jesu müßten wir aus eigener Kraft wach bleiben, nur so lange, bis der Unernst aus unserem Nicht-Verstehen ausgeworfen ist: *Getsemani* heißt „Ölkelter“.

Bei aller Verlassenheit, die Menschen erleiden müssen, gibt es doch kein Verlassensein, das an die Menschenverlassenheit Gottes heranreicht, während er warten muß, ob wir mit dem Ernst unserer Liebe das Wegweisungsöl der *Weisheit* aus der Traumtiefe keltern werden.

2. Unser Gegenwartsdenken ist in allen Bereichen von unzähligen „antichristlichen“ Irreführungsgedanken aus fehlender Einsicht durchzogen. Einen einzigen solchen Gedanken will ich herausgreifen. Man

sagt: *„Erst die Vereinigung der Gegensätze bildet das Ganze"* (weil der Schatten zum Licht gehört und die Nacht zum Tag). Große religiöse Denker haben *Gott* so bezeichnet: als die Vereinigung der Gegensätze, weil Gott alles enthält, was ist, und nichts nicht enthält, was irgend vorhanden ist. So weit, so gut. Aber in unmerklichen Akzentverschiebungen macht das Nicht-Mitgedachte in einem Denkprozeß durch Jahrhunderte daraus eine täuschende Fehlform, die heute mit Wucht ins Bewußtsein durchbricht und uns in Windeseile unseren Willen mit Täuschung vergiftet: Vom religiösen Ansatz her *(im Himmel)* verfälscht sie das Gottesbild – vom tiefenpsychologischen Ansatz her *(auf Erden)* verfälscht sie unser Bild vom Menschen.

a) *Der psychologische Ansatz* im Menschenbild *(auf Erden)*: Dort heißt es: *„Das Selbst* ist die Vereinigung der Gegensätze" („das Selbst" umfaßt die unaussprechliche Ganzheit eines Menschen, wie „Gott" die unaussprechliche Ganzheit der Welt umfaßt). Also enthält es Liebe und Haß, Trauer und Freude, Einsamkeit und Verbundenheit, Wandel und Dauer – so weit, so gut. Aber es heißt weiter: Das Selbst enthält Werden und Zerstörung, Anteilnahme und Gleichgültigkeit, Tiefe und Banalität, Wahrheit und Lüge. Einfach alle Gegensätze eben. Das Problem steckt „im Gegensatz": Wir werfen alles in einen Topf, als ob alle Gegensätze gleich wären.

Sie alle kennen das Wort vom Weizenkorn im Acker, das sterben muß, damit es Frucht bringt (Joh 12,24; 1 Kor 15,36). Jeder, der schon einmal mit Samen experimentiert hat, weiß, daß ein zerstörtes Korn nicht treibt, sondern fault. Das Weizenkorn muß *„lebendig* begraben" sein, unzerstört und ohne Fäulnis muß es vergehen, indem es sich wandelt. Wo das nicht so geschieht, geschieht nichts mehr. Der Tod zur Verwandlung ist ein anderer Tod als der Tod zur Verwesung. (Darum unterscheidet die Bibel *den einen* und *den anderen Tod* – z. B. Offb 20,14.)

Im Selbst eines Menschen sind zwar notwendig die Gegensätze Werden und Vergehen enthalten, aber nicht die Gegensätze Werden und Zerstörung. Denn es umschließt zwar Leben und Tod, aber nicht Lebendiges und Totes! Das Lebendige wird nicht etwa dann erst völlig lebendig, wenn es auch Abgestorbenes enthält – im Gegenteil: Wo Abgestorbenes ist, in der Seele so gut wie im Körper, bedroht es das Leben mit Vergiftung aus seinem Zerfall. Die Seele des Menschen ist wie ein Weizenkorn. Sie muß ohne Zerstörung lebendig begraben sein, damit ihre Strukturauflösung nicht Fäulnisprozeß ist, sondern Wandlung. Es gibt gegensätzliche Gegensätze: solche, die einander ergänzen – und solche, die einander ausschließen. Wahrheit z. B. wird nicht ergänzt durch eine Lüge, sondern geschmälert. Wo Wahrheit wachsen soll, muß Lüge schwinden – und umgekehrt. Der Gedanke, daß beide zur Vollständigkeit des Selbst gehören, ist ein „Wegbereiter des Antichrist": denn er vergiftet den Guten Willen mit Gleichgültigkeit. Das heißt dann so: „Jemand, der sich ‚um die Wahrheit' bemüht, ist ein Idealist und verblendet. Er will einseitig nur das sogenannte Gute gelten lassen – vor seiner Lüge schließt er die Augen. Dieser Mensch ist schwach, er kann die Wahrheit über die Gegensätze in seinem Selbst nicht ertragen." Im Handumdrehen ist da der Entschluß, bei der Wahrheit zu bleiben, uminterpretiert in unreife Schwäche, während die Löcher im Guten Willen als kraftvolle Nüchternheit eines wahrhaft Erwachsenen erscheinen. Schon sind die Wachstumsziele vertauscht: Es scheint fortan nicht mehr darum zu gehen, um Aufrichtigkeit zu ringen, so gut man das kann – sondern in nüchterner Selbsteinsicht diesen törichten Idealismus hinter sich zu lassen. Der Gute Wille wird zur „Lebenslüge". Statt *miteinander Frieden auf Erden für alle Menschen* zu suchen, macht jeder seinen „illusionslosen" Separatfrieden mit dem eigenen Hang zur Unehrlichkeit.

Es gibt unzählige falsche Gegensätze dieser Art. Unbenannt und unerkannt unter die echten Gegensätze der Ergänzung gemischt, bilden sie „tote Gewebsinseln" in unserem Menschenbild, die uns den Guten Willen mit schleichender Verwesung vergiften. Denn nach diesen Gedanken gehört zur vollen Menschlichkeit des Menschen angeblich auch ein gutes Quantum Unmenschlichkeit einfach dazu. Hier ist nicht Raum für Zitate – nur eins: In einem Aufsatz über die Symbol-Bilder des *Selbst* heißt es von „der Perle":

Die Perle bleibt stets auch Staub, sowohl Täuschung als auch Glanz ... Dies stimmt mit dem Leben überein, denn wir sind wundersamer Weise sogar in Momenten des Glanzes lustlos. Wir leiden an einer inneren Gereiztheit, wenn wir uns zeigen ...[1]

Wie kann „die Perle" als Symbol des *Selbst* Staub bleiben, wo doch das Selbst aus dem Staub durch Wiedergeburt und Verwandlung hervorgehen soll? Entweder ist Staub, dann ist keine Perle – oder es ist Perle geschaffen, dann ist Staub darin eingegangen wie Weizenkorn in die grünende Pflanze. Eine Perle, die Täuschung ist, ist *keine* Perle. Und ein Mensch, der sich in Momenten des Glanzes lustlos weiß, könnte daraus erkennen, daß seine Seele ihm leer bleibt vom Wesentlichen. „Dieser Glanz ist Täuschung", sagt ihm seine Seele, „es ist Staub-

Glanz, der nichts wert ist. Geh und suche die Perle!“ Denn „lustlos“ heißt „sinnleer“ und ist das Angstsignal der beginnenden Fäulnis aus dem zerstörten Weizenkorn Seele. Wer glaubt, daß seine Lustlosigkeit „wundersam“ sei, wird kein Heilwerden suchen wollen. Es scheint, daß einer unserer ärgsten Feinde die Eitelkeit ist: Lieber verrenkt sich einer den Verstand, bis es gelingt, seine Lustlosigkeit wider alle Vernunft zur „wundersamen Mitgift der Lebenslust“ zu erklären, als daß er sich mit Schrecken eingesteht, daß sie Zeichen von innerem Absterben ist.

b) *Der religiöse Ansatz:* Im Himmel, im religiösen Ansatz, geht es dem Gottesbegriff nicht besser: Wenn *Gott* die Vereinigung der Gegensätze ist, sagen die Denker, dann enthält er Werden und Vergehen, Gnade und Gericht, Liebe und Zorn, Verheißung und Untergang, Licht und Dunkel. So weit, so gut. Aber sie sagen noch weiter: Gott, der Unbegreifliche, sagen sie, enthält Gerechtigkeit und Ungerechtigkeit, Schöpfung und Vernichtung, Liebe und Grausamkeit, Erlösung und Unterdrückung – „das höchste Gute und das höchste Böse sind beide in ihm“. Schon passiert mit unserem Gottesbild das gleiche, was auch mit dem Menschenbild geschah: Dieses *höchste Symbol des wachsenden Geistes* wird mißverstanden als eine kindische Vereinfachung, als etwas Halbes und Veraltetes. „Der Theismus ist am Ende“, sagen sie. Zur „Lichtgestalt des guten Gottes“ soll *das Böse* die fehlende „dunkle Seite“ sein. Das hat zur Folge, daß *der Bundesgott „Ich werde sein“* nicht „vor uns herziehen“ kann, in ungeahnte neue Räume des Begreifens, *als Feuersäule bei Nacht, als Rauchsäule bei Tag, in das Land, das er uns zeigen will,* sondern daß er im Allzubekannten stillstehen muß. Keine Wandlung! In widersinniger Umkehrung heißt es zuletzt, daß wir „die Furchtbarkeit Gottes“ in der Atombombe anbeten müßten (als ob die Ganzheit des *lebendigen Gottes* erst dann vollständig wäre, wenn sie auch die Zerstörung enthielte, die durch uns aus *unserem Mangel an Liebe* entsteht).[2]

Da wird nicht verstanden, daß die Furchtbarkeit der Vernichtung durch Atomkrieg nicht die schwarze Kehrseite der göttlichen Zwiespältigkeit ist, sondern die unausweichliche grauenhafte Folge des *Fehlens* (Gottes = der Liebe) *in uns.* Das Fehlen ist keine Eigenschaft des Seins. Nicht Gott, sondern unsere Gottes-*Vorstellung* muß ergänzt werden, zugleich mit unserer Vorstellung vom Menschsein – durch Hinzufügung unbekannter Gedanken, die über den bisherigen Erfahrungshorizont hinausgreifen. Ergänzung für das höchste Gute, das wir kennen, ist nicht das Böse, sondern „das höchste Gute, das wir noch nicht kennen". Die ergänzende „dunkle Seite Gottes" ist nicht „Zerstörungsgewalt", sondern *die Nacht.*

Schon seit den Zeiten des Jesaja möchte *der Zorn ablassen* dürfen (Jes 9,7–20). Aber bis jetzt *ist noch immer nicht Frieden* (Ez 13), weil wir den Bewußtseinsfunken *Jesus* („Gott hilft") mit seiner Gabe des *Öls* noch immer nicht in uns wohnen lassen. *Keine Herberge für das göttliche Kind.*

Die resignative Lähmung des Guten Willens, die aus den falsch gedachten Gedanken kommt, führt dazu, daß wir das feine und scharfe Instrument unserer Logik nicht wirklich benützen. Wenn wir die Folgen des *Fehlens* in unserem *guten Willen* sehen (Früchte aus Anti-Nazaret), sagen wir mit Nietzsche „Gott ist tot", als ob dies Fehlen *seine* Sache wäre. Da lassen wir „ihn" sterben für unsere Schuld. Das ist *Auschwitz im Himmel.* Wir machen uns keinen Begriff von der grauenhaften Menschenverlassenheit Gottes in unserer Lieblosigkeit: als ob er für uns „wollen" könnte. Dabei gibt es keine tiefere Ohnmacht als die des Liebenden vor dem Fehlen der Liebe im andern. Wo bliebe die Freiwilligkeit des Liebhabens, wenn wir durch einen Übergriff aus der Zukunft gezwungen würden, es besser zu machen, bevor wir einsehen konnten, warum wir es freiwillig besser machen müssen? Um unserer Freiwilligkeit willen *kann* der lebendige Gott nichts tun, um das Ausbleiben unserer Menschlichkeit zu verhindern. Aber auch wir selber sind ebenso „menschenverlassen" in unserer Trägheit: als ob es nicht möglich sei, das Gute so wirklich zu wollen, daß es Frucht bringt. Das Wandlungssymbol über der Welt ist die Verschränkung der *Ohnmacht Gottes* mit der *Kraft des Menschen:* das *Kreuz.* Die Auferstehung *des Christus* geschieht durch unseren Sinneswandel *(Umkehr).* In der „Ölkelter Gottes", wird das Öl fließen. *Da Jesus wußte alles, was ihm begegnen sollte,* wußte er auch das. Das bedeutet, daß wir keinerlei Ausrede haben: Die Anstrengung ist zwar „übermenschlich", aber durchaus „menschenmöglich".

III.
DAS ZIEL:
JERUSALEM UND DIE NEUE WIRKLICHKEIT

Siehe, er wird vor euch hingehen nach Galiläa.
(Mt 28,7)

Die letzte und größte aller Sehenswürdigkeiten im Land der konkreten Religion ist die Zukunft. Leider muß ich das Wichtigste weglassen. Die Verständnisbrücken zum Konkreten fehlen nicht etwa, weil es sie nicht gäbe, sondern nur, weil ich sie hier nicht zeigen kann. *Jesu Botschaft* ist die „gute Nachricht" vom Werden des Menschen über uns hinaus.

In bildlicher Darstellung will ich Ihnen eine Vorstellung von unserem entwicklungsgeschichtlichen Ort im Werdeprozeß geben. Die Vernunft des Menschen und seine Fähigkeit zu reifer menschlicher Beziehung *(Liebe)* gehört *mit zur Natur* und nimmt folglich eine eigene Entwicklungsspanne im Rahmen der Evolution ein. Wir Menschen, so wie wir uns kennen, sind eine stürmische, notwendige und gefährliche Zwischenstation im Werden der viel größeren Gesamtgestalt, die, als das Geschöpf des *siebten Schöpfungstages,* im *Symbolwort* der Bibel *die Braut Jerusalem* heißt.

Die Berichte der Bibel liegen nicht *hinter* uns, sondern sie *gehen mit uns,* als unser geistiges *Jetzt.* Jederzeit gehen wir unter dem Herzen der Feuersäule durch unsere Alltagswüsten, noch immer *mit Mose unterwegs,* nun schon mehr als 3500 Jahre, und noch immer fern von der Landnahme in *Kanaan,* weil wir den „Schritt aufwärts" nicht tun, der uns *in* dies Herz der Feuersäule hineinbrächte, in den Brennpunkt der Feuergegenwart des Geistes, die das Lebensumfeld Jesu ist. Wie meine Körperzellen nichts wissen vom Lodern meiner Gedanken, so wissen wir Heutigen nichts vom lodernden Seufzen des *Geistes,* der uns um Verwirklichung bittet. Meine Körperzellen haben den Aufwärtsschritt schon vor Jahrmillionen getan: sie haben eingewilligt, die eifrigen Diener des vielzelligen Leibes zu sein. Für die psycho-spirituelle Willenszelle „Ich" ist das anders: Wir, als die „Körperzellen des Leibes Christi", haben den Schritt aufwärts noch nicht getan. Noch ist uns das richtige Dienen im Eifer der Einordnung so unverständlich, daß wir es für Selbstaufgabe halten und lieber „krebszellenartig" eigenmächtig bleiben.

Der graphische Überblick ist natürlich eine unmäßige Vereinfachung (siehe Abbildung).

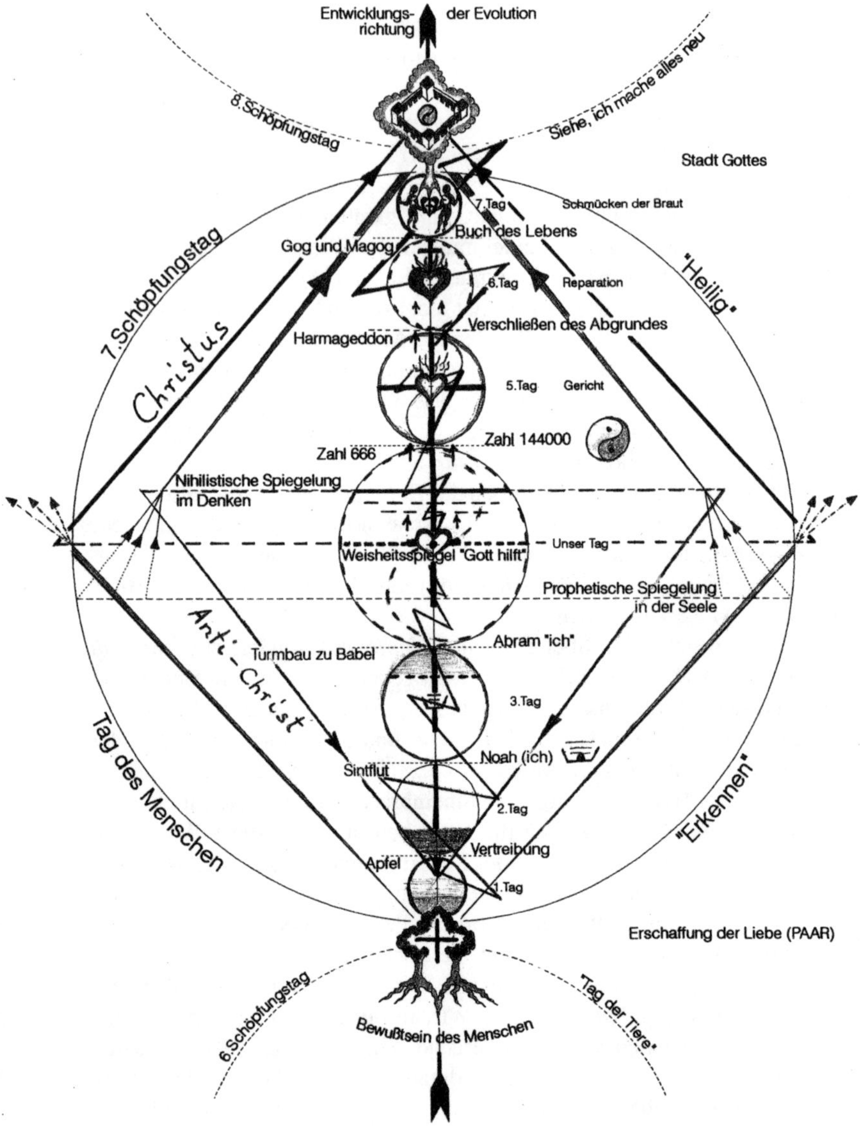

Entwicklungs-
richtung
der Evolution
8.Schöpfungstag
Siehe, ich mache alles neu
Stadt Gottes
7.Tag
Schmücken der Braut
Buch des Lebens
Gog und Magog
7.Schöpfungstag
Christus
6.Tag
Reparation
"Heilig"
Verschließen des Abgrundes
Harmageddon
5.Tag
Gericht
Zahl 144000
Zahl 666
Nihilistische Spiegelung
im Denken
Unser Tag
Weisheitsspiegel "Gott hilft"
Prophetische Spiegelung
in der Seele
Anti-Christ
Abram "ich"
Turmbau zu Babel
3.Tag
Tag des Menschen
Noah (ich)
Sintflut
2.Tag
"Erkennen"
Vertreibung
Apfel
1.Tag
Erschaffung der Liebe (PAAR)
6.Schöpfungstag
"Tag der Tiere"
Bewußtsein des Menschen

Der siebte Schöpfungstag ist „der Entwicklungstag des Menschen". Er ist als Ganzes *geheiligt,* d. h. unter *die Beziehung* gestellt: Es ist der Tag des *Erkennens,* der Tag „des gegenüberstehenden Doppel-Geschöpfes *Paar",* der „Tag der bewußten Beziehung Liebe". Er beginnt aus dem winzigen Punkt seines ersten Erscheinens und endet im winzigen Punkt seiner Vollendung. Dazwischen liegt das spannungsreiche Feld seiner Entfaltung in wachsender Differenzierung und seiner Wiederzusammenfassung in wachsender Integration.

Damit „die wirkliche Liebe des Menschen" als *Gottes heilige Stadt* wahrhaftig Fleisch werden kann, in uns und zwischen uns, muß enorme Bewußtwerdungsarbeit geleistet, Angst überwunden und Einsicht gewonnen worden sein. Diese Entwicklung unterteilt den großen *siebten Schöpfungstag* in sieben kleinere „Bewußtseinstage". Jeder entspricht einem Niveau der langsam wachsenden Ich-Wachheit (wie beim einzelnen Säuglingszeit, Kleinkindalter, Schulkindphase und Pubertät). Im Lauf jedes Tages entfaltet sich sein spezifischer Bewußtseinshorizont zur Reife und wird zuletzt überwunden in der Mitternachtszone seines Untergangs, die zugleich die Geburtsstunde für den nächstfolgenden Tag und seinen nächstgrößeren Bewußtseinsumfang ist. Unser Tag ist der vierte von sieben, „die Zeitmitte", und insofern ein besonderer, weil er nicht nur sein eigenes Differenzierungsfeld richtig zusammenfassen muß, sondern zugleich auch die immer weiter auseinanderstrebende Differenzierungsbewegung des gesamten siebten Schöpfungstages umzulenken hat, in ihre Konvergenz auf das Ziel seiner Integration zu *(Umkehr!).* In jeder solchen Mitternachtszone zwischen zwei Bewußtseinstagen wird ein „Überwinder" gebraucht, ein Hinüberträger (Christophorus), der die Welt und ihre Zukunft hinüberträgt, aus der kleineren alten Ordnung in die größere neue. „Überwinder" ist dabei der „Integrationsschritt", der diesen ganzen „vergangenen Tag" in allen seinen Ergebnissen zu *einer einzigen* Struktur zusammenfaßt.

Keimzelle des ganzen siebten Schöpfungstages ist die Bewußtseinsqualität *Erkennen,* die irgendwann, vor einer Million Jahren vielleicht, im Großhirn des Säugetiers Mensch als eine neue Möglichkeit erschien (durch Integration aus allem, was voranging). Erkennen ist eine dreifache Doppelqualität: sowohl verbindend zwischen zweien („einander") als auch trennend zwischen einem und dem andern („Feind"), und weiter „das Erkannte zerteilend" (in „gut" und „böse"). Das *Symbol*-Wort der Bibel stellt diese hochkomplexe Bewußtseinsqualität dar als den *einen* doppeldeutigen *Kreuz-Baum:* ein zentrales und heiliges Lebensgeschenk, so fruchtbar wie giftig.

Mit dem Erscheinen des Baumes zugleich ist schon der ganze Umriß des siebten Schöpfungstages da, mit allen Werdemöglichkeiten und Gefahren. Seine Gefahr ist *die Spaltung.* Sie ist unvermeidbar, weil das Erkennen nur „zwischen“ möglich ist und die eine Wirklichkeit in den Erkennenden und das Erkannte spaltet. Das Vollendungsziel des gesamten siebten Schöpfungstages ist die Überwindung der Spaltung in die neue Bewußtseinsqualität *Liebe,* die – als das *wechselseitige Erkennen* – die symmetrische Reifeform der Ausgangsqualität ist. In ihr ist die Spaltung der Wirklichkeit aufgehoben – d. h. diese wird nicht mehr in Bruchstücken, sondern *als Ganzes* erkannt. Deshalb gehört zur fertigen Liebe das *Erkennen der Zukunft* (weil ja das richtige zukünftige Werden in der Ganzheit der Wirklichkeit eingeschlossen ist). Die Bibel nennt diese neue Qualität *das Zeugnis Jesu, das ist der Geist der Weissagung* (Offb 19,10). Ihr wachsendes Licht erhellt die Welt als Raum und als Zeit und als Entwicklungsbewegung. Damit tritt *die Weisheit* in menschliches Fleisch ein: Die in uns verkörperte „hellsichtige Liebe“ erweist sich als eine Verstandesfunktion und Bewußtseinsqualität höherer Ordnung, durch die Weisheit in uns und zwischen uns Wirklichkeit wird, wie es gesagt ist: *Ich war seine Freude allezeit ... und meine Freude ist, mit den Kindern der Menschen zu sein* (Spr 8,22.30–31). Daß im *Sohn des Menschen* die *Freude Gottes* wohne und als *Stimme der Weisheit* immer mit ihm sei *(Immanu-el),* ist das Ziel der Bewußtseinsentwicklung durch den gesamten siebten Schöpfungstag. Dadurch wird der *Baum der Erkenntnis* restlos ins Leben gewendet als der *Baum der Tod-Überwindung,* wie sein Name *Baum des Lebens* immer schon ausdrückt.

Der *erste Bewußtseinstag* beginnt mit *Adams Schlaf* und wird hell, wenn er seine *Eva* erkennt: *Dies endlich ist Bein von meinem Bein und Fleisch von meinem Fleisch.* Noch gibt es keinen Helden für diesen Übergang. Der „Überwinder“ und „Hinüberträger“ aus dem Tag der Tiere in den Tag des Menschen ist sozusagen *Gott selbst* – die schöpferische Entwicklung selber hat im Großhirn des Säugetiers Mensch alle bisher entwickelten Fähigkeiten integriert zu dieser einen, ganzheitlichen neuen Möglichkeit, erkennend in der Welt zu sein.

Aber schon beginnt die Spaltung zu wirken, denn *das Erkennen* dringt als „Bewußtwerdung“ unaufhaltsam ins reine Wahrnehmen ein. Dort muß es wachsen: Mit Angst, Scham und Schuld beginnt es die Wirklichkeit zu zerteilen, bis zum *Abend des ersten Tages* so sehr, daß das *Paradies des reinen Daseins* verlassen werden muß.

Den Grenzübergang bildet die *Vertreibung.* Hier sind die „Hinüberträger" noch passive Opfer, obwohl sie schon Namen haben, *Adam und Eva.* Passiv finden sie sich vom Zorn ihres eigenen Weitererwachens in die erweiterte Welt- und Wirklichkeitsordnung des *zweiten Bewußtseinstages* hinübergeschleudert: Zwischen ihnen erscheint die Sachwelt als *das Erkannte,* mit Sachzwängen, Arbeit, Muß und Mühe, Abhängigkeit, Sehnsucht und der funkelnagelneuen Qualität *Zeit,* als Bewußtsein vom Warten mit Schmerzen. Rasch wachsend beginnt der Spalt die äußere Welt nach Macht und Unterworfensein zu zerteilen, und innen erschlägt Bewußtwerdung mit wachsender Tatkraft die traumförmige, dankbare Seelen-Beziehung zum Werden, wie der *Kain* seinen Bruder *Abel.*

Der zweite Tag endet mit der Notwendigkeit, all das in deutlich gegliederter *Psyche* zusammenzufassen. Übergangsheld ist der Integrationsschritt, der „auf dem Urmeer des Psychischen" die *Arche* schwimmen macht, diese dreifach gegliederte (Körper, Seele, Verstand), noch namenlose Frühform der personalen Bewußtseinsinstanz „Ich". Die Bibel gab ihm den persönlichen Namen *Noah,* das heißt „Ruhe": *Denn der wird uns trösten* ... (mit dem „Ich"-Erwachen des Menschensohnes).

Der *dritte Tag* beginnt mit *Noahs neuem Bund,* der *die Zukunft* ins Bewußtsein einfügt: Als statische Unerreichbarkeit steht der *Regenbogen in den Wolken.* Damit beginnt „das Hoffen" vorherzuziehen und mit ihm *der künftige Frieden* als Zielbild. Noch bleibt beides stumm und fern, aber von nun an wächst ihre Kraft stetig. Das ist Voraussetzung für Noahs neue Fähigkeit, den *ersten* Beziehungs-*Weinberg* zu pflanzen. Damit erscheinen ganz neue psychische Qualitäten: Gefühlsintensität bis zur Berauschung und Sexualität als Bewußtseinsproblem. In ungeahntem Ausmaß kompliziert sich dadurch alles Bisherige durch Spaltungen: z. B. tritt zur einfachen „Scham vor ..." im Paradies die ätzende „Scham zwischen ..." dem, der sich bloßstellt, und dem, der es sieht. Welch unablässig wachsende Quelle der Verwirrung und der Wut!

Am Abend des dritten Tages reißt die neue Zeitdimension *Zukunft* eine horizontale Spaltung auf „zwischen oben und unten", zwischen „jetzt" und Erwartung, zwischen dem Ich, das gern selbst bestimmen würde, und „der Vorsehung", die einfach so fügt, wie es kommt. Angst führt zum *Turmbau zu Babel.* Aber *der Herr fuhr hernieder:* „Hinzufügung" läßt in der einen, allgemeinmenschlichen *Arche des Noah* die individuelle Subjektivität als die einmalige Tiefe des einzelnen aufbrechen: jede *Ich-Arche* ein bißchen anders *(Verwirrung der Sprachen).* Hinüberträger in den vierten Tag ist der Integrationsschritt, der dies viel zu weitverstreute Einzelsein zusammenbindet in der Werde-Sehnsucht nach künftigem Sinn: Aus dem *Regenbogen* wird *das Ziel.* Noch heißt es nicht *Jerusalem,* sondern *Kanaan.* Der persönliche Name des Übergangshelden ist *Abram,* der „Berufene“: *Geh aus von deiner Freundschaft und von deiner Verwandtschaft und aus deines Vaters Hause, in ein Land, das ich dir zeigen will.*

Der *vierte Tag* ist unser Tag, von *Abram* bis heute und noch ein bißchen über heute hinaus – wie weit noch? Wie lang noch? Er beginnt in tiefem Schlaf, mit *Abrams neuem Bund,* der aus dem Glauben an die Verheißung geschlossen wird (Gen 15). Bis heute leben wir als „Abrahams Kinder“ im „Wanderungsbund“ der Berufung, weil man nur im Glauben an die Verheißung von künftigem Sinn das Wegweisungsöl aus dem Schlaf keltern kann. *Das Land, das ich dir zeigen will,* liegt noch immer unbetreten vor uns. Weil aber unser Tag *die Umkehr* der Entwicklungskräfte einleiten muß, erscheint hilfreich in seiner Werde-Zeitmitte das vollständig gelungene Ergebnis *Jesus aus Nazaret, der Christus,* als Wegebahner des Zukünftigen, wie ein Blitz aus der Zukunft (wohin er dann, uns vorauseilend, wieder zurückkehren muß: *Himmelfahrt*). Jesus ist der, *der die Braut hat* (in Menschheitssymbolen: damit wird das *Kreuz* der Zerteilung überlagert vom *Yin Yang* der Zusammenfassung, vom Ganzheitssymbol *Paar*). Als Gefahr erscheint der Widerschein dieses Zukunftsblitzes täuschend im Spiegel unseres reflexiven Bewußtseins, mit „Abriß von der Wirklichkeit“. Das ist von allen Spaltungsphänomenen das größte, radikalste und furchtbarste *(Antichrist).*

Die Gefahr wächst: *Spaltung* verdeutlicht sich vertikal und horizontal: *Das Kreuz reift!* Unser Tag ist der Tag des *Abendmahls.* Von der Begegnung *Abrams mit Melchisedek* (Gen 14) bis zum „Hochzeitsmahl des Lammes“ (Offb) schreibt die Bibel über unseren Tag das Symbolwort *„Brot und Wein“* (= wachsende Beziehungsintensität). Darin eingeschlossen ist das *Passah,* Auszug aus dem Bisherigen und Einzug ins Kommende. Natürlich ist es auch der Tag *des Verrats* – der Tag des *Judas*-Irrtums, daß man *diese* und *die kommende Welt* („das Geld“ und *den Geist*) miteinander vermischen könnte.

Unser Tag ist der „Große Gründonnerstag“. Sein Ende kennen wir nur im *Symbolwort* als „Gefangennahme und Verhör Jesu“. Es kommt, wenn *das Kreuz ganz reif geworden* ist, als eine einzige scharfe Figur der vierfachen Unterscheidung: zwischen „gut“ und „böse“ – von daher zwischen „Hoffnung“ und „Illusion“ – daran scheidet sich „wirklich“ von „unwirklich“ – und trennt damit scharf zwischen „Sein“ und

„Nicht-Sein". Das ist Trennung zwischen „jetzt" und „morgen" genauso wie zwischen uns und uns, zwischen Menschen, die alle diese Unterscheidungen lernen *(neuer Verstand, vom Gärtner gelernt)*, und solchen, die das nicht tun *(Steckenbleiben, Anti-Betlehem)*. Das Reifen des Kreuzes entspricht einer gewaltigen Zuschärfung der Bedingungen und der Konflikte, dadurch des geforderten Urteils und der Notwendigkeit, sich zu entscheiden: Messerscharf scheidet der Kreuz-Baum *Leben* und *Tod* dieser sich wandelnden Welt, durch Hinzufügung von Einsicht (*Öffnung der sieben Siegel* auf dem *Symboldenken des Menschen*), damit wir *das Gesetz des Geistes* „gleichnishaft" doppelt begreifen: „außen und innen", „allgemein und besonders", „im Großen und im Kleinen", „immer und jetzt". Die Größe und die Gefahr unserer Gegenwartszeit ist die Nähe des Endes und die Nähe des Neubeginns (denn 24 Uhr ist 0 Uhr). Ohne Überwinder müßte das *Kreuz* uns die Wirklichkeit in einen einzigen Trümmerhaufen aus Spaltung zerteilen. Der Integrationsschritt, der uns „hinüberträgt", muß vereinen, was unser Tag in Differenzierung getrennt hat: die innere Welt und die äußere – die subjektive und die objektive Wirklichkeit – die Bewußtseinswelt und das Unbewußte – das *Fleisch* und den *Geist.*

Das heißt: *Zwei Wirklichkeiten* muß unser „Integrations-Stifter" zu einer einzigen neuen Wirklichkeit verbinden.

Die Figur des fünften Bewußtseinstages auf dieser Zeichnung zeigt, wie die zerteilende Schärfe der Gegensätze im Urteil unseres Verstandes *von allen Seiten umgeben* sein muß von Klugheit aus *Betlehem,* die alle Teile richtig in Beziehung zum Ganzen setzt – vollständig eingeschlossen in die Beziehung *Liebe.* Im „Erscheinen des Herzens als die Mitte der Bewußtseins-Welt" wird die tödliche Komponente des Kreuz-Baumes *Erkennen* aufgehoben.

Der *fünfte Tag,* unser „morgen", beginnt, wenn *der Bräutigam kommt,* der *die Braut hat.* Wenn wir ihm die Türen unseres Nacht-Verstandes öffnen, lassen wir damit die weibliche Klugheit des Herzens ins rationale Wissen ein. Wo *zwei getrennt* waren, Herz und Verstand, sind sie *in Zwiesprache eins* geworden, im *Symbol*-Verstehen von Werde-Sinn. Das werden nicht alle Menschen auf einmal so tun können, vor allem all diejenigen nicht, die in *Anti-Nazaret* wohnen und ihren Zynismus für „Geist" halten. Das alte Denken wird nicht schnell überwunden; erbittert ist der Widerstand, aus Angst vor der Feuerqualität der *Geistes-Gegenwart* im Weltbild Jesu. Wir sind nicht nur schlaftrunken, sondern trotzig eingeringelt in Unbewußtheit. Es ist bequemer so und polstert viele Ängste ab. Der fünfte wird kein einfacher Tag! Er ist „der Große

Karfreitag" unter dem *aufgerichteten Kreuz über der Welt.* Da muß *die große Stadt untergehen* (d. h. alle falschen Formen der Sozialwelt werden Schiffbruch erleiden), „1000 Jahre lang": Was da untergeht, ist Bewußtseins-Fehlentwicklung aus Jahrzehntausenden. Unser Hirtenamt ist, unter dem *Kreuz* zu wachen und das rechte Begraben zu üben („Wichtigstes!" – hier weggelassen). Der „Überwinder" wird in einem Integrationsschritt die *Spaltung* überwinden und *den Abgrund verschließen auf 1000 Jahre* (Offb 20).

Am *sechsten Bewußtseinstag* tritt *der Menschensohn* deutlich hervor, mit *Licht* und *Dunkel* als Leitbild begriffen *(Bräutigam und Braut).* Auch das ist ein mühsamer Tag: *Abstieg zu den Toten,* Reparationstag, wo alles Leben gesucht werden muß, das im Steckenbleiben aus *Anti-Nazaret* verlorenging. Das ist der „Große Karsamstag". *Ich habe derer keinen verloren, die du mir gegeben hast* – aller Menschengeist, der je zu erwachen begann, ist *dem Christus gegeben,* ist zu Zukunft bestimmt. Nur: die, die das Verlorene suchen gehen müssen, sind wir selber, jeder das Seine, das, was er liebt!

Das Ende des sechsten Tages ist uns so fern, daß wir die Einzelheiten seiner Konflikte nicht erkennen können. Er wird seine eigene Mitternacht haben. Da wird die *gebundene Spaltung noch einmal loswerden, auf eine kleine Zeit,* und *der Satan wird loswerden aus seinem Gefängnis* (Offb 20,2.7), als die spezifische Form der Gefahr aus der Fehlentwicklung, die zum sechsten Bewußtseinstag gehören wird. Das ist *das letzte Passah,* und umfassender als alle andern zuvor.

Der „Überwinder" ist ein Integrationsschritt, der „die Weltordnung von Übermorgen" in eins zusammenfaßt. Wie sollten wir dafür irgend Namen oder Vorstellungsbilder haben?

Der *siebte Bewußtseinstag* vollendet den *siebten Schöpfungstag.* Da „schmückt sich die Braut": Das Zusammenwohnen der Menschen wird reif, als ein lebendiges Ganzes. Das ist der Auferstehungstag, der „Große Ostersonntag", wo sich die Wirklichkeit der Zukunft als ungetötet erweist. *Was sucht ihr den Lebendigen bei den Toten?* Das Heilige Geist-Tier Mensch, dieser Vielzeller aus fleischernen Herzen, ist dann zu Ende erschaffen …

Dann ist „der Tag des Menschen" zu Ende. Wessen *Tag* beginnt dann? *Und der Geist und die Braut sprechen: Komm! Und wer es hört, der spreche: Komm! Und wen dürstet, der komme; und wer da will, der nehme das Wasser des Lebens umsonst* (Offb 22,17).

Anmerkungen

1 J. *Hillman,* Über den Stein, in: Auferstehung und Unsterblichkeit, hg. v. E. Hornung und T. Schabert, München 1993.

2 W. *Giegerich,* Der Tanz um das Goldene Kalb. Gedanken über Gott und Götzen im Schatten der Atombombe, in: Apokalyptische Ängste und psycho-soziale Wirklichkeit, hg. v. P. M. Pflüger, Öffingen 1985.

Gottfried Bachl

DER SCHWIERIGE JESUS

Die Schwierigkeit mit Jesus fängt an beim Reden über ihn und beim Zuhören. Sören Kierkegaard hat in sein Tagebuch geschrieben: „Das Merkwürdige in der Art, auf welche die Menschen im Verhältnis zu Gott sprechen oder über ihr Verhältnis zu Gott, ist dies, daß ihnen ganz zu entgehen scheint, daß Gott sie ja auch hört."[1] Der christliche Glaube bringt Jesus mit Gott in so nahe Verbindung, daß es notwendig wird, dieses Mithören Gottes auch auf ihn zu übertragen. Der, von dem wir reden, hört selbst zu. Alle anderen Umstände des Dialogs fügen sich der Vorstellung leichter ein als diese unsichtbare und unausweichliche Zuhörerschaft. Wir meinen von Jesus reden zu können wie von einem seltenen römischen Ziegelstein, im sicheren Abstand zur beschriebenen Sache. Jesus ist im Tabernakel als Hostie, oder zeitlich plaziert damals in den Jahren von 1 bis 33, wir können in seiner Abwesenheit ohne Befangenheit von ihm und über ihn reden. Der Hinweis Kierkegaards läßt sich aber nicht einfach aus der Welt schaffen, er stößt uns auf Worte, die im Text des Evangeliums zu lesen sind: Der *inmitten der sieben goldenen Leuchter einhergeht* (Offb 2,1) sagt zu den christlichen Gemeinden: *Ich weiß um deine Werke* (2,2), *ich weiß um deine Drangsal und Armut* (2,9), *ich weiß, wo du wohnst* (2,13). Jesus ist so in das göttliche Sein aufgenommen, daß er selbst das Subjekt göttlichen Könnens und in Gottes Gegenwart da ist. Wie im Psalm die Lage des Beters vor Gott (Ps 139,4), so ist nun die einmalige Besonderheit der Situation, in der man sich anschickt, über Jesus zu sprechen: die verborgene Unverborgenheit. Kierkegaard hat daran in seiner Notiz vor allem den Aspekt der Wahrheit hervorgehoben. Wenn Gott mich über Gott reden hört, wird im Augenblick unwiderlegbar klar, wie das Wort zum Leben steht, ob der Sprechende auch *ist,* was er lehrt. Jesus ist die Gestalt, mit der man *sein* sollte, statt sie zum Denkobjekt zu machen: die Koexistenz ist die einzig angemessene Form des Umgangs mit ihm. Also kann ich nur in Befangenheit von ihm reden, mein *Reden von ihm* ist zugleich ein *Reden zu ihm.*

Daß Jesus keine mundige Gestalt ist, die ganz und gar der Harmonie zugehört und überall Zustimmung auslöst, zeigen alle Erfahrungen, die es bisher in der menschlichen Geschichte mit ihm gegeben hat. In den Schriften des NT finden sich genug Hinweise, daß er nicht einfach das liebe, heimatliche Gesicht ist, das alles Gute sanft zusammenfaßt. Stoß und Anstoß gehen von ihm aus, Heftigkeit, Streit, Verweigerung der Anpassung und Widerstand. In der lautesten Metapher dafür, die freilich in der heutigen kirchlichen Sprache sehr selten auftaucht, wird Jesus *der Stein* genannt.[2] Nicht, wie Goethe und Rilke es lieber gehabt hätten, die *Rose* steht für ihn, die Farbe und Duft verströmt, nicht nur das *Licht,* das alle Menschen erleuchtet, sondern eben gerade dieses querliegende, schwere, harte, in sich ruhende, im Zusammenstoß gefährlich wehtuende Element. Er liegt denn auch, sieht man auf die plötzliche, unverwechselbare Kürze seines Erscheinens, wie ein Findling in der Wiese. Seit glaubende Christen, Sympathisanten und Religionskritiker sich mit Jesus befassen, gehen Widerstände von ihm aus, in sehr vielfältiger, gegensätzlicher Art. Denn seine Gestalt, sein Wort und Schicksal wirken von Mensch zu Mensch verschieden. Was dem einen schwierig vorkommt oder gleich absurd, ist dem anderen leicht und einleuchtend. Außerdem haben die frömmsten Christen, die sich um seine Nachfolge bemühen, ihre Probleme mit seinen Forderungen. Die Geschichte seiner Wirkungen ist auch die Geschichte der Schwierigkeiten, die er macht. Daher ist die Frage zu beantworten, in welchem besonderen Sinn vom *schwierigen* Jesus die Rede sein soll. Dazu scheint mir eine Unterscheidung hilfreich zu sein.

Zuerst gibt es die quasi *alltäglichen* Widerstände, die von Jesus ausgehen, ihm gegenüber geleistet werden, die in der Brechung der subjektiven Urteile, der augenblicklichen Stimmungen und Wertungen höchst verschieden und von wechselhaftem Charakter sein können. Es gibt Situationen, in denen Menschen das Wort: *Tut Gutes denen, die euch hassen* (Lk 6,27), als lästig oder lächerlich empfinden oder lieber nicht daran denken, es ganz unpassend für die wirklichen Situationen des Lebens ansehen. Es gibt aber auch Schwierigkeiten, die *grundsätzlicher* sind, weil sie direkt oder mittelbar mit dem Anspruch Jesu zu tun haben, sich die ganze Tradition hin bis in die Gegenwart durchhalten, über alles Subjektive hinaus eine gewisse Allgemeinheit, auch eine bleibende Bedeutung für das Selbstverständnis des Christentums erlangt haben. Dazu gehören etwa:

– die Frage, ob Jesus wirklich gelebt hat, die Weise seiner Bezeugung allein durch die Evangelien;

- die jüdische Abstammung Jesu, sein Verhältnis zu dieser Religion;
- die Naherwartung des Reiches Gottes und das Verhältnis Jesu zur späteren Kirche;
- in welcher Weise das Verhältnis des historischen Jesus zum Christus des Glaubens beschrieben werden kann;
- ob sich das Bekenntnis zum *einen* Gott mit dem Bekenntnis zu Jesus, dem Sohn, vereinbaren läßt;
- ob der männliche Heiland die Frauen erlösen kann.

Ich möchte im Folgenden über Schwierigkeiten nachdenken, die auf den ersten Blick vermutlich geringfügig erscheinen: die *Nacktheit,* die *Winzigkeit* und die *Häßlichkeit* Jesu. Darin ist seine Unruhe am Werk, die zu allen Zeiten die Kirche bewegt und erfrischt hat.

1. DER NACKTE JESUS

Zu den stärksten, die ganze Empfindung erfassenden Eindrücken meiner Studienzeit gehört der Platz vor St. Peter in Rom. Wer vom Tiber her durch die Via della Conciliazione hineingeht, spürt mit jedem Schritt, wie die Piazza um ihn herum wächst. Bernini hat den Raum so inszeniert, daß er auf die Menschen, die sich in ihm aufhalten, eine umgreifende Kraft ausübt. Aber irgendwann, mitten in touristischen, papstfeierlichen oder religiösen Begehungen muß der Gedanke auftauchen, was dieser Platz mit Jesus zu tun hat, wie der Nazarener darauf vorkommt. Es wird einem einfallen, auch wenn es nicht im Reiseführer steht, daß es diese Bühne der Christenheit gibt, weil damals, zur Zeit der römischen Cäsaren, Jesus aufgetaucht ist in einem abseitigen Winkel des Imperiums. Die so geweckte Neugier macht sich auf die Suche nach den Jesussignalen auf der Piazza und merkt, daß sie sehr genau hinsehen muß, um den zu entdecken, dem der grandiose Raum gilt. In dessen Mitte steht der Obelisk, den Nero aus Ägypten für seinen Circus requiriert hat. An der Spitze ist das Kreuz angebracht, und Reliquien vom Golgotakreuz sollen darin aufbewahrt sein. Am Sockel ist eine lateinische Inschrift zu lesen: *Christus vincit, Christus regnat, Christus imperat.*

Vom Obelisken in Richtung Peterskirche blickend, sieht man auf der Balustrade über der Fassade die Statue des Erlösers neben den Figuren Johannes des Täufers und der Apostel. Dahinter auf der Kuppel des Domes steht noch einmal das Kreuz. Eine Inschrift, eine Statue und zweimal das Kreuz, das ist für sich genommen gewiß eine ausreichende

Anzahl von Symbolen. Im Ensemble des Platzes aber verschwinden sie, die Schönheit der Komposition überwältigt die Hinweise. Diese Architektur, in der sich die Kirche nicht nur versammelt, sondern auch verkörpert, legt sich wie ein mächtiges Kleid um Jesus, überdeckt ihn mit ihren Formen und den Auftritten, die sie ermöglicht. Alles ruht auf ihm, dem Fundament, aber er ist irgendwie subsumiert in der mächtigen Form, so daß es Mühe macht, ihn zu bemerken. Das Kleid um Jesus herum, gewachsen im Lauf der Zeit, die von ihm her berechnet wird, erscheint so dicht und massiv, daß er dahinter ganz unwirklich zu werden droht und die Sehnsucht provoziert wird nach seiner nackten Haut.

Die Geschichte Jesu in den christlichen Gemeinden ist bis heute ein Wechsel der Bekleidung und der Entkleidung Jesu. In allen Generationen bricht die Suche nach dem nackten Jesus aus. *Nackt dem nackten Christus nachfolgen*[3] wird geradezu ein Programm- und Losungswort der Bewegungen, die hindurchstoßen wollen durch die Hülle der Verfremdung auf den wahren Jesus, um in ihm auch den entblößten zu finden, jenseits der Kriterien des Erfolges, der Macht und des Geldes. Mächtig regt sich der Wunsch, durch den Systemapparat hindurch den Jesus ohne Ornament, ohne Zutat der Kleider, die ihn machen, zu sehen. Das wird bald zu einem Kriterium der Heiligkeit, denn das maßgebende Christentum gewinnt seine überzeugende Kraft aus dieser Quelle. Zugleich wird das Hindrängen zum nackten Jesus als Drohung empfunden. In diesem Willen verbirgt sich doch immer auch Mißtrauen gegen die kirchliche Annahme Jesu. *Bernhard von Clairvaux* nennt in seiner Schrift *Über die Besinnung an Papst Eugen* in drastischer Genauigkeit den Punkt, von dem aus der elementare Vergleich geschehen soll: „Du mußt deine Aufmerksamkeit aber neben der Frage, was du durch deine Geburt bist, auch der Frage zuwenden, in welchem Zustand du geboren wurdest, wenn du nicht um die Fruchtbarkeit und den Nutzen deiner Besinnung betrogen werden willst. Nimm deshalb jetzt den ererbten und von Anfang an verfluchten Lendenschurz weg! Zerreiße den Vorhang aus Blättern, welche die Schande verhüllen, die Wunde aber nicht heilen! Wische die Schminke dieser flüchtigen Ehre und den Schimmer eines schlecht gefärbten Ruhmes weg und besinne dich nackten Geistes auf deine Nacktheit, denn nackt kamst du aus dem Schoß deiner Mutter hervor. Oder kamst du schon mit der Mitra zur Welt?“[4] Der total entkleidete Papst wird fähig sein, auf Jesus zu blicken und von diesem gesehen zu werden.

Von der leiblichen Nacktheit Jesu ist in den Evangelien nie direkt die Rede, sie wird angedeutet bei der Taufszene am Jordan und vor allem in der Erzählung seiner Kreuzigung. Die Henker teilen sein Gewand unter sich auf. Die bildende Kunst hat sich früh diesem Sujet mit besonderer Intensität zugewendet, bot es doch inmitten der christlichen Leibesdisziplin und der rigorosen Kleiderordnung die Möglichkeit, die Nacktheit am heiligsten Leib der Menschheit darzustellen, am Kind, am Täufling im Jordan, am gekreuzigten Jesus, am Auferstandenen und Weltenrichter. So ist er gewiß der Mann geworden, der am öftesten nackt abgebildet ist. Nicht die *leibliche* Blöße in der Tradition der Bilder war aber und ist das wirklich Bewegende oder Anstoßende, sondern das, worauf sie hinweist, der Gestus des Lebens Jesu. Dieser ist in der Tat in ganz eigenartiger Weise nackt.

1.1 Die Schutzlosigkeit Jesu

Bei Lukas ist zu lesen, wie seine für menschliche Verhältnisse unglaubliche Zeugung in der Jungfrau vorbereitet wird mit der Bemerkung des Engels, *für Gott sei kein Ding unmöglich* (Lk 1,37). Der Hinweis auf die Allmacht hüllt diesen Menschen vor seiner Entstehung in der Welt ausdrücklich in den Zusammenhang der unbedingten Kraft des Handelns, die durch keinen irdischen Faktor begrenzt wird. Jesus selbst spricht nach Matthäus von der unbeschränkten Macht des Glaubens als der Transmission, auf der die Allmacht in die menschliche Handlung eintritt: *Nichts wird euch unmöglich sein* (Mt 17,20). So ist die Erwartung gerechtfertigt, daß die göttliche Potenz rechtzeitig eingreifen wird, auch zu seinen Gunsten, wenn es nötig sein sollte. Der Aufwand an Wundern zur Zeugung sollte die Fortsetzung haben im Wunder der Führung und Bewahrung. Aber wie verläuft Jesu Leben wirklich?

Jesus spürt, als es ernst wird, von den realen und prompten Eingriffen der Allmacht *nicht mehr* als alle anderen armen Teufel auch, über die das Todesschicksal so oder anders herfällt. Es heißt zwar, wieder bei Lukas, über den gefährlichen Besuch in Nazaret: *Er aber schritt mitten zwischen ihnen hindurch und ging fort* (Lk 4,30). Jesus bewegt sich in großer Souveränität, aber dabei bleibt es auch. Sie hilft ihm nicht, als sich die Klammer der Gewalt um ihn schließt. Was wäre nicht alles denkbar gewesen für seine Sendungsarbeit, wäre die bergeversetzende Macht so buchstäblich für ihn eingetreten, wie das Wort lautet! Nichts davon, und auch von all den anderen Denkbarkeiten ist nichts geschehen. Die Phantasie stößt an die Tatsache, daß Jesus auf dem Weg des Lebensschicksals blieb. Die grotesken Rettungswunder, die in späterer

Christenzeit von den Heiligen erzählt wurden, kamen *ihm* nicht zu Hilfe.[5] Es ist wohl noch die Rede von den zwölf Legionen, die Gott zu seiner Rettung ausschicken könnte (Mt 26,53). Bei Johannes (18,6) wird erwähnt, daß das Kommando, welches Jesus gefangensetzen sollte, auf sein erstes *Ich bin es!* zu Boden gefallen sei. Mehr tut sich nicht, und der Prozeß auf seinen Tod hin entwickelt sich ungehindert. Ein merkwürdiger Riß geht mitten hindurch, auch wenn man bedenkt, daß die Wunderdichtung des Glaubens an den Geschichten gearbeitet hat. Soviel Aufwand an Willen und Absicht von ganz oben für sein Kommen, sein Handeln, die große Bestimmtheit zuerst, und dann dieses Lassen, die rätselhafte Spanne zwischen dem lauten Verweis auf die liebende Macht Gottes und deren Untätigkeit, so daß er nach ihr *schreien* muß. Hat Jesus sein eigenes Wort vom bergeversetzenden Glauben wahr gemacht oder ist er daran zerbrochen? Sein Angstgebet und sein Todesschrei haben die Gewalt, durch die er zugrunde gehen sollte, nicht fortgeschafft.

1.2 Der Alleingang Jesu

Jesus geht *allein,* kommt als Laie von außen quer herein, aus hierarchischer Perspektive gesehen ein Beweger von unten, Initiator einer Basisgemeinde, ohne den Schutz der legitimierenden Instanzen. Wir sehen nicht der Epiphanie des absoluten Originals zu, das im Triumph seiner Unvergleichbarkeit daherkommt. Die historischen Wissenschaften fahren genug Material heran, mit dessen Hilfe er verwoben werden kann in die Traditionen des Judentums, in die Nachbarschaft zu den Qumranleuten, den Zeloten, den Pharisäern und darüber hinaus in die weiteren Überlieferungen, die schließlich überallhin reichen in der damaligen Welt. In dieser Verwebung hatte Jesus seine eigene Vision, die er entschieden und im Alleingang vertreten hat. Das Naheliegende wäre gewesen, daß ihn seine Familie getragen hätte, daß er aus ihrem Motivationspotential hätte schöpfen können, als ein verläßlicher Ausgangspunkt, zu dem er jederzeit und vor allem in Zeiten der Krise zurückkommen konnte. Besonders deutlich, weil tief in das menschliche Urgefühl reichend, ist die Distanz zur Mutter. Immer, wenn Maria auftritt, wird die Luft kühl, es gibt keine Umarmungen, keinen Mama-Schutzmantel um ihn herum (vgl. Mk 3,31–35).

Man könnte erwarten, der drängende Gedanke der Fleischwerdung des Logos würde mit Genauigkeit am familiären Sitz im irdischen Leben durchbuchstabiert. Aber die Familie ist für Jesus alles in allem die

Kontrastfolie, von der er sich abhebt. Sie versteht ihn nicht, sie mißversteht ihn, sie ist die vorgegebene Selbstverständlichkeit, mit der er sich nicht länger befaßt, er läßt sie auf sich beruhen. Es ist nicht übertrieben, von einem „folgenschweren Bruch mit dem genealogischen Denken“[6] zu sprechen. Die christliche Tradition hat diese Familienfremdheit Jesu in gegensätzlichen Formen in den Glauben zu integrieren versucht. Das radikale Experiment des *Alleinseins* im Mönchtum[7] wiederholt den Exodus aus der naturhaften, bürgerlichen Lebensform und entwickelt sich in der grundsätzlichen Wertung der Kirche zur idealen, vollkommenen und normativen Gestalt des Christentums. Andererseits drängt das Gefühl die Frömmigkeit und diese wieder die Theologie, Jesus in die Familie heimzuführen und vor allem, ihn mit seiner Mutter zu versöhnen. Die moralische Weisung in Richtung Familie konnte auf sein Beispiel nicht verzichten, daher gibt es eifrige Rekonstruktionen der Heiligen Familie in Nazaret, das strahlendste Paradigma der Harmonie, mit dem fügsamen Jesus in der Mitte.[8] Das Schweigen der Quellen war ein günstiger Ausgangspunkt für dieses postulierte Idyll.

Mehr als die wahrlich verwegenen Künste der Exegese waren es die Bilder, die Predigten und die unmittelbar zum Herzen sprechenden Texte der Erbauung, die Jesus wieder in die Arme Marias zurückführten und nun erstmals die Umarmung zeigten, die den Sohn im Mantel der mütterlichen Liebe zur Ikone des seligen Einvernehmens werden ließ. Das ist freilich nicht der erwachsene Jesus, der Prophet auf den Wegen zwischen Judäa und Galiläa, sondern vorwiegend das Jesusbaby und die Jesusleiche, die im Mutterschoß erscheinen. Die unmündige Ohnmachtsgestalt, nicht der Mann der großen Absichten kommt heim. Jesus ist zum Muttersohn geworden.

Die geläufige Rede von Jesus dem Hohenpriester, aus dem Hebräerbrief (Hebr 4,14–5,10) überall hingedrungen, überspringt den Anfang Jesu. Er war, in heutiger Sprache ausgedrückt, ein Laie, er gehörte nicht zum beruflichen Priestertum, hat nicht in den Pflichten dieses Standes gewirkt, also auch nicht die Beauftragung daraus beziehen können. Seine Distanz zu anderen mit institutioneller, charismatischer oder politischer Autorität ausgestatteten Gruppen machte ihn zum prophetischen Alleingänger, der auf das angewiesen blieb, was in ihm selbst war, aus ihm heraustrat. Das Christentum fing an mit dem Mut dieses Einzelnen, in der Urzelle seines Gewissens, das sich nicht begnügen durfte mit dem, was erkannt und getan war an Gott.

Die Christengemeinden des Anfangs haben in der Meditation der Taufszene am Jordan (Lk 3,15–22) alles versammelt, was ihnen aus dem Umgang mit ihm noch im Gedächtnis war. Jesus zieht sich am Ufer des Jordans aus, legt alles weg, bis er in bloßer Haut dasteht. Über dem nackten Mann öffnet sich der Himmel und wird das Wort gesprochen: *Mein Sohn.* Es kommt in dieser Stunde der Offenbarung allein darauf an, daß von diesem bloßen Menschen unmittelbar zu Gott hin der Faden gezogen wird. Sonst braucht es nichts, nichts dazwischen. Für die Gegenwart Gottes ist die nackte Menschengestalt genug, nicht nur *genug,* sondern geradezu die einzige Form. Was an diesem Jesus ist, der Leib, die Seele, das Bewußtsein, der Wille, die Gefühle, das ist es, womit das ewige Wort Gottes sich verbindet. Das ist der Ursprung seiner Wirkung. Die Jüngerschaft ist dann mit der Zumutung der Nacktheit ziemlich willkürlich umgegangen.

2. DER WINZIGE JESUS

Die Adresse *Jesus aus Nazaret* ist für die menschliche Kultur auf dem Erdplaneten von plastischer Deutlichkeit, doch hineingehalten in den Fluß der Evolution verschwindet sie wie alle anderen einzelnen Dinge und Lebewesen in der unabsehbaren Menge, in der Weite des Raumes, in der Tiefe der Zeit. Man hat die Menschheit nie auf einmal vor Augen, um sich mit der eigenen Einzelheit an ihrer Zahl zu messen, ganz unanschaulich wird das Verhältnis, wenn eine Hochrechnung nach der Gesamtzahl der Menschen sucht, die vom ersten Auftreten bis zum Augenblick der Auslöschung allen menschlichen Lebens auf der Erde gelebt haben werden. Immerhin ist es möglich, über das Gehäuse der faktisch gelebten Mengen, Zahlen und Entfernungen mit Hilfe der wissenschaftlichen Instrumente auf das wahre Ausmaß der Bedingungen hinauszublicken, unter denen das irdische Leben steht. Das Individuum Jesus erleidet, wird es in Beziehung gebracht mit dem Makrokosmos, mit dem realen Kollektiv der Menschheit, die quantitative Demütigung, ein kaum sichtbares, kaum zählbares Teilchen zu sein, überflutet von den Ausdehnungen, ausgesetzt der schönen, rätselhaft exakten und unberührten Übermacht des Kosmos. Über Jesus liegt die suggestive Sprache der Bedeutung: Das Symbol mystischer Leib Christi nimmt ihn mit der Kirche zu einem Großsubjekt zusammen, der Titel Menschensohn erleichtert die Vorstellung, er verkörpere oder fasse die Menschheit aktuell in sich zusammen. So wächst er unvermerkt über die Grenzen seiner Individualität hinaus und verschwimmt diffus im Bild eines Großwesens, das über dem Gewimmel steht. Die von den Fußsohlen

Jesu beschriebene Erdfläche im jüdischen Land bleibt aber der Punkt, auf den alle Spekulation über sein wahres Sein zurückkehren muß. Bevor er der neue Adam genannt wird (Röm 5,12–21), ist er der winzige Milliardstelmensch. Aus dieser simplen Beobachtung schon ergibt sich, daß Jesus als Individuum in Raum und Zeit geortet ist. Auch ihn bindet die Perspektivität der einzelnen Wesen und Dinge in der Welt, auch er befindet sich auf einem Punkt, von dem aus er nur einen begrenzten Horizont wahrnehmen und handelnd erreichen kann. Der umgreifende Blick ist ihm verwehrt, der Platz, auf dem er sein Leben vollzieht, unvertauschbar der seine, in scharfer Andersheit geschieden von anderen Lebensplätzen.

2.1 Der Standort Jesu

Die physische Zufälligkeit, durch die er allen materiellen Bedingungen der Existenz auf diesem Planeten ausgesetzt ist, hat eine auffällige Entsprechung in der Kürze seiner historischen Sichtbarkeit. Von den etwa fünfunddreißig Jahren seines Lebens reichen höchsten knapp drei in die Öffentlichkeit der Geschichte, vielleicht war diese Spanne noch erheblich geringer, manche sprechen von einem halben Jahr. Es gibt Menschen, die wirken wie ein runder, langer Sonnentag zwischen Morgen- und Abendrot. Joseph Haydn zum Beispiel war es gegeben, in siebenundsiebzig Jahren den Bogen des Lebens ganz auszuschreiten, ihn mit Werken zu füllen, die ihm am Ende das Gefühl geben konnten, alles getan zu haben, was ihm möglich war. Hier der ruhige Rhythmus einer ausholenden Bewegung, die verweilende Auslegung eines Lebensromanes und für den Betrachter die befriedigende Überschaubarkeit. Oder bei Platon die in der zeitlichen Erscheinung sich durchhaltende Gestalt, die das Lebensrätsel Knoten nach Knoten geduldig aufdröselt, mit kompendiösen Antworten auf wichtige Fragen. Dort, bei Jesus, der blitzartige, mit dem Steigen der Leuchtkugel vergleichbare Auftritt, der jäh, mitten in der Bewegung bricht. Er hat keine Schrift hinterlassen, sich nicht des wirksamsten Mittels der Kontinuitätsstiftung bedient, sondern sich mit aphoristischer Mündlichkeit begnügt. Die Plötzlichkeit, die Kürze, die Unterbrechung sind die Merkmale seines Daseins. Die lang durch die Tradition hin anhaltende Einübung des christlichen Auges durch die Bilder hat bewirkt, daß die Zerstücktheit des Lebens Jesu einem fast lückenlosen Zusammenhang der Szenen von der Krippe bis zur Himmelfahrt gewichen ist, vor allem die triviale Bebilderung der Phantasie ließ hier keine Brüche zu, füllte aus, schuf anschauliche Normalität und beruhigte das Gemüt gegen die Gefahr einer verstörenden Ungewöhnlichkeit. Jesus ist als Individuum in der räumlich-zeitlichen Welt plaziert. Sein Auftreten, die Hervorhebung seines Namens durch den Glauben geschieht von diesem Punkt aus, alles, was gezeigt, erlebt, gesagt wird, erläutert diesen Ort und diesen Augenblick Jesu. Im NT steht ein markantes Wort dafür: *einmal für allemal* (Hebr 10,10). Eben mit diesem Pünktchen Mensch in der Diaspora der Geschöpfe ist die Gegenwart Gottes in ihrer brennendsten Möglichkeit verbunden. Jesus hält bis zum letzten fest an der Seinswürde der Einzelheit, sein Kreuzschrei wird auch noch in der sanfteren Version[9] nicht als der Ausdruck der zurückweichenden Resignation oder des Verdrusses zu verstehen sein. Er verschwindet nicht stumm ins Ganze, sondern stirbt laut, sucht die Verknüpfung mit der unsichtbaren und unfühlbaren Liebe. Nicht einschmelzen, sondern Verbindung schaffen scheint die Absicht zu sein. Jesus eignet sich nicht gut als Motor der mystischen Reduktion, des transzendentalen Heimflugs der Seelen, er ist viel eher die Ermutigung hinein und hinaus an die Extremitäten der Schöpfung, in die Labyrinthe der Geschichte. Wäre nicht auch dieses im besten Sinne Evangelium: die Befreiung aus der hörigen Sorge um den Sitz im unbewegten Schoß des Göttlichen, der Lockruf zu Mündigkeit und Ausgang in die Härte der Umrisse, das Vertrauen, sich in allem Äußeren fallen und treiben zu lassen mit Gott, der das Fahrzeug bestiegen hat für die unabsehbare Reise?

2.2 *Jesus als Subjekt des totalen Wissens*

Die Einleitung zum Johannesevangelium bringt Superlative, nach denen sich leicht eine überirdische Silhouette Jesu zeichnen läßt: Uranfang, Gottwort, alles durch ihn geworden, wahres Licht der Menschen, Herrlichkeit, Gnade, Wahrheit, Fülle, Sohn im Schoß des Vaters. Geht die Einbildungskraft den Gang des Textes nach, so fällt ihr nichts leichter als die Vorstellung, auf diesem Weg müsse – wenn überhaupt jemals in der menschlichen Geschichte – das unüberbietbare Gesamtkunstwerk entstanden sein, die konkrete Zusammenfügung der göttlichen und der menschlichen Sphäre. Es gibt in der Tat bis heute Versuche, im Zuge dieser Logik der Ableitung aus Jesus den kompletten Menschen zu machen.

Spätestens im Mittelalter hat sich die Theologie darangemacht, den Wissensstand Jesu zu rekonstruieren. Aus der Annahme des Glaubens, daß in Jesus das konkrete menschliche Sein mit der Wirklichkeit des göttlichen Logos verbunden ist, verändert sich die Weise der Wissensfindung und des Wissensbesitzes für ihn. Jesus hat demnach ein Wissen, das sich in dreifacher Stufung vollendet. Vom ersten Augenblick der Empfängnis im Leib Marias an ist er ausgestattet mit der seligen Schau. Er lebt auf Erden ununterbrochen mit der Erkenntnis Gottes, wie sie den Heiligen im Himmel gegeben ist, übertrifft diese allerdings an Intensität und Vollständigkeit. Auf dieser Ebene bereits ist ihm die Gesamtheit alles Wirklichen bekannt, also Gottes Wesen und Wirken, und in Gott sieht er auch alle Kreaturen.

Jesus verfügt aber noch über eine zweite Form der Erkenntnis. Durch das in ihm wohnende Wort Gottes werden ihm alle Wissensinhalte eingegeben, der Erfahrungsweg wird also übersprungen. Daher sind auch die Zufälligkeiten der Erfahrung, die das Wissen immer einschränken, ausgeschlossen. Das Wissen Jesu ist unbegrenzt, es umfaßt die Gesamtheit alles natürlich zugänglichen Wissens und alles, was dem Menschen durch die göttliche Offenbarung bekannt werden kann. Zu diesem eingegossenen Wissen kommt schließlich noch ein drittes, das im Prozeß der Erfahrung erworbene Wissen. Entscheidend ist das *Interesse,* das mit der Theorie vom umfassenden Wissen Jesu verbunden wird. *Pius XII.* hat es in der Enzyklika *Mystici Corporis* genau beschrieben: „Jene liebevollste Erkenntnis, mit der uns der göttliche Erlöser vom ersten Augenblick seiner Menschwerdung entgegenkam, übertrifft jede sich mühende Kraft des menschlichen Geistes. Denn vermöge jener seligen Schau, der er sich sogleich nach der Empfängnis im Schoß der Gottesgebärerin erfreute, sind ihm alle Glieder des mystischen Leibes beständig und immerzu gegenwärtig, und er umfängt sie mit seiner heilbringenden Liebe ... In der Krippe, am Kreuz, in der ewigen Herrlichkeit des Vaters hat Christus alle Glieder der Kirche in seinem Blick und in seiner Gemeinschaft, weitaus klarer und liebevoller als die Mutter, die ihr Kind im Schoß hält, als jeder sich selbst erkennt und liebt."[10] Im Wissen des Irdischen öffnet sich der Raum, in dem eine universale Aufmerksamkeit innerhalb der geschaffenen Welt und ihrer Geschichte aufgebrochen ist, eine liebende Erkenntnis des Ganzen und aller Einzelnen in der Weltzeit, das ewige Gedenken für alle, die intime, mütterlich bergende Schoßheimat. Weil dieses Wissen alles umfängt, kann der einzelne Mensch mit seiner Empfindung, in *Finsternis und Todesschatten* (Lk 1,79) zu leben, immer wieder in das Wissen Jesu flüchten.

2.3 Jesus als das Subjekt der totalen Begabung und Erfahrung

Auf dem Feld der persönlichen Eigenschaften, Fähigkeiten und Verhaltensweisen ist Jesus einer ähnlichen Deutung unterworfen worden. Die klassische Theologie spricht vorwiegend von der kompletten Ausstattung Jesu im Hinblick auf die Gnaden, Tugenden und Geistesgaben. Die heiligmachende Gnade war in einzigartiger Fülle über ihm ausgegossen. Alle Tugenden werden ihm zugesprochen, jedoch im Modus der Erfüllung und nicht der Einübung, die damit verbunden wäre. Entscheidend sind nicht der Glaube und die Hoffnung, wohl aber die Liebe, nicht die mühsame Erlernung der Gerechtigkeit, Tapferkeit, Klugheit, Mäßigkeit, wohl aber das Ergebnis. Die sieben Gaben des Heiligen Geistes erfüllen ihn: Weisheit, Verstand, Rat, Stärke, Wissenschaft, Frömmigkeit, Furcht des Herrn und außerdem die Früchte des Geistes: Liebe, Friede, Güte, Freude, Langmut, Geduld, Treue, Bescheidenheit, Enthaltsamkeit und Keuschheit. Dazu gehören die unfehlbare Ausrichtung des Willens, die helle Organisation des Gefühlslebens und nicht zuletzt eine entsprechende leibliche Konstitution, deren Vollkommenheit bestimmte Gebrechen und Krankheiten von vornherein ausschloß, zum Beispiel Aussatz oder Epilepsie.[11] Die heutige Literatur zu Jesus hat sich von dieser Sprache gewiß ein Stück weit entfernt. Wo es hingegen um religiöse Erfahrung geht, springt das Interesse Richtung *Erleben* noch immer hemmungslos hervor: Jesus hat alle Erfahrungen gemacht, daher ist er der erste neue Mann, das Modell menschlichen Lebens für alle Menschen, die geistige Atombombe und Supermacht unseres Planeten, der göttliche Mensch, weil er ein ganzheitlicher Mensch ist, der das Weibliche und das Männliche in sich zusammenfaßt und deshalb als glücklichster Mensch in der ganzen Weltgeschichte gelten darf. Jesus hat sich mit absoluter Wirksamkeit vermittelt, er war der unfehlbare Motivator, von dem die Sehnsucht träumt.

2.4 Jesus als Objekt der Konstrukteure

Es gibt in der christlichen Theologie eine vorzügliche Regel für das Denken über Gott, Christus und Geist: „Was sich für Gott geziemt, das ist nicht nach dem menschlichen Geschmack zu beurteilen, sondern nach der göttlichen Weisheit und Güte.“[12] Das wird häufig in dem Augenblick beiseite gesetzt, wo der Abstand zwischen der Weisheit Gottes und dem Urteil der Menschen in Vergessenheit gerät. Wir kennen die Sünde der spekulativen Gewalttätigkeit, die zudringlich in alle Winkel der Seele Jesu einsteigt, vor keinem Postulat zurückschreckt, über sie verfügt wie der Käufer eines leerstehenden Hauses, der Umbauten befiehlt und Einrichtungen hineinstellt, wie es ihm gefällt. Nichts steht in diesem Horizont der sichernden Magie des Denkens mehr im Weg, die innerhalb der Menschenwelt den Innenraum der Liebeskompetenz herstellen will. Müßte Jesus nach diesem Prinzip nicht alles in sich versammeln, eine Totalmontage Mensch sein, die Summe etwa aus Mozart, Hildegard von Bingen, Cäsar, Drewermann, Maria Theresia, Goethe, Franz von Assisi, Picasso, Johannes XXIII., Einstein?

Doch die konstruierende Phantasie wird zurückgeholt, vor allem von den Quellen, die uns Jesus weder allwissend noch als Totalerfahrungssubjekt zeigen, sondern auch von Stimmen des Zweifels und der Ablehnung, wie sie in Philosophie, Literatur und Geschichte begegnen.[13] Die Frage, was an Jesus auffällt, wenn er in die Reihe von maßgebenden Menschen gestellt wird, was bei Jesus fehlt, ist noch kein Qualitätsurteil, sie hilft aber, den Umriß seiner Gestalt deutlicher zu erfassen.

- Jesus hat wenig Welt gesehen und ist über seine enge Heimat nicht hinausgekommen.
- Der Bereich der Politik und der Wirtschaft ist ihm fremd geblieben.
- Seine Botschaft stellt keine große Leistung auf dem Gebiet des Denkens dar, die Tradition der Philosophie hat ihm nichts bedeutet. Immerhin waren an großen Leistungen bereits vorhanden: die Vorsokratiker, Sokrates, Platon, Aristoteles, Zenon, Epikur, Cicero, Aischylos, Sophokles, Euripides, Laotse, Konfutse, Buddha, die Veden, Athen, Indien, Ägypten. Die Quellen bekunden für Jesus weder einen Lernprozeß noch eine Auseinandersetzung mit dieser Überlieferung.
- Die Sprache Jesu ist verglichen mit der seiner Zeitgenossen im Wortschatz und in der Gestaltungskraft bescheiden.
- Er hat nicht als Künstler gearbeitet.
- Die Schöpfung als Natur, die Welt der Tiere und der Pflanzen, war nicht Gegenstand seiner Aufmerksamkeit, Jesus kennt keine kosmische Sympathie.
- Jesus ist nicht an den Werken der Kultur interessiert.
- Jesu Reden und Handeln zielt ausschließlich auf die Gegenwart, der menschlichen Sorge um die Zukunft gegenüber bleibt er gleichgültig.
- Jesus hat die Erfahrung der Ehe gefehlt.

- Jesus ist kein Beispielgeber für die konkreten Lebensfälle. Er arbeitet in der Zeit seiner religiösen Sendung nicht, wird nie bei einer schwierigen Aktion der Nächstenliebe gezeigt, nie in der realistischen Alltagsbewältigung, etwa bei der Vermittlung im Fall einer Ehescheidung. Es gibt in den Evangelien außerhalb der Wundertaten kein einziges Beispiel einer praktischen alltäglichen Hilfeleistung Jesu.

An der vielleicht bekanntesten Parabel Jesu, der Geschichte vom barmherzigen Samariter (Lk 10,30–37), zeigt sich die abstrakte Einseitigkeit der prophetischen Rede. Das Gleichnis, könnte man sagen, ist gut geeignet, um die Motivation zur Caritasarbeit zu stärken, die Situation ist so angelegt, daß die Notwendigkeit der Nächstenhilfe einprägsam vor Augen geführt werden kann. Aber will man denn gerade nur das wissen? Wäre es nicht erheblich aufschlußreicher, die Pointe würde in der Geschichte eine Viertelstunde früher gesetzt, exakt im Augenblick, da die Räuber über den Wanderer herfallen und auf ihn einprügeln? Dann müßte der beispielhafte Jesussamaritan in plötzlicher Entscheidung zeigen, wie er nicht nur karitativ hilft, sondern was er im Ernstfall der Gewalt kann. Warum vermeidet die Parabel die Gelegenheit, das drängendere Problem zu klären, das den menschlichen Gesellschaften zu allen Zeiten zu schaffen macht? Jesus spricht von der Feindesliebe, aber zeigt er auch, wie das geht? Seelisch, praktisch, im sozialen Verhalten?

Hier werden Grenzen sichtbar, die mit keiner Methode der Jesusdeutung zu überspringen sind. Das gilt auch dort, wo positiv die Begabung und das Programm des Mannes aus Nazaret beschrieben werden. In allen Aufsätzen und Büchern über Jesus ist zu lesen von seiner *Praxis,* von der Einheit dieser Praxis mit seinem Wort und darüber hinaus von der Bindung seiner Person an die Sache, um die es im Wort und im Tun ging. Das Wort *Praxis* hat nun einen zauberischen Klang, erweckt leicht den Eindruck, es gehe um ein Handeln hautnah an der greifbaren Wirklichkeit, mit totalem körperlichem, seelischem und geistigem Einsatz, auf allen Sektoren des Lebens, das Vollprogramm an Erfahrung, Planung, Durchsetzung. Darum ist entscheidend, was die Praxis konkret enthält. Dieselben Bücher zählen an Tätigkeiten Jesu auf: das Wort der Botschaft, die prophetischen Zeichenhandlungen, die Wunder der Heilung und Dämonenaustreibung, die Sündenvergebung, die Sammlung einer Jüngergruppe. Das ist ein verhältnismäßig schmales Feld an Verwirklichungen, das in seiner Struktur gewiß nicht von großartiger Vollständigkeit ist.

Jesus steht für die Möglichkeit, daß der Bogen gespannt wird aus dem Leben Gottes auf den Boden der Menschenerde. Jesus ist, wie immer die Sprache dafür lauten mag, der irdische Ort Gottes, nicht in der Natur, in heiligen Steinen, Tieren oder im ganzen Leib der sogenannten Mutter Erde, sondern in der einzelnen Seele, in einem umgehbaren Leib, im unverwechselbaren Gesicht, im Du. Gegenüber der runden Herrlichkeit der mythischen Bilder aus dem alten Griechenland, die bis heute unseren Blick beherrschen, steht sperrig und eckig Jesus, nicht nur, weil sein häufigstes Zeichen das Kreuz ist.

Bei vielen Jesuskritikern ist der Vorwurf zu finden, er sei als Gestalt zu gering für den Rahmen der Sendung, in die ihn das Neue Testament gestellt sieht, und in der Schonung, die man ihm mitten in den Attacken auf das Christentum gewährt, klingt nicht selten ein Ton der Nachsicht an, als wollte man es mit dem guten Wesen nun einmal nicht so genau nehmen. Wenn ein heutiger Fachmann für Erziehung den Bildungsweg des Messias entwerfen wollte, sähe das Programm wohl anders aus als im Neuen Testament. Das Genie, wenn es herangezogen werden könnte, „muß viel gesehen, viel gehört und viel in sich aufbewahrt haben", schreibt Hegel, „wie überhaupt die großen Individuen sich fast immer durch ein großes Gedächtnis auszuzeichnen pflegen. Denn was den Menschen interessiert, das behält er, und ein tiefer Geist breitet das Feld seiner Interessen über unzählige Gegenstände aus."[14] Auf diesem Feld der genialen Ausstattung, in der Höhe der Menschheitsindividuen, gibt es gewiß Gestalten, die Jesus überlegen sind, weil sie, soviel wir jetzt im Vergleich überhaupt zu sehen vermögen, die reicher organisierte Persönlichkeit besitzen, das umfassender definierte Lebensprogramm aufweisen und eine Vielfalt von bleibenden Leistungen in die Welt gebracht haben: Man denke nur an Lucius Annaeus Seneca.[15] Der im gleichen Jahr geborene römische Zeitgenosse Jesu studiert in Rom Philosophie, beginnt nach einem längeren Aufenthalt in Ägypten seine große Karriere als Redner und Anwalt, erhält Staatsämter, wird Senator, nach sieben Jahren Exil auf Korsika zum Erzieher des kaiserlichen Prinzen Nero ernannt. Seine philosophischen Schriften haben ihn schon berühmt gemacht. In den ersten fünf Jahren der Regierung Neros leitet er die Politik des Imperiums, seine Tragödien entstehen, er ist ein mächtiger Mann mit reichem Landbesitz, von großem geistigen Ansehen und Einfluß, wird Konsul, zieht sich auf seine Landgüter zurück, um ganz für seine literarischen Werke zu leben, wird schließlich im Alter von siebzig Jahren von Nero zum Selbstmord gezwungen. In welcher Proportion steht Jesu Lebensarbeit zu der Senecas? Woher kommt es, daß der römische Philosoph und Staatsmann eine eindrucksvolle Summe an Werken seiner schöpferischen Kraft, einen glanzvollen Namen hinterlassen hat, der Jude aus Galiläa aber, der nichts geschrieben, nichts regiert und sehr viel kürzer gelebt hat, an weltgeschichtlicher Weiten- und Tiefenwirkung seinen Altersgenossen unendlich übertrifft? Nähme man die Argumente für die Göttlichkeit Jesu allein aus den Qualitäten seiner Menschlichkeit, wären da manche, die mindestens so gut oder eher in Betracht kämen wie er.

Es muß dafür noch eine andere Wurzel geben, die nicht in der Zeit wächst. In diesem Jesus scheint alles bereit zu sein für Gott, den Einfall seines Willens und seiner Wahrheit, so daß er zugleich ganz in diesem unverfügbaren Brennpunkt versammelt ist und alles, was er weiß und kann, aus dem Zentrum *Gott* ordnet.

Der Mensch Jesus ist das Signal Gottes, und dieses mußte, sagt Kierkegaard, in der Durchschnittlichkeit aufgepflanzt werden: „Deshalb ist Christus in Wahrheit das Vorbild, aber deshalb ist er auch das ewig Anstrengende am Menschsein, weil er nur ausdrückt: daß er ein Mensch war wie andere. Er macht das Göttliche vereinbar mit dem ganz gewöhnlichen Menschsein, er läßt für niemanden einen Ablaß zu, er stellt sich selbst nicht außerhalb als Gegenstand für ein träges und unfruchtbares Begaffen und Bewundern, sondern nach hinten, um die Menschen hinauszuzwingen."[16] Das Entscheidende ist also, daß mit Jesus nicht eine vollkommene Übermenschengestalt auftritt. Ihr gegenüber könnten die Menschen in die ästhetische Distanz der Bewunderung gehen, die andringende Gegenwart Gottes ganz ihr überlassen, im Privileg des einmaligen Genies gefangensetzen. Jesus trägt in seiner menschlichen Schlichtheit das Feuer der göttlichen Anwesenheit mitten hinein, an alle heran. Er ist in Person das Zeugnis für die ganz andere Art der Liebe Gottes. Sie übersteigt die irdischen und kosmischen Seinsgestalten in allen Größenverhältnissen. Es genügt ihr die Anknüpfung irgendwo im Gewimmel der werdenden Wesen, aber dort, wo sie brennt, wie in Jesus, entsteht an der bescheidenen menschlichen Form, in der Flüchtigkeit eines kurzen Lebens die unvergeßliche, ganz ungewöhnliche, über alle Mittelmäßigkeit hinausspringende Gestalt.

Die Theologie hat besonders in ihrer spekulativen Variante alles darangesetzt, Jesus zu Ende zu definieren, rundum komplett, leiblich, seelisch, geistig fertig zu machen, zum Gestell der metaphysischen Endgültigkeit auszubauen. Er wird in die Vergangenheit eingemauert.

Es dürfte ihr nicht schwerfallen, Nietzsche zuzustimmen, der gemeint hat, das Ziel der Menschheit könne nicht an ihrem Ende liegen, sondern „nur in ihren höchsten Exemplaren".[17] Die Endgültigkeit, die mit Jesus in das Verhältnis zwischen Gott und der zeitlichen Welt eingebrochen ist, scheint nach den Worten des Paulus nicht darin zu bestehen, daß der Träger des absoluten Wissens erschienen ist, um die Wahrheitssuche zu überholen. „Noch blicken wir ja nur durch einen Spiegel, in Rätselgestalt" (1 Kor 13,12). Jesus lebt unbedingt aus der liebenden Gegenwart Gottes, und so wird er in der Auferstehung beglaubigt. Nicht der Löser des Rätsels geht zufällig eine Weile in Palästina herum, sondern der Mensch hat gelebt, an dem erlebt werden konnte, daß der Rätselweg des Lebens vertrauensvoll gegangen werden kann. Das wird am Gestus seines gesamten Lebens sichtbar. Darum steht Jesus nicht gegen die Entzifferungsarbeit am Dasein, die noch immer zu tun ist, sondern ist ihr Leitbild und ihr Kriterium. Zum Ärger der Prediger der Vornehmheit geht von Jesus eine Aufmerksamkeit aus, die niemanden ausläßt. Der Blickrichtung Jesu folgen ist anstrengend, heißt die Augen in das Unsichtbare drehen, wo die Wächterengel vor dem Mysterium die Namen der Geschöpfe aufsagen, auch die kleinen.[18]

3. DER HÄSSLICHE JESUS

Der Jesus, den wir von vielen Bildern her kennen, hat eine angenehme Physiognomie. Das romanische, gotische Profil, Jesus bei Rembrandt, Pasolini, Zeffirelli, auf dem Turiner Grabtuch der Legende nach. Immer der schönste goldene Schnitt. Niemand kann sagen, ob die Zeichnung zutrifft, weil es kein Wissen über sein leibliches Aussehen gibt. Aber alle stimmen im spontanen visuellen Urteil überein, so müsse Jesus ausgesehen haben, als ließe sich aus den Worten und Taten in den Evangelien auf seine Statur schließen. Im Neuen Testament spielt die ästhetische Betrachtung Jesu keine Rolle, entscheidend war sein menschliches Dasein. Die Theologie hat trotzdem bald ihre konstruktive Kraft auch an diese Frage gewendet und den schönen wie den häßlichen Jesus aus den allgemeinen Grundsätzen der Menschwerdungslehre abgeleitet. Es bleibt jedoch eine Häßlichkeit Jesu, die nichts mit seinem leiblichen Aussehen, sondern mit der Art seines Todes zu tun hat, mit der Deutung dieses Zugrundegehens und mit dem Symbol, das daraus erwuchs: dem Kreuz.

3.1 Die Häßlichkeit des Kreuzes

Vom Ärgernis des Kreuzes ist die Tradition der christlichen Sprache bis heute geprägt, in ihr mischen sich die widersprüchlichsten Gedanken und Gefühle, zarte und wilde, blutige Bilder. Sie bewegt sich um ein Zentrum von schrecklicher Anziehungskraft. Aus diesem dramatischen, auch diffusen Gewühl löst sich mit Notwendigkeit die Frage, was denn am gekreuzigten Jesus nun wirklich das Abstoßende ist. Vier Antworten scheinen möglich zu sein.

a) Jesus war ein gerechter, unschuldiger Mensch, der aus purer Willkür gefoltert und hingerichtet wurde.

b) In Jesus geht die Religion an den äußersten Punkt der Zerstörung und Verneinung, um dort das Heil zu finden.

c) Gott hat mit dem gewaltsamen Tod Jesu in besonderer Weise zu tun.

d) Aus dem schrecklichen Ende Jesu wird ein öffentlich sichtbares Symbol gemacht, das gegen die Natur und gegen die Schönheit der Schöpfung steht.

Ich nehme daraus die dritte Antwort und stelle die Frage: *Wie* hat Gott mit der Hinrichtung Jesu zu tun?

Die Schriften des Neuen Testaments bezeugen den Glauben, daß die Weisheit Gottes es ist, in der das Sterben Jesu seinen besonderen Sinn erhält. Das ist nicht nur ein einzelner Todesfall für sich, sondern er hat Bedeutung für alle Menschen aller Erdenzeiten. Gottes rettende Liebe zur Schöpfung ist in einmaliger Weise mit diesem Ereignis verbunden. Das ist der Hauptsatz der Botschaft. Die Nebensätze, die im Detail festlegen, wie die Weisheit Gottes den Tod Jesu gebraucht, sind in den Bildern und Begriffen recht verschieden.[19] Um an die Logik heranzukommen, die in den verbreiteten traditionellen Glaubensgedanken zum Opfertod am Kreuz vorherrscht, zitiere ich den Text einer Karfreitagspredigt des heiligen Kirchenlehrers Laurentius von Brindisi OFMCap (1559–1619):

> Es war der Wille Gottes, es war das Gebot Gottes, daß Christus für das Heil der Welt am Kreuz sterbe, wie es Gottes Gebot war, daß an den Felsen geschlagen wird, daß die Schlange erhöht wird, daß das Osterlamm getötet, das Kalb zur Sühne geschlachtet, Isaak als Ganzopfer dargebracht wird. Wie also sündigten die Juden, die Christus kreuzigten, wenn es Gottes Wille, Gottes Gebot war? Weil sie das nicht nach dem Willen Gottes taten. Wenn sie mit der Frömmigkeit, in der die Priester im Tempel reine und heilige Tiere opferten, in der das ganze Volk das Osterlamm tötete, in der die Seeleute den heiligen Jonas in das Meer warfen in der Erkenntnis, daß dies der

> Wille Gottes sei, wenn also die Juden in solcher Frömmigkeit Christus getötet hätten, hätten sie gewiß eine Gott überaus willkommene Tat vollbracht, sie hätten nämlich Gott ein Opfer dargebracht, das den süßesten Duft verströmt. Und wenn es auch an Menschen gemangelt hätte und sie es nicht hätten ertragen können, die Hand an den eingeborenen Sohn Gottes zu legen, dann hätten es die Engel des Paradieses getan, wie der Engel aus dem Himmel herabstieg, um Christus zu stärken, damit er das bitterste Leiden und den Tod des Kreuzes ertrage, weil es so der Wille Gottes war. Ja, was sage ich? Die heiligste Jungfrau hätte es getan, da sie doch mit viel größerer Liebe zu Gott, mit vielen und schier unendlichen Graden (der Liebe) ausgestattet war im Vergleich zu Abraham. Wenn also jener aus großer Liebe zu Gott, unter dem Druck des göttlichen Befehls, den einzigen und geliebten Sohn Gott opfern wollte, um wieviel mehr Maria. Aus welchem Grund denn meint ihr, ist sie beim Kreuz gestanden, an dem der Sohn hing und sie sah? Wußte sie etwa nicht, daß ihre Gegenwart den Schmerz des Sohnes über die Maßen vermehrte und seine ganz zerschlagene Seele durch ihre Tränen noch bitterer machte? Dennoch stand sie beim Kreuz des Sohnes, weil sie anerkannte, daß es so der Wille Gottes war. Durch den Anhauch des Heiligen Geistes stand sie dort, um Gott zu gehorchen. Sie kümmerte sich nicht darum, daß sie die Schmerzen der Seele und das Martyrium des Herzens in der Brust des gekreuzigten Sohnes über die Maßen vermehrte.[20]

Die unerschrockene Konsequenz dieser Beschreibung ist doppelt lehrreich, weil sie alle Elemente des Opferglaubens enthält und zugleich erkennen hilft, wo das Häßliche liegt. Der unumstößliche Wille Gottes, von dem aus alles in Gang kommt, lautet: Damit der Welt das Heil geschenkt werden kann, muß Jesus getötet werden. Der Tötungswille Gottes wird ausdrücklich betont, er vollzieht sich allerdings im Tötungswillen der Menschen. Es ist gewissermaßen Zufall, daß die sündigen, weil ungläubigen Henker Jesus hinrichten; sie handeln aus dem verkehrten Motiv ihres Hasses. Viel reiner, weil im vorbehaltlosen Gehorsam zu Gott, hätten die Engel oder seine Mutter Maria die Schlachtung Jesu ausführen können und auch müssen.

Daher versammelt die Predigt das vollständige Personal um das Kreuz Jesu, das an seinem Tod interessiert ist: Gott, die Engel, die Mutter Maria als Vertreterin der Glaubenden, die Juden als Vertreter der Ungläubigen. Es kommt entscheidend auf die Zerstörung des Lebens an. Es genügt nicht, was Jesus schon anbietet, seine Offenheit und Hingabe in der Sendungsarbeit, Liebe, Gotteserkenntnis, Treue, Gewissenhaftigkeit und Wahrheitszeugnis.

Das ist noch zu ergänzen durch Elemente, die in der Opfertheologie direkt oder indirekt mitgedacht werden: Die biblische Offenbarung spricht von einem Gott, über den hinaus es keine größere Lebendigkeit gibt, er ist unüberbietbare Personalität, als Geist, Wort, Wissen, Wille, Freiheit. Die Sprache der menschlichen Annäherung benützt für die Beschreibung des Lebens Gottes auch die Ausdrucksformen oder Verhaltensweisen, die aus der Welt der menschlichen Gefühle stammen: Zorn, Trauer, Liebe, Reue, um damit freilich eine unendliche Intensität auszusagen. Naturgemäß liegt es nahe, daß dieser Aspekt der Gefühle in Gott dort am deutlichsten sichtbar wird, wo es um das Ereignis der Erlösung geht. An diesem Punkt hat die menschliche Vorstellung ihre Bilder entworfen. Sie spricht von Gott, indem sie irgendwie die leibseelische Verfassung des Menschen auch auf ihn überträgt. Danach wäre er zwar das höchste personale Leben, aber doch nach menschlicher Art, entweder weil er wirklich selbst so ist, oder weil er, obzwar ganz anders und unvergleichlich, zum Menschen hin wie ein Gefühlssubjekt handeln und behandelt werden will. Daraus folgt, daß es im Geschehen der Erlösung auf die rechte Behandlung der Seele Gottes ankommt, die etwa nach Art der Katharsis (= Reinigung) geschieht, in der Aristoteles die heilsame Wirkung der Tragödie gesehen hat.[21] Gott befände sich aufgrund des sündigen Abfalls der Menschen in einem Zustand der negativen Gefühle, entrüstet, beleidigt, zornig, und verhielte sich daher zum Menschen ablehnend, verwerfend, verdammend. Damit sich Gott selbst aus dieser negativen Befindlichkeit lösen könne, bedürfe er der Darbietung des schrecklichen Vernichtungsaktes, in dem sich zugleich das Böse in seiner Wirkung und der Mensch in seiner Selbstverwerfung und Demut offenbarten. Indem Gott der blutigen Jesustragödie auf dem Golgotaberg zuschauend beiwohnt und sie auf sich wirken läßt, erführe er die reinigende Lösung seiner Gefühle. Das Erlebnis von Jammer und Schauder ermöglicht es ihm, wieder von seinem Zornwillen zu seinem Liebeswillen hinzufinden.

Es gibt jedoch noch einen anderen Grund für die Tötungsforderung. Das Böse, aus der Freiheit des Menschen hervorgegangen, muß in seinem ganzen Ausmaß aufgewogen werden, indem es sich an der absoluten Unschuld wiederholt. Gott als der Verwalter der Gut-Böse-Bilanz will als Gegengewicht gegen das Böse im Kontrastbild des unschuldig Geschlachteten das reine Gute sehen zum eigenen Trost und zum Ausgleich. Indem Jesus die Schlachtung an sich geschehen läßt, entsteht in seiner Hingabe, die den göttlichen und den menschlichen Willen zusammenfaßt, ein unendlicher Überschuß des Guten, eine Art Pool oder Fonds, oder wie die Tradition sagt, ein Gnadenschatz. Daraus fließt unerschöpflich die Energie der Erlösung.

Das ist nun keineswegs eine Karikatur der Erlösungslehre, sondern gleichsam die mittlere, vereinfachte Formel, die beinahe überall angenommen worden ist und auf die sich auch noch die feineren Reflexionen der Opfertheologie fortwährend beziehen.

Die Kritik an dieser Sicht des Kreuzes ist längst im Gange, sie wurde im katholischen Bereich entschieden vorgetragen von Joseph Ratzinger.[22]

3.2 Die Anstößigkeit des Kreuzes

Worin liegt nun das wirklich Anstößige am Kreuz Jesu? Ich beginne mit einer These und füge an sie sieben erklärende Bemerkungen:

Alles, was christlich über die Erlösung zu sagen ist, kann gesagt werden auf der Basis von Mt 6,7–8: „Wenn ihr betet, sollt ihr nicht plappern wie die Heiden, die meinen, sie werden nur erhört, wenn sie viele Worte machen. Macht es nicht wie sie, denn euer Vater weiß, was ihr braucht, noch ehe ihr ihn bittet"; und 1 Joh 2,1: „Wenn aber einer sündigt, haben wir einen Fürsprecher beim Vater, Jesus Christus, den Gerechten."

1. Der Gott des Evangeliums ist aus sich selbst Liebe und aus ewigem Willen der Welt helfend zugewendet. Jesus macht nicht erst aus Gott die Liebe, er geht vom Gott der Liebe aus. Keine menschliche Leistung, ob sie aus Worten oder Taten, Gebeten oder Opfern besteht, kann ihn liebend machen und muß es auch nicht. Gott, den Jesus Vater nennt, ist für uns aus der Kraft seines ewigen Liebe-Seins. Es ist sinnlos, ihn informieren oder umstimmen zu wollen.

2. Die einzige Form, in der die Menschen ihre Bedürfnisse zu Gott hin aussprechen und auf Gott wirken können, ist die Bitte, die Öffnung der geschöpflichen Freiheit für den Liebeswillen Gottes. Es gibt keine anderen Ursächlichkeiten, die sicherer verlaufen oder mehr bewegen könnten. Sie zu suchen und zu praktizieren hieße Abfall in das Mißtrauen, hieße Gott bearbeiten mit den Zwangsmitteln der Angst. Der Bitte kann nichts Wirklicheres, Wirksameres oder mehr Gewißheit Gebendes hinzugefügt werden, wenn immer sie das gelebte Leben redlich ausdrückt und zusammenfaßt.

3. Jesu Bitte um das Reich Gottes, das die Erlösung und Versöhnung, das ewige Leben bringt, ist der wahre, alles zusammenfassende Grundakt seines Denkens, Redens und Handelns. Er ist der Mensch, der seine Existenz in die Bitte um das gelingende Leben mit Gott verwandelt hat. Wie er diese Bitte in seinem Lebenswerk selbst darstellt und einübt, so bittet er auch mit seinem Tod. Er wählt sich nicht die Stellen aus, an denen es ihm gefällt, sondern nimmt, wie alle Menschen es halten müssen, den Augenblick, der ihm zustößt. Hier noch, im Überfall der Angst und im Zerbrechen seines Wirkens, in der Vergeblichkeit

seiner Absichten, im Wüten der gewalttätigen Bosheit, in den Schmerzen der Todesfolter bittet er um Gott und schreit auch seine Verlassenheit heraus.

4. Jesus hat alles getan, was er nach seinem Wort in der Bergpredigt tun konnte. Das ist der Raum des Heils, in dem alle Platz haben. Auf alle Menschen hin und für alle spricht er die Zukunft öffnende Bitte. Er gibt dem unsicheren Suchen der Menschen, die nicht wissen, wie und was sie beten sollen (Röm 8,26) oder ob sie überhaupt beten wollen, seine klare Stimme. *Alles* ist in ihr enthalten, was in den vielfältigen Metaphern über sein Leben und seinen Tod gesagt wird: Hingabe als Lösegeld, Loskauf, Versöhnung und Reinigung durch das Blut, Befreiung vom Schuldschein, Sühne, Bundesopfer, Opfertod des Opferlammes, Sterben für die Vielen, Stellvertretung, Sieg über den Tod, Vergebung, Heilung, Annahme an Sohnes Statt, Befreiung, Überwindung, Wiedergeburt, Neuschöpfung. Ihren religiösen Sinn finden diese Vorgänge allein darin, daß Jesus das Heilsbedürfnis der Menschenwelt in seine Freiheit aufnimmt und sich mit ihr bittend zu Gott wendet, daß die Übel geheilt werden, das Böse entfernt, die Freiheit bekehrt wird, daß Gott die Neuschöpfung, die dazu nötig ist, in der Zeit anfangen läßt, heute noch. Diese Bitte ist von jedem Punkt seines Lebens aus allumfassend und erlösend, denn sie muß den Tod und die Sünde immer einschließen.

5. Die Bitte Jesu um das Reich Gottes ist in seiner Auferweckung erhört worden. Jesus wird erkannt als der Sohn, der seine bittende Macht ausübt bei Gott. Auch das Kreuz wird geheilt, an ihm selbst, daß es ihn nicht fortquält in alle Ewigkeit. Jesus ist nicht nur der Sprecher der menschlichen Not, in ihm ist Gott allen geschöpflichen Hinwendungen so voraus, daß er zur persönlichen Gegenwart dessen wird, was Gott für die Welt sein will. Mit ihm, dem Anführer des Lebens und des Glaubens (Apg 3,15; 5,31; Hebr 12,2), geht die Menschheit in der Zeit ihren Weg, geht sie durch den Tod hinein in das Reich des ewigen Lebens. In ihm wird das Ja gesagt, von Gott her in die Welt und aus der Welt zu Gott (2 Kor 1,19–20).

6. Das Kreuz wurde nicht aufgestellt, um die Summe alles Negativen, das sich in der Menschengeschichte ansammelt, auf Jesus abladen zu können, damit der Unschuldige es auf seine Weise noch einmal leidet. Gott wiederholt nicht das Ungeheuerliche des Bösen am gerechten Jesus. Er muß es nicht tun, um das Ausmaß zu sehen, denn er kennt den Menschen *von allen Seiten* (Ps 139,5), er braucht es auch nicht, um zur liebenden Erlösungsaktion bewegt zu werden, denn er ist als der Liebende allem voraus.

Die Theologie hat sich wie an sein Bewußtsein so auch an die Motive herangemacht, die zu seinem Hinrichtungstod geführt haben, und sich erlaubt, die intimen Gefühle, Antriebe und Stimmungen der göttlichen Personen zu rekonstruieren, in einer zudringlichen Kalkulation des trinitarischen Innenlebens, die nahe an ein Psychogramm heranreicht.[23] Das Recht zu einer solchen Belauschung ist nirgendwo hinterlegt. Sie überschreitet die Grenzen der Erkenntnis, die auch dann zu respektieren sind, wenn das Pathos frommer Innigkeit weiter vordringen will.

7. Die Chiffre des Kreuzes Jesu ist zu lesen als Beendigung der Feste der Grausamkeit. Das ist offensichtlich eine schwere Arbeit gegen die alte Angst und die Lust, die sie begleitet. Denn die Christen haben es immer wieder als Ermächtigung verstanden, die Aufführungen des Schreckens in sublim verwandelten Formen durchzusetzen. Ich vermute, daß die anziehende und verführende Macht der Opferidee in der Verbindung von Nichts und Blut besteht. Der Fleck Nichts, erzeugt durch die Löschung des Lebens, soll der Platz sein, auf den die Gottheit gelockt wird. Wenn Joseph Ratzinger schreibt: „Er (Jesus) nahm den Menschen die Opfersachen aus der Hand und setzte an ihre Stelle die geopferte Persönlichkeit, sein eigenes Ich"[24], sagt er zunächst nur, daß Jesus alle quantitativen Opferleistungen in sich ersetzt durch seine Hingabe. Die kritische Aufhebung des Opferdienstes muß aber mehr sein als diese Reduktion auf den personalen Akt, der immer noch der alten Logik unterworfen sein könnte. Ratzinger deutet das auch an, und ich versuche es entschiedener zu formulieren: *Jesus hebt die Bezauberung durch das blutige Nichts auf in die Folgerichtigkeit seiner Liebe, die auch die vernichtenden Schläge des Todes, des geschichtlichen Schicksals, den Sog der Sinnlosigkeit aushält und als die getreue, starke und unbeirrbare Macht Gott gewinnt und die Menschen mit ihm verbindet.* So rettet er die Menschen, wenn sie ihn erkennen und mit ihm leben, aus der Todsüchtigkeit, aus dem nihilistischen Drang zur Destruktion und hilft dem Glauben, daß Gott das Leben und nicht den Tod will.

Jesus ist schwierig, weil er gegen die konstruierende Phantasie die heilige Gegenwart Gottes zu einem kurzen und begrenzten Leben gebracht hat. Er schockiert das Bedürfnis nach Maske und Geltung durch den Griff an die Haut. Das Kreuz, an dem er liquidiert wurde, steht als Signal seiner Solidarität gegen die Vergeßlichkeit, die der Konsum und die Ästhetisierung des Lebens heute erzeugen.

Anmerkungen

[1] Vgl. S. *Kierkegaard,* Die Tagebücher 3, Düsseldorf 1968, 26.
[2] Lk 20,18; Röm 9,32f; 1 Petr 2,8; vgl. ThWNT 4, 272–283; 6, 94–99.
[3] R. *Grégoire,* Nudité, in: DSp XI, Paris 1982, 509–513.
[4] *Bernhard von Clairvaux,* Über die Besinnung an Papst Eugen (2, IX, 17), in: Sämtliche Werke lateinisch/deutsch I, hg. von G. B. Winkler, Innsbruck 1990, 691.
[5] Vgl. H. *Günter,* Legendenstudien, Köln 1906.
[6] Th. H. *Macho,* So viele Menschen. Jenseits des genealogischen Prinzips, in: P. Sloterdijk (Hg.), Vor der Jahrtausendwende. Bericht zur Lage der Vernunft 1, Frankfurt/Main 1990, 47.
[7] Vgl. P. *Brown,* Die Keuschheit der Engel, München 1991.
[8] Katechismus der Katholischen Kirche, Nr. 531–534.
[9] Vgl. Mk 15,34; Lk 23,46; Joh 19,30.
[10] Mystici Corporis, Nr. 76 (Übersetzung G. B.).
[11] Vgl. F. *Suarez,* Opera omnia 18, Paris 1866, 171–312.
[12] Ebd., 173.
[13] Vgl. H. *Wolandt* (Hg.), Jesus – Ein kritisches Lesebuch, München 1993.
[14] G. F. W. *Hegel,* Vorlesungen über die Ästhetik I (ThWA 13), Frankfurt 1986, 364.
[15] Vgl. V. *Soerensen,* Seneca. Ein Humanist an Neros Hof, München 1984.
[16] S. *Kierkegaard,* Die Tagebücher 3, 23.
[17] F. *Nietzsche,* Werke in drei Bänden 1, hg. v. K. Schlechta, München 1966, 270.
[18] Vgl. Mt 18,1–10.
[19] G. *Theißen,* Soteriologische Symbolik in den paulinischen Schriften. Ein strukturalistischer Beitrag, in: KuD 20 (1974) 282–304.
[20] *L. von Brindisi,* Opera omnia VI, Padua 1941, 718–719.
[21] *Aristoteles,* Poetik 6, 1449b.
[22] J. *Ratzinger,* Einführung in das Christentum. Vorlesungen über das Apostolische Glaubensbekenntnis, München 1968, 187–197.230–242.
[23] Vgl. H. U. *v. Balthasar,* Theodramatik III, Einsiedeln 1980; dazu: R. *Schwager,* Der wunderbare Tausch. Zur Geschichte und Deutung der Erlösungslehre, München 1986, 273–312.
[24] J. *Ratzinger,* Einführung, 236.

ÜBERSICHT ÜBER DIE VERANSTALTUNGEN DER SALZBURGER HOCHSCHULWOCHEN 1994
(25. Juli bis 6. August)

„JESUS VON NAZARET“

Festrede

P. Dr. Georg Sporschill SJ:
„Sein Blut komme über uns und unsere Kinder!“

Vorlesungen

Univ.-Prof. Dr. Eberhard Jüngel:
Der historische Jesus – eine Gesamtschau

Univ.-Prof. Dr. Marian Heitger:
Einer ist euer Lehrer – Jesus Christus

Univ.-Prof. Dr. Walter Weiss:
Jesus in der modernen Literatur

Dr. Elisabeth Moltmann-Wendel:
Frauen und Männer am Wege Jesu

Univ.-Prof. Dr. Hans Kessler:
Das Kreuz und die Auferstehung

Univ.-Prof. Dr. Klaus Berger:
Vom Verkündiger zum Verkündigten –
Anfragen an ein Programm

Dr. Veronica Gradl:
Die Botschaft Jesu – ein Weg durch die Angst

Univ.-Prof. Dr. Gottfried Bachl:
Der schwierige Jesus

Vorlesungen mit Kolloquium

Sr. Dr. Corona Bamberg OSB:
Jesus-Mystik – Mitte christlichen Glaubens

Univ.-Prof. Dr. Michael Sievernich SJ:
Jesus der Befreier

Univ.-Prof. Dr. Adel Theodor Khoury:
Jesus in den großen Weltreligionen

P. Dr. Gregor M. Lechner OSB:
Die außerbiblischen Berichte über Jesus

Weihbischof Prof. Dr. Peter Henrici:
Der Jesus des Glaubens und der Christus der Denker

Univ.-Doz. Dr. Michael Ernst
und *Univ.-Ass. Dr. Peter Arzt:*
Jesus in Werken engagierter Filme- und Liedermacher

Univ.-Prof. Dr. Kurt Schubert:
Qumran – Interpretation der neuen Funde

HS-Prof. Dr. Herbert Muck:
Jesus in der modernen Kunst – Identifikation statt Adoration

Seminare

Univ.-Prof. Dr. Dr. Manfred Görg:
Präfiguration Jesu im Alten Testament

Univ.-Prof. Dr. Dr. Karlheinz Müller
und *Univ.-Prof. Dr. DDDr. h. c. Theo Mayer-Maly:*
Der Prozeß Jesu

Tutorium

Dr. Tobias Böcker:
Der Christus Jesus

DIE AUTOREN DIESES BANDES

Dr. Gottfried Bachl, Professor für Dogmatik an der Universität Salzburg, Dekan der Theologischen Fakultät.

Dr. Klaus Berger, Professor für Neutestamentliche Theologie an der Universität Heidelberg.

Dr. med. Veronica Gradl, prakt. Ärztin, Psychoanalytikerin in freier Praxis in Innsbruck.

Dr. Marian Heitger, Professor für Pädagogik an der Universität Wien.

Dr. Eberhard Jüngel, Direktor des Instituts für Hermeneutik, Dekan der Evang.-theol. Fakultät der Universität Tübingen.

Dr. Hans Kessler, Professor an der Universität Frankfurt am Main, Fachbereich Katholische Theologie.

Dr. Elisabeth Moltmann-Wendel, freie Publizistin in Tübingen.

P. Dr. Georg Sporschill SJ, in der Jugend- und Sozialarbeit in Wien tätig, seit 1991 im Einsatz für Straßenkinder in Bukarest.

Dr. Walter Weiss, em. Professor für neuere deutsche Sprache und Literatur an der Universität Salzburg.